Nacht über Spanien

Trotzdem

AUGUSTIN SOUCHY

Nacht über Spanien

Bürgerkrieg und Revolution in Spanien 1936 – 39

Trotzdem
2007

Der Text wurde sprachlich und stilistisch leicht überarbeitet, der neuen Rechtschreibung angepasst und mit Fußnoten versehen. Mit (A.S.) gekennzeichnete Fußnoten stammen von Augustin Souchy.

Der Verlag dankt dem Comenius-Antiquariat, Hilterfingen für die Unterstützung.

Trotzdem bei Alibri

Impressum

Augustin Souchy
Nacht über Spanien
Bürgerkrieg und Revolution in Spanien 1936-39
Mit einem Vorwort von Wolfgang Haug
Überarbeitete Neuausgabe

Erste Auflage der überarbeiteten Neuausgabe 2007
Zehnte Auflage seit 1955

Umschlag: Kai Twelbeck / SOJUS DESIGN, Stuttgart
Lektorat: Verlagsbüro Dieter Schmidt, Frankfurt
Druck: TZ Verlag & Print, Roßdorf

Trotzdem Verlagsgenossenschaft
www.trotzdem-verlag.de
info@trotzdem-verlag.de

Mitglied in der Assoziation Linker Verlage (aLiVe)

ISBN 978-3-86569-900-8 (Alibri Verlag)
ISBN 978-3-922209-51-5 (Trotzdem Verlagsgenossenschaft)

»Ohne Toleranz gibt es keine Freiheit«

Augustin Souchy, 1892 in Ratibor geborener und 1984 in München gestorbener deutscher Anarchosyndikalist, konnte auf ein sehr bewegtes Leben zurückblicken, in dem er nahezu alle Revolutionen des 20. Jahrhunderts selbst miterleben und teilweise mitgestalten konnte. Da sein ursprünglicher Name Suchi in Frankreich meist als Süchi falsch ausgesprochen wurde, entschied er sich später für die Schreibweise Souchy, damit er den Namen im gewohnten Klang hören konnte.[1] Um dem Kriegsdienst zu entgehen, floh er 1915 nach Schweden, wegen antimilitaristischer Propagandaarbeit wurde er von dort 1917 wieder ausgewiesen. Bei dieser Ausweisung wurde ihm das Schild »Vorsicht Anarchist!« umgehängt, ein Etikett, das er als Titel seiner späteren Autobiografie aufgriff.[2]

1919 kehrte er ins revolutionär gestimmte Deutschland zurück und nahm nicht unwesentlichen Anteil am Aufbau der Freien Arbeiter Union Deutschlands (FAUD). 1920 vertrat er die FAUD beim Kongress der Komintern in Moskau, verteidigte den Syndikalismus und Unionismus (der amerikanischen IWW) gegen Sinowjew,[3] diskutierte kontrovers mit Lenin über das revolutionäre Vorgehen und traf den greisen anarchistischen Ideengeber Peter Kropotkin.

Die Kontroverse mit Lenin verdeutlicht bereits 1920, dass die entscheidenden Differenzen zwischen Kommunisten und Anarchisten sich an der Frage der politischen Machtergreifung und der Kollektivierung zuspitzten: »(Lenin) wollte uns Anarchisten davon überzeugen, dass ohne die Eroberung der politischen Macht durch die Kommunisten und ohne die Diktatur des Proletariats der Sozialismus nicht siegen könne. Die Produktionsmittel müssten unbedingt verstaatlicht werden und die von den Arbeitern übernommenen Betriebe müssen unter eine straffe politische Leitung gestellt werden. (...) Damals gab es die Möglichkeit kollektiver Produktion, also der Selbstbestimmung des Produzenten über seine Produkte. Aber die Kommunisten haben alles verstaatlicht (...) Ich war von April bis November 1920 in Russland und habe mich dort gründlich umgesehen. Die Arbeiterräte, die Sowjets, hatten überhaupt keine Rechte. Alle Arbeitsbedingungen, alle Löhne wurden zentral vom Ministerium festgelegt, selbstverständlich die Produktion erst recht. Die Sowjets durften nur ganz sekundäre Dinge erledigen, Essensmarken in den Betrieben verteilen und dergleichen.«[4]

[1] Gespräch mit Wolfgang Haug, Mai 1982

[2] *Vorsicht Anarchist!*, Trotzdem Verlagsgenossenschaft, Neuausgabe geplant 2008.

[3] Redebeitrag Augustin Souchys (protokolliert als Suchi) auf dem II. Kongress der Kommunistischen Internationale (1920), vgl. Protokoll des II. Kongresses, S. 96ff.

[4] In: *Anarchie bleibt das Fernziel der Menschheit.* Ein Gespräch mit Augustin Souchy . DER SPIEGEL, Nr.16, 1983, S. 228.

Als verantwortlicher Redakteur der wichtigsten deutschen anarchosyndikalistischen Zeitung *Der Syndikalist* von 1922–1933 beschäftigte sich Augustin Souchy hautnah mit allen sozialen Fragen und Auseinandersetzungen in der Weimarer Zeit, ohne jemals die internationalen Kämpfe der Arbeiterschaft außer Acht zu lassen. Dass dabei den sozialen Kämpfen in Spanien eine besondere Bedeutung zukam, belegen mehrere Artikel aus Souchys Feder über die politische Situation in Spanien, die Verbote anarchosyndikalistischer Organisationen, Amnestiekundgebungen für politische Gefangene und die dortigen Streiks der anarchosyndikalistischen Telefon- und Metallarbeiter. Souchy war deshalb mit den Details der Kämpfe der spanischen anarchosyndikalistischen Gewerkschaft CNT bestens vertraut, so dass er sich 1936 ohne Anpassungsschwierigkeiten den aktuellen Problemen stellen konnte.

Als Repräsentant der FAUD bei internationalen Kongressen und als einer von drei Sekretären der 1922 gegründeten *Internationalen Arbeiter Assoziation* (IAA), der libertären Konkurrenz zur *Roten Gewerkschaftsinternationale,* bereiste er zahlreiche Länder und lernte die anarchistische Arbeiterbewegung besonders in den lateinamerikanischen Ländern, Schweden und in Spanien schätzen.

Bereits 1930 hatte er nach den Reichstagswahlen im *Syndikalist* hellsichtig die Lage in Deutschland analysiert: In seinem Artikel »Der Faschismus im Anmarsch« heißt es u. a.: »In den kommenden Monaten werden die Nationalsozialisten ihre neugewonnene Position dazu benutzen, sich immer tiefer in den heutigen Staat einzunisten. Sie sind bestrebt, die Republik von innen zu durchhöhlen und ihre Herrschaft ›des dritten Reiches‹ vorzubereiten. Inzwischen führen die Unternehmerverbände wirtschaftliche Verschlechterungen für die Arbeiterschaft durch. (...) Traditionell und politisch unfähig, diesen gesetzlichen Maßnahmen außerparlamentarischen Widerstand entgegenzusetzen, werden die Sozialdemokraten und die reformistischen Gewerkschaften diese Verschlechterung mit den üblichen Protesten und Hinweisen auf die Notwendigkeit, sozialdemokratisch zu wählen, hinnehmen. Das Elend wird umfassender und die Unzufriedenheit tiefer. Daraus entsteht dann unter den Massen die Stimmung, die für die dunklen und reaktionären Machenschaften der Faschisten günstig ist. Die Nationalsozialisten haben einen offenen Putsch nicht mehr nötig. Sie haben es bequemer. Sie können gesetzliche Kanäle benutzen, um das Staatsschiff zu erobern. Alle Wege stehen ihnen hierzu offen. (...) Die Sozialdemokratie ist auch nicht frei vom nationalistischen Geist. Das Paktieren mit den bürgerlichen Parteien, das am eindeutigsten durch den Panzerkreuzerkurs gekennzeichnet ist, hat ihr das proletarische Rückgrat genommen. Auch die kommunistische Presse machte der nationalistischen Massenpsychose Konzessionen. Sie nahm rein nationalsozialistische Phrasen von der ›Zerschlagung des Young-Planes‹ und der ›nationalen Befreiung des deutschen Proletariats‹ in ihr Wahlprogramm auf. Der Geist breiter Massen ist in Deutschland heute in erschreckender Weise mit nationalsozialistischem Ideengehalt erfüllt. Hitlers Geist beschränkt sich nicht auf seine nationalsozialistische Partei, er spukt in allen parlamentarischen Parteien der deutschen Republik. Der nationalistische Bazillus ist tief in die Nachkriegsgeneration eingedrungen.«[5]

Augustin Souchy erlebte Hitlers Machtergreifung als Reichskanzler am 30. Januar 1933 in Berlin-Wilmersdorf. Noch am 1. März – also 2 Tage nach dem Reichstagsbrand vom 27. Februar 1933 – verteidigte er sich in einem in Berlin abgesandten Brief an den spanischen Anarchosyndikalisten Carbo, der ihm am 22. Februar 1933 vorgehalten hatte, dass die FAUD doch den Generalstreik hätte ausrufen müssen. Souchy machte deutlich, dass dies mit nur noch 3.000 Mitgliedern der FAUD nicht denkbar gewesen sei und nur ein Aufruf seitens der Kommunisten und Sozialdemokraten Wirkung gehabt hätte. Interessanter noch ist die Schlusspassage des Briefes: »Die Situation hier ist ein wenig nervös, aber ich muss ruhiges Blut bewahren. Die kommunistische Bewegung ist viel gefährdeter als die unsrige. Wir sind nicht sehr gefährlich ...«[6]

Diese Fehleinschätzung führte dazu, dass – entgegen der Erfurter Beschlüsse der FAUD, im Falle der Machtergreifung die Ortsgruppen aufzulösen und das Material beiseite zu schaffen – ausgerechnet die Geschäftskommission in Berlin, die Büchergilde Freiheitlicher Bücherfreunde und der ASY-Verlag nichts unternahmen und so am 9. März 1933 »Besuch« der Gestapo erhielten, bei dem die anwesenden 10 Personen verhaftet, und die Bücher sowie die Korrespondenz beschlagnahmt wurden.[7] Bei der am 18. März 1933 folgenden Hausdurchsuchung war Souchy allerdings nach Paris zu seiner französischen Frau *Thérèse* entflohen. »Im Sommer 1933 schrieb ich in schwedischer Sprache eine Broschüre von etwa 120 Seiten unter dem Titel ›*Die braune Pest*‹. 1934 reiste ich nach Spanien, blieb aber nur einige Monate dort ...«.[8]

1936 bei Ausbruch des Spanischen Bürgerkriegs befand sich Augustin Souchy in Barcelona. *Therése* und sein Sohn blieben in Paris, sie besuchte ihn jedoch ab und zu in Barcelona. Souchy arbeitete dort für die anarchosyndikalistische Gewerkschaft CNT, insbesondere versuchte er im Ausland Hilfe zu organisieren. Er blieb bis zuletzt in Barcelona. »Einen Tag, bevor Franco Barcelona eroberte, verließ ich die Stadt, wobei ich eine Armverletzung davontrug. Das war im Januar 1939. Ich ging zurück nach Paris.«[9] Vor dem Einmarsch deutscher Truppen 1942 konnte er nach Mexiko entkommen, in dem er Ende April ankam.

[5] Augustin Souchy: *Der Faschismus im Anmarsch* In: Der Syndikalist, Nr. 44, 1. November 1930. Bei den Reichstagswahlen im September hatte die NSDAP 107 von 577 Mandaten gewonnen. Der Young-Plan von 1929 sollte die deutschen Reparationszahlungen bis ins Jahr 1988 mit durchschnittlich zwei Milliiarden Mark jährlich regeln.

[6] Brief Augustin Souchys an Carbo in Barcelona, 1. März 1933. Archiv Salamanca, Nr. 4880

[7] Haug, Wolfgang: »Eine Flamme erlischt«. In: IWK 3/1989, S. 364f.

[8] Brief Souchys vom 8. November 1947 an einen unbekannten Empfänger. Nachlass Souchys 1942–1983, Archiv 1 Korrespondenz 1942–1954, IISG Amsterdam.

[9] Ebd.

Sein Weg führte ihn 1948 ins vorrevolutionäre Kuba. In Havanna veröffentlichte er einige Bücher und Broschüren in spanischer Sprache, darunter auch zwei theoretische Werke, *El Socialismo libertario* und zusammen mit Antonio Nuñez Jimenez *Cooperativismo y Colectivismo,* in denen er seine Auffassung vom libertären Sozialismus und seine Erfahrungen und Erlebnisse in der Spanischen Revolution auswertete. Die kubanische syndikalistische Bewegung war gut organisiert und nahm Anteil an der kubanischen Revolution, doch sollte diese für die libertäre Bewegung Kubas in einer großen Enttäuschung enden und 1960 zum Bruch mit dem Castro-Regime führen.

Nach Aufenthalten in Lateinamerika, Jugoslawien, Schweden und Israel kehrte Augustin Souchy 1962 nach Deutschland zurück. Von 1963 bis 1966 wurde er vom *Internationalen Bund Freier Gewerkschaften* (ICFTU) als Organisator zum Aufbau von Gewerkschaften nach Madagaskar und anschließend vom Genfer *Internationalen Arbeitsamt* (ILO) nach Lateinamerika und Äthiopien gesandt.

Ab 1967 arbeitete er als freier Journalist und bereiste weiterhin die ganze Welt, u. a. lernte er dabei 1975 auch die portugiesische Nelkenrevolution von innen kennen. Sein politisches Leben fasste er in seiner bereits erwähnten Autobiografie *Vorsicht Anarchist! Ein Leben für die Freiheit* zusammen.

Neben dieser Biografie erreichte das vorliegende Buch *Nacht über Spanien* in Deutschland die größte Beachtung. Der Verlag Freie Gesellschaft in Darmstadt, der im Nachkriegsdeutschland von Überlebenden der FAUD gegründet worden war, um die anarchosyndikalistischen Ideen in Deutschland am Leben zu erhalten und an die nächste Generation weiterzuvermitteln, legte das Buch erstmals 1955 auf. Nachdem das Interesse an anarchistischen Ideen mit der 68er Revolte wieder spürbar anstieg, erlebte das Buch verschiedene, vom Autor nicht mehr autorisierte Auflagen, darunter im Frankfurter März-Verlag, dann im Verlag Die Freie Gesellschaft Frankfurt und schließlich ab 1983, vom Autor wieder autorisiert, im Trotzdem Verlag, Reutlingen/Grafenau, dessen 4. Auflage als insgesamt 9. Auflage 1992 erschien. Mit der vorliegenden sprachlich überarbeiteten und neu gesetzten Auflage liegt deshalb die 10. Auflage dieser wichtigen Dokumentation zur Spanischen Revolution und zum spanischen Bürgerkrieg vor.

Dem spanischen Anarchismus kommt in der Geschichte des Anarchismus eine ganz besondere Bedeutung zu. Erstmals konnten Anarchisten ihre Theorien praktisch umsetzen und – wenn auch nur für eine kurze Zeitspanne und hauptsächlich in Katalonien und Aragón – den Beweis für die Möglichkeit einer freiheitlichen sozialen Revolution in scharfen Gegensatz zur kommunistischen Revolution antreten. Augustin Souchy hat diese Auseinandersetzungen in maßgeblicher Position miterlebt und war Augenzeuge vieler Kollektivierungen in verschiedenen Regionen, auf dem Land wie in den Städten.

Wie kam es, dass er zum richtigen Zeitpunkt in Barcelona weilte und welche Rolle kam ihm zu? »Im Jahr 1936 hatte Mussolini Äthiopien besetzt. Und da wollten die Genossen in Barcelona ein Meeting in der Stierkampfarena gegen den Faschismus veranstalten. Sie luden mich ein, daran teilzunehmen. Aber als ich dort einige Tage gewesen bin, wurde deutlich, dass Franco seinen Putsch vorbereitete. Da war es natürlich aus mit den Vorbereitungen für das Meeting. Es ging in die Gewerkschaftslokale, wo man sich mit Gewehren usw. vorbereitete. Ich war später im Radio und habe in französischer, englischer und deutscher Sprache gesagt, dass wir in Katalonien Franco besiegt haben. Die Information für das Ausland war meine Arbeit dort. Ich bin auch ins Ausland gereist, z.B. nach Frankreich zur Volksfrontregierung Léon Blums, um dort um Unterstützung durch Waffen zu bitten ...«[10]

Souchy wurde CNT-FAI-Mitglied, er erhielt für seine Reisen nach Schweden und Frankreich einen katalanischen Pass, ausgestellt am 15. April 1937 in Barcelona unter der Nummer 490/43. Dieser Umstand allein, verdeutlicht seine Sonderrolle, die nur aufgrund seiner Vorgeschichte als IAA-Sekretär verständlich wird. Er war zwar ein deutscher anarchosyndikalistischer Emigrant wie viele andere, die sich in der Gruppe *Deutsche Anarcho-Syndikalisten* (DAS) organisierten, aber er war über seine engen Beziehungen zu wichtigen Vertretern des spanischen Anarchosyndikalismus automatisch in CNT-Internas eingebunden. Eine Sonderrolle, die er ohne Zögern wahrnahm und die ihm von anderen Deutschen als Arroganz ausgelegt und verübelt wurde;[11] er sah sich selbst jedoch als Internationalist und in der gegebenen Situation folgerichtig als Spanier, sein Augenmerk galt der spanischen Revolution, das Engagement der anderen emigrierten und geflohenen deutschen Anarchosyndikalisten in Spanien für diese Revolution fand seinen Gefallen, deren eigenständige Organisierung als *DAS* oder die Herausgabe einer deutschsprachigen Zeitung *Die Soziale Revolution* hatte für ihn keine Bedeutung.

Auf den ersten 70 Seiten von *Nacht über Spanien* versucht Souchy die Vorgeschichte der spanischen Revolution zu klären. Einerseits schafft er damit einen Rahmen, der es auch heutigen Lesern ermöglicht, Entwicklungen nachzuvollziehen, andererseits versucht er gleichzeitig die Frage zu beantworten, warum gerade in der spanischen Arbeiterbewegung der anarchistische Einfluss so stark war und so viel zum Gelingen der Kollektivierungen beitragen konnte. Während in der Sowjetunion Zwangskollek-

[10] *Interview mit Augustin Souchy* von Wolfgang Haug. In: Schwarzer Faden, Nr. 8/1982, S. 6.

[11] Vgl. u.a. Helmut Kirschey: *A las Barricadas. Erinnerungen und Einsichten eines Antifaschisten*, 2000, S. 106/107 »(Souchy) lebte schon in Spanien, als der Bürgerkrieg ausbrach, sprach fließend Spanisch und wurde bald auch spanischer Staatsbürger. Im Zusammenhang mit dem Bürgerkrieg wurde er eine Art offizieller außenpolitischer Sprecher der CNT-FAI und hatte ein großes Büro im CNT-Haus. Zu Anfang war er wohl mehr oder weniger ihr Außenminister, jedenfalls hielt er sich selbst dafür. Augustin Souchy hatte keinen Kontakt zur DAS. Im Gegenteil, er betonte bei jeder passenden und unpassenden Gelegenheit, dass er Spanier sei und kein Deutscher.«

tivierungen durchgeführt werden mussten, hatten sich die Bauern und Arbeiter Spaniens gemäß dem Selbstverständnis des freiheitlichen Sozialismus selbstorganisiert zusammengeschlossen. Souchy betonte nicht zuletzt die Erfahrung, die die spanischen Anarchisten aus der mexikanischen Revolution gezogen hatten: »Die Kollektivierung ist nicht vom Himmel gefallen. Ich möchte einen interessanten Vergleich anstellen zwischen Spanien und Mexiko. In Mexiko brach 1911 eine Revolution aus und sie war schon beendet, als 1917 die russische noch gar nicht begonnen hatte. Die Forderungen der Revolutionäre waren u.a.: Land für die Bauern, das ihnen von den Konquistadoren und der Kirche genommen worden war. Mexiko war das erste Land, das eine Agrarreform durchführte, so dass jeder Mexikaner, der kein Land hatte, Grund und Boden bekommen konnte. Als dies geschah, stellte sich die Frage: was sollte man damit tun? Es hat ja jeder für sich gearbeitet. Der Geist kollektiver Arbeit fehlte. Also blieb Mexiko bis heute ein Land, das so kapitalistisch ist wie alle anderen.

Aber in Spanien hatten wir [die Anarchisten, Anm. d. Verf.] schon im vorigen Jahrhundert damit begonnen, uns mit Kollektivierungen zu befassen.«[12]

Bereits Bakunin hatte in der 1. Internationale die Kollektivierungs-Idee propagiert. Jahrzehntelang war in Spanien darüber diskutiert worden, wie auf dem Land und in den Städten eine Kollektivwirtschaft geschaffen werden könnte, die von den Bauern und Industriearbeitern in Selbstverwaltung organisiert werden sollte. »Die Kollektivierung während des Bürgerkriegs war daher die Verwirklichung eines lange gehegten und ersehnten Ideals, sie wurde von den Bauern und den Arbeitern als ihre eigenste Sache empfunden.«[13]

Um die Freiwilligkeit zu gewährleisten, konnte beispielsweise ein Bauer, der nicht mitmachen wollte, auch »Individualist« bleiben. Sein Hof bestand neben dem des Kollektivbetriebs. Zwei Jahre lang konnten sich diese solidarischen und von gegenseitiger Hilfe geprägten Kollektivbetriebe in Teilen Spaniens halten, bis sie von Franco aufgelöst wurden. Für Augustin Souchy lag in der Kollektivierung die eigentliche Bedeutung der Spanischen Revolution. Die freiwillige und massenhafte Umsetzung dieser Ideen schuf innerhalb des sozialistischen Lagers eine faszinierende Konkurrenz zur bolschewistischen Zwangskollektivierung, die Stalin nicht dulden konnte. Es ist deshalb kein Zufall, dass die ersten Kollektive von den kommunistischen Truppen Enrique Lísters noch vor Francos Sieg zerstört wurden.[14]

[12] *Interview mit Augustin Souchy* von Wolfgang Haug. In: Schwarzer Faden, Nr. 8/1982, S. 6

[13] *Anarchismus. Theorie. Kritik. Utopie. Texte und Kommentare.* Hrsg. v. Achim v. Borries und Ingeborg Brandies, Frankfurt 1970, S. 23.

[14] Gaston Leval: *Das libertäre Spanien. Das konstruktive Werk der Spanischen Revolution,* 1976, S. 332f: »Ende Juli kam dann eines Tages der brutale Angriff durch eine bewegliche Einsatztruppe, an deren Spitze der Major Lister stand, (...). Das Endergebnis der antirevolutionären Offensive war, dass 30% der Kollektive völlig zerstört waren. (...) Am 22. Oktober 1937 erstattete die Delegation des Regionalkomitees von Aragon der in Valencia abgehaltenen Vollversammlung der Bauern einen Bericht: ›Mehr als 600 Organisatoren der Kollektive sind verhaftet worden. Die Regierung hat Verwaltungskommissionen ernannt, die die Lebensmittelläden in Besitz genommen und ihre Waren aufs Geratewohl verteilt haben.‹ (...) Die ›Individualisten‹ und Konservativen nahmen wieder überhand, um so mehr, als viele von denen, die dieser breiten Sozialisierungsbewegung zugestimmt hatten und ihr wieder zustimmen würden, wenn sie sich frei entscheiden könnten, es jetzt nicht mehr wagten.«

In *Nacht über Spanien* sowie in einem weiteren, regional ausgerichteten, Buch *Die Bauern von Aragon*[15], das bislang nur in spanischer und englischer Sprache publiziert wurde, beschreibt Souchy minutiös den sozialen Umbruch, die überregionale Zusammenarbeit der Kollektive, die Tauschplätze, die Kongresse und die Probleme. »Im August 1936 gab es in Barcelona eine Konferenz der Landkollektive von Katalonien und im Juni 1937 gab es in Valencia einen Kongress aller kollektivierten Unternehmungen, sowohl landwirtschaftlicher wie industrieller Art. Ich habe selbst daran teilgenommen, allerdings nicht als Delegierter, sondern als Berichterstatter. Da gab es eine sehr interessante Diskussion über die Frage, wie die Entlohnung sein sollte. Die Landarbeitervertreter traten für das Prinzip ein Jeder nach seinen Bedürfnissen. Und die von den Industriebetrieben, die wollten das nicht und waren für das Prinzip Jeder nach seinen Leistungen. Nach zwei Tagen Diskussion gelangte man auf dem Kongress zu der Auffassung, keinen Beschluss zu fassen, den alle befolgen müssen. Es gab keine einheitliche Kollektivierung, sondern jede Gruppe machte es so, wie sie es für gut befand. Eine sagte z.B., wir wollen kein Geld mehr und sie haben das Geld ganz abgeschafft. Jeder bekam das, was er brauchte an Lebensmitteln usw. Und wenn er andere Dinge benötigte, die im Dorf selbst nicht hergestellt wurden, tauschte man mit den Waren aus den Städten. Andere Kollektive haben das Geld beibehalten, vereinbarten aber für alle den gleichen Lohn.«[16] Souchy wurde neben dem Franzosen Gaston Leval zu einem der wichtigsten Chronisten dieser Ereignisse, deren genaue Überlieferung für ihn einen zukunftsweisenden Charakter hatte. Um die Bedeutung der Kollektive für damals und ihre antizipierende Signalwirkung für die Zukunft richtig zu beurteilen, ist es wichtig, über deren genauen Umfang Bescheid zu wissen. Eine endgültige Bestandsaufnahme aller Aktivitäten wird erst möglich, wenn sich Forscher in den Archiven in Amsterdam und Salamanca dieser Arbeitsaufgabe stellen. Der deutsche Historiker Walter L. Bernecker hat 1980 eine vorläufige Bewertung der Agrarkollektive vorgenommen: »Im Winter 1936/1937 gab es auf republikanischem Territorium über 1.500 landwirtschaftliche Kollektive; 450 davon lagen in Aragonien, wo sie 300.000 Personen und über 70 % des bewirtschafteten Bodens umfassten. In Katalonien dürfte es zwischen 200 und 400, in Andalusien zwischen 250 und 300 Kollektive gegeben haben. Levante zählte Ende 1937 circa 400 kollektivierte Dörfer; nach anderen Quellen waren es 1938 zwischen 500 und 900 Ortschaften, die sich kollektivwirtschaftlich organisiert hatten. Für Kastilien ist neuerdings die Zahl von 240 Kollektiven mit fast 23.000 Familien für Anfang 1939 – also unmittelbar vor Kriegsende – genannt worden. Im August 1938 waren nach Angaben des Instituts für Agrarreform 2.213 Kollektive legalisiert; da Katalonien, Aragonien und die Levante nicht in der Statistik figurierten, muss die absolute Zahl bedeutend höher gelegen haben. Nach heutigen Angaben (exilierter) spanischer Anarchisten beteiligten sich drei Millionen Menschen an den kollektivwirtschaftlichen Experimenten.«[17]

[15] Souchy, Agustín: *Entre los campesinos de Aragón,* Barcelona 1937.

[16] *Interview mit Augustin Souchy* von Wolfgang Haug, in: Schwarzer Faden, Nr. 8/1982, S. 6.

[17] *Kollektivismus und Freiheit. Quellen zur Geschichte der Sozialen Revolution in Spanien 1936–1939* Hrsg. v. Walter L. Bernecker, München 1980, S. 205.

Experimentiert wurde dabei nicht nur, was den gemeinschaftlichen Anbau, das gemeinschaftliche Vermarkten und Entscheiden über die Anbausorten, die Arbeitsgeräte, die Arbeitszeit etc. anging, experimentiert wurde auch in ganz wesentlichen und wegweisenden Fragen wie der nach dem Eigentum oder dem Lohn der Arbeit: »Die Kollektive der CNT zeichnen sich zumeist dadurch aus, dass sie den Familienlohn eingeführt haben. Die Löhne werden nach den Bedürfnissen der Mitglieder gezahlt und nicht nach der Arbeit des einzelnen. Der Familienlohn ist für die Landbevölkerung der höchste Ausdruck des freiheitlichen Kommunismus. Unabhängig vom Aufgabenbereich und durchgeführter Arbeit erhalten die Kollektivmitglieder Lebensmittel gemäß den Beständen oder den nach der Anzahl der Familienmitglieder errechneten Lohnsätzen.«[18]

Was Souchy 1938 übersah, ist die Funktion der Familie, die traditionell den Mann zum Vormund über Frauen und Kinder machte und dadurch patriarchalische Verhaltensmuster unhinterfragt in den anarchistischen Kollektiven weiter bestehen ließ.

Da sich Augustin Souchy ab dem 8. Kapitel wieder dem äußeren Verlauf der Revolution und des Bürgerkriegs widmet, kommt *Nacht über Spanien* bis heute die Funktion einer umfassenden zeitgenössischen Stellungnahme und authentischen Beurteilung der spanischen Ereignisse aus anarchistischer Sicht und damit einer Kritik an kommunistischer Einflussnahme und sozialistischer Regierungspolitik zu, die als Dokument zeitlos lesenswert bleibt.

Wolfgang Haug

[18] Augustin Souchy: »La revolución agraria en España« In: Tímon, Barcelona 1938, zit. nach Bernecker, S. 258

Vorwort

Über die historischen Ereignisse, die sich in der zweiten Hälfte der Dreißigerjahre in Spanien abgespielt haben, ist in deutscher Sprache bisher wenig veröffentlicht worden. Das erklärt sich damit, dass zu jener Zeit Hitler in Deutschland an der Macht war. Die Nazipresse und die von Goebbels kontrollierte Verlegerwirtschaft haben die spanischen Ereignisse in völlig falschem Lichte dargestellt. Uber die tiefen wirtschaftlichen und sozialen Veränderungen in der spanischen Republik ist in Deutschland so gut wie gar nichts bekannt geworden. Ein dichtes Lügengewebe wurde über die spanische Republik verbreitet. Der Putschistengeneral Franco war Mussolinis und Hitlers Schützling. Das spanische Volk, das unter großen Opfern in schweren Kämpfen seine Freiheit verteidigte, ist in jeder erdenklichen Weise verleumdet worden.

Während der Nazidiktatur sind etwa fünfzig kleinere und größere Schriften in Deutschland über den spanischen Bürgerkrieg erschienen. In allen diesen Veröffentlichungen wurde schändliche Geschichtsfälschung getrieben. Große Teile des spanischen Volkes wurden herabgewürdigt und die Republik verleumdet. Es war nicht möglich, dieser Verleumdung öffentlich entgegenzutreten. Zweifellos hat ein Teil des deutschen Volkes die Naziberichte mit Misstrauen und Skepsis entgegengenommen. Doch es gab keine Möglichkeit, die Wahrheit zu erfahren. Was wirklich in Spanien vom Juli 1936 bis April 1939 vorgegangen ist, davon weiß die Mehrheit des deutschen Volkes auch heute noch recht wenig.

Nach Beendigung des Krieges sind auch in deutscher Sprache einige Bücher über Spanien erschienen. Die meisten davon wurden jedoch von Mitgliedern der Internationalen Brigaden geschrieben, die ein völlig verfälschtes Bild geben. Nachdem die in ihrer Mehrheit nichtmarxistische Arbeiterbewegung Spaniens innerhalb einer Woche den faschistischen Militäraufstand in allen großen Städten des Landes mit Ausnahme Sevillas niedergeschlagen hatte, Franco aber mit Hilfe von Mussolini und Hitler einen blutigen Krieg gegen das eigene Volk inszenierte, kamen Kommunisten aus allen Ländern Europas, besonders kommunistische Flüchtlinge der faschistischen Länder nach Spanien, um ihr ramponiertes kommunistisches Prestige zu reparieren. Man hat in der Weltpresse den Einsatz und die militärische Hilfe dieser internationalen Brigaden stark übertrieben. Die kommunistische Presse machte damit Parteipropaganda. Der Nazipresse kam das durchaus gelegen. Sie konnte dadurch ihre Hilfe für Franco mit dem Hinweis auf die kommunistische Gefahr rechtfertigen. In

Spanien selbst sollte die Anwesenheit der Internationalen Brigaden dazu dienen, die unbedeutende kommunistische Partei des Landes aufzupäppeln.

Die Mitglieder der Internationalen Brigaden hatten – von Leo Deutsch bis Ludwig Renn – von der sozialrevolutionären Geschichte des spanischen Volkes keine blasse Ahnung. Das spanische Volk war für sie rückständig. Die sozialrevolutionäre Bewegung des Landes betrachteten sie mit den Augen des »wissenschaftlichen« Dogmatikers. Ich hatte selbst in dieser Beziehung ein kleines persönliches Erlebnis. Im Herbst 1936 erklärte ich einem deutschsprachigen marxistischen Journalisten aus dem Ausland die sozialen Veränderungen, die in Barcelona und Katalonien nach dem 19. Juli vor sich gegangen waren. »Wie ist das möglich«, rief er naiv aus, »dass all dies von Leuten durchgeführt wurde, die nicht einmal das ›Kommunistische Manifest‹ von Karl Marx gelesen haben.« Ich war erschüttert über die dogmatische Verbohrtheit, die aus diesen Worten sprach. Ich antwortete ihm, dass es Revolutionen und tief gehende soziale Veränderungen vor Karl Marx gegeben habe und dass auch die Zukunft nicht durch Theoretiker, sondern durch die Handlungen der Menschen, die auf die Geschehnisse einwirken, bestimmt werde. Dabei sind natürlich die sozialen Gegebenheiten, Traditionen und wirtschaftlichen sowie geistigen Faktoren gleichfalls in Betracht zu ziehen. Theorien haben auf soziale Veränderungen nur geringen Einfluss. Das spanische Volk hatte von alters her eigene Auffassungen von Freiheit und sozialer Gerechtigkeit. Die Bauern und Arbeiter haben einen praktischen Sinn für gemeinschaftliche soziale Probleme. Jedesmal, wenn die Madrider Zentralgewalt sich auflockerte, entfaltete sich die Initiative des Volkes und immer wenn das Volk mit eigener Initiative eingriff, wurde der Zentralismus in Madrid eingeschränkt. Die Spanier brachten mit der ihnen eigenen Intuition und Schöpferkraft große soziale Werke hervor.

Die politischen Kommissare oder Verbindungsoffiziere der Internationalen Brigaden hatten von dem tiefen sozialen Neuaufbau in der Regel keine Ahnung. Meist war ihnen auch nichts daran gelegen, diese Dinge kennen zu lernen, da es sich ja um »anarchistische Aktionen« handelte, die ohne Zustimmung und ohne Erlaubnis der Komintern durchgeführt worden waren! Für einen Teil der Internationalen war der spanische Bürgerkrieg ein Abenteuer in einem neuen Lande mit ein bisschen Gefahr und viel Abwechslung. In die Seele des spanischen Volkes versuchten nur sehr wenige von ihnen einzudringen. Sie hofften, dass bei einem Siege der Republik Spanien unter den Einfluss Moskaus kommen würde. Sie waren gewillt, für den Sieg des Kommunismus zu kämpfen, selbst gegen den Willen des spanischen Volkes, wenn es erforderlich gewesen wäre.

Aus diesen Gründen sind die Darstellungen der Mitglieder der Internationalen Brigaden über das republikanische Spanien ebenso gefälscht, wie die Berichte der faschistischen und nationalsozialistischen Presse es während des Bürgerkrieges gewesen sind.

Meine eigene Verbindung mit der revolutionären Bewegung Spaniens beginnt mit dem Jahre 1912. Seit 1919 habe ich mit den spanischen Revolutionären zusammengearbeitet. Im gleichen Jahre fand in Madrid ein Kongress der anarchosyndikalistischen Gewerkschaften statt. Unter dem Einfluss der revolutionären Ereignisse in Europa bereiteten sich die Syndikalisten auch in ihrem Lande für die soziale Revolution vor. Den Kommunismus durch die Diktatur einzuführen, lehnten sie ab. Sie erklärten sich für den freiheitlichen Kommunismus. Dieses kleine Eigenschaftswort hat eine große Bedeutung. Es hat das köstlichste Gut, die Freiheit, zum Inhalt. Wer nicht mitmachen wll, hat das Recht sich abseits zu stellen. Alle politischen Parteien haben das Recht, weiter zu bestehen. Religiöse Bekenntnisse und philosophische Meinungen und deren Gruppen, wie z.B. die Freimaurer, werden respektiert. Der Kongress erklärte seine Sympathie für die russische Revolution, ohne die bolschewistischen Methoden anzuerkennen.

In Spanien ist man daran gewöhnt, in revolutionären Situationen rasch vom Wort zur Tat überzugehen. Alfonso XIII, der seine Untertanen als Kanaillen bezeichnet hatte, fürchtete den Zorn seines Volkes. Um revolutionäre Erhebungen im Keime zu ersticken und um gleichzeitig auch der Schreckensherrchaft von General Martínez Anido in Barcelona ein Ende zu bereiten, proklamierte Primo de Rivera 1923 die Militärdiktatur. Die syndikalistischen Organisationen aller Länder organisierten Hilfsaktionen für ihre spanischen Genossen. Während dieser Zeit bereiste ich zum ersten Male Spanien. Nach Errichtung der Republik im Jahre 1931, hielt ich mich alljährlich kürzere oder längere Zeit in Spanien auf. Als Sekretär der Syndikalistischen Internationale habe ich an allen wichtigen Konferenzen und Kongressen der spanischen Anarchosyndikalisten teilgenommen. Auf diesen Zusammenkünften wurde die soziale Umwandlung vorbereitet, die nach den Juli-Ereignissen 1936 einsetzte.

Anfang Juli 1936 kam ich erneut nach Spanien. Wir hatten in der Arena Barcelonas eine Riesenkundgebung für den Weltfrieden geplant. Das Datum war auf den 19. Juli festgesetzt. Unsere Vorbereitungen für die Versammlung wurden unterbrochen. Der bevorstehende Militärputsch veranlasste die Arbeiter, sich auf die Abwehr vorzubereiten. Diesem Zufall habe ich es zu verdanken, dass ich mich bei Ausbruch des Faschistenputsches in Barcelona befand. Ich blieb während des ganzen Bürgerkrieges in Spanien und verließ Barcelona am 26. Januar 1939, einen Tag vor dem Einzug Francos. Durch Radioreden, Vorträge, Teilnahme an Konferenzen und Kongressen, sowie durch wöchentliche Veröffentlichungen von Artikeln in den größten Zeitungen der Republik habe ich an den Ereignissen während dieser denkwürdigen Epoche Anteil genommen.

Als Generaldelegierter der Internationalen Liga für Menschenrechte setzte ich mich für die Freigabe der politisch Verfolgten ein. In der zweiten Hälfte des Bürgerkrieges hatten die Kommunisten, die es verstanden hatten, sich an die Spitze einiger wichtiger Institutionen zu stellen, ein Schreckensregime gegen alle politischen Gegner errichtet. Auch viele nichtkommunistische Ausländer wurden von den Kommunisten in illegaler Weise teils verhaftet und teils sogar ermordet. Ich half, so gut ich konnte, die Inhaftierten frei zu bekommen und die Fälle der Ermordeten zu klären.

Das vorliegende Buch ist zu einem Teil das Ergebnis meiner persönlichen Erfahrungen in Spanien während der Zeit des Bürgerkrieges und der Revolution. Ich maße mir nicht an, in diesen Seiten die Geschichte des spanischen Bürgerkrieges erschöpfend dargestellt zu haben. Der Leser könnte auch bemängeln, dass in diesen Buchseiten die Tätigkeit der Anarchosyndikalisten zuviel gelobt und die andern republikanischen Sektoren zu wenig berücksichtigt werden. Dies ist keineswegs ein Mangel an objektivem Urteilsvermögen meinerseits, sondern absichtlich geschehen. Ich hielt es für notwendig, die so viel verleumdeten und dabei so wenig bekannten Ideen und Organisationen des spanischen Anarchosyndikalismus, der zweifellos eine nicht zu unterschätzende Rolle in der Entwicklung des Landes seit fast einem Jahrhundert gespielt hat, vor einem internationalen Forum zu rehabilitieren. In dem Bauwerk der Geschichtsschreibung über den spanischen Bürgerkrieg gibt es viele Lücken auszufüllen, und dieses Buch ist mit einem Mauerstein zu vergleichen, der an eine offene und besonders klaffende Stelle gehört. Es wäre freilich zu wünschen, dass auch die Bedeutung der Sozialisten und Republikaner in jener ereignisschweren Zeit der Geschichte Spaniens besonders gewürdigt wird.

In dem gegenwärtigen Ringen der Völker um neue wirtschaftliche und soziale Lebensformen kann das Beispiel des wirtschaftlichen und sozialen Neuaufbaus der spanischen Revolution vielleicht von einigem Nutzen sein. Die Verhältnisse eines Landes lassen sich natürlich nicht auf ein anderes Land unverändert übertragen. Der totalitäre Staatszentralismus des bolschewistischen Russland, eine unselige Erbschaft des Zarismus, würde in anderen Ländern, besonders in der westlichen Hemisphäre zu einem Misserfolg führen. Die Lösung der sozialen Probleme ist auf verschiedene Weise versucht worden. Marx und Proudhon, Kropotkin und Silvio Gesell hatten sich verschiedene Systeme ausgedacht, und jeder von ihnen hat besondere Lösungen vorgeschlagen. Alle mögen einen Kern von Wahrheit und gewisse Irrtümer aufweisen. Es wäre aber eine bornierte Anmaßung, eine einzige Lehre als alleingültig für alle Länder und alle Zeiten hinzustellen. Der Bolschewismus marxistischer Observanz ist freilich so arrogant, diese Totalitätslösung überall einführen zu wollen.

Wo immer sich ihnen Gelegenheit bietet, versuchen die kommunistischen Parteien, das russische System mit Gewalt, List und Zwangsmaßnahmen einzuführen. Auch in Spanien machten sie diesen Versuch. Doch die Freiheit kann nicht aufgezwungen werden. Mit Zwangsmaßnahmen läßt sich die soziale Gerechtigkeit nicht aufoktroyieren. Wer auf sozialem Gebiete absolute Einheitlichkeit um jeden Preis einführen will, endet im Totalitarismus, in der Diktatur und im Despotismus. Das

Hitlerregime war hierfür ein abschreckendes Beispiel. Auch die Zwangsherrschaft in den Ländern östlich des eisernen Vorhangs ist ein politischer Rückfall in den Despotismus.

Spanien und Deutschland haben trotz der Verschiedenartigkeit von Land, Volk und Verhältnissen doch etwas Gemeinsames. Es sind die einzigen großen Länder Europas, wo eine föderalistische Bewegung besteht. Jenseits der Pyrenäen hat der moderne Föderalismus in Pi y Margall, dem Präsidenten der ersten spanischen Republik von 1873, einen hervorragenden Fürsprecher gehabt. In Spanien haben sich, in gleicher Weise wie in Deutschland, auch unter dem Regime des politischen Machtzentralismus die föderalistischen Ideen am Leben erhalten. In Zeiten politischen Niederganges aber erlebte der Föderalismus ein neues Erwachen. Hat das zentralistische Regierungssystem die Nation ins Unglück gestürzt, dann besinnen sich die Völker auf den rettenden Anker föderalistischer Gesellschaftsformen. Die spanischen Föderalisten wünschen einen Bund selbstständiger Länder, keinen Separatismus.

Was das spanische Volk während des Bürgerkrieges auf wirtschaftlichem und sozialem Gebiete an Neuerungen schuf, davon ist in Deutschland fast gar nichts bekannt geworden. Man weiß in deutschen Landen weder etwas über die tief gehende soziale Revolution, noch über den entscheidenden Einfluss, den die Anarchosyndikalisten dabei ausgeübt haben. Ich habe mir die Aufgabe gestellt, in diesem Buche gerade diese Seite des spanischen Bürgerkrieges zu beleuchten.

Zuletzt möchte ich nicht die Gelegenheit versäumen, meinem alten Freunde Dr. Pedro Vallina, einem Hidalgo des spanischen Freiheitskampfes, für die wertvollen Fingerzeige, die er mir gegeben hat, zu danken. Ich schreibe dieses Buch in dem Garten seines Hauses, in Loma Bonita, dem Ananasparadies Mexikos, unter dem Schatten von Kokosnusspalmen und Bananenstauden. Vallina, heute ein spanischer Flüchtling, stand seit mehr als einem halben Jahrhundert im Brennpunkt der sozialen Kämpfe seines Heimatlandes. Im schönen Andalusien, wo seine Wiege stand, hat er an allen Erhebungen und sozialen Bewegungen hervorragenden Anteil genommen. Stets war er von dem großen Wunsche beseelt, das harte Los der verarmten Landarbeiter zu verbessern und ihnen zu helfen, sich würdigere Verhältnisse zu schaffen. Heute ist der hochbetagte Freiheitskämpfer fast eine legendäre Gestalt der spanischen Freiheitsbewegung. Er hat sich im Süden Mexikos niedergelassen, wo er in selbstloser Weise die Tropenkrankheiten der indianischen Bevölkerung kuriert. Die Eingeborenen achten und lieben ihn. Wenn wir des Abends auf der Bank vor seinem Bungalow sitzen, dann erstehen vor unserem Geiste Szenen und Ereignisse aus den Freiheitskämpfen vergangener Zeiten. Etwas ist schon erreicht worden, doch zahlreiche Errungenschaften des neunzehnten Jahrhunderts sind im zwanzigsten wieder verloren gegangen. Der technische Fortschritt hat Erleichterungen gebracht. An persönlichen Freiheiten aber sind die Völker heute ärmer als vor dem ersten Weltkriege.

Barfüßige Indianer ziehen müde und abgearbeitet von dem erschöpfenden Tagewerk unter den brennenden Strahlen der Tropensonne heim. Sie wohnen in primitiven und schmutzigen Palmenhütten. Sie haben kein Bett und schlafen auf dem bloßen Fußboden. Sie verbringen ihr Leben in geistiger Finsternis, Unwissenheit und Aberglauben. Ihr Dasein erschöpit sich mit harter Arbeit, mit der Befriedigung des Hungers, des Schlafes und des Fortpflanzungstriebes. Sie sind hilflose Opfer rücksichtsloser Ausbeuter und betrügerischer Händler.

Die Abenddämmerung ist kurz unter dem Tropenhimmel. Rasch verschwindet die Sonne hinter den Bergrücken Oaxacas in glühend roten Farben. Am Rande des Dorfes liegt düster und geheimnisvoll der Dschungel mit seinen Reizen und seinen Gefahren.

»Die halbe Menschheit lebt, noch unter unwürdigen Verhältnissen«, ruft Pedro aus. »Eigentlich haben wir nur wenig erreicht. Viel bleibt noch zu erkämpfen.«

Augustin Souchy
Loma Bonita, (Oaxaca) Mexiko

Kapitel 1

Aus den spanischen Freiheitskämpfen der Vergangenheit

Die spanische Republik ist mit ausländischer Militärhilfe niedergeschlagen worden. Das nationalsozialistische Deutschland und das faschistische Italien haben durch Entsendung von Flugzeuggeschwadern, Geschützbatterien, Panzerdivisionen und Mannschaften einen völkerrechtswidrigen Krieg gegen das spanische Volk geführt. Frankreich, England und die übrigen Westländer mischten sich nicht ein, da sie fürchteten, ihre Hilfe für die spanische Demokratie könne zu einem Weltkrieg führen. Die Nichteinmischungspolitik war ein großer Fehler. Den Weltkrieg hat sie nicht verhindern können, sie hat vielmehr seinen Ausbruch näher gerückt. Das spanische Volk war das erste Opfer des internationalen Faschismus. Die spanische Republik ist nach einem mutigen, fast dreijährigen Kampfe gegen eine militärische Übermacht unterlegen. Auf ihren Trümmern errichtete Franco unter dem Schutze Mussolinis und Hitlers eine blutige Militärdiktatur. Die demokratischen Länder führen ihre undemokratische Politik mit Bezug auf Spanien weiter. Dank ihrer unentschiedenen Haltung ist Franco heute noch am Ruder, die Demokratie ist in Spanien vernichtet und das Volk unterdrückt.[1]

Die zweite spanische Republik hatte ein kurzes Leben. Sie bestand von 1931 bis 1939. Während der letzten drei Jahre ihres Bestehens hatte sie einen schweren und blutigen Kampf um ihre Existenz zu führen, dem sie schließlich erlag. Die politischen Verhältnisse hatten eine gewisse Ähnlichkeit mit der Weimarer Republik. Der Militärputsch Francos hatte die typische Form des spanischen Militärputsches. Dazu kam noch der ausländisch-faschistische Einschlag.

Bürgerkriege sind in Spanien keine neue Erscheinung. Das iberische Volk hat eine lange Geschichte von ruhmvollen Freiheitskämpfen. Seit Ende des vergangenen Jahrhunderts bis in unsere Tage wurde dieser Freiheitskampf im Zeichen des revolutionären Sozialismus geführt. Im Hinblick auf die politische Geschichte Spaniens ist nicht anzunehmen, dass mit dem Siege Francos der Freiheitskampf in Spanien aufgehört hat. Er geht unterirdisch weiter und wird bei der ersten günstigen Gelegenheit zum offenen Ausbruch kommen. Erst mit der Errichtung freiheitlicher Gesellschaftseinrichtungen wird das spanische Volk zur Ruhe kommen.

[1] *Nacht über Spanien* erschien erstmals 1955 – zwei Jahrzehnte vor dem Tod Francos und dem Ende der Diktatur. Vgl. auch Medienwerkstatt Freiburg (Hg.): *Die lange Hoffnung. Erinnerungen an ein anderes Spanien*, das Buch zum Film über Augustin Souchys und Clara Thalmanns Rückkehr an die Orte des spanischen Bürgerkriegs. Trotzdem Verlag 1985.

Die neuere Geschichte Spaniens ist durch viele Faktoren bestimmt. Die Macht der Kirche hemmte die Erziehung der Jugend und hinderte die normale Entfaltung des Geisteslebens. Der Verlust des Kolonialreiches hatte nicht nur wirtschaftliche und politische Folgen; er führte auch zum Erwachen eines oppositionellen Nationalismus gegen die Krone. Die schwache Entwicklung der Industrie führte zu einer Diskrepanz zwischen der wachen Intelligenz des spanischen Volkes und den wirtschaftlichen Möglichkeiten des Landes.

Die Intervention der Kirche in weltlichen Angelegenheiten des Landes hat sich in der spanischen Geschichte wiederholt fühlbar gemacht. Auch heute noch hält der Papst seine Hand schützend über Franco. In Spanien gab es keine religiöse Reformationsbewegung. Die Inquisition unterdrückte mit barbarischen Mitteln jede geistige, gegen die Dogmen Roms gerichtete Oppositionsbewegung. Bis auf den heutigen Tag ist das Land katholisch geblieben. Seit Vertreibung der Mauren hatten sich die katholischen Könige mit dem Papst gegen das Volk verbündet. Die Kirche half dem Adel und den Großgrundbesitzern, das Volk in Untertänigkeit zu halten. Als dritte Macht im Bunde erschienen bald die Großkapitalisten. Diese drei Mächte unterdrückten das Volk und beuteten es zu ihrem eigenen Nutzen aus. Die Kirche knebelte den Geist, die großen Landbesitzer beuteten die besitzlosen Landproletarier aus, der Staat verfügte durch sein Militär über den Gewaltapparat, mit dem alle Befreiungsversuche des versklavten Volkes niedergeschlagen wurden.

Dieses Herrschaftssystem bestand Jahrhunderte hindurch. Erst in der zweiten Hälfte des vorigen Jahrhunderts bildeten sich revolutionäre Arbeiter- und Bauernorganisationen, die sich das Ziel setzten, sich selbst und das ganze Volk aus diesen schmachvollen Zuständen zu befreien. Nach dem endgültigen Sieg der katholischen Könige über das letzte Kalifat von Granada (1492) hat sich in Spanien die nationale Einheit vollzogen. Durch die Heirat des Königs Fernando II de Aragón mit der katholischen Königin Isabel I de Castilla (1469) entstand in Spanien ein großes unitarisches Königreich. Auf die Periode der nationalen Einheit folgte eine Zeit der nationalen Expansion. Die Epoche machenden Entdeckungsreisen von Kolumbus wurden von der spanischen Königin finanziert. Hernán Cortés eroberte für die spanische Krone Mexiko, der Abenteurer Pizarro das Inkareich. Die spanische Kolonialmacht war die erste und größte der Welt. Der neue Kontinent stand vom Missouri bis zum Feuerland unter spanischer Herrschaft. Ein Strom von geraubtem Gold floss in die Metropole. Im Reich Carlos V (Karl V.)[2] ging die Sonne nicht unter. Die Künste blühten. Im Theater glänzten Zorilla und Calderón, im Roman und in der Literatur Quevedo und Cervantes durch ihre unsterblichen Werke. Die Spanier waren stolz auf ihre nationale Größe. Sie riefen ihrem König zu: »Jeder von uns ist soviel wert wie du, und wir alle zusammen sind mehr wert als du!«

[2] Carlos I. (1500 – 1558); König von Spanien (1517 – 1556) und 1519 – 1556 auch Kaiser Karl V.

Auf der iberischen Halbinsel hatten sich die Sklaven frühzeitig gegen ihre Herren erhoben. Bereits unter der Herrschaft Mark Aurels kam es zu Sklavenaufständen. Am Ausgang des Mittelalters erhob sich der gemeine Mann in Stadt und Land. Die Aufstände der Leibeigenen in Katalonien und auf den Balearen erschütterten das Feudalsystem. Die Kämpfe der Comuneros in Kastilien setzten 1520/21 unter Carlos I ein. Die Handwerker in Valencia bildeten ihre berühmte »Hermandad«, eine Brüderschaft des Kampfes gegen die adligen Herren. Das Ziel dieser Aufstände war die Abschaffung des parasitären Adelsstandes und die Errichtung einer Gemeinschaft der Brüderlichkeit und Gerechtigkeit von Handwerkern, Arbeitern und Bauern. Ein Bund von Brüderschaften breitete sich über die iberische Halbinsel aus. Der untere Klerus stand meist auf Seiten des Volkes. »Nach dem Tode Adams«, erklärte der Dominikanermönch Juan Tey, »muss die Erde allen gehören«. Spottlieder wurden gegen die Großen und Mächtigen gesungen. Dörfer und Städte proklamierten ihre Selbstständigkeit und kämpften um Freibriefe. Nach langen Kämpfen siegten die Fürsten über die Bewegung der Brüderschaften der Bauern und Städter. Doch der Geist der Freiheit konnte nicht getötet werden. Die Idee des Kommunalismus, d. h. der kommunalen Selbstständigkeit und des Kollektivismus, einer auf Gleichheit beruhenden Wirtschaftsgemeinschaft, hat sich durch die Jahrhunderte in Spanien am Leben erhalten. Die Lehre vom politischen Föderalismus und vom freiheitlichen Kommunismus ist nicht von außen ins Land gekommen; sie ist in Spanien selbst entstanden und hat in den Traditionen der Freiheitskämpfe des spanischen Volkes ihre Wurzeln.

Das Wort, dass Afrika jenseits der Pyrenäen beginnt, hat Berechtigung, wenn man damit die grausamen Regierungsmethoden despotischer Herrscher brandmarken will. Auf die großen zivilisatorischen Leistungen des spanischen Volkes aber kann es ebenso wenig in herabsetzendem Sinne angewandt werden wie auf die Errungenschaften der arabischen Kultur. Alle großen europäischen Ereignisse hatten in Spanien Widerhall gefunden. Die französische Revolution und die napoleonischen Kriege hatten auch in Spanien ihre Nachwirkungen Das spanische Volk verteidigte sich mit seinen eigenen, ursprünglichen Methoden, der so genannten Guerilla, gegen die Herrschaft Napoleons. Nicht durch ein großes Nationalheer, sondern durch den Kleinkrieg des Volkes wurde die Macht des Eroberers in Spanien untergraben.

Während des Befreiungskrieges gab sich das spanische Volk im Jahre 1812 eine neue Verfassung, die *Constitución de Cádiz*. Sie war von den Repräsentanten der Bürger geschaffen worden und trug einen liberalen Charakter. Sie schaffte die herrschaftlichen Vorrechte auf dem Lande ab, indem sie den freien Verkauf der Majoratsgüter dekretierte, wodurch unbebautes Land nutzbar gemacht werden sollte, und sie beschloss die Auflösung der Zünfte.

Der liberale Kurs der spanischen Politik erschien dem reaktionären Europa nach dem Sturz Napoleons als eine Gefahr für die neue Ordnung der Heiligen Allianz von Gottes Gnaden. Unter dem Einfluss Metternichs beschloss 1813 der *Wiener Kongress,* den Liberalismus in Spanien mit Waffengewalt von außen zu beseitigen. Der König von Frankreich wurde beauftragt, die Expedition gegen Spanien zu unternehmen. Das reaktionäre Frankreich Chateaubriands fiel mit großer Heeresmacht ins Land ein, verjagte die liberale Volksvertretung und setzte den verräterischen König Fernando VII als Monarchen mit absoluter Macht wieder auf den Thron. Die liberale Verfassung wurde außer Kraft gesetzt und die Reaktion erhob auch in Spanien ihr Haupt. Die Monarchie hielt sich bis 1873 an der Macht. Während dieser Zeit gab es doch immer wieder kleinere Unruhen und Erhebungen. 1837 trat auf den Druck des Bürgertums und einiger Generäle eine neue liberale Verfassung in Kraft. Von 1843 bis 1868 saß Isabel II auf dem Thron. Ihr reaktionärer Handlanger, General Narváez, wurde als Nationalheld gepriesen, da er es fertig gebracht hatte, das Land über die unruhigen Jahre von 1848 und 1849 ohne größere politische Erschütterung hinüberzuretten. Eine republikanische Erhebung in Andalusien schlug er gewaltsam nieder. Hunderte der Aufständischen wurden hingerichtet, Tausende deportiert.

Die Arbeiter und Bauern befanden sich in einer beklagenswerten Lage, und die aus Frankreich kommenden sozialistischen Theorien fanden in Spanien günstigen Boden. Von allen französischen Sozialisten fanden die anarchistischen Theorien Proudhons unter der Arbeiterbevölkerung am meisten Anklang. Zu staatssozialistischen Ideen hatte man wenig Zutrauen. Man erwartete nichts von dem guten Willen der Herrschenden. Dagegen fand eine Lehre, die an die Selbsthilfe und den direkten Eingriff des Volkes appellierte, leicht Gehör. Sich sein Recht selbst zu erkämpfen, das entsprach dem Temperament des spanischen Volkes. 1865 brach in Barcelona der erste Generalstreik aus. Es war eine Protestaktion gegen den scharf macherischen Militärgouverneur, General Zapatero, der die Wohlfahrts- und Unterstützungsvereine der Arbeiter verboten hatte. Die Arbeiter traten in den Ausstand und zogen auf die Straße. Ihre Fahnen trugen die Aufschrift »Freies Vereinsrecht oder Tod! Brot und Arbeit!«. Diese Bewegung hatte einen gewissen Erfolg, und man räumte den Arbeitern mehr Rechte ein.

Anfang der Sechzigerjahre kam es in Andalusien zu Unruhen unter den Landarbeitern und den Arbeitern in den Städten. Auch die Generäle konspirierten gegen die Regierung. Ein Militäraufstand in Cádiz führte 1868 zur Abdankung der Königin Isabel II. Diese Bewegung leitete eine Reihe politischer Ereignisse ein, die zu jahrelangen Bürgerkriegen, den Karlistenkriegen, führten.

Die politischen Unruhen in Spanien hatten auch Nachwirkungen in Europa. Sieben europäischen Fürstenfamilien gelüstete es nach der spanischen Krone. Unter ihnen befand sich der von Bismarck vorgeschlagene Prinz Leopold von Hohenzollern, ein Neffe des Königs Wilhelm von Preußen. Es gelang Bismarck, Napoleon zu provozieren und die Folge davon war der deutsch-französische Krieg von 1870/71. Bismarck gewann den Krieg, Napoleon wurde gestürzt, Frankreich eine Republik und Deutschland ein Kaiserreich.

Die Karlistenkriege dauerten viele Jahre hindurch. Die Cortes wählten einen Sohn des Königs Viktor Emanuel zum König von Spanien, doch die Italiener hatten in Spanien kein Glück. Die Parteien waren in ihrer Mehrzahl gegen den neuen König. Nach kurzer, erfolgloser Regierungszeit dankte er ab und verließ das Land, doch die Kämpfe zwischen den verschiedenen monarchistischen Richtungen und den Republikanern nahmen ihren Fortgang. Am 11. Februar 1873 ergab eine Abstimmung in den Cortes eine republikanische Mehrheit. Man proklamierte unverzüglich die Republik. Eine große Anzahl von Generälen und Abgeordneten waren jedoch Monarchisten geblieben. Die junge Republik hatte nicht die Zeit gefunden, sich zu stabilisieren. Sie kam von einer Krise in die andere. Der erste Präsident trat nach kurzer Zeit zurück. Zum zweiten Präsidenten wurde Pi y Margall gewählt. Pi y Margall war ein politischer Schriftsteller von Rang und Begründer des modernen Föderalismus in Spanien.

Die Republik fand in den Cortes bei den verschiedenen Abstimmungen nur schwache Mehrheiten. Am 4. Januar 1874 kam sie durch eine neue Abstimmung zu Fall. Sie trat überraschend ins Leben und fand ein ebenso rasches Ende.

Die politischen Ereignisse während der ersten Republik hatten in der zweiten Republik von 1931 bis 1936 eine gewisse Wiederholung. In der ersten wie in der zweiten war die Mehrheit der Generäle monarchistisch geblieben. Beide Male kam es zu Gegensätzen zwischen Madrid und Barcelona. 1873 versuchte die Zentralregierung Katalonien durch Aufnahme katalanischer Minister in den Ministerrat zu beruhigen. 1931 wiederholte sich dieselbe Prozedur. Beide Republiken wurden durch ihre nachgiebige Politik den monarchistischen Offizieren gegenüber von innen ausgehöhlt und schließlich gestürzt. Sie fielen durch die Waffen derer, die berufen waren, die republikanischen Einrichtungen zu verteidigen. Die Regierung der zweiten Republik war über die Intrigen Francos und seiner faschistischen Mitverschwörer unterrichtet. Sie unternahm jedoch nichts zu ihrer Verteidigung. Franco hat seinen Militärputsch unbehindert vorbereiten können. Durch rechtzeitige Absetzung der Verschwörer von ihren einflussreichen Kommandoposten hätte die Republik sich retten und der Militärputsch verhindert werden können. Doch das wäre einem Ruck nach links gleichgekommen. Der Einfluss der Arbeiterbewegung wäre gewachsen. Diesen Schritt wagte die Republik nicht zu tun.

Seit der zweiten Hälfte des vergangenen Jahrhunderts hatte die revolutionäre Arbeiterbewegung auf die Geschicke des Landes einen gewissen Einfluss ausgeübt. Die moderne Arbeiterbewegung Spaniens steht im organischen Zusammenhang mit der 1864 in London gegründeten *Internationalen Arbeiter-Assoziation* (IAA). Einige Jahre nach Gründung der Ersten Internationale sandte Michael Bakunin den italienischen Ingenieur Fanelli nach Spanien, um dort eine Sektion der Internationale zu gründen. Fanelli war Mitglied der Allianz der sozialen Demokratie. Er kam im Oktober 1868 nach Spanien und verließ das Land nach einigen Monaten. Es gelang ihm, in Madrid und Barcelona Sektionen der IAA und der Allianz der sozialen Demokratie ins Leben zu rufen. Diese Gründung erhielt für die spanische Arbeiterbewegung und sogar für die innere Politik Spaniens größte Bedeutung. In ihr liegt der Ursprung der anarchistischen und syndikalistischen Bewegung in Spanien. Unter den Begründern der spanischen Sektion der IAA befand sich Anselm Lorenzo, einer der Väter der spanischen Arbeiterbewegung. Lorenzo hat in seinem Buche *Das kämpfende Proletariat* eine geschichtliche Darstellung über die Anfänge und den Charakter des spanischen Anarchosyndikalismus gegeben. Die spanische Sektion der IAA entwickelte sich rasch und entfaltete eine rege Tätigkeit. Sie war vom Geiste Bakunins inspiriert. Als es innerhalb der Internationale zum Bruch zwischen Marx und Bakunin kam, blieben die Spanier Bakunisten. Bis auf den heutigen Tag ist Spanien das einzige Land geblieben, in welchem der Anarchismus oder Bakunismus den ersten Platz in der Arbeiterbewegung einnimmt. Marx sandte später seinen Schwiegersohn Lafargue mit dem Auftrag nach Madrid, den Einfluss der Bakunisten zurückzudrängen. Lafargue hatte jedoch keinen nennenswerten Erfolg. Marx selbst war mit seinem Emissär nicht zufrieden. Es lag jedoch nicht an der Person des Delegierten. Die sozialen und emotionalen Voraussetzungen des spanischen Volkes schienen dem Marxismus nicht günstig zu sein. Als nach der Spaltung der »Internationalen Arbeiter-Assoziation« in Den Haag (September 1872) die Bakunisten sich in St. Imier in der Schweiz zusammenfanden, um ihre eigenen Kräfte zusammenzufassen, befanden sich die Spanier unter ihnen. Die dort angenommene freiheitliche Prinzipienerklärung wurde von den Spaniern auf dem darauf stattfindenden Kongress in Córdoba gutgeheißen. Auf diesem Kongress waren 236 Ortsvereine und 516 Berufsvereine mit insgesamt 20.000 Mitgliedern vertreten. Das war für die damalige Zeit ein gewaltiger Erfolg.

Die Grundsätze der spanischen Sektion der Internationale waren anarchistisch. Auf ökonomischem Gebiet erstrebte man die Abschaffung des Privateigentums und die Errichtung von Kollektivwirtschaften. Auf politischem Gebiet erklärte man sich für den Föderalismus, weltanschaulich bekannte man sich zum Atheismus.

»Wir wollen«, heißt es in dem Programm des Kongresses, »auf den Ruinen der nationalen Einheit freie und unabhängige Kommunen bilden, die durch freiwilligen Zusammenschluss miteinander verbunden sind«. Es ist nicht schwer, in diesem Programm die Ideen Proudhons und Bakunins zu finden. Von den marxistischen Ideen über die Eroberung des Staates und die Diktatur des Proletariats, die später in Russland durchgeführt worden sind, haben die spanischen Internationalisten nichts wissen wollen.

Im Laufe der darauf folgenden Jahre bildeten sich anarchistische Gewerkschaften im ganzen Lande. Die Bewegung forderte den Acht-Stunden-Tag und erklärte Streiks, um diese Forderung durchzusetzen. Dabei kam es an vielen Orten zu gewaltsamen Zusammenstößen mit der Militärmacht und Polizei.

Nach dem Fall der Republik setzte eine reaktionäre Periode ein. Im Januar 1874 verbot die Regierung die spanische Sektion der *Internationalen Arbeiter-Assoziation*. Die Reaktion dauerte sieben Jahre. Während dieser Zeit konnten die Arbeiterorganisationen nur geheim weiter bestehen. Erst als 1881 eine liberale Regierung die reaktionäre ablöste, konnten die Arbeiterorganisationen sich wieder frei betätigen. Noch im gleichen Jahre fand in Sevilla ein öffentlicher Kongress der reorganisierten Arbeiter- und Bauerngewerkschaften statt. Dieser Kongress, auf dem 50.000 Arbeiter- und Bauerngewerkschaftler vertreten waren, gründete die *Regionale Arbeiterföderation Spaniens*. In Andalusien und Katalonien hatte die Föderation ihre zahlreichsten Anhänger. Das Programm der *Regionalen Föderation* war von dem gleichen Geiste beseelt, wie das der früheren Sektion der *Internationalen Arbeiter-Assoziation* und erklärte: »Unsere Organisation ist rein ökonomisch. Sie stellt sich allen bürgerlichen Parteien oder Arbeiterparteien, die die politische Macht erobern wollen, entgegen. Wir organisieren uns, um die bestehenden politischen Staaten auf wirtschaftliche Funktionen einzuschränken. Wir streben danach, eine freie Föderation (Bund) von freien Produktionsvereinigungen zu schaffen. Daraus geht hervor, dass wir Gegner der Parlamentspolitik und Anhänger des Kampfes auf wirtschaftlichem Gebiete sind und dass wir alle Privilegien und alle Monopole der gegenwärtigen ungerechten Gesellschaftsordnung zerstören wollen.«

Nach Gründung der Regionalen Arbeiterföderation setzten neue, soziale Kämpfe in Spanien ein. Diese Klassenkämpfe wurden, dem Temperament der Bevölkerung entsprechend, mit großer Heftigkeit ausgetragen. Bereits vor dem Verbot der spanischen Sektion der »Internationalen Arbeiter-Assoziation« gab es Bewegungen mit revolutionärem Charakter. In Alcoy, einer Stadt am Mittelmeer, forderten im Jahre 1873 die Arbeiter der Papierfabriken die Einführung des Acht-Stunden-Tages. Sie erklärten den Generalstreik, um die Durchführung der Forderung zu erzwingen. Die Behörden stellten sich auf die Seite der Unternehmer. Die Lokalbehörden und die Regierung ließen Polizei und Militär gegen die Streikenden aufmarschieren. Es kam zu Zusammenstößen. Die Arbeiter schlugen die Polizei und das Militär in die Flucht. In der Hitze des Kampfes schossen die Aufständischen über das Ziel hinaus. Eine Anzahl Fabriken ging in Flammen auf. Dieses Ereignis löste tiefe Wirkungen im ganzen Lande aus. Schließlich wurden die Arbeiter durch größere Polizeiaufgebote niedergeschlagen. Seitdem stand jedoch die Frage des Acht-Stunden-Tages in Spanien auf der Tagesordnung. Diese und ähnliche Aktionen gaben der Arbeiterbewegung Spaniens ihren besonderen Charakter. Die Arbeiterkämpfe kamen oft im Parlament zur Sprache und veranlassten besondere Regierungsmaßnahmen. Streiks hatten mehrere Male Regierungskrisen zur Folge.

Nach dem Verbot der spanischen Sektion der *Internationalen Arbeiter-Assoziation* bildete sich unter den Landarbeitern Andalusiens eine Geheimorganisation, die unter dem Namen *Schwarzen Hand* den herrschenden Klassen Schrecken einjagte. Selbst im Ausland wurden über die Gewalthandlungen der *Schwarzen Hand*

Gräuelberichte veröffentlicht. Der wahre Charakter der *Schwarzen Hand* ist bis heute nicht aufgeklärt. Die Polizeiberichte von 1883 über diese Organisation sind absichtlich übertrieben und gefälscht. Ein anarchistischer Kongress erklärte, dass die Anarchisten sich mit der *Schwarzen Hand* nicht identifizieren. Nach den Polizeiberichten soll die *Schwarzen Hand* sich die Aufgabe gestellt haben, alle Großgrundbesitzer niederzumachen. Alles, was über die *Schwarzen Hand* bekannt ist, stammt aus Polizeiberichten. Der Publizist Magalhaes Lima veröffentlichte einige Artikel über diese Organisation. Seine Angaben stützen sich auf Polizeiberichte. Danach soll es 340 Ortsgruppen mit 40.000 Mitgliedern der *Schwarzen Hand* gegeben haben. Was dabei Wahrheit und was Dichtung oder Lüge war, ist bis heute noch nicht ermittelt worden. Die vielen Aufstände, die im Zusammenhang mit der *Schwarzen Hand* ausbrachen, sowie die polizeilichen Verfolgungen und Todesurteile, die gegen ihre angeblichen Mitglieder verhängt worden sind, konnten nie völlig geklärt werden.

Dr. Vallina gibt in einem *Der Kampf der Landarbeiter in Andalusien* betitelten Artikel in der in Mexiko veröffentlichten Zeitschrift *Inquietudes* vom 1. November 1944 ein Beispiel über die Praxis der Polizei: »Wir hatten um jene Zeit, Ende des vorigen Jahrhunderts«, schreibt Vallina, »einen Christus in Andalusien, der dem der Legende überlegen war. Er hieß Fermin Salvochea. Seine Lehre war, wenn Christus, anstatt den Verzicht auf die Glückseligkeit in diesem Leben zu lehren, die Armen und Enterbten aufgerufen hätte, sich gegen ihre Unterdrücker und Ausbeuter zu erheben, dann würde es heute auf der Erde kein Elend und keine Ungerechtigkeit mehr geben. Salvochea, ein reicher und gebildeter Andalusier, der in England studiert hatte, lebte in freiwilliger Armut und gab in Cádiz eine Zeitschrift *El Socialismo* heraus, in der er die Ideen des kropotkinschen Anarchismus propagierte.

Eines Tages wurde er unter geheimnisvollen Umständen verhaftet. Die Polizei hatte im Gewerkschaftslokal jener Stadt Sprengstoffe eingeschmuggelt, die bei einer kurz darauf stattfindenden Hausdurchsuchung entdeckt worden waren. Die Provokation war so plump angelegt, dass die Staatsanwaltschaft es nicht wagte, gegen Salvochea Anklage zu erheben. Nichtsdestoweniger blieb er inhaftiert.

Während seiner Haft kam ein Polizeispitzel aus Madrid nach Jeréz, der sich als Revolutionär ausgab und eine sofortige revolutionäre Erhebung vorschlug. Die Genossen wollten die Meinung Salvocheas hören, begaben sich nach dem nahe gelegenen Cádiz, besuchten den Inhaftierten, sprachen mit ihm ohne Aufsicht und setzten ihn von dem Vorhaben und Plan in Kenntnis. Salvochea kam die Angelegenheit dunkel vor. Er riet von dem geplanten Aufstand ab. Er schöpfte Verdacht, dass die Polizei dabei ihre Hände im Spiele hatte.

Der inhaftierte Salvochea hatte indessen keine Möglichkeit, der Arbeit des Provokateurs wirksam entgegenzutreten. Die unter menschenunwürdigen Verhältnissen lebenden Landarbeiter ließen sich betören und nahmen an dem geplanten Putsch teil. Der Aufstand brach im Februar 1892 aus. Wie vorausgesehen, war es eine lokale Angelegenheit geblieben, die von der Polizei ohne Schwierigkeiten niedergeschlagen werden konnte. Diese Provokation diente der Staatsanwaltschaft zum Vorwand, die Landarbeitergewerkschaften in Andalusien zu verbieten. Vier der Beteiligten wurden zum Tode durch den Strang verurteilt und hingerichtet. Hunderte wurden zu langjährigen Zuchthausstrafen verurteilt. Salvochea, der zur Zeit des Aufstandes im Gefängnis zu Cádiz gesessen hatte, wurde zu 17 Jahren Gefängnis wegen geistiger Urheberschaft verurteilt. Merkwürdig an dem Falle war, dass der Lockspitzel selbst verurteilt wurde, wodurch Polizei und Staatsbehörden sich ein Alibi verschafft hatten.

Mehrere Jahre später, als wir zusammen im Gefängnis in Madrid saßen, erzählte mir Salvochea: ›Gestern kam jener Lockspitzel mich besuchen, der den Aufstand in Jeréz provoziert hatte. Er war aus dem Gefängnis entlassen worden und bereute nun seine Tat. Er kam zu mir, gestand, dass er die Schuld an der ganzen Sache hatte, warf sich auf die Knie und bat mich um Verzeihung. Ich erwiderte ihm, er möge seiner Wege gehen, ich könne einem Menschen nicht verzeihen, der durch seine Handlung den Tod und das Unglück so vieler Mitmenschen verursacht habe‹.

Die Anwendung von solch schimpflichen Mitteln rief auch im Ausland Entrüstung hervor. In Frankreich veröffentlichte Clemenceau, in der *Dépêche de Toulouse*, einige Protestartikel, in welchen er auf den offenbar provokatorischen Charakter und die dahinter steckenden Polizeimachenschaften der *Schwarzen Hand* hinwies. Die Regierung fühlte sich nach Jahren veranlasst, die noch lebenden Verurteilten freizugeben. Salvochea hatte nichtsdestoweniger mehr als 10 Jahre unschuldig im Gefängnis gesessen.«

Eine neue Welle von Verfolgungen setzte Ende des vorigen Jahrhunderts ein und dauerte mehr als ein Jahrzehnt. Unter dem Ministerpräsidenten Cánovas del Castillo wurden die freiheitlichen Regungen des spanischen Volkes auf das Härteste unterdrückt. Grausame Folterungen von gefangenen Freiheitskämpfern gehörten zur Tagesordnung. Der Schauplatz der Reaktion war Katalonien. Die reaktionäre Politik in Spanien löste in der ganzen Welt Empörung aus. Der italienische Journalist Michael Angiolillo erhob sich zum Rächer und tötete 1897 Cánovas del Castillo durch einen Pistolenschuss. Angiolillo wurde hingerichtet. In den letzten Jahren des vergangenen Jahrhunderts hatte Spanien seine letzten, großen Kolonialbesitzungen in Amerika und Asien verloren (1898). Dieser Verlust hatte tiefe Wirkungen auf die Innenpolitik des Landes. Die Jugend bildete eine Bewegung zur nationalen Wiedergeburt. Die konservativen und zum Teil despotischen Politiker wurden als Schuldige an dem nationalen Niedergang hingestellt. Man forderte fähigere Männer an die Spitze des Staates. Spanien hatte eine allzu große Anzahl überzähliger Offiziere. Die Militärs waren schlecht bezahlt, hatten wenig Beschäftigung und trieben Kaffeehauspolitik. 1912 hatte das spanische Heer, bei einer Friedensstärke von 100.000 Mann, 12.000 Offiziere und 690 Generäle – ebenso viele wie das deutsche Heer bei Ausbruch des

Weltkrieges. 1898 kam auf je 100 Mann ein General. Zur Zeit des Marokkokrieges (1923) erhöhte sich bei einer Heeresstärke von 200.000 Mann die Anzahl der Offiziere auf 25.000. Diese Offiziere, Obersten und Generäle standen meist nicht auf der Höhe der modernen Militärwissenschaft. Die Zeit, als im 16. Jahrhundert die spanische Infanterie und Artillerie die besten Europas waren, war längst vorbei. Das spanische Heer befand sich in einer Niedergangsperiode. Die Hauptbetätigung der Generäle waren Konspirationen. Unter der Herrschaft der Königin Isabel II (1843–1868) gab es nicht weniger als achtzehn Putschversuche. Die Arbeiterbewegung hatte den Kampf gegen den Militarismus in ihr Programm aufgenommen. Bei Ausbruch des Marokkokrieges kam es zu antimilitaristischen Kundgebungen der Arbeiter in Barcelona und anderen Orten. Zu Beginn des Jahrhunderts wurde die Arbeiterbewegung Spaniens vom französischen Syndikalismus beeinflusst.

Etwa zur gleichen Zeit entstand eine Bewegung, die sich die Bildung von freien Schulen zum Ziel setzte. Das Schulwesen in Spanien lag arg darnieder. Der Analphabetismus war weit verbreitet. 46 Prozent der Bevölkerung konnte bei Proklamierung der Republik weder lesen noch schreiben. Bei einer Bevölkerung von 20 Millionen gab es nur 37.600 Schulen. Vom Staat war nicht viel zu erwarten. Die Regierung gab große Summen für militärische Abenteuer und bürokratische Nichtstuer aus. Für die Errichtung von Schulen dagegen war kein Geld vorhanden. Die Arbeiter mussten sich selbst helfen, wenn sie ihre Kinder in die Schule schicken wollten. Das Schulwesen hatte in Spanien jahrhundertelang in den Händen der Kirche gelegen. Klosterschulen mit mittelalterlichen Lehrmethoden charakterisierten die spanische Pädagogik. Die Propaganda für ein freies Schulwesen fand in Francisco Ferrer, einem katalanischen Freidenker, ihren eifrigsten Verteidiger. Ferrer gründete mit Hilfe der Gewerkschaften moderne Schulen. Diese freien Schulen fanden im ganzen Volke starken Zuspruch.

Die neue Schulbewegung fiel mit einem Aufleben der syndikalistischen Arbeiterbewegung zusammen. Ähnlich wie in Frankreich glaubten zur Jahrhundertwende die syndikalistischen Arbeiter auch in Spanien, dass nach einem halben Jahrhundert sozialistischer Propaganda die Zeit für die Durchführung des Sozialismus reif sei. Der Sozialismus sollte aber nicht vom Staate, sondern von den Arbeitern selbst eingeführt werden. Die Pariser Kommune war das Vorbild. Der soziale Generalstreik sollte der Beginn der sozialen Revolution sein. Die Arbeiter wollten eine freie Gesellschaftsordnung der Produzenten ohne Unterdrückungsorgane, ohne Staat und Kapitalismus einführen. Die Gewerkschaften sollten sich zu Produktionskollektiven umwandeln, die freien Kommunen würden die politischen Organe der neuen Ordnung sein. Das waren die Grundzüge des spanischen Syndikalismus seit Beginn des zwanzigsten Jahrhunderts.

Zu der Kluft zwischen den Klassen gesellten sich die nationalen Gegensätze. In Barcelona hatten die katalanischen Nationalisten die *Katalanische Solidarität* gegründet. Die Syndikalisten stellten ihnen die *Arbeiter-Solidarität* entgegen. Der Katalanismus war ein bürgerlicher Regionalismus, der eine eigene staatliche Organisation anstrebte.

Die Syndikalisten bekannten sich zu einem konsequenten Föderalismus. Sie erstrebten selbstständige Kommunen, die sich in der ganzen iberischen Halbinsel zu einem freien Bunde vereinigen sollten. Sie wollten weder einen kastilischen noch einen katalanischen Zentralismus. Im ersten Jahrzehnt des 20. Jahrhunderts kam es zu großen sozialen Kämpfen. Im Jahre 1909 brachen anläßlich der Aushebungen für den Marokkokrieg schwere Unruhen in Barcelona aus. Das spanische Volk war seit den letzten Kolonialkriegen pazifistisch geworden. Die Arbeiter und Bauern wollten sich nicht für die Politik der Imperialisten und für die materiellen Interessen einer kleinen Gruppe opfern lassen. Der Aufruhr in Kataloniens Hauptstadt dauerte eine ganze Woche. Diese tragische Woche gab der Regierung zu blutigen Unterdrückungen Anlass. 175 Arbeiter wurden in den Straßen Barcelonas erschossen. Danach folgten die Prozesse. Zahlreiche Todesurteile wurden ausgesprochen und vollzogen. Unter den Hingerichteten befand sich Francisco Ferrer, der Gründer der freien Schulbewegung. Ferrer befand sich zur Zeit der Unruhen im Ausland, wurde aber geistiger Urheberschaft angeklagt und von einem katholisch reaktionär eingestellten Gerichtshof für schuldig befunden. Der Kirche war die freie Schulbewegung verhasst, die den Religionsunterricht abgeschafft hatte. Ferrer war ein unschuldiges Opfer der klerikalen Reaktion.

Die Bewegung in Barcelona hatte einen spontanen Charakter. Der bekannte Anarchist Anselmo Lorenzo schrieb darüber aus Barcelona an Tarrida del Mármol nach London: »Diese Ereignisse kamen überraschend. In Barcelona brach eine soziale Revolution aus, die im Volke selbst ihren Ursprung hatte. Niemand stand dahinter. Niemand hatte die Leitung. Weder Liberale, noch katalanische Nationalisten, weder Republikaner noch Sozialisten oder Anarchisten.«

Die Hinrichtung Ferrers löste in der ganzen zivilisierten Welt große Entrüstung aus. Trotz der Terrormaßnahmen war es der Regierung nicht gelungen, die revolutionäre Bewegung zu unterdrücken. Die Unruhen lösten eine Regierungskrise aus. Der Ministerpräsident war gezwungen, zurückzutreten. Im Verlaufe dieser sozialen Kämpfe hatte der Anarchosyndikalismus bei den Arbeitermassen großes Vertrauen gewonnen. Ein Jahr nach der Hinrichtung Ferrers trat im Oktober 1911 in Sevilla ein Kongress aller freiheitlichen Gruppen und Gewerkschaften zusammen. Auf diesem Kongress wurde die *Confederación Nacional del Trabajo* (CNT) gegründet.

Die programmatische Basis der neuen Organisation war anarchosyndikalistisch, die weltanschauliche Grundlage voluntaristisch. »Die materielle Befreiung der Arbeiter«, erklärte der Kongress, »kann nur die Folge ihrer geistigen Befreiung sein. Wenn die Arbeiter sich nicht mehr als Sklaven fühlen, werden sie sich befreien können. Doch die Arbeiter können sich nicht frei fühlen, solange sie sich nicht von den

Befreiern oder Führern freigemacht haben, deren Ziel darin besteht, nach Vernichtung der alten Ordnung eine neue Gesellschaft zu organisieren, in der sie die Privilegierten sein werden«[3].

In den darauf folgenden Jahren entwickelte sich die neue Organisation sehr rasch. In zahlreichen Städten brachen Streiks aus, die oft einen gewaltsamen Charakter annahmen. Der Ministerpräsident Canalejas ging mit großem Schneid gegen die Arbeiter vor. In Barcelona und vielen anderen Städten wurde die CNT verboten und ihre Lokale geschlossen. Diese Verfolgungen riefen unter der Arbeiterschaft große Erbitterung hervor. Canalejas musste seine reaktionäre Politik mit dem Tode büßen. Er wurde 1913 auf der Straße in Madrid von dem Anarchisten Pardifias niedergeschossen. Der Täter nahm sich darauf selbst das Leben.

Der Kampf zwischen der reaktionären Staatsmacht und den Syndikalisten nahm von nun an Schärfe zu.

Der Marxismus ist in Spanien jünger als der Anarchismus und Syndikalismus. Die ersten marxistischen Gruppen wurden Ende des vergangenen Jahrhunderts ins Leben gerufen. In den Achtzigerjahren gründete Paulo Iglesias die Sozialistische Arbeiterpartei Spaniens, *Partido Socialismo Obrero Español* (PSOE), die sich auf den Boden des Marxismus stellte. In ihrem Gründungsprogramm heißt es: »Die Partei erstrebt

1. die Besitzergreifung der politischen Macht durch die Arbeiterklasse;
2. Umwandlung des Privateigentums in Kollektiveigentum; Benutzung der Produktionsmittel durch die Arbeiterorganisationen, deren Mitgliedern der volle Arbeitsertrag garantiert werden müsse; Allgemeine berufliche und wissenschaftliche Ausbildung für beide Geschlechter;
3. Die Gesellschaft muss für alle sorgen, die durch Alter oder Arbeitsunfähigkeit verhindert sind, ihren Lebensunterhalt zu verdienen.«

Mit diesem Programm warb die Partei Anhänger bei den Parlamentswahlen. Bei den Corteswahlen im Jahre 1890 erhielt sie 20.000 Stimmen. Bis zum Jahre 1899 hatte die Sozialistische Partei 3.355 Mitglieder. Im gleichen Jahre ergreift die Partei die Initiative zur Gründung der *Unión General de Trabajadores* (UGT), der Allgemeinen Arbeiter-Union. Die UGT hatte in wenigen Jahren die Zahl von 40.000 Mitgliedern erreicht und gewann insbesondere in Madrid und in Nordspanien Anhang. Als die anarchistischen Gewerkschaften in Andalusien und Katalonien verboten waren, gelang es der sozialdemokratischen Union, auch in diesen Landesteilen eigene Organisationen zu bilden.

Der Unterschied in Zielsetzung und Kampfmethoden zwischen den sozialdemokratischen und den anarchistischen Gewerkschaften zeigte sich nicht nur in der Theorie, sondern auch in den praktischen Aktionen.

[3] Es ist erstaunlich, mit welcher Intuition die spanischen Anarchosyndikalisten voraussahen, was ein Jahrzehnt später in Russland tatsächlich eintraf. In der UdSSR stellt die revolutionäre Bürokratie die Klasse der neuen Privilegierten dar. (A.S.)

Am 1. Mai 1890 wandte sich die sozialdemokratische Bauarbeitergewerkschaft Madrids an die Cortes mit einer Bittschrift, in der gesagt wird: »Indem wir uns im Namen unserer Kollegen des Madrider Baugewerbes an die erhabenen Cortes wenden, in der Überzeugung, die Bestrebungen der gesamten spanischen Bauarbeiter auszudrücken, bitten wir um die Einführung eines Gesetzes, das die tägliche Arbeitszeit auf acht Stunden festlegt und die Arbeit von Frauen und Kindern in den Fabriken begrenzt, in Übereinstimmung mit den auf dem internationalen Arbeiterkongress in Paris im vorigen Jahre gefassten Beschlüssen. Übertriebene und utopische Forderungen sind uns völlig fremd. Wir fordern nur, was recht und billig ist; Die Arbeiter, die wir vertreten, hoffen vertrauensvoll, dass die Cortes ihre bescheidenen Forderungen erfüllen, womit eine Ära des sozialen Friedens eingeleitet werden und der Arbeiterklasse ein erhebendes Beispiel der Liebe für die Gerechtigkeit gegeben werden würde.«

Die Sozialdemokraten fühlten sich indessen bald gezwungen, ihre zahmen Methoden abzulegen. 1909 beteiligten sie sich am Juli-Streik. Ihr Führer Pablo Iglesias veröffentlichte einen Aufruf, der in einem Ton abgefasst war, den man bisher nur von den Anarchisten zu hören bekam. Diese ungewöhnlich gewaltsame Sprache gab den Sozialdemokraten eine gewisse Volkstümlichkeit. Die Folge davon war, dass bei den einige Monate später stattfindenden Wahlen die Partei in vierzehn Gemeinden mit eigenen Kandidaten durchkam. Der Parteiführer Pablo Iglesias wurde als erster und einziger Sozialdemokrat in die Cortes gewählt. Dieses Beispiel diente der Partei als Lehre. Zehn Jahre später ging sie denselben Weg. Als 1917 eine Bewegung zur Erneuerung der Nation durch parlamentarische Reformen ins Leben trat, wurde diese Idee von den Sozialdemokraten aufgenommen und durch einen politischen Massenstreik unterstützt. Die Regierung griff hart durch. Ähnlich wie vorher unzählige Male die Anarchisten verfolgt worden waren, so wurden auch diesmal die Sozialdemokraten als Staatsfeinde behandelt. Zahlreiche sozialdemokratische Führer wurden verhaftet. Als kurz danach Wahlen zu den Cortes stattfanden, wurden die inhaftierten Sozialdemokraten als Kandidaten aufgestellt. Der Umstand der Inhaftierung brachte ihnen die Sympathien der Arbeiter ein. Selbst Anarchosyndikalisten stimmten aus reiner Sympathie für sie. Sechs Sozialdemokraten zogen in die Cortes ein. Das war der erste größere Wahlerfolg der spanischen Sozialdemokratie. Die sozialdemokratischen Gewerkschaften unterschieden sich prinzipiell von den syndikalistischen. Letztere wollten ihr Ziel durch die Mittel der direkten Aktion erreichen. Erstere standen in ähnlicher Weise wie in Deutschland mit der sozialdemokratischen Partei in Personalunion und setzten ihre Hoffnungen auf die Wahlen. Den syndikalistischen Generalstreik lehnten sie ab, akzeptierten jedoch den politischen Massenstreik zwecks Unterstützung der politischen Parteiforderungen. Mit der Zeit bildete sich eine gewisse geographische Abgrenzung zwischen Syndikalisten und Sozialdemokraten. In Nordspanien und Madrid waren die Sozialdemokraten und ihre Gewerkschaften in der Mehrheit. In Katalonien, Andalusien und Aragonien waren die Syndikalisten und Anarchisten zahlreicher. In der Levante, einschließlich Valencia, waren die Sozialdemokraten fast so stark wie die Anarchisten. Die Anarchosyndikalisten hatten größere geschichtliche Erfahrungen im Klassenkampf als die Sozialdemokraten. Sie gaben in allen sozialen Kämpfen den Ton an. Doch sie waren auch den Verfolgungen seitens der Staatsmacht stärker ausgesetzt. Wurden ihre Organisationen von den Behörden verboten und ihre Gewerkschaftslokale geschlossen, dann profitierte die sozialdemokratische UGT davon.

Der Diktator Primo de Rivera hatte große Sympathien für die Sozialdemokratie. Ihm gefiel ihr maßvolles Auftreten und ihr gesetzlicher Charakter. Er förderte die sozialdemokratische Bewegung in der Hoffnung, durch sie die staatsfeindlichen Anarchosyndikalisten zurückdrängen zu können. Als er seine Diktatur errichtete, ernannte er, um die Syndikalisten in Katalonien zu unterdrücken, Largo Caballero, den Vorsitzenden der sozialdemokratischen UGT, zum Staatsrat. Der Diktator errichtete Arbeitstribunale zur Schlichtung von Konflikten zwischen Unternehmern und Arbeitern unter dem Vorsitz von staatlichen Schlichtern. Der Arbeitsminister Caballero erblickte seine Hauptaufgabe darin, die revolutionäre Arbeiterbewegung zu unterdrücken. Die Schiedsgerichte unterstanden dem Vorsitzenden des sozialdemokratischen Gewerkschaftsbundes. Streiks wurden verboten. Nur Gewerkschaften, die die Schiedsgerichte anerkannten, waren gesetzlich zugelassen. Alle anderen Arbeiterorganisationen wurden aufgelöst. Diese Politik gab Caballero die Möglichkeit, die sozialdemokratischen Gewerkschaften auf Kosten der Syndikalisten zu stärken. Letztere lehnten die Schiedsgerichte des Diktators ab. In dieser Periode gelang es der UGT, besonders jene Berufe gewerkschaftlich zu erfassen, die bisher unorganisiert waren. Das waren vor allem Handelsangestellte und Bankbeamte. Zur geographischen Zweiteilung zwischen den Syndikalisten und den Sozialdemokraten trat nun auch noch eine Klasseneinteilung. Bei den Sozialdemokraten waren die Stehkragenproletarier. Die Syndikalisten repräsentierten nach wie vor die große Masse der Handarbeiter und Bauern bzw. Landarbeiter.

In Katalonien und einigen anderen Landesteilen war jedoch der Syndikalismus so fest verankert, dass es der UGT nicht gelang, die breiten Massen zu erobern. Die Unterdrückungspolitik Primo de Riveras rief den Widerstand immer weiterer Kreise gegen die Diktatur auf den Plan. Die republikanische Bewegung wurde stärker. Schließlich war Primo de Rivera gezwungen, zurückzutreten. Selbst die Unterstützung durch die Sozialdemokraten konnte ihn nicht retten. Abgesehen von den Reaktionären und den Konservativen waren die Sozialdemokraten und die UGT die einzigen Kräfte, auf die sich Primo de Rivera gestützt hatte. Nach dem Sturz des Diktators waren die Sozialisten bei den Massen diskreditiert. Spanien näherte sich einer entscheidenden Wendung in seiner Geschichte. Die Monarchie neigte sich ihrem Ende zu.

Kapitel 2

Vom syndikalistischen Klassenkampf zum Sturz der Monarchie

Der Erste Weltkrieg von 1914 bis 1918 brachte für Spanien eine Periode wirtschaftlichen Aufstiegs. Die Krieg führenden Länder bezogen von Spanien Erze und Rohmaterial, Landwirtschaftsprodukte und gewisse Fertigfabrikate. Man arbeitete sowohl auf dem Lande wie auch in den Industrien mit Hochdruck. Handel und Industrie erzielten große Profite und auch die Löhne der Arbeiter stiegen. Der Goldbestand der Bank von Spanien vermehrte sich von 23 auf 89 Millionen Pfund Sterling.

Die politische Lage blieb indessen konfus und korrupt. Die Gegensätze zwischen den demokratischen Kräften des Fortschritts und den reaktionären Mächten der Monarchie vertieften sich. Die Landarbeiter in Andalusien hatten an dem wirtschaftlichen Fortschritt keinen Anteil. Die Kluft zwischen arm und reich wurde größer. Gerald Brenan gibt in seinem Buch *The Spanish Labyrinth*[1] eine ausgezeichnete Darstellung über die Situation in Spanien am Ende des Ersten Weltkrieges. Die folgenden Ausführungen stützen auf seinen Bericht: Die Konflikte zwischen Arbeitern und Unternehmern in Barcelona setzten aufs Neue ein. Sie hatten, wie in den Jahren 1906 bis 1909, einen komplizierten Ursprung. Die deutsche Regierung hatte im letzten Kriegsjahr große Summen für die deutschfreundliche Propaganda aufgewendet.[2] Barcelona wurde eine Zufluchtsstätte für Spione, Lockspitzel, Gangster und Pistoleros boten ihre Dienste jedem an, der sie bezahlte. Bei den Arbeitskonflikten trugen sie viel zu den blutigen Kämpfen bei, die sich auf den Straßen in Barcelona abgespielt hatten.

[1] Gerald Brenan: *The Spanish Labyrinth*. Cambridge University Press 1990.

[2] Als ich im Sommer 1932 nach Sevilla kam, besuchte ich den ehemaligen deutschen Konsul Engelhardt. Er erzählte mir seine Geschichte. Ein Mann von liberalen Auffassungen, stand Engelhardt bei Ausbruch des Krieges 1914 treu zu seinem Vaterland. Er bereiste Spanien auf eigene Kosten und hielt Vorträge für die deutsche Sache. Durch die Sympathien, die er sich in weiten Kreisen des spanischen Volkes erworben hatte, tat er viel für das Ansehen Deutschlands in Spanien.
Während des Krieges kam eines Tages der Kapitän eines im Hafen vor Anker liegenden Schiffes zu ihm und erklärte, dass er mehrere Kisten mit Sprengstoff mitgebracht habe, die er, Engelhardt, als deutscher Konsul unter dem Schutz diplomatischer Vorrechte in sein Haus nehmen müsse. Der Sprengstoff sollte dazu dienen, in Spanien Explosionen und Attentate durchzuführen. Eine entsprechende Propaganda sollte dafür sorgen, dass die Öffentlichkeit zur Auffassung gelange, die Explosionen seien das Werk der Alliierten oder der Anarchisten. Dadurch sollte eine für Deutschland günstige Stimmung in Spanien geschaffen werden, mit dem Ziel, Spanien zu bewegen, am Krieg an der Seite Deutschlands teilzunehmen. Engelhardt nahm die Kisten in Empfang. Nachdem der Kapitän mit seinem Schiff Sevilla verlassen hatte, kamen Engelhardt

Die russische Revolution übte einen großen Einfluss auf die Anarchisten aus. Die Proklamationen der Bolschewisten für das Selbstbestimmungsrecht der nationalen Minderheiten verfehlten auf die katalonischen Autonomisten ihre Wirkung nicht. Die Unternehmer hatten während des Krieges große Gewinne erzielt. Die Löhne der Arbeiter waren gestiegen. Sowohl die einen als die anderen fühlten sich stark genug, dem Gegner ihren Willen aufzuzwingen.

Nach dem zusammengebrochenen sozialistischen Massenstreik vom Jahre 1918 hatten die Anarchosyndikalisten ihre Organisation umgebaut. An die Stelle der Berufsvereine traten moderne Industrieverbände, die so genannten industriellen Einheitsgewerkschaften. Letztere waren für den Klassenkampf besser geeignet. Sie waren elastischer und ermöglichten die sofortige Ausbreitung eines Arbeitskonfliktes oder Streiks auf die gesamte Industrie. Ideologisch betrachtet gab es unter den Anarchosyndikalisten zwei Richtungen: Eine syndikalistische mit Salvador Seguí und Angel Pestaña an der Spitze und eine anarchistische.

Auch die Unternehmer waren organisiert. Mit Ausnahme der ausländischen Firmen waren die Industriebetriebe Barcelonas industriell noch recht rückständig. Es gab wenig Großbetriebe, dagegen eine große Anzahl von kleinen Unternehmungen. Die Unternehmer waren ihren Arbeitern gegenüber unversöhnlich. Bis zum Ersten Weltkrieg hatten sie die Forderungen und Kämpfe der syndikalistischen CNT dadurch abzuwehren verstanden, dass sie aus den südlichen Provinzen des Landes billige Arbeitskräfte heranzogen und die Bildung katholischer Gewerkschaften begünstigten. Während des Krieges legten sie sich einen Aktionsplan zurecht, den sie nun bei Abschwächung des Arbeitsmarktes durchzuführen gedachten. Sie bereiteten eine große Aussperrung vor, mit dem Ziele, die lästige und gefürchtete CNT zu vernichten. Nach spanischer Art bereiteten sie den Boden für ihr Vorgehen durch Einsetzung von Lockspitzeln vor.

Bedenken, die Sprengungen vorzunehmen. Er beschloss, die Sache nicht durchzuführen und versenkte die Kisten mit dem Explosionsstoff des Nachts mit Hilfe seines Sohnes im Guadalquivir. So gab es in Spanien keine Explosionen und keine mit verbrecherischen Mitteln künstlich hoch getriebene Stimmungsmache. Engelhardt war ein guter Deutscher, aber gleichzeitig ein Pazifist und Ehrenmann, dem dass schmutzige Handwerk eines Provokateurs – wie es von Papen in den Vereinigten Staaten betrieben hatte – nicht zu sagte. Nach Beendigung des Krieges kam Engelhardt nach Berlin und nahm mit der *Deutschen Liga für Menschenrechte* Fühlung auf. Er hatte das Amt des Konsuls niedergelegt und geriet in wirtschaftliche Sorgen. Das veranlasste ihn, von der deutschen Regierung Rückerstattung der Spesen zu fordern, die er für seine Propagandareisen für die deutsche Sache ausgegeben hatte. Er wurde beim Reichspräsidenten Ebert vorstellig, hatte aber nichts erreicht. Später hat er seine Erfahrungen und Erlebnisse in einer Broschüre veröffentlicht, in der alle Daten und Angaben usw. enthalten sind. Während des Bürgerkriegs begegnete ich in der Provinz Ciudad Real einem Landmesser, dem es gelungen war, bei Ausbruch des Bürgerkriegs aus Sevilla zu fliehen. Er hatte Engelhardt gekannt und erzählte mir, dass dieser nach dem Sieg Queipo de Llanos erschossen worden sei. Ob diese Angabe auf der Wahrheit beruht, war mir nicht möglich nachzuprüfen. Unmöglich scheint es nicht zu sein. Als ich 1932 in Sevilla war, nahm Engelhardt mit den syndikalistischen Gewerkschaften Fühlung auf. Möglich, dass er sich durch derartige Verbindungen bei den Faschisten kompromittiert hatte und seine Linksgesinnung mit dem Tod büßen musste. Engelhardt hatte sich zum zweiten Mal mit einer Spanierin verheiratet. Als Hitler in Deutschland an die Macht kam, verzichtete er auf die deutsche Staatsangehörigkeit und ließ sich in Spanien naturalisieren. (A.S.)

Bei den verwickelten Ereignissen, die nun folgten, führten die Meinungsverschiedenheiten zwischen Zivil- und Militärbehörden zur Zuspitzung der politischen Lage und Verschärfung des Konfliktes. Der Zivilgouverneur Montanez lehnte, im Einverständnis mit der Madrider Regierung, die Methoden der Unternehmer ab und nahm einen versöhnlichen Standpunkt den Arbeitern gegenüber ein. Der Militärbefehlshaber aber, General Miláns del Bosch, stand auf Seiten der Unternehmer und stachelte sie zu scharfem Vorgehen auf. Diese Übereinstimmung zeigte, dass für die katalanischen Unternehmer die soziale Frage von größerer Bedeutung war als die nationalen Belange. Den Generälen kam es darauf an, die katalanische Bourgeoisie auf ihre Seite zu ziehen und sie in den Augen des katalanischen Volkes zu diskreditieren. Um dieses Ziel zu erreichen, scheuten sie keine Mittel. Während bei den Ereignissen von 1908 die provozierenden Bomben vom Zivilgouverneur gelegt worden waren, organisierte diesmal der Militärgouverneur seine Pistoleros für die gleichen Zwecke.

Die Verhältnisse in Barcelona waren 1918 für die Bildung von provokatorischen Terrorgruppen der Polizei besonders gut geeignet. Deutsche Spitzel versuchten, in den Fabriken Streiks zu organisieren. Es kam sogar zu Attentaten gegen Unternehmer, die sich geweigert hatten, ihre Produktion für Lieferungen an die Alliierten einzustellen. An der Spitze einer solchen Terrorbande stand ein gewisser Bravo Portillo, der später wegen Spionagetätigkeit im Dienste Deutschlands verurteilt worden ist. Nach Verbüßung der Strafe nahmen ihn General Miláns del Bosch und die Unternehmerorganisation in ihren Dienst. Einem seiner Anschläge fiel der bekannte Syndikalist Pablo Sabater zum Opfer. Dieser Anschlag aber kostete Portillo selbst das Leben. Syndikalistische Abwehrgruppen verurteilten ihrerseits Portillo zum Tode und schossen ihn nieder. An Portillos Stelle trat ein deutscher Abenteurer, der sich Baron von König nannte, dessen richtiger Name aber Colmann gewesen sein soll. Colmann stand im Dienste des Generals Arlegui, Polizeipräsident von Barcelona, und des Marquis Forondo, eines intimen Freundes Alfonso XIII. Colmann oder Baron von König hatte nicht nur den Auftrag erhalten, alle bekannten Anarchosyndikalisten zu liquidieren und falsche Beweise für ihre Verurteilung herbeizuschaffen; seine Aufgabe bestand auch darin, die Arbeiterschaft zu revolutionären Aktionen zu provozieren, um damit der Regierung die Gelegenheit zu bieten, den Belagerungszustand zu verhängen. König-Colmann hatte von seiner Mission eine eigene Auffassung. Um sich Sondereinkünfte zu verschaffen, erklärte er zahlreichen Unternehmern, dass ihr Leben in Gefahr sei. Sie könnten sich retten, wenn sie seine Sicherheitsdienste akzeptieren, für die sie natürlich zu bezahlen hatten. Unternehmer, die sich geweigert hatten, Colmann für seinen Sicherheitsdienst zu bezahlen, fielen tatsächlich einem Attentat zum Opfer. Colmanns Beziehungen zum Militärgouverneur gaben ihm ein ganzes Jahr hindurch einen Freibrief für sein Gangsterwesen. Schließlich aber wurden seine Untaten so ruchbar, dass seine Bande aufgelöst wurde und er selbst aus dem Lande flüchten musste. Es ist wichtig, dass Colmann-König während des Krieges deutscher Spion in Barcelona gewesen ist.

Während der letzten zwei Kriegsjahre war die Mitgliedschaft der CNT gewaltig gestiegen. Um sich gegen den Terror der vom Militärgouverneur organisierten Gangsterbanden zur Wehr setzen zu können, hatten die Syndikalisten eigene Abwehrgruppen organisiert. Die Mitglieder dieser Gruppen hatten in der syndikalistischen Gewerkschaftsorganisation keine einflussreichen Stellungen. Sie handelten auf eigene Faust. Ihre Vergeltungsmaßnahmen aber wurden von den Gewerkschaften anerkannt und von der Arbeiterbevölkerung im Allgemeinen gebilligt. Auf jeden Schlag der Terrorgruppen im Dienste der Unternehmer antworteten die Abwehrgruppen der Anarchisten mit einem Gegenschlag. Barcelona hatte sich zu einem sozialen Kriegsschauplatz verwandelt. Was während des Krieges vorgefallen war, waren nur Vorgefechte. Die eigentliche Schlacht war noch ausgeblieben. Sie setzte bald ein.

Im Februar 1919 erklärten die Arbeiter der Elektrizitätswerke Barcelonas einen Streik, der in die Geschichte als der *Streik der Canadiense* eingegangen ist. Die Arbeiter forderten Wiedereinstellung von sieben aus politischen Gründen gemaßregelten Kollegen. Gleichzeitig stellten sie auch die Forderung auf Erhöhung der besonders schlecht bezahlten Arbeiterkategorien. Beide Forderungen wurden abgelehnt und die Arbeiter erklärten den Streik. Die Bewegung war von den Arbeitern ausgezeichnet vorbereitet worden. An der Spitze des Streiks standen Salvador Seguí und Angel Pestaña, die beiden bekanntesten syndikalistischen Organisatoren. Es war im ganzen Lande eine groß angelegte Propaganda gemacht worden. Der Streik war sozusagen die Feuerprobe für die neue Organisationsform der industriellen Einheitsgewerkschaften. Der englische Direktor der Elektrizitätswerke war zu Verhandlungen bereit. Die Löhne standen tatsächlich in seinem Unternehmen unter dem Durchschnitt. Der Militärgouverneur aber forderte ihn auf, Verhandlungen mit den Gewerkschaften abzulehnen und der Direktor befolgte schließlich diesen Rat.

Die Aktion seitens der Arbeiter setzte als Teilstreik ein, breitete sich aber bald aus. Die ganze Stadt war ohne Licht. Der Streik verlief am Anfang friedlich. Da gab der Militärgouverneur den Befehl, sämtliche Streikführer und bekannten Syndikalisten und Anarchisten zu verhaften. Es wurde der Belagerungszustand erklärt und die Streikenden erhielten den militärischen Befehl, zu ihrer Arbeit zurückzukehren. Mit diesem scharfmacherischen Vorgehen des Militärgouverneurs war die Madrider Regierung nicht einverstanden. Ministerpräsident Romanones sandte eine Regierungskommission nach Barcelona, um den Konflikt beizulegen. Es kam zur Einigung mit den Arbeiterorganisationen und der Streik wurde beendet. Nach der getroffenen Vereinbarung sollten die inhaftierten Syndikalisten freigegeben werden. Der Militärgouverneur weigerte sich jedoch, die Freigabe anzuordnen. Das war ein Bruch der Abmachungen seitens des Gouverneurs. Die Syndikalisten antworteten auf diese Herausforderung mit der Erklärung des Generalstreiks in ganz Barcelona.

Der Generalstreik brach tags darauf aus und dauerte zwei Wochen. Er wurde mit musterhafter Disziplin durchgeführt. Die Arbeiter ließen sich nicht zu Gewalthandlungen verleiten und während der ganzen Streikdauer gab es keine Zusammenstöße und kein Blutvergießen. Der Streik hatte einige Hunderttausende von Arbeitern erfasst. Der Militärgouverneur ließ Tausende von Arbeitern verhaften. Die Verhafteten wurden von Schnellgerichten verurteilt. Über 700 Freiheitsstrafen wurden verhängt. Auf Eingreifen der Madrider Regierung kam es zur Beilegung des Konfliktes. Es sollte weder Sieger noch Besiegte geben. Nach Wiederaufnahme der Arbeit verstaute der Militärgouverneur die Mitglieder der Madrider Regierungskommission in einen Eisenbahnzug und schickte sie nach Madrid zurück. Er wollte sich von der Regierung keine Vorschriften machen lassen. Diese Beleidigung wollte sich der Ministerpräsident nicht bieten lassen. Doch der König stand auf Seiten des Generals. Es gab eine Regierungskrise. Graf Romanones trat zurück und mit ihm sein ganzes Kabinett.

Alfonso XIII beauftragte Señor Maura mit der Bildung einer neuen Regierung. Das neue Kabinett ließ aufs neue über Barcelona den Belagerungszustand verhängen. Es wurden weitere Verhaftungen vorgenommen und Pistoleros auf die Arbeiter losgelassen. Diese wiederholten offenkundigen Provokationen hatten zur Folge, dass die Geduld der Arbeiter nun ein Ende nahm. Die bewaffneten Abwehrorganisationen der Syndikalisten und Anarchisten traten in Aktion. In Andalusien erklärten die Syndikalisten den Solidaritätsstreik mit ihren Gesinnungsgenossen in Barcelona. Die Regierung verhängte auch über Andalusien den Belagerungszustand. Truppen wurden aufs Land gesandt, um die Streiks auf den großen Landgütern niederzuschlagen.

Diese Scharfmacherpolitik gegen die Arbeiter rief im Lande große Beunruhigung hervor. Die Regierung Maura war gezwungen, zurückzutreten. Der König beauftragte nunmehr den konservativen Politiker Sánchez Guerra mit der Bildung einer neuen Regierung.

Der neue Ministerpräsident verstand es, den Konflikt in Barcelona in taktvoller Weise beizulegen. Die inhaftierten Streikführer und Anarchisten wurden in Freiheit gesetzt. Eine neue Kommission zur Herstellung des Arbeitsfriedens wurde eingesetzt. Die Ruhe wurde wieder hergestellt. Die Erschießungen auf den Straßen von Barcelona nahmen ein Ende. Doch die Unternehmer weigerten sich, die Streikführer wieder einzustellen und der Streik wurde erneut aufgenommen. Den reaktionären Mächten war die neue Regierung zu schlapp und die Militärkamarilla drängte auf Rücktritt des Kabinetts. Im September kam es zu einer neuen politischen Krise, da inzwischen auch Alfonso XIII kein Vertrauen mehr in seine Regierung setzte. Die sozialen Kämpfe hatten ein halbes Jahr gedauert und sich auf das ganze Land ausgedehnt.

Die neue Regierung stand ganz unter dem Einfluss der Militärclique. Der reaktionäre Arbeitgeberverband von Barcelona wollte nun den Arbeitern zeigen, wer Herr im Hause war und provozierte eine Aussperrung. Der Militärgouverneur stellte sich wieder an die Seite der Unternehmer und unterstützte ihr Vorgehen durch Verhängung des Belagerungszustandes. Aufs neue wurden Hunderte von Syndikalisten verhaftet. Eine neue Welle von Attentaten seitens der polizeilichen Terrorgruppen setzte ein und auch die Arbeiter ließen mit ihrer Gegenaktion nicht auf sich warten. Diese Situation dauerte den ganzen Winter. Im März 1920 kam eine neue konservative Regierung unter dem Ministerpräsidenten Dato an die Macht.

Dato setzte Carlos Bas als neuen Zivilgouverneur ein, der ein Mann mit versöhnlichem Charakter war. Der Unternehmerverband forderte Auflösung der syndikalistischen CNT und standrechtliche Erschießung aller ihrer Führer. Doch 80 Prozent aller Arbeiter Barcelonas gehörten der CNT an. »Die Auflösung ist unter diesen Umständen ein Schlag ins Wasser«, erklärte der neue Gouverneur. Man hatte die CNT bereits sechs Monate vorher aufgelöst, doch sie bestand trotzdem weiter und die Arbeiter führten ihre Beiträge nach wie vor an die Organisation ab. Der Gouverneur erklärte auch, dass die Erschießung der Führer keine geeignete Maßnahme wäre, da es gerade ihrer umsichtigen Leitung zu verdanken gewesen sei, dass die Lage sich beruhigt habe. Er erklärte außerdem, dass der Streik der Transportarbeiter berechtigt gewesen wäre, da die Unternehmer es waren, die sich nicht an die gesetzlichen Abmachungen gehalten, sondern sie durchbrochen hatten. Die Provokateure des Barons von König hatten ihr Unwesen weiter getrieben. Im Juli 1920 wurde durch Provokateure eine Bombe in eine Arbeiterversammlung geworfen.

Zum neuen Militärgouverneur war inzwischen Severiano Martínez Anido ernannt worden, dem der Beinamen »Bluthund« gegeben wurde wegen der Grausamkeit seines Vorgehens. Zwischen ihm und dem Zivilgouverneur Bas kam es bald zu heftigen Auftritten, die in Feindseligkeiten endeten. Martínez Anido erhielt vom König selbst die Vollmacht, die Ruhe in Barcelona unter Anwendung aller Mittel wieder herzustellen. Martínez Anido setzte sich über alle Gesetze hinweg. Er führte ein Schreckensregime ein, das alle bisherigen Gewalttaten in Schatten stellte. Mit seiner Hilfe und unter dem Schutze der Bajonette hatten die Unternehmer Streikbrecherorganisationen unter dem Namen *Freie Gewerkschaften* gegründet. Die Ermordung von bekannten Syndikalisten und Anarchisten auf den Straßen Barcelonas gehörte zur Tagesordnung. Martínez Anido hatte eine Liste von Syndikalistenführern aufgestellt, die erschossen werden sollten. In den ersten sechsunddreißig Stunden nach Veröffentlichung dieser Liste sind auf den Straßen Barcelonas einundzwanzig bekannte Syndikalisten und Anarchisten erschossen worden. Martínez Anido führte auch die Methode »auf der Flucht erschossen« in neuer raffinierter und perfekter Form ein. Die Polizei verhaftete Syndikalisten und erschoss sie auf dem Wege zum Arrestlokal »als sie zu fliehen versuchten«, wie es dann in den Polizeiberichten hieß. Oder die Verhafteten wurden entlassen, und, nachdem sie das Polizeilokal oder Gefängnis verlassen hatten, rücklings niedergeschossen.

Gegen diese Methoden konnten sich die Syndikalisten und Anarchisten nur dadurch zur Wehr setzen, dass sie die gleichen Mittel des Erschießens anwandten. In sechzehn Monaten sind auf den Straßen von Barcelona 230 Personen auf diese

Weise ums Leben gekommen. Es war ein sozialer Kleinkrieg in des Wortes wahrster Bedeutung. Er spielte sich auf den Straßen einer alten Kulturstadt Europas ab.

Der Vorsitzende des katalanischen Unternehmerverbandes, Cambó, einer der reichsten Männer Spaniens, gleichzeitig auch katalanischer Nationalist, stimmte den Gewaltmethoden des Generals Martínez Anido begeistert zu.

Die Attentate nahmen ihren Fortgang. Immer mehr Opfer fielen. Die Folge dieser Jagd auf revolutionäre Arbeiter musste einen in Spanien nicht ungewöhnlichen Abschluss finden: In einem anarchistischen Attentat gegen den verantwortlichen Ministerpräsidenten Dato. Im Mai 1921 fiel Dato von der Hand eines Anarchisten. »Mir lag nicht viel daran, Dato zu erschießen«, erklärte der Täter vor Gericht, »ich wollte die Regierung treffen, die für den Terror in Barcelona verantwortlich war«. Dato war der dritte Ministerpräsident Spaniens, der in einem Zeitraum von kaum einem Vierteljahrhundert als Verantwortlicher für politische Verfolgungen und für von der Polizei verübte Grausamkeiten hingerichtet worden war.

Martínez Anido blieb an der Macht. Der Terror setzte sich noch eine Zeitlang fort. Die militärische Niederlage Spaniens in Marokko führte zu einem großen Prestigeverlust der Militärkaste. Martínez Anido wurde in Verbindung mit einem Attentat gegen den bekannten Syndikalistenührer Angel Pestaña gestürzt. Pestaña war bei einem Angriff durch Martínez Anidos Pistoleros schwer verletzt worden. Er wurde in ein Krankenhaus gebracht, wo er bis zu seiner Heilung blieb. Als er nach seiner Genesung aus dem Krankenhaus entlassen wurde, hatten die Pistoleros Anidos ihn erwartet. Es wurde aufs neue auf ihn geschossen und nur dem Umstand, dass seine Genossen, die ihn abholten, gleichfalls bewaffnet waren, verdankt er sein Leben. Die Angreifer wurden in die Flucht geschlagen. Dieser Vorfall rief große Entrüstung im ganzen Lande hervor, da Pestaña sich eines guten Rufes selbst im gegnerischen Lager erfreute. Gleichzeitig kam es an die Öffentlichkeit, dass Anido ein Attentat gegen seine eigene Person fingiert hatte. Sein Plan bestand darin, dieses Attentat gegen seine Person als das Werk der Anarchisten hinzustellen. Das sollte ihm dann die Möglichkeit geben, eine neue Terrorwelle in die Wege zu leiten.

Als dieser teuflische Plan bekannt wurde, war Anido derart kompromittiert, dass die Regierung ihn fallen lassen musste. Zwei Jahre hatte er in Barcelona wie in Feindesland als Bluthund geherrscht. Nach seinem Abgang war die Situation in Barcelona schlimmer als vorher. Die Zahl der Opfer der politischen Attentate in Katalonien vom Januar 1919 bis zum Dezember 1923 betrug 700!

Die Terrorwelle nahm auch nach der Entlassung Martínez Anidos noch nicht gleich ihr Ende. Die Soldmörder hatten sich inzwischen selbstständig gemacht. Sie handelten auf eigene Faust weiter. Im März 1923 wurde der populärste Syndikalist von Barcelona, Salvador Seguí, auch »Noi del Sucre« (Junge vom Zucker) genannt, auf der Straße erschossen. Als Vergeltungsmaßnahme gegen dieses Attentat verübten die Anarchisten Ascaso und Durruti ein Attentat auf den Erzbischof von Saragossa[3],

[3] Eine genauere Darstellung des Attentats findet sich in: Abel Paz: *Durruti*. Ed. Nautilus 1993, S. 51ff.

der als einer der schlimmsten Scharfmacher bekannt war. Nach dem Regierungsantritt Primo de Riveras nahm die Periode der Attentate endlich ein Ende.

Das waren die Ereignisse, die dem Sturz der Monarchie und dem Ausbruch des Bürgerkrieges vorangingen. Die Kenntnis dieser Vorgänge ist wichtig für das Verständnis der darauf folgenden Entwicklung. Die Innenpolitik Spaniens ist durch die soeben dargestellten Klassenkämpfe stark beeinflusst worden. Die Unternehmer waren unzugänglich für eine Verständigung mit den Arbeitern. Die Generäle behandelten das eigene Volk als Feind, das Land als Kriegsschauplatz. Der König hielt an seinem Gottesgnadentum mit apostolischem Segen fest. Das Volk sollte von der Mitbestimmung im öffentlichen Leben ausgeschaltet werden. Die Monarchie wollte der neuen Zeit kein Recht einräumen. Auf der anderen Seite hatte sich bei den Arbeitern die Überzeugung festgesetzt, dass das Zeitalter des freien Sozialismus gekommen sei. Die Gegensätze prallten mit großer Wucht aufeinander. Zwei Welten standen sich gegenüber. Zwischen ihnen war eine Versöhnung nicht möglich. Die eine stützte sich auf die Traditionen der Vergangenheit, die andere schöpfte ihre Kraft aus dem Glauben an die Zukunft.

Alfonso XIII war ein rückständiger, despotischer und zynischer Monarch. Durch sein stures Verhalten wurden die Dinge schlimmer als sie waren. Er glaubte seinen Thron mit Gewaltmaßnahmen retten zu können. In Wirklichkeit arbeitete er an seinem eigenen Untergang.

Einen wesentlichen Einfluss auf die politische Entwicklung hatte das Militärabenteuer in Marokko. Es führte, wie die vorher gegangenen Kolonialkriege, zur politischen und wirtschaftlichen Schwächung des Landes und zu einem Prestigeverlust der Monarchie und der Militärkaste. Der Krieg in Kuba hatte 200.000 Opfer gekostet. Als der Marokkofeldzug begann, gab es im spanischen Volke keine Begeisterung für einen Krieg. Bei Anwendung demokratischer Regierungsmethoden und mit dem Geiste der Völkerversöhnung hätte man zu gedeihlicher Zusammenarbeit mit den Mauren kommen können. Letztere waren bereit, industrielle Hilfe anzunehmen und dafür ihre Bodenschätze als Austausch zur Verfügung zu stellen. Doch der aufgeblasenen Prestigepolitik Alfonso XIII war es um die militärische Beherrschung zu tun. Man war nur am Raube der reichen marokkanischen Erzvorkommen interessiert. Der Geopolitiker Gonzalo de Reparaz hatte nach jahrelangem Aufenthalt in Marokko im Auftrag der spanischen Regierung große Erfahrungen über Marokko gesammelt. Nach seiner Ansicht hat es in den Händen Spaniens gelegen, in Marokko viel Gutes zu stiften und mit den Mauren auf friedliche Weise zusammenzuarbeiten. Die Regierung aber tat das Gegenteil. Über den Ursprung des Marokkokrieges gibt Gonzalo de Reparaz eine realistische Darstellung: »Im Kaffeehaus Lisboa zu Madrid beschlossen einige Händler, in Marokko Felle aufzukaufen. Sie legten 15.000 Peseten zusammen und einer von ihnen reiste mit dem Gelde in die afrikanische Kolonie, um damit die Felle zu erhandeln. Der Riffhäuptling Rogui, ein algerischer Abenteurer, nahm das Geld und überließ dem Madrider Händler die Erzgruben von Ben-Bu-Frur an Stelle der Felle. Der Aufkäufer kam mit einem Schriftstück in arabischer Sprache und einigen Proben des Eisenerzes nach Madrid zurück. Die Untersuchung ergab, dass es sich um hochwertiges Eisenerz handelt. Die Sache wurde in Madrid bekannt. Die Grafen Romanones und Comillas, reiche Politiker, kauften dem Häuptling Rogui die Erzvorkommen für eine Million Peseten ab. Nach dem Kauf stellte es sich heraus, dass Rogui gar nicht der Eigentümer des Erzgebietes war. Es gehörte den Guelaya oder Riffkabylen. Diese waren die einzigen, die das Recht hatten, die reichen Erzvorkommen zu verkaufen. Der Kaufvertrag mit Rogui musste rückgängig gemacht werden. Die Kapitalisten machten nichtsdestoweniger ihre Rechte geltend. Sie suchten beim Staate Hilfe. Es wurde bekannt, dass Alfonso XIII selbst an dem Raubgeschäft beteiligt war. Die Regierung gewährte ihren hohen und höchsten Würdenträgern die Mittel, um eine Militärexpedition nach Marokko zu organisieren. So begann der Marokkokrieg, der Spanien 300 Millionen Peseten und Tausenden von spanischen Söhnen das Leben kostete.«

Der Krieg zog sich jahrelang hin. Die Riffkabylen hatten in Abd-el-Krim einen energischen und befähigten Führer gefunden. Nach einer Reihe erfolgloser Militäraktionen der spanischen Armee wurde Alfonso XIII ungeduldig. Er wollte den Krieg zu einem raschen und glücklichen Ende führen. Ohne das Parlament oder die Regierung zu befragen, beauftragte er General Silvestre, einen draufgängerischen Kavallerieoffizier, mit der Obersten Kriegsführung. Silvestre brüstete sich, Marokko in kurzer Zeit im Sturm erobern zu können. Er organisierte eine Expedition von Melilla nach Alhucemas. Diese Aktion sollte als Militärparade den Endsieg krönen. Alfonso XIII hatte sich bereits zu einer großen Thronrede vorbereitet, die er bei den Siegesfeierlichkeiten zu halten gedachte. Zwei Tage vorher, am 23. Juni 1921, wurden die spanischen Truppen und General Silvestre von Abd-el-Krim in einen Hinterhalt gelockt und vernichtet. Zehntausend fielen in der Schlacht, viertausend wurden gefangen genommen. Einige Wochen später wurden die befestigten Stellungen der Spanier von den Mauren angegriffen und zerstört. Weitere siebentausend Spanier fanden bei diesen Kämpfen ihren Tod. Das gesamte Kriegsmaterial der Spanier fiel in die Hände der afrikanischen Sieger.

Diese Militärniederlage einer europäischen Kolonialmacht gegen ein industriell zurückgebliebenes Kolonialvolk war ein neuer und empfindlicher Prestigeverlust des Königs und seiner Militärkaste. Primo de Rivera gelang es, dass marokkanische Abenteuer zu Ende zu führen. Ein politischer Fehler Abd-el-Krims kam ihm dabei zu Hilfe. Der kabylische Führer beging die Unvorsichtigkeit, auch die Franzosen anzugreifen. Frankreich stellte sich an die Seite Spaniens. Ein gemeinsamer Expeditionsplan wurde ausgearbeitet. Die verwegenen, aber ungenügend bewaffneten und in moderner Kriegskunst unerfahrenen Riffkabylen wurden geschlagen und vernichtet,

Abd-el-Krim in die Verbannung geschickt. Die Spanier blieben im Besitze Marokkos und die Kapitalisten behielten ihre geraubten Erzgruben. Dieses Kriegsende war für Primo de Rivera ein moralischer Erfolg.

Für die Finanzen Spaniens war der Marokkokrieg von katastrophalen Folgen. Die Ausgaben für militärische Zwecke in den Protektoraten stiegen auf 8.000 Millionen Peseten an. Primo de Rivera leitete eine Politik des wirtschaftlichen Aufbaus ein. Straßen und Verbindungswege wurden für den modernen Autoverkehr umgebaut. Zwei große Ausstellungen, in Sevilla und Barcelona, verschlangen Riesensummen und überstiegen durch ihren grandiosen Pomp die wirtschaftlichen Möglichkeiten des Landes. Die öffentlichen Schulden wuchsen. Spanien hatte am Vorabend des Bürgerkrieges eine Staatsschuld von 24 Billionen Peseten. Das Defizit im Staatshaushalt schwankte zwischen 700 und 1.000 Millionen Peseten.

Primo de Rivera verdarb es sich bald mit den katalanischen Autonomisten. Kurz nachdem er zur Macht gekommen war, verbot er die Herausgabe von Zeitungen, Zeitschriften und Büchern in katalanischer Sprache Auch die katalanische Fahne, der Schulunterricht in katalanischer Sprache und selbst der katalanische Nationaltanz, die Sardana wurden verboten. Die kommunale Selbstverwaltung wurde abgeschafft; das Briefgeheimnis aufgehoben. Die Diktatur erstreckte sich auf alle Teile des öffentlichen Lebens. Die einzige Partei, die mit Primo de Rivera zusammenarbeitete und auch des Diktators Gunst genoss, war die Sozialdemokratie. Diese eigenartige Verbindung zwischen Militärdiktatur und Sozialdemokratie hatte ihre realen Hintergründe. Beide Teile profitierten davon. Der Diktator, indem er mit Hilfe der erlaubten sozialdemokratischen Gewerkschaften die Arbeiter für das Verbot der syndikalistischen Organisationen zu entschädigen und zu beruhigen hoffte. Die Sozialdemokraten, besonders der Führer der sozialdemokratischen UGT, Largo Caballero, indem er hoffte, seine Organisation auf Kosten der anarchosyndikalistischen zu stärken.

Die Sozialdemokraten waren jedoch auf die Dauer eine zu schwache Basis für die Diktatur. Zum Diktator hielt neben dem Thron auch die katholische Kirche. Doch diese war gleichfalls diskreditiert. Die Zeit, da sie eine Rolle im politischen Leben der Völker gespielt hatte, war vorbei. Die Kritik gegen den Diktator in den Kaffeehäusern des ganzen Landes, besonders in der Hauptstadt, wurde immer offener und unverblümter. Die Militärdiktatur hatte abgewirtschaftet. Liberale und Republikaner forderten immer ungestümer ihren Rücktritt. Der König sah sich endlich gezwungen, den Diktator fallen zu lassen.

Primo de Rivera legte 1930 sein Amt nieder und begab sich ins Ausland, wo er bald darauf starb. An seine Stelle trat General Berenguer. Es war wiederum eine Militärregierung, doch sie hatte keine diktatorischen Vollmachten. Berenguer fiel die schwierige Aufgabe zu, die Monarchie zu retten. Doch der Zersetzungsprozess des monarchistischen Systems war zu weit fortgeschritten. Die Monarchie verlor an Boden. Von den großen Problemen, deren Lösung eine Beruhigung des Landes hätte herbeiführen können, war keines gelöst worden. Nach dem Ersten Weltkrieg sind in vielen Agrarländern Europas Landreformen durchgeführt worden. Im Agrarland Spanien blieben die ungerechten Eigentumsverhältnisse auf dem Lande unangetastet. Immer noch gab es zu große unbebaute Landstrecken ohne Menschen und zuviel Menschen ohne Land. Die Katalanen waren unzufriedener denn je. Die Intellektuellen wurden vom Adel in den Hintergrund gedrängt. Die fortschrittlichen Kreise der Bevölkerung waren mit dem klerikalen Kurs der Regierung nicht einverstanden. Die müßiggängerischen Generäle und Offiziere vertrieben sich ihre Zeit mit Dominospiel und Regierungskritik. Die Anarchosyndikalisten endlich, d. h. die Mehrheit des spanischen Proletariats, waren in der Illegalität. Ihre dynamische Energie aber war ungebrochen. Sie bildeten eine permanente Gefahr für die Monarchie.

Seit mehr als zehn Jahren hatten keine ordentlichen Wahlen stattgefunden. Um die politische Lage zu beruhigen, gab Berenguer dem Drängen des Volkes nach und ordnete freie Gemeindewahlen an. Darauf sollten Corteswahlen folgen. Der Termin für die Gemeindewahlen war auf den 14. April 1931 festgesetzt. An diese Wahlen knüpften die Republikaner große Erwartungen. Ihre Hoffnungen sollten sich erfüllen. In 46 von 60 Provinzen wählte das Volk republikanische Vertreter. Die einzige Wahlparole war: Die Republik. Das Wahlergebnis zeigte tatsächlich, dass die Mehrheit des spanischen Volkes die Monarchie nicht mehr wollte. Das war eine deutliche Absage an den König. Die Geschichte von 1868 wiederholte sich. Im vergangenen Jahrhundert verließ Königin Isabel II das Land. 1931 folgte ihr Alfonso XIII ins Exil. Die Monarchie war gefallen. Die zweite Republik wurde proklamiert.

Kapitel 3

Von der Republik zum Bürgerkrieg

Der republikanische Erfolg bei den Gemeindewahlen von 1931 war durchschlagend. Die Wellen der Begeisterung gingen hoch. Mit großen Hoffnungen wurden Neuwahlen für die Cortes vorbereitet. Eine große historische Wendung hatte sich vollzogen. Der Fall der Monarchie hatte nicht einen Tropfen Blut gekostet. Eine friedliche Umwälzung von so großer Tragweite hat die Geschichte der Völker nur selten aufzuweisen. Das spanische Volk hatte ein großartiges Beispiel politischer Reife gegeben. Es war gewillt, seine öffentlichen Angelegenheiten ohne Eingreifen eines Monarchen zu regeln. Bei den Wahlen zu den Cortes, die zwei Monate später stattfanden, war der republikanische Sieg noch größer, als bei den Gemeindewahlen. Die monarchistischen Parteien waren aufgerieben. Die republikanischen Kräfte bestanden aus mehreren Gruppen. An ihrem rechten Flügel stand die Radikale Partei. Ihr Führer war der alte, sturmerprobte Republikaner Lerroux. Seine Partei erhielt neunzig Sitze. Die stärkste Partei war die der Linksrepublikaner, die sich mit der republikanischen Union vereinigt hatte. Sie zog mit 150 Mandaten in die Cortes ein. Nach ihr kamen die Sozialdemokraten mit 115 Vertretern. Viele der sozialdemokratischen Parlamentsmitglieder waren erst kurz vorher in die Partei eingetreten. Diese Neulinge waren meist Intellektuelle oder Halbintellektuelle, denen die Sozialdemokratie Aussicht bot, auf leichtem Wege politische Karriere zu machen. Unter diesen Neulingen befand sich auch Dr. Negrín, der spätere Ministerpräsident während des Bürgerkrieges. Die Monarchisten waren zu einer hilflosen Minderheit zusammengeschrumpft. Die zweite Republik schien sich auf eine starke republikanische Mehrheit stützen zu können.

In den ersten Monaten der Republik war es nicht leicht, die wahren Republikaner von den falschen zu unterscheiden. Die Gegensätze traten erst später in Erscheinung. Es gab zweifellos viele Republikaner aus Überzeugung, andere waren es aus Opportunismus, aus materiellen oder politischen Interessen. Für viele war die Republik an sich das Ziel, für andere nur ein politisches Regime, das die Möglichkeit bot, zur sozialen Gerechtigkeit zu kommen. Nachdem die erste Zeit der Begeisterung über den Sieg der Republik vorüber war, stellte sich die Ernüchterung ein. Jeder ging seine eigenen Wege. Die republikanische Solidarität, die vorher alle Gegner der Monarchie zusammengehalten hatte, löste sich auf. Die Interessengegensätze zwischen den Klassen waren bestehen geblieben und führten bald zu neuen Klassenkämpfen.

Die junge Republik wurde bald vor die Alternative Kapitalismus oder Sozialismus gestellt. Die Monarchie hatte ein schwer zu verwaltendes Erbe hinterlassen. Auf der einen Seite standen die reaktionären Großgrundbesitzer, die Militärkaste, die Kirche, die Finanz- und Kapitalmächte. Auf der anderen Seite die besitzlose Bevölkerung, die zur Hälfte aus Analphabeten bestand. Dazwischen eine aufgeblasene Bürokratie.

Auch innerhalb der Arbeiterbewegung gab es keine einheitliche Auffassung über das Wesen der Republik und die Aufgaben der Zukunft. Die Sozialdemokraten waren zu einem Kompromiss zwischen Kapitalismus und Sozialismus bereit. Sie gaben sich mit der politischen Demokratie zufrieden. Sie glaubten, man würde nach und nach auf dem Wege der sozialen Gesetzgebung zu einer sozialistischen Gesellschaftsordnung gelangen können. Die Anarchosyndikalisten dagegen sahen in der Republik eine Etappe auf dem Wege zur sozialen Revolution. Sie waren nicht damit zufrieden, dass an die Stelle eines erblichen Monarchen ein absetzbarer Präsident getreten war. Als es sich zeigte, dass die republikanische Staatsmacht die Interessen der privatkapitalistischen Unternehmungen und besonders auch den landwirtschaftlichen Großgrundbesitz mit gleicher Energie zu verteidigen bereit wer, wie es die Monarchie vorher getan hatte, griffen die Anarchosyndikalisten auf die Mittel der direkten Aktion zurück. Es gab aufs neue Streiks, Generalstreiks und Aufstände.

Das geistige Leben Spaniens hatte bereits seit den Tagen der ersten Republik von 1873 einen großen Aufschwung genommen. Spanische Literaten, Wissenschaftler und Künstler hatten hervorragende Werke geschaffen, die ebenbürtig an die Seite der Leistungen anderer Kulturnationen gestellt werden konnten. Die zweite Republik von 1931 unternahm nun den schwierigen Versuch, die klaffenden Gegensätze zwischen der konservativen Vergangenheit und der fortschrittlichen Gegenwart zu einer Synthese zu vereinigen. Es war indessen eine undankbare Aufgabe, die weit gehenden Forderungen und Wünsche der radikalen Arbeiterbewegung mit den bürgerlich-demokratischen Einrichtungen und vor allem mit dem Privateigentum an Produktionsmitteln in Einklang zu bringen. Die junge Republik wurde sowohl von der äußersten Linken als auch von der äußersten Rechten dauernd angegriffen. Sie verteidigte sich, so gut sie konnte. Sie hätte sich wahrscheinlich behaupten und in fortschrittlicher Richtung weiter entwickeln können, doch der internationale Faschismus wollte eine solche Entwicklung nicht zulassen. Die politischen Gegensätze zwischen den Rechts- und Linksparteien kamen bald zum Austrag. Die Cortes hatten die Aufgabe, eine neue republikanische Verfassung auszuarbeiten. Große Probleme standen zur Diskussion. Jahrhunderte alte Einrichtungen sollten beseitigt und gesetzliche Garantien für die neue Staatsorganisation geschaffen werden. Die Macht der Kirche musste ein für alle Mal gebrochen werden. Die Frage über die Stellung der Kirche zum Staat war der erste Prüfstein für die Republik. Die Kirche wurde von den konservativen Parteien und auch von einem Teil der gemäßigten Republikaner verteidigt. Der hartnäckige Kampf für oder wider die Kirche, begann im Parlament und fand auf der Straße seine Fortsetzung.

Die Sozialisten und Linksrepublikaner forderten die Trennung von Kirche und Staat, die Auflösung gewisser kirchlicher Orden und die Einziehung von Kirchenvermögen. Die Rechts- und Mittelparteien waren Gegner dieses weit gehenden Programms. Sie begnügten sich nicht, die kirchlichen Vorrechte im Parlamente zu verteidigen, sondern versuchten auch von außen einzuwirken, um ihrer Auffassung Gehör zu verschaffen. Monseñor Segura, Erzbischof von Toledo und Primas der spanischen Kirche, veröffentlichte ein Manifest in aufreizender Sprache gegen die Neuerer. Er erhielt darauf eine Antwort, die er nicht erwartet hatte. Das Volk selbst reagierte auf die Arroganz des Erzbischofs in seiner eigenen, direkten und gewaltsamen Art. In der Nacht nach Veröffentlichung des erzbischöflichen Aufrufs wurden in Madrid Kirchen und Klöster in Brand gesteckt. Die Bewegung gegen die Kirchen breitete sich wie ein Lauffeuer auf das ganze Land aus. An einem einzigen Tag gingen Hunderte von Kirchen und Klöster in ganz Spanien in Flammen auf. Ein Menetekel für den Kardinal. Die vox populi zeigte sich machtvoller als die Stimme des Geistlichen. Der Ausspruch José Castillejos, »Die Anarchisten haben viele Kirchen zerstört, doch der Klerus hat zuerst die Kirche zerstört«, sollte sich auch diesmal bewahrheiten. Der Hass des spanischen Volkes gegen die Kirche ist nicht neu. Er ist durchaus nicht immer identisch mit Freidenkertum.[1] Die Kirche war neben dem Militär die stärkste Stütze der Monarchie. Die Inquisition wurde in Spanien offiziell erst 1812 durch die Verfassung von Cádiz abgeschafft. Die Jesuiten verstanden es, ihr Vermögen so vorteilhaft anzulegen, dass sie auch nach Auflösung ihres Ordens viele Millionen in geschäftlichen Unternehmungen investiert hatten. Die Aktienmehrheit von zahlreichen Banken und industriellen oder kommerziellen Großunternehmungen befanden sich in den Händen der Kirche und ihrer Hintermänner. Die Kirche hatte vom Staat jährlich 67,4 Millionen Peseten erhalten. Der Erzbischof von Toledo bezog ein Jahresgehalt von 600.000 Peseten. Er verteidigte die Kirche als weltliche Institution wie ein Geschäftsmann ein einträgliches Unternehmen.

Besonders groß war der Einfluss der Kirche auf das Schulwesen. Die Schulen waren von der Monarchie arg vernachlässigt worden. Bei Proklamierung der Republik besuchten in Madrid 37.000 Kinder Staatsschulen. Es gab 44.000 Privatschulen, die hauptsächlich religiösen Orden unterstanden, 45.000 Kinder gingen überhaupt nicht zur Schule, weil keine Schulen für sie da waren. Der Sozialistenführer und spätere Ministerpräsident Largo Caballero hatte erst mit 23 Jahren allein lesen und schrei-

[1] Nach Beendigung der Straßenkämpfe in Barcelona, im Juli 1936, sah ich der Zerstörung einer Kirche zu. Ein Junge von 15-16 Jahren war besonders eifrig dabei am Werke: Er holte von Nischen Heiligenfiguren und von den Wänden Bilder herunter. Auf dem Platze vor der Kirche wurde alles verbrannt. Eine Frau aus der Menge, die neben mir stand sagte zu mir: »Und dieser Junge ging noch vorige Woche zur heiligen Kommunion.« »Und er wird vielleicht später in die gleiche, wieder hergerichtete Kirche zur Messe gehen«, antwortete ich. Meine Bemerkung war nicht aus der Luft gegriffen. In vielen Kirchen Spaniens konnte man Gedenktafeln finden: »Diese Kirche war zur Zeit der Carlistenkriege eine Kaserne.« (A.S.)

ben gelernt. Die Anarchisten hatten eine eigene Schulbewegung ins Leben gerufen, die von den syndikalistischen Gewerkschaften finanziert und unterhalten wurde.

Der reaktionäre Charakter des spanischen Katholizismus war die Ursache für den Hass des Volkes gegen die Kirche. Nutznießer der Kirche waren nur die Reichen. Sie profitierten in doppelter Weise: Einmal durch direkte Vermehrung ihres Reichtums, der ihnen aus Unternehmungen zufloss, die sie mit der Kirche gemeinsam verwalteten und zweitens durch die systematische Aufrechterhaltung der Unwissenheit des Volkes, die ihnen indirekt Nutzen brachte.

Unter dem Eindruck der Kirchenverbrennungen nahmen die Cortes einen Kompromissvorschlag an. Der Präsident der Republik, Alcalá Zamora, ein Politiker, der bereits in der Monarchie Minister war, hielt die neue Regelung für ein zu großes Zugeständnis an die Linksparteien und trat zurück. Das war die erste Regierungskrise der Republik. Mit Zamora ging auch der konservative Innenminister Miguel Maura. Die Vertreter der katholischen Baskenpartei verließen die Cortes. Doch die Links- und Mittelparteien fühlten sich stark. Sie wussten, dass die großen Volksmassen noch viel weiter links standen, als sie selbst. Manuel Azaña y Díaz, Vertreter der republikanischen Union, bildete eine neue Regierung. Die Republik hatte unter dem Einfluss des Volkes und dem direkten Eingriff der Straße einen Schritt nach links getan. Azaña wurde Ministerpräsident.

Katalonien, an der Ostküste der iberischen Halbinsel gelegen, hat seine eigene Traditionen, seine eigene Geschichte und eigene Sprache. Jahrhunderte hindurch war das Land selbstständig oder bildete mit dem Königreich von Aragonien eine politische Einheit. Die katalanischen Handelsherren des Mittelalters besaßen Macht und Einfluss im westlichen Mittelmeer. Das katalanische Gewerbe stand lange Zeit hindurch in Spanien an erster Stelle. Erst nach der Eroberung der neuen Welt ging der Einfluss Kataloniens zurück. Die katholischen Könige, Isabel I und Fernando II, gliederten Katalonien in ihr großspanisches Reich ein. Katalonien verlor sein Recht auf ein eigenes Münzwesen und auf eigene Gerichtsbarkeit. In den Schulen Kataloniens durfte der Unterricht nur auf Castellano (spanisch) erteilt werden. Dieser Zustand dauerte einige Jahrhunderte.

Der erwachende Nationalismus in der zweiten Hälfte des 19. Jahrhunderts brachte die Autonomiebestrebungen in Katalonien zu neuem Leben. Francisco Pi y Margall, Präsident der ersten Republik (1873), selbst Katalane und Begründer des spanischen Föderalismus, vertrat die Ideen eines liberalen Weltbürgertums. Er erstrebte die lokale und regionale Selbstständigkeit aller Teile Spaniens und die Schaffung einer Föderation selbstständiger Regionen.

Die katalanische Bewegung trat am Ausgang des 19. und zu Beginn des 20. Jahrhunderts in Erscheinung. Die erste katalanische Organisation war die regionalistische »Lliga«. Sie entstand in den Kreisen des wohlhabenden Bürgertums und gehobenen Mittelstandes. Ihr Ziel war ein selbstständiges Katalonien innerhalb der spanischen Monarchie. Auf sozialem Gebiet verteidigte sie die bürgerliche Gesellschaftsordnung. Vom Sozialismus wollte sie nichts wissen.

Im ersten Jahrzehnt des 20. Jahrhunderts bildete sich eine katalanische Linkspartei, »Estat Català«. Sie stützte sich auf die Klasse der Landpächter, der *Rabassaires*, und der Kleinbürger in den Städten. Einer ihrer Führer war Oberst Macià. Neben der Selbstständigkeit Kataloniens setzte diese Partei sich auch für soziale Reformen ein. Es war eine typische Mittelstandspartei mit einem sozialen Reformprogramm. Um ihr Ziel zu erreichen, schreckte sie auch vor Anwendung gewaltsamer Methoden nicht zurück. Sie verbündete sich zeitweise mit den Anarchisten zwecks gemeinsamer Abwehrmaßnahmen gegen die Madrider Unterdrückungsmethoden.

Die anarchosyndikalistische Bewegung Kataloniens identifizierte sich nicht mit dem katalanischen Nationalismus. Sie war sozialistisch und internationalistisch eingestellt und bekämpfte die katalanischen Kapitalisten und Unterdrücker in gleicher Weise wie die kastilischen. Die Syndikalisten waren mit ihren Gesinnungsgenossen aller übrigen Teile Spaniens in der CNT verbunden und erstrebten auf politischem Gebiete eine iberische Föderation freier Kommunen. Als die Nationalisten die katalanische Solidarität organisierten, setzten ihr die Anarchosyndikalisten Kataloniens die Solidarität der Arbeiter entgegen. Katalanische Nationalisten wie Anarchosyndikalisten bedienten sich der Methode der direkten Aktion.

In der im vorigen Kapitel beschriebenen tragischen Woche von Barcelona waren Tausende von Bomben explodiert, die jedoch meist von der Polizei gelegt worden waren. Die Provokation war geschickt angelegt. Die Attentate wurden meist gegen Fabrikbesitzer, Geschäftsleute usw. verübt, wodurch der Eindruck erweckt werden sollte, dass es sich um Aktionen der Anarchisten handele. Diese unqualifizierbaren Provokationen wurden schließlich der Öffentlichkeit bekannt.

Führer der radikalen Partei war der Katalane Lerroux. Er war ein Draufgänger und hatte gegen die Pistoleros der Regierung seine eigenen Pistoleros organisiert. Schließlich wuchsen ihm die Anhänger seiner Terrororganisation über den Kopf. Sie nannten sich »Junge Barbaren« und gingen besonders forsch gegen die Kirche vor. In der bekannten Schreckenswoche 1909 sind in fünf Tagen in Katalonien 22 Kirchen und 43 Klöster eingeäschert worden, wobei die »Jungen Barbaren« und nicht die Anarchisten die treibenden Kräfte waren. Nach Spaltung der katalanischen Autonomiebewegung verlor der rechte Flügel an Einfluss. Die katalanische Liga hatte die Diktatur Primo de Riveras gutgeheißen, weil sie in dem Diktator einen Verbündeten gegen die Forderungen der Arbeiter sah. Dadurch verlor sie aber unter den Kataloniern an Einfluss. Bei Proklamierung der Republik stand die Mehrzahl der katalanischen Autonomisten in der katalanischen Linkspartei.

Am 14. April 1931 hatte Oberst Macià als Führer der katalanischen Linken die Republik ausgerufen. In Madrid hatte man zu diesem Zeitpunkt noch gezögert, diesen Schritt zu unternehmen. Die Katalanen waren begeisterte spanische Republikaner, forderten jedoch die Selbstständigkeit Kataloniens innerhalb der spanischen Republik. Es kam zu schweren Auseinandersetzungen in den Madrider Cortes zwischen Anhängern des Zentralstaates und Katalanen. Die Diskussionen endeten damit, dass die Cortes im September 1932 das so genannte *Katalanische Statut* annahm, wodurch Kataloniens Selbstständigkeit innerhalb der spanischen Republik garantiert wurde. Nach diesem Statut hatte Katalonien das Recht auf ein eigenes Parlament, seine eigene Sprache, eigene Gerichtsbarkeit, einen Präsidenten und eine unabhängige Polizei. Die katalanische Republik konstituierte sich unter dem historischen Namen *Generalidad*. Das Verhältnis zwischen Katalonien und Spanien war ähnlich dem Sachsens oder Bayerns zum Deutschen Reich in der Weimarer Republik. Das *Katalanische Statut* wurde im Verlauf der darauf folgenden Jahre zu einer Belastungsprobe für die spanische Republik. Im September 1934 kam es zu einem schweren Konflikt zwischen Barcelona und Madrid. Anlass dazu gab ein vom katalanischen Parlament angenommenes Pachtgesetz, nach welchem alle in Katalonien zwischen Landeigentümern und Landpächtern ausbrechenden Streitigkeiten ausschließlich vor katalanischen Gerichten ausgetragen und die Urteile von katalanischen Behörden vollstreckt werden sollten. Der Gerichtshof zum Schutz der Republik in Madrid erklärte dieses Gesetz für ungültig, da es, nach Ansicht der Madrider Juristen, die spanische Oberhoheit verletzte.

Nach der Proklamation der Republik hatte sich unter dem Namen *Estat Català* eine neue katalanische Partei gebildet, die sich die vollständige Unabhängigkeit Kataloniens zum Ziel setzte. Der erste Präsident Kataloniens, Oberst Macià, war verstorben. Zum neuen Präsidenten war der Führer der katalanischen Linkspartei, Rechtsanwalt Lluís Companys i Jover, gewählt worden. Dieser ließ sich von der *Estat Català* dazu bewegen, die vollständige Unabhängigkeit Kataloniens zu erklären. Am 5. Oktober 1934 kam es zwischen Madrid und Barcelona zum offenen Bruch. Die katalanischen Militäreinheiten und Polizeimannschaften versuchten, sich dem spanischen Militär auf den Straßen Barcelonas entgegenzustellen. Bei diesen Straßenkämpfen wurden die Katalanen besiegt. Die syndikalistischen Gewerkschaften und anarchistischen Gruppen hatten sich an diesem Kampfe mit nationalistischer Zielsetzung nicht beteiligt. Ohne Mitwirkung der Anarchosyndikalisten war aber jede revolutionäre Bewegung in Katalonien zum Scheitern verurteilt, da sie allein über die erforderlichen Massen und revolutionären Erfahrungen verfügten, die im Kampfe gegen Madrid erforderlich waren. Nach dem Siege der republikanischen Madrid-Regierung über den nationalistischen Aufstand in Katalonien, wurden der katalanische Präsident Companys und mehrere seiner Gesinnungsgenossen inhaftiert.

Joaquín Costa kennzeichnet in seinem Werk[2] über den Kollektivismus in Spanien die traditionelle Stellungnahme des spanischen Landmannes zum Agrarproblem mit

[2] Joaquín Costa Martínez: *Collectivismo agrario en España*. Ed. Guasra 1983 (Neuauflage).

folgenden Worten, »Das Land ist ausschließlich Werk der Natur; es darf daher nicht Privateigentum sein.« Damit begründet Costa seine Forderung auf kollektiven Landbesitz. Die Eigentumsverhältnisse auf dem Land in Spanien sind vielgestaltig. Im Norden Spaniens und in Katalonien ist das Kleinbauerntum und Pachtsystem vorherrschend. In Mittelspanien gibt es neben vielen kleinen Bauernhöfen auch eine hohe Anzahl Großgrundbesitzer. Das Land der Latifundien oder Großgrundbesitzer ist Andalusien. Andalusien, dieses alte Kulturgebiet Europas, hat man oft als das »Land ohne Volk und Volk ohne Land« bezeichnet. Dieses Wort findet seine Bestätigung in den eigenartigen Eigentumsverhältnissen der Region. Das Land gehört einer kleinen Anzahl von spanischen Granden. Die Besitzer kennen oft gar nicht ihren eigenen Landbesitz. Der andalusische Landproletarier aber besitzt kein Land. Er lebt seit Jahrhunderten in Armut, Elend und Unwissenheit.

Die Verfassung von Cádiz im Jahre 1812 versuchte, das Landproblem in Übereinstimmung mit dem liberalen Geist der Zeit im individualistischen Sinne zu lösen. Brachliegendes Land sollte per Gesetz zum Verkauf feilgeboten werden können. »Nicht ein Quadratmeter spanisches Land soll ohne Eigentümer sein«, hieß es in der Verfassung. Doch diese liberale Verfassung wurde nach der Restauration annulliert und das Landproblem blieb ungelöst. In der zweiten Hälfte des 19. Jahrhunderts wurden sich die Landproletarier Andalusiens ihrer Menschenwürde und damit auch ihrer elenden Lage bewusst. Sie stellten Forderungen nach Land und nach besseren Lebensbedingungen. Oft trieb der Hunger sie zu Verzweiflungsaktionen. Doch keine Regierung schenkte ihnen Gehör.

In den meisten europäischen Agrarländern sind nach dem ersten Weltkrieg mehr oder weniger tief greifende Landreformen eingeführt worden. Großer Landbesitz wurde in Parzellen aufgeteilt und den eigentumslosen Landleuten wurde Land zur Bearbeitung überlassen. Doch in Spanien hat es keine Agrarreform gegeben. Die Eigentumsverhältnisse in Andalusien hatten sich seit Jahrhunderten nicht verändert. Die spanischen Granden behandelten die Landarbeiter immer noch als ihre Sklaven. In politischer Beziehung war die Lage auf dem Lande in Andalusien ähnlich wie die in Ostpreußen, in der preußische Monarchen und die Rittergutsbesitzer die Landarbeiter ausbeuteten und knechteten. Das Einkommen der spanischen Latifundienbesitzer war im Durchschnitt weit über 2.000 Peseten jährlich, das der Kleinbauern in Andalusien 162 und in Kastilien gar nur 102 Peseten. Die meisten adligen Großgrundbesitzer besaßen Land in mehreren Provinzen, und hatten es oft unter verschiedenen Namen eingetragen. Daher war es nicht leicht, genaue Statistiken über die Landverteilung in Spanien aufzustellen. Die adligen Großgrundbesitzer lebten in ihren luxuriösen Palästen in Madrid. Viele von ihnen hatten ihre eigenen Besitzungen nie gesehen. Ihre Güter wurden von Gutsinspektoren verwaltet. Die Eigentümer begaben sich einmal jährlich zur Jagd auf ihre Domänen. Sie gehörten zu der Gruppe von Auserwählten, aus denen der Monarch seine Minister, Diplomaten und hohen Würdenträger ernannte.

Einige Zahlen zur Illustration: Der Herzog von Medinacoeli besaß 79.147 Hektar Land, der Herzog von Penarenda 51.016, der Herzog von Villahermosa 47.203 und der Herzog von Alba 34.455. Nach den Herzögen kamen die Marquisen und Grafen. Der Marquis von Romana besaß 29.095 Hektar, der Graf Comillas 23.720, Graf Romanones 15.232, der Marquis Torres Arias 13.644 und der Graf Sagasto 12.570. Dieses Land wurde von ihren Besitzern nur zu einem geringen Teile bebaut. Es lag brach, während die Landarbeiter nicht einen Quadratmeter ihr Eigen nennen konnten.

Der spanische Landarbeiter, besonders in Andalusien, hat keinen Gemüsegarten hinter seinem Hause, dazu fehlt es ihm an Land. Er hat auch kein Schwein im Stall und keine Hühner auf dem Hofe. Oft lebt er in Kleinstädten als Proletarier und Gelegenheitsarbeiter. Zur Zeit der Feldarbeiten zieht er mit Frau und Kind aufs Gut, den andalusischen Cortijo. In großen Räumen schlafen hunderte von Männern und Frauen gemeinsam auf primitiven Pritschen. Das Essen besteht aus einer Wassersuppe mit etwas Öl und Brot und mitunter gibt es auch Kartoffeln. Nach der Ernte wandert er zurück in sein Heimatdorf und bleibt mehrere Monate im Jahr arbeitslos. Die Arbeitslosigkeit ist für den Landarbeiter oder *peón* die Zeit der mageren Kühe, die Zeit des Elends und der Hungerrevolten. Die spanischen Landarbeiter erwarteten von der Republik eine Änderung ihrer Lage. Eine neue und bessere Verteilung des Landes war eine der dringendsten Aufgaben des neuen politischen Regimes. Die Cortes mit der republikanischen Mehrheit brauchten auf die monarchistischen Höflinge keine Rüksicht mehr nehmen. Eine Agrarreform war die dringendste Forderung. Ein parlamentarischer Ausschuss hatte einen Gesetzentwurf ausgearbeitet und ihn dem Parlament vorgelegt. Am 15. September 1932 wurde die neue Agrargesetzgebung von den Cortes angenommen.

Die neue Agrarreform sah ein Institut für Agrarreform in Madrid vor mit Unterabteilungen in allen Provinzen für die Verteilung von Land. Das Institut hatte darüber zu entscheiden, welche Ländereien expropriiert und verteilt werden sollten. Im Prinzip konnte jeder brachliegende Landbesitz von über 23 Hektar enteignet werden. Das Gesetz enthielt auch einen Paragraphen über die entschädigungslose Expropriierung des adligen Großgrundbesitzes. Das Institut für Agrarreform verfügte über ein Jahresbudget von 50 Millionen Peseten. Aus diesem Fonds sollten Kleinbauerngüter gebildet werden. Für jedes Landgut waren Zuwendungen von 10.000 Peseten vorgesehen. Doch die Verwaltungskosten für das Institut mussten gleichfalls aus diesem Fonds bestritten werden. Man errechnete, dass jährlich 5.000 Neubauern hätten etabliert werden können. Es hätte hundert Jahre gedauert, um eine halbe Million Neusiedlungen zu schaffen!

Eine solche Agrarreform war für die Landarbeiter eine große Enttäuschung. Die Anarchisten und die unter ihrem Einfluss stehenden Landarbeiterorganisationen empfanden dieses Gesetz als Hohn. Selbst Largo Caballero, der gemäßigte Sozialistenführer, bezeichnete es in den Cortes als eine kleine Dosis Aspirinpulver gegen eine Blinddarmentzündung. Die Unzufriedenheit mit dieser ungenügenden Reform war daher in den Reihen der gesamten Landarbeiterschaft sehr tief. Für die Rechtselemente war jedoch diese Agrarreform zu radikal. Sie malten das Schreckgespenst des Bolschewismus und Anarchismus an die Wand. Als ein Jahr später in den neugewählten Cortes die Rechtsparteien die Mehrheit hatten, bestand ihre erste gesetzliche Maßnahme darin, die Bestimmung über die entschädigungslose Enteignung des adligen Großgrundbesitzes zu annullieren.

Die Veröffentlichung des Agrargesetzes erschütterte in weiten Kreisen der armen Landbevölkerung das Vertrauen in die Republik. Aufs neue brachen Streiks und bewaffnete Erhebungen auf dem Lande aus, wie zu Zeiten der Monarchie. Da die Republik ihnen kein Land gab, bereiteten die Landarbeiter sich darauf vor, das Land selbst auf dem Wege der direkten Aktion in ihre Hände zu nehmen und es für sich zu bebauen. Die Anarchosyndikalisten forderten die Landarbeiter auf, sich selbst auf dem Wege der direkten Aktion Land anzueignen und freie Produktionsgruppen oder Kollektive im Sinne des freiheitlichen Kommunismus[3] zu bilden. Die Unruhe auf dem Lande wurde größer. In mehreren Landesteilen kam es zu Versuchen, den freiheitlichen Bauern-Kommunismus einzuführen. Von größter Bedeutung für das Schicksal der republikanischen Regierung war der Aufstand in Casas Viejas, in der Nähe der Stadt Jerez in Andalusien. Anfang Januar 1933 bereiteten die anarchistischen Gruppen in Barcelona eine Erhebung vor. Im Zusammenhang damit sollten die anarchosyndikalistischen Organisationen in Andalusien den Solidaritätsstreik erklären. Dieser Streik kam nicht zu Stande, und auch die Bewegung in Katalonien brach bald zusammen.

In Casas Viejas dagegen nahmen die Landarbeiter die Angelegenheit sehr ernst. Sie waren nur ungenügend über die Dinge unterrichtet. Überzeugt, dass nun endlich die Stunde der erlösenden, sozialen Revolution gekommen sei, gingen sie dazu über, in ihrem Ort den freiheitlichen Kommunismus zu proklamieren. Das Land, auf dem sie arbeiteten, gehörte dem reichsten spanischen Großgrundbesitzer, dem Herzog von Medinacoeli. Es ging den Arbeitern sehr schlecht. Sie hatten gehofft, durch die Agrarreform ein Stückchen Land zu erhalten, auf welchem sie dann ein Kollektiv bilden wollten. Doch sie erhielten nichts und ihr elendes Leben hatte sich nicht gebessert. Die Republik hatte ihnen keine Erleichterung gebracht. Die bevorstehende Erhebung war für sie eine Gelegenheit, sich selbst Gerechtigkeit zu schaffen, die ihnen der Staat verwehrte.

Seisdedos (Sechsfinger) war der Name eines siebzigjährigen Bauern. Er bekannte sich seit Jahren zum Anarchismus, einer Lehre, die für ihn die neue Heilsbotschaft

[3] Der freiheitliche Kommunismus der spanischen Anarchisten darf nicht mit dem bolschewistischen Staatskommunismus in Russland verwechselt werden. Dieser stützt sich auf die Ideen von Karl Marx. Der russische Staat ist Herr über Land und das Eigentum. Jener sieht in Proudhon, Bakunin und Kropotkin seine Begründer. Die Arbeiter organisieren die Arbeit in freien Kollektiven. Ihr Ideal ist ein freier Gewerkschafts- und Gemeindesozialismus. Das Gemeinschaftsleben gruppiert sich um das *Municipio*, die Gemeinde. An die Stelle des Staates soll ein Bund freier Gemeinden treten. (A.S.)

war, wie das Evangelium für die ersten Christen. Er hatte seit langem in seinem Dorf Casas Viejas einen Ortsverein, Syndikat, der anarchosyndikalistischen CNT gegründet und las regelmäßig die anarchosyndikalistische Presse. Nun war seiner Meinung nach der Tag der sozialen Revolution gekommen. Am 9. Januar 1933 zog er mit seinen Söhnen und seinen Schwiegertöchtern sowie einigen Genossen vor das Haus der Guardia Civil. Die Bauern waren mit einigen Jagdflinten bewaffnet und erklärten der Guardia Civil, dass nun die soziale Revolution gekommen sei. Jetzt gäbe es kein oben und kein unten mehr. Die Zeit der Sklaverei und Ausbeutung habe ein Ende genommen. Sie forderten die Guardia Civil auf, sich mit ihnen zu verbrüdern und sich an der guten Sache zu beteiligen. Die Guardia Civil hatte für die Wünsche der. Landarbeiter kein Verständnis. Auf Befehl von höheren Kommandostellen sollten sie jede Erhebung mit Gewalt niederschlagen. Sie wiesen die Arbeiter ab und drohten ihnen mit Erschießungen. Die Landarbeiter zogen sich in ihre Häuser zurück. Bald darauf trafen Verstärkungen ein. Die Truppen drangen zu den Häusern der Landarbeiter vor, umstellten sie und steckten sie in Brand. Fünfundzwanzig Häuser wurden zerstört, dreißig Landarbeiter wurden bei lebendigem Leibe in ihren eigenen Häusern verbrannt. Auch der siebzigjährige Seisdedos fand mit seinen Kindern und Enkelkindern in den Flammen den Tod.

Dieses grausame Vorgehen rief einen Sturm der Entrüstung im ganzen Lande hervor und die Cortes setzten eine parlamentarische Untersuchungskommission ein. Das Ergebnis der Ermittlungen ergab, dass die Befehle zur Unterdrückung der unzufriedenen Bauern »mit Feuer und Schwert« vom Innenminister Casares Quiroga und vom Ministerpräsidenten Manuel Azaña, selbst ausgegangen waren. Die Regierung war zum Rücktritt gezwungen. Das war im September 1932.

Einige Wochen vorher, im August 1932, hatte es in Sevilla einen Militärputsch gegeben. Der im Dienst der Republik stehende General Sanjurjo, stellte sich an die Spitze eines Aufstandes monarchistischer Offiziere gegen die republikanische Regierung. Der Aufstand blieb auf Sevilla begrenzt. Die anarchosyndikalistischen Gewerkschaften hatten mit dem Generalstreik geantwortet und so der Regierung geholfen, die monarchistische Erhebung niederzuschlagen. Im Gegensatz zur grausamen Strenge, die die Regierung an den Tag gelegt hatte, um die aus berechtigter Unzufriedenheit entsprungene Erhebung der verelendeten Landarbeiter zu bestrafen, wurden die reaktionären Putschoffiziere von Sevilla mit auffallender Nachsicht und Milde behandelt. Dieses eigenartige Verhalten der republikanischen Regierung ermutigte die monarchistischen Offiziere, sich auf einen größeren Aufstand besser vorzubereiten.

Das Landproblem konnte durch die Unterdrückung von Revolten der Landarbeiter nicht gelöst werden. Auch nach Verabschiedung des Gesetzes der Agrarreform blieb es auf der Tagesordnung. Der Verlag Aguilar in Madrid veröffentlichte kurz nach den Ereignissen von Casas Viejas ein Sammelband über die Lösung der Landarbeiterfrage, in welchem Politiker von der äußersten Rechten bis zur äußersten Linken ihre Vorschläge der Öffentlichkeit unterbreiteten:

Diego Hidalgo, Cortesmitglied aus der Provinz Estremadura, der großen Anteil an den Parlamentsdebatten über die Agrarreform nahm, wandte sich gegen die Bebauung brachliegenden Landes durch die eigentumslosen Bauern. Er kritisierte die Regierung, die nicht genügend Mut aufgebracht hat, um die Landarbeiter zu hindern, brachliegendes Land anzubauen, wie das nach Proklamierung der Republik vielerorts vorgekommen war. Diego Hidalgo forderte die Regierung auf, die Eigentumsrechte mit starker Hand zu verteidigen.

Dr. Vallina, einer der besten Kenner des andalusischen Landproblems, veröffentlichte in dem gleichen Band seine Ansichten und kam zu ganz anderen Schlüssen: »Wir Anarchisten«, sagt er, »schlagen die sofortige Enteignung des Großgrundbesitzes vor. Die Eigentümer dürfen keineswegs entschädigt werden, denn die Mehrzahl der andalusischen Großgrundbesitzer kam auf unrechtmäßige Weise zu ihrem Landbesitz. Die Landeigentümer sollten, im Gegenteil, den Tagelöhnern bis zur nächsten Ernte den Lohn auszahlen. Das Land muss durch die Landarbeitergewerkschaften an die Landarbeiter zur dauernden Nutzbarmachung verteilt werden. Die Gewerkschaften müssen den Neubauern Maschinen, Geräte, Düngemittel usw. vermitteln. Die Gemeinden müssen für das Gesundheitswesen, das Unterrichtswesen usw. sorgen. Hierin liegt die einzige Lösung für das so brennende Landproblem in Andalusien.«

Die Regierung befolgte weder den Rat des Reaktionärs Diego Hidalgo noch den des Anarchisten Dr. Vallina. Sie hoffte, das Landproblem durch Beschreitung eines mittleren Weges lösen zu können. Doch auch das ist ihr nicht gelungen. Das Landproblem blieb ungelöst.

Die Landarbeiter waren nicht die einzigen Unzufriedenen. Die Industriearbeiter waren gleichfalls von dem Wunsch beseelt, den Sozialismus zu verwirklichen. Die sozialistische UGT war in ihren Forderungen bescheiden. Sie stand unter dem Einfluss ihrer parlamentarischen Führer, die die wirtschaftlichen Forderungen der Arbeiter unter die parlamentarische Parteipolitik unterordneten. Die anarchosyndikalistische CNT dagegen hatte keine politischen Bindungen. Ihre Mitglieder stellten ihre Forderungen, wie sie es vorher in der Monarchie getan hatten, und griffen, bei der Weigerung der Unternehmer, zum Mittel des Streiks, der Sabotage und des Generalstreiks.

Im Januar 1932 war es am oberen Llobregat, in Katalonien, zu einer wirtschaftlich-politischen Erhebung gekommen. Die Anarchosyndikalisten erklärten in mehreren kleineren Orten den Generalstreik als Beginn zur Einführung des freiheitlichen Kommunismus. Die revolutionäre Bewegung erstreckte sich auf die Kleinstädte Manresa und Berga. Die Bewirtschaftung der Landgüter wurde von der syndikalistischen Landarbeitergewerkschaft übernommen, die dazu überging, Kollektivwirtschaften zu organisieren. In beiden Städten wurden die alten Gemeindebehörden abgesetzt. Ein Gewerkschaftsrat übernahm die Kommunalverwaltung. Die Bewegung blieb örtlich begrenzt und die Regierung sandte Truppen in die aufständischen Gebiete. Es kam zum Kampfe zwischen den Arbeitern und dem Militär. Nach kurzer Zeit wurden die Arbeiter besiegt und die Privatbesitzer in ihre alten Rechte wieder eingesetzt. Die Regierung nahm diesen Aufstand zum Anlass, um gegen die anarchosyndikalistische Bewegung mit allen Machtmitteln des Staates einzuschreiten. 120 Teilnehmer dieser Erhebung wurden verhaftet und nach Villa Cisnero, Spanisch-Afrika, verbannt. Unter den Verhafteten befanden sich zahlreiche bekannte Anarchisten aus Barcelona.[4]

Während der Ereignisse in Casas Viejas im Januar 1933, brach in Barcelona, Lérida und Valencia ein Generalstreik aus. Es handelte sich nicht um eine Lohnbewegung. Das Ziel der Aktion bestand vielmehr darin, die soziale Revolution einzuleiten, die seit den Zeiten der Ersten Internationalen propagiert worden war. Die Regierung griff energisch durch. Die Streiks wurden niedergeschlagen. Tausende von Anarchosyndikalisten wurden als Verantwortliche und Mitbeteiligte an diesen Aufständen verhaftet und die syndikalistische CNT wurde verboten. Das Verbot konnte indessen nicht durchgesetzt werden. Die verbotenen Gewerkschaften funktionierten weiter. Einige Monate später organisierte die verbotene Bauarbeitergewerkschaft in Barcelona einen allgemeinen Streik im Baugewerbe, der vier Monate dauerte und von den syndikalistischen Bauarbeitergewerkschaften in Sevilla, La Coruña, Zaragoza und Oviedo durch einen Solidaritätsstreik unterstützt wurde.

Im Januar 1933 zeigten sich die Wirkungen der Weltwirtschaftskrise auch in Spanien. Die Arbeitslosigkeit wurde größer. Die materielle Lage der Arbeiter verschlechterte sich. Im Sommer und Herbst des gleichen Jahres spitzte sich die politische Situation zu. Die Monarchisten und Klerikalen versäumten nicht, die schwierige Wirtschaftslage für ihre Zwecke propagandistisch auszunutzen. Der untere Mittelstand war vom Klerus und der obere Mittelstand von den Monarchisten beeinflusst. Die Republikaner und Sozialisten hatten in diesen Schichten Anhänger verloren. In der Arbeiterschaft hatte sich ein Ruck nach links vollzogen. Zahlreiche sozialistische Gewerkschaften, besonders in Madrid, waren von den Kommunisten »erobert« worden. In den anarchosyndikalistischen Gewerkschaften konnten die Kommunisten keine Eroberung machen. Ein syndikalistischer Kongress hatte den Beschluss gefasst, Kommunisten aus ihren Reihen auszuschließen. Die Syndikalisten waren den Kommunisten nicht nur zahlenmäßig, sondern auch an revolutionärem Elan und organisatorischer Disziplin weit überlegen. Die Leitung der syndikalistischen Gewerkschaften lag in den Händen der *Federación Anarquista Ibérica*. Die Anarchisten waren erbitterte Gegner des Staatskommunismus und machten eine Infiltration der Kommunisten unmöglich.

Es wurden Neuwahlen zu den Cortes ausgeschrieben. Die Anarchisten und Syndikalisten propagierten Wahlenthaltung, in Übereinstimmung mit ihren antiparlamen-

[4] Ausführlich beschrieben wird *Der Aufstand im oberen Llobregat* und seine Folgen in: Abel Paz: *Durruti*. Ed. Nautilus 1993, S. 255ff.

tarischen Traditionen. Die Arbeiter waren mit den Linksparteien unzufrieden. Die Linksregierung aus Republikanern und Sozialdemokraten hatte zehntausende von revoltierenden Arbeitern in die Gefängnisse gesteckt. Die Republikaner hatten sich in den zweieinhalb Jahren ihrer Machtausübung beim Volke diskreditiert. Die Hälfte des Proletariats war von der antiparlamentarischen Propaganda der Anarchosyndikalisten beeinflusst und nahm an den Wahlen nicht teil. Das war ein empfindlicher Verlust für die Sozialdemokraten und Republikaner. Das war die politische Situation bei den Neuwahlen vom November 1933. Der Sieg Hitlers in Deutschland hatte auf den Verlauf der spanischen Politik im Jahre 1933 und 1934 einen gewissen Einfluss ausgeübt. Zahlreiche spanische Politiker wiesen nach dem Reichstagsbrand in der spanischen Presse auf die Verhältnisse in Deutschland und auf die Gefahr des Faschismus hin. Der ehemalige spanische Botschafter in Berlin, Señor Araquistaín, zog in einem Vortrag in Madrid über das Thema »Die deutsche und spanische Republik«, eine Parallele zwischen der Entwicklung in beiden Ländern. Die Linksrepublikaner waren durch die Tragödie in Casas Viejas derart kompromittiert, dass die Sozialdemokraten es nicht wagen konnten, eine Wahlkoalition mit ihnen einzugehen. Dieser Umstand kam den Rechtsparteien zugute. Bei den ersten republikanischen Corteswahlen hatten die Linksrepublikaner 120 Sitze erobert. Bei den nun stattfindenden Novemberwahlen 1933 erhielten sie nur sechs Sitze! Die Sozialdemokraten verloren die Hälfte ihrer Mandate. Von 116 ging die Zahl ihrer Abgeordneten auf 58 zurück! Die Radikalsozialisten erhielten überhaupt keinen Sitz. Selbst die katalanische Linkspartei büßte 28 Mandate ein. Ihre Gegner, die rechts eingestellte katalanische Liga, verstärkte ihre Positionen.

Der Wahlerfolg der Rechtsparteien war zum Teil darauf zurückzuführen, dass sie einen gemeinsamen Wahlblock gebildet hatten, während die Linksparteien zersplittert in den Wahlkampf ziehen mussten. Die Wahlordnung der Republik begünstigte Blockbildungen und ermöglichte größere Gewinne für Blockparteien. Die Rechtsparteien zogen mit 207 Sitzen in die neuen Cortes ein. Damit wurden sie der maßgebende Faktor der Politik. An der Spitze der Rechtsparteien stand die katholische Partei *CEDA* unter Leitung des Jesuitenschülers Gil Robles. Dieser hatte kurz vor den Wahlen, im September 1933, seine Hochzeitsreise nach Deutschland gemacht, stattet Hitler einen Besuch und kam als ein begeisterter Hitleranhänger nach Spanien zurück. Sein Ziel war es, den Hitlerismus in spanischer Aufmachung auch in seiner Heimat einzuführen. Als Hitler später die katholische Kirche bekämpfte, sah Robles in Dollfuß sein Vorbild. Er wollte in Spanien einen katholischen Korporativismus unter Anlehnung an das faschistische Italien durchführen.

Auf eine Linksregierung war eine Rechtsregierung gefolgt. Der neue Kurs war jedoch nicht monarchistisch. Die Monarchisten hatten bei den Wahlen im November nur 15 Sitze erhalten. Als die neuen Cortes zusammen traten, sah die Rechtsmehrheit ihre Aufgabe darin, die ihr radikal erscheinenden Gesetze ihrer Vorgänger rückgängig zu machen. Die entschädigungslose Enteignung der Großgrundbesitzer wurde aufgehoben. Die Landarbeiter wurden mit Gewalt von dem Lande vertrieben, das sie in den ersten Jahren der Republik zu bebauen begannen, ohne sich um Eigentumsrechte zu bekümmern. Es hatte sich ausschließlich um brachliegendes Land gehandelt, das von den Besitzern, die meist in den Städten wohnten, nicht kultiviert worden war. Allein in Extremadura wurden 19.000 *wilde* Siedler von ihrer Scholle vertrieben. Die Großgrundbesitzer wurden in ihre alten Rechte wieder eingesetzt, das Budget für das Schulwesen beschnitten, die Sozialgesetzgebung teilweise rückgängig gemacht und das Gesetz, das den Arbeitern Mindestlöhne garantiert, abgeschafft. Die Reaktion stieß auf der ganzen Linie vor. Auf politischem Gebiete ging der Kurs gleichfalls nach rechts. General Sanjurjo, der zwei Jahre vorher wegen seines monarchistischen Putsches in Sevilla verurteilt worden war, wurde amnestiert. Damit gab die Republik den monarchistischen Verschwörern und Putschgenerälen einen Freibrief für die Vorbereitung neuer Pronunciamientos (Staatsstreiche). In der Hoffnung, die Sympathien der Massen zu gewinnen, amnestierte die Regierung von Gil Robles auch Zehntausende von inhaftierten Anarchosyndikalisten.

Die Anarchisten waren jedoch nicht so leicht zu gewinnen. Der linksradikale Flügel der Arbeiterbewegung war nicht gewillt, den reaktionären Kurs der Regierung widerspruchslos hinzunehmen. Die Anarchosyndikalisten hatten sich nicht an der Parteipolitik beteiligt. Bei den Aktionen der letzten Jahre waren in vielen Landesteilen die anarchosyndikalistischen Kampfgruppen entwaffnet worden. Nur in Aragonien hatten sie es fertig gebracht, Waffen zu erlangen. Ihre neue Aktion setzte daher in Aragonien ein. Einige Monate nach den reaktionären November-Wahlen organisierten die konföderalen Organisationen in Aragonien einen Aufstand. In Zaragoza, der Hauptstadt der Region, wurden Barrikaden errichtet. Die Konföderalen, so nannten sich die Anarchosyndikalisten in Mittel- und Nordspanien, versuchten, die öffentlichen Gebäude zu stürmen. In den Städten Huesca, Barbastro sowie in kleinen Orten der angrenzenden Provinz Rioja ist ihnen der Überraschungscoup zum Teil gelungen. Die Aufständischen bemächtigten sich der öffentlichen Gebäude, entwaffneten die Lokalpolizei und die nur schwach besetzten Kasernen der Zivilgarde und proklamierten den freiheitlichen Kommunismus. Die Aktion wurde in vielen Teilen des Landes durch Generalstreiks unterstützt. Nur in Katalonien, wo die Organisationen durch die vorangegangenen Aktionen geschwächt und völlig unbewaffnet waren, kam es zu keiner Solidaritätsaktion. Die Regierung erklärte den Belagerungszustand über das ganze Land und sandte in die Aufruhrgegenden verläßliche Truppen mit monarchistischen Generälen. In vier Tagen war die Bewegung in ganz Spanien niedergeschlagen.

Bei diesem Aufstand dachten die Anarchisten nicht an höhere Lohnforderungen, sie setzten sich vielmehr das Ziel, die kapitalistische Wirtschaftsordnung abzuschaffen und eine sozialistische einzuführen. Im Verlauf der Aktion wurden Fabriken und Industrieunternehmen von den Arbeitern als Kollektiveigentum erklärt. Die Unternehmer wurden vor die Wahl gestellt, entweder in ihren bisherigen Privatbetrieben unter den neuen kollektiven Besitzverhältnissen als Gleichberechtigte weiter zu arbeiten oder ganz aus dem Betrieb auszuscheiden. Einen dritten Weg gab es nicht für sie. Viele wählten die Mitarbeit. In jedem Betrieb wurde von den Arbeitern und Angestellten eine Leitung gewählt. An der Spitze der kollektivierten Betriebe sollten die konföderalen Industriegewerkschaften stehen.

Die Führer dieser Bewegung waren sich des Erfolges ihres Unternehmens nicht ganz sicher. Sie rechneten sogar mit der Möglichkeit der Niederlage. Es war ihnen hauptsächlich darum zu tun, durch immer neue Versuche Erfahrungen zu sammeln, die es ermöglichen würden, bei einem ganz großen und endgültigen Schlage doch zum Ziele zu kommen. Nach Niederschlagung der Bewegung setzte die Verfolgung der Rädelsführer ein. 67 Anarchisten haben ihren Revolutionsversuch mit dem Tod büßen müssen. 87 waren bei den Kämpfen schwer verletzt worden. 6.000 Verhaftungen wurden vorgenommen. An diesen Zahlen läßt sich die Bedeutung des Aufstandes ermessen!

Die Aktion hatte ein eigenartiges Nachspiel. Gegen die Inhaftierten war ein großer Prozess angekündigt worden. Es konnte aber zu keiner Verhandlung kommen, da die Inhaftierten vom Gefängnis aus mit ihren Gesinnungsgenossen draußen eine Aktion zur Vernichtung der Gerichtsakten vorbereiteten. Der Schlag wurde überraschend von ihren in Freiheit befindlichen Genossen durchgeführt und hatte vollen Erfolg. Es gelang, die Prozessakten zu vernichten. Der Prozess hat nicht statt gefunden.

Inzwischen entstanden der Regierung von einer Seite, die sie nicht erwartet hatte, Schwierigkeiten. Es kam zu einem Konflikt mit den Basken. Die Baskenpartei hatte 14 Vertreter in den Cortes. Bei den Wahlen standen die Basken auf Seiten des Rechtsblocks, was ihrer katholischen Einstellung entsprach. Gil Robles aber und seine katholische Aktion waren verbohrte Zentralisten, die für die Autonomiebestrebungen der Basken nicht das geringste Verständnis hatten. Die Basken forderten gewisse Rechte, vor allem kommunale Selbstverwaltung. Im September 1934 veranstalteten sie im Baskenland Gemeindewahlen, die von der Madrider Regierung nicht anerkannt wurden. Das veranlasste die Vertreter der Basken in den Cortes zu einer parlamentarischen Obstruktion.

Die katholische CEDA unter Gil Robles machte sich die Schwierigkeiten der Regierung zu Nutze, um ihrem Ziel, einer faschistische Diktatur, näher zu kommen. In ganz Europa waren die Faschisten auf dem Vormarsch. Die spanischen Sozialdemokraten fürchteten, dass auch in Spanien die Gesinnungsgenossen Mussolinis und Hitlers durch politische Manöver und Gewaltanwendung an die Macht kommen könnten. Als die Sozialdemokraten an der Regierung waren, hatten diese die Gelegenheit genutzt, um ihre Parteiorganisation und Gewerkschaften auszubauen. Die UGT hatte ihre Mitgliedschaft zahlenmäßig fast auf die Höhe der anarchosyndikalistischen Konföderation gebracht. Nichtsdestoweniger fühlte sich weder die Partei, noch die

UGT stark genug, den Faschisten allein entgegenzutreten. Bei einem ernsthaften, bewaffneten Kampf musste man auf die Anarchosyndikalisten rechnen können, die in diesen Kämpfen die größten Erfahrungen hatten. In dieser Absicht näherte sich der UGT-Führer Largo Caballero, der anarchosyndikalistischen Konföderation (CNT), um eine Arbeiterallianz gegen den Faschismus vorzuschlagen. Die Syndikalisten lehnten den Pakt ab. Sie sahen darin nur ein politisches Manöver, das Largo Caballero dazu dienen sollte, für sich und seine Partei die verlorenen politischen Positionen zu retten. Dazu wollten die Syndikalisten sich nicht hergeben. Sie konnten nicht vergessen, dass gerade Largo Caballero es war, der als einziger Linkspolitiker an der Regierung des Diktators Primo de Rivera teilgenommen hatte, wobei er in erster Linie von der Absicht geleitet war, seine Organisation auf Kosten der Syndikalisten zu stärken. Er hatte das Verbot der syndikalistischen Gewerkschaften gebilligt, um dadurch die Möglichkeit zu haben, seine eigenen sozialdemokratischen Gewerkschaften auszubauen. Die Syndikalisten wollten nicht, dass der Kampf gegen den Faschismus zu einer bloßen politischen Spiegelfechterei herabgewürdigt werde. Sie erklärten daher, dass sie, wie in der Vergangenheit, so auch in der Zukunft, die Reaktion in jeder Form und mit allen Waffen bekämpfen werden, dass sie aber nicht gewillt seien, politischen Abenteurern die Steigbügel zu halten, damit diese sich auf den Rücken der Arbeiterklasse schwingen, um sie durch die Politik besser beherrschen zu können.

Als die Cortes am 1. Oktober 1934 zusammentraten, entzogen die Rechtsparteien der Regierung das Vertrauen. Das Kabinett trat zurück. Im Auftrag des Präsidenten Alcalá Zamora, bildete sich eine neue Koalitionsregierung, zu der auch der Diktator-Aspirant Gil Robles gehörte. Es war bekannt, dass Gil Robles die Absicht hatte, sich an die Spitze des Kriegsministeriums zu stellen, um, in ähnlicher Weis wie die Nazis es ein Jahr vorher in Deutschland getan hatten, Neuwahlen vorzubereiten. Eine solche Entwicklung wollten die Sozialdemokraten vorbeugen. Sie hatte sich mit der katalanischen Linken auf eine gemeinsame Aktion geeinigt Die Protestaktion sollte in Madrid und Barcelona zur gleichen Zeit eingeleitet werden. Die Bewegung in Katalonien war, wie bereits in anderem Zusammenhang beschrieben, eine vollständige Niederlage. Der katalanische Präsident, Lluìs Companys, gleichzeitig Führer der Linkspartei, organisierte eine Erhebung gegen Madrid und verbot gleichzeitig die syndikalistischen Organisationen. Während ein Teil seiner katalanischen Sicherheitspolizei den Aufstand gegen Madrid erklärte, besetzte ein anderer Teil die Lokale der syndikalistischen Gewerkschaften. Unter diesen Umständen konnte Companys natürlich nicht mit dem Erfolg seiner Aktion gegen Madrid rechnen. Die katalanische Arbeiterschaft hatte von dem katalanischen Präsidenten einen Dolchstoß in den Rücken erhalten. Sie dachte daher nicht daran, sich an die Seite der katalanischen Nationalisten zu stellen. Die katalanische Erhebung begann in der Nacht des 6. Oktober 1934. Am nächsten Morgen war sie bereits von den spanischen Truppen unterdrückt. Zum zweiten Male hatte Companys die bittere Erfahrung machen müssen, dass man in Katalonien nichts gegen Madrid ohne die Anarchosyndikalisten unternehmen könne.

Zur gleichen Zeit kam es auch in Madrid zu einer allgemeinen Erhebung. Zum ersten Male in der Geschichte des Landes entfachte die Sozialdemokratie eine Aufstandsbewegung. Da sich die Partei in ihrer Regierungspraxis daran gewöhnt hatte, die vielen Aufstände und Revolutionsversuche der Syndikalisten zu verurteilen, wagte sie es auch jetzt nicht, die Aufrufe zum Generalstreik und zum Aufstand in ihrem Namen zu zeichnen. Sie schickte die sozialdemokratische Jugend vor. Nur diese rief offen zum Aufstand gegen die reaktionäre Regierung auf. Damit warf sie selbst ihrer eigenen Bewegung einen Bremsklotz vor die Füße.

Außerdem gab es auch Unstimmigkeiten innerhalb der Partei. Unter den Parteiführern hatte sich eine Umstellung vollzogen. Zur Zeit Primo de Riveras war der Parteiführer Indalécio Prieto gegen die Teilnahme der Sozialdemokratie an der Diktaturregierung. Das Vorstandsmitglied Largo Caballero dagegen trat in die Regierung ein und saß als Staatsrat an der Seite des Diktators. Jetzt waren die Rollen vertauscht. Caballero war radikaler, Prieto gemäßigter geworden. Letzterer war gegen den Generalstreik, ersterer dafür. Caballero stützte sich auf die sozialdemokratische Gewerkschaftsunion, UGT, deren Vorsitzender er war. Obzwar er für den Aufstand war, wagte er dennoch nicht, selbst einzugreifen. Er wählte den besseren Teil der Tapferkeit und blieb während der ganzen Streik- und Aufstandsbewegung in seinem Hause. Das verschaffte ihm bei dem darauffolgenden Prozess ein Alibi für seine Unschuld. Nichtsdestoweniger war die Sozialdemokratie an dem Gelingen des Aufstandes in höchstem Maße interessiert. Bei einem siegreichen Ausgang hätten sich die Führer nicht nur als Helden feiern lassen, sondern wären auch sofort wieder in die höchsten Regierungsposten auf gestiegen. Largo Caballero ließ sich um diese Zeit als Lenin Spaniens feiern.

Die Syndikalisten Madrids hatten sich bereit erklärt, an dem Aufstand teilzunehmen. Sie bildeten sofort ein Revolutionskomitee, das mit den Delegierten des Exekutivkomitees der sozialdemokratischen Partei verhandelte. Die Sozialdemokraten beklagten sich über die geringe Beteiligung der Syndikalisten an der Aktion. Diese erklärten, dass sie infolge der letzten revolutionären Aktionen ohne Waffen seien. Sie ersuchten die Sozialdemokraten, ihnen Waffen zu geben. Das lehnten die Sozialdemokraten ab, gleichzeitig aber klagten sie darüber, dass ihre eigenen, sozialdemokratischen Mitglieder keinen Kampfgeist hätten und dass es nicht selten vorkomme, dass sie während der Kämpfe die Waffen im Stich ließen und davonliefen. Die Syndikalisten versuchten, durch ihre Genossen in den Kasernen in den Besitz von Waffen zugelangen. Zu einem Aufstand in den Kasernen gegen die obersten Befehlshaber ist es indessen nicht gekommen.

Der sozialdemokratische Aufstand wurde sehr zaghaft unternommen. Er konnte daher zu keinem Erfolge führen. Trotz der großen Menge Waffen, die den Sozialdemokraten zur Verfügung standen, brach die Aktion bald zusammen. Der bekannte Sozialdemokrat Benavidez kennzeichnete die Situation treffend mit den Worten: »Auf dem Lande in Kastilien, in der Estremadura und Andalusien fürchteten die Führer, dass die Bewegung zu weit gehen könnte. Wer würde imstande sein, die Leute aufzuhalten, wenn der Kampf entfesselt ist? Wie sollen die vom Hunger getriebenen Massen gebremst werden, wenn sie erst in Bewegung sind?« Die sozialdemokratischen Führer wollten die Faschisten verhindern, an die Macht zu kommen. Sie wollten aber keine soziale Revolution. Sie wollten den Mittelweg beschreiten. Sie wagten es nicht, aufs Ganze zu gehen. Der Madrider Aufstand vom Oktober 1934 war nur ein halbes Unternehmen. Daher musste er zusammenbrechen, ehe er zur vollen Entfaltung kam.

Zur gleichen Zeit kam es zu einem größeren Aufstand in Asturien. In den asturischen Grubenbezirken war es bereits vorher zu. einem Pakt zwischen den Anarchosyndikalisten und den Sozialdemokraten gekommen. Man bildete eine proletarische Kampfbrüderschaft unter dem Namen *Unión de Hermanos Proletarios* (UHP). Die sozialdemokratischen Gewerkschaften hatten in Asturien 40.000 und die syndikalistischen 30.000 Mitglieder. Die sozialdemokratisch organisierten Bergarbeiter Asturiens waren radikaler als ihre Genossen in Madrid.

Das Jahr 1934 war ein Jahr der sozialen Kämpfe. Im Februar hatten sich in Wien die sozialdemokratischen Arbeiter Dollfuß entgegengestellt. Es gab blutige Kämpfe, bei denen die Arbeiter unterlagen. Im gleichen Monat hatten die Feuerkreuzler[4] in Paris einen Putschversuch unternommen, der ebenfalls missglückte. Im Anschluss an diese Ereignisse kam es in Frankreich zur Bildung der Volksfrontbewegung. Im März des gleichen Jahres bildeten in Asturien die sozialdemokratischen und syndikalistischen Gewerkschaftsorganisationen ihre revolutionäre Allianz. Sie schlossen einen Pakt, dessen Wortlaut im Sinne des Anarchosyndikalismus abgefasst wurde.

Seine wichtigsten Punkte lauteten: »Die UGT und CNT sind der Auffassung, dass eine gemeinsame Aktion aller Arbeiterorganisationen in Spanien erforderlich ist, um den wirtschaftlichen und politischen Bestrebungen der Bourgeoisie die Ziele der sozialen Revolution entgegenzustellen. Beide Organisationen verpflichten sich, bis zum Sieg der sozialen Revolution in Spanien gemeinsam zu kämpfen. Sie erstreben eine auf wirtschaftlicher, politischer und sozialer Gleichheit und auf den Grundsätzen des föderalistischen Sozialismus aufgebaute Gesellschaftsordnung. Sie setzen einen gemeinsamen Vollzugsausschuss mit dem Ziel ein, einen Aktionsplan zur Durchführung der sozialen Revolution auszuarbeiten. Der Pakt bleibt in Kraft, bis das gesteckte Ziel, die Errichtung einer sozialistischen Gesellschaftsordnung, erreicht sein wird. Die sozialdemokratische Gewerkschaftsunion verpflichtet sich, ihr Wahlbündnis mit den bürgerlichen Parteien auf zulösen, damit sie sich ausschließlich der Verwirklichung der oben erwähnten Ziele widmen kann.«

[4] *Croix de Feux,* französische rechtsextreme Frontkämpferorganisation.

Die Bildung der Rechtsregierung mit Gil Robles an der Spitze war für die UHP das Signal, dem Pakt entsprechend zu handeln. Sozialdemokraten und Syndikalisten erhoben sich gleichzeitig, ohne auf Anweisungen ihrer zentralen Stellen zu warten. Mit dem Rufe UHP gingen die Arbeiter ganz Asturiens zu einer sozialrevolutionären Aktion über. Die Erhebung kam für die Behörden überraschend. Es gelang den Arbeitern, die Polizei und das Militär der Provinz zu entwaffnen. An allen Orten wurden Revolutionskomitees eingesetzt, die an die Stelle der bürgerlichen Behörden traten. In der Waffenfabrik La Vega in Trubia beschlagnahmten die Arbeiter 30.000 Gewehre, zahlreiche Maschinengewehre und große Mengen Munition. Es wurde Tag und Nacht gearbeitet, um Panzerwagen herzustellen. Man bildete eine Arbeitermiliz und erbeutete auch eine Kanone. Flugzeuge waren in der Provinz nicht vorhanden.

Trotz des gemeinsamen Programms der proletarischen Kampfbrüderschaft zeigte sich bald ein Unterschied im Vorgehen der Sozialdemokraten, Anarchosyndikalisten und der wenigen Kommunisten, die in Asturien vorhanden waren. In Orten, wo die Anarchosyndikalisten die Mehrheit hatten, wie in Felguera und Trubia, proklamierten sie unverzüglich den freiheitlichen Kommunismus. Die Sozialdemokraten begnügten sich, ihre eigenen Ortsbehörden zu errichten und im übrigen abzuwarten, was ihnen ihr Parteivorstand aus Madrid vorschreiben würde. Die Kommunisten hatten in einigen von den Sozialdemokraten beherrschten Orten Mitglieder im Vorstand und bemühten sich, die Parolen von der Diktatur des Proletariats und von einer roten Armee populär zu machen.

Die radikalsten sozialen Veränderungen wurden in den Orten mit syndikalistischer Mehrheit vorgenommen. Felguera, eine mittlere Stadt mit einer großen Waffenfabrik, war eine Hochburg der Syndikalisten. Die Art der Veränderungen, die sich dort vollzogen, war typisch für das Vorgehen der Anarchosyndikalisten in vielen anderen Orten der Provinz. In den Städten setzte man einen Versorgungsausschuss aus Delegierten aller Stadtteile ein. Die erste Handlung dieses Ausschusses bestand darin, den Brotbedarf festzustellen. Man verteilte pro Kopf ein halbes Kilo Brot täglich und ließ eine größere Zahl Brote mehr backen, damit an diesem wichtigsten Lebensmittel kein Mangel herrsche. Typisch war die Verachtung des Geldes. In Infiesta, einem kleinen Orte in der Nähe von Felguera, übergaben die Bankangestellten dem Revolutionskomitee freiwillig die Schlüssel der Kassenschränke und Safes. Das Komitee öffnete jedoch nicht einen Kassenschrank und rührte keinen Safe an. »Wir sind nicht gekommen, um zu rauben«, erklärten sie öffentlich. »Wir wollen eine neue, die sozialistische und geldlose Wirtschaftsordnung einführen, in der es keine Armut und infolgedessen auch keine auf ungerechte Weise angesammelten Reichtümer gibt.«

In den Industrieunternehmungen, Fabriken, Elektrizitätswerken, Hochöfen usw. wurde mit Hochdruck weitergearbeitet. Es galt, Waffen herzustellen für die Revolution! Die Besitzer wurden als enteignet erklärt, konnten aber als Gleichberechtigte in den Betrieben weiterarbeiten. Man hatte allen Ernstes ein neues Leben begonnen, das durch seine Konsequenz weit über die russische Revolution hinausging. Die Staatsbürokratie wurde aus der Leitung der Fabriken und aus den Kommunalbehörden ausgeschaltet. Es war ein Sozialismus von unten auf, dezentralistisch und föderalistisch.

Die Bewegung blieb auf Asturien beschränkt. Wie bereits geschildert, waren die in Katalonien und Madrid kurz vorher ausgebrochenen Aufstände gleich am ersten Tage zusammengebrochen. Es war daher vorauszusehen, dass auch die Erhebung in Asturien mit Hilfe der Staatsgewalt niedergeschlagen werden würde. Die Arbeiter waren sich der verzweifelten Lage, in der sie sich befanden, wohl bewusst. Doch sie wussten auch, was ihnen nach dem Siege der Reaktion bevorstand, und sie waren entschlossen, sich allen Angriffen von außen gegenüber zu verteidigen. Bald setzte die Regierung ihren Machtapparat gegen Asturien in Bewegung. Sie berief aus Marokko den General Franco nach Madrid. Bei dieser Gelegenheit wurde der Name Francisco Franco zum ersten Male in der Öffentlichkeit genannt. Die Regierung beschloss, die spanische Fremdenlegion aus Marokko gegen die aufständigen Arbeiter einzusetzen. Zum ersten Male seit Jahrhunderten sollten die Mauren auf spanischem Boden gegen Spanier kämpfen! Ein Schlachtschiff mit afrikanischen Truppen steuerte auf Gijón, der Hafenstadt Asturiens, zu. Von Nordosten, Westen und Süden rükkten drei Armeekorps unter Führung des Generals López Ochoa gleichzeitig in Asturien ein. Die afrikanischen Truppen landeten am 7. Oktober in der Nähe von Gijón und vereinigten sich mit den westlichen Armeekorps. Die Militärexpedition verfügte über Kanonen und Flugzeuge. Dagegen konnten Sich die Arbeiter nicht verteidigen. Gijón fiel am 10. Oktober. Am 12. hatte sich die Vereinigung der Heereskörper vom Süden, Westen und Osten vollzogen. Oviedo fiel am 13. in die Hände der Regierungstruppen. Felgueras wurde von den Syndikalisten zäh verteidigt und hielt sich bis zum 18. Oktober. In diesem Kampfe fiel José Maria Martínez, ein im ganzen Lande bekannter Anarchosyndikalist, der in Asturien große Popularität hatte.

Während der Kämpfe hatten die Arbeiter 3.000 Tote und 7.000 Verwundete zu beklagen. Nach Niederschlagung des asturischen Aufstandes setzte die Reaktion mit Wucht ein. Das alte Wort, »Wehe den Besiegten«, bewahrheitete sich aufs neue. Zehntausende von Arbeitern wurden in Gefängnisse und Konzentrationslager gesteckt. Tausende wurden zu jahrelangen Kerkerstrafen verurteilt. Als die asturischen Ereignisse in den Cortes zur Sprache kamen, forderte Gil Robles die alleinige Macht für seine Partei. Er wollte nach italienischem und deutschem Muster regieren. Als das Parlament sich weigerte, ihm die Macht auszuhändigen, hielt er im ganzen Land Versammlungen ab, in denen er die asturischen Arbeiter als Barbaren und den Faschismus als die Rettung Spaniens hinstellte. Die reaktionäre Presse in Madrid veröffentlichte Nachrichten über die Gräueltaten der Arbeiter während der Erhebung. Man beschuldigte die Arbeiter unter anderem, die Nonnen eines Klosters in Oviedo vergewaltigt zu haben. Entrüstet erklärte die Äbtissin des Klosters, dass ihren Nonnen nichts widerfahren sei und dass sie während der Revolutionstage Verwundete gepflegt hätten. Die Revolutionäre hätten die Nonnen mit großem Anstand und Achtung behandelt. Auf der anderen Seite aber hätten die Mauren und Fremdenlegionäre fürchterlich gegen die Bevölkerung gehaust, nachdem sie das Land erobert hatten. Diese Berichtigung einer wahrheitsliebenden Christin verschwieg die reaktionäre Presse. Der Linkspresse wurden Knebelverordnungen auferlegt.[5]

Die Zeitspanne vom Oktober 1934 bis zu den Wahlen im Februar 1936 bezeichnete die Linkspresse als die zweite Hälfte des schwarzen Doppeljahres. Im April 1935, sechs Monate nach dem Aufstand in Asturien, kam es erneut zu einer Regierungskrise. Auch die neue Regierung trug einen reaktionären Charakter. Die CEDA war durch fünf Minister vertreten. Unter ihnen befand sich ihr Führer Gil Robles, der nun endlich ins Kabinett kam. Die Agrarpartei hatte zwei und die gemäßigte Partei der Radikalen drei Minister. Gil Robles forderte eine Verfassungsänderung, konnte jedoch dafür nicht die erforderliche Zweidrittelmehrheit aufbringen. Dennoch wurden Vorschläge zur Begünstigung der Kirche und zur Wiedereinführung des Religionsunterrichts in den Schulen eingebracht. Auch eine Änderung des Agrargesetzes wurde vorgeschlagen, die die Landreform in ihren wesentlichen Teilen wieder rückgängig machen sollte. Diese Gesetzesvorschläge waren selbst der gemäßigten Partei der Radikalen so reaktionär, dass sie es nicht wagen konnte, dafür zu stimmen. Es kam zu Unstimmigkeiten in der Regierung und Gil Robles arbeitete nun mit allem Eifer auf die Auflösung der Cortes hin. Er hoffte, die Wahlen so beeinflussen zu können, dass er mit seiner Partei allein eine neue Regierung zu bilden in der Lage sein würde. Die wirtschaftliche Lage des Landes verschlechterte sich. Die Zahl der Erwerbslosen stieg auf eine Million. Die verarmten Landarbeiter hungerten wie nie zuvor. Arbeitslosenunterstützung gab es nicht. Die Großgrundbesitzer ließen ihr Land nicht bebauen. Zehntausende Besitzer von Arbeitsvieh, so genannte Yunteros[6], mussten ihre Tiere verkaufen oder schlachten. Der Landanbau und Viehbestand ging katastrophal zurück. Die Finanzen befanden sich in einem zerrütteten Zustand. Die Korruption im öffentlichen Leben nahm ihren Fortgang. Den entlassenen Offizieren wurden volle Gehälter ausgezahlt. Jeder ehemalige Minister der Republik erhielt eine Pension von jährlich 10.000 Peseten. Die radikale Partei allein hatte 37 pensionierte Minister! Die Politik war ein glänzendes Geschäft. Kein Wunder, dass sich so viele Demagogen an die Futterkrippe drängten. Der Finanzminister schlug eine Beschneidung der Pfründe vor. Die Cortes nahmen ein Gesetz hierüber an, das jedoch nicht durchgeführt wurde.

Im September 1935 gab es einen großen Korruptionsskandal. Mehrere Minister hatten von einem holländischen Abenteurer Bestechungsgelder angenommen und die

[5] Ausführlichere Informationen über *Die Kommune von Asturien* und die Rolle der Anarchisten in diesem Aufstand finden sich in: Abel Paz: *Durruti*. Ed. Nautilus 1993, S. 350ff.

[6] Auf dem Lande gibt es Viehverleiher. Das sind Landbewohner, die kein Land haben, aber Arbeitsvieh, Ochsen, Maulesel oder Pferde. Sie ernähren sich, indem sie sich selbst mit ihrem Arbeitsvieh an Landbesitzer verdingen. Geht der Landanbau zurück, so werden sie arbeitslos. (A.S.)

Errichtung von Spielklubs zugelassen. Der Adoptivsohn des Ministerpräsidenten Lerroux war an diesem Skandal beteiligt. Die katholischen CEDA-Minister waren jedoch an der Korruption nicht beteiligt. Nun glaubte Gil Robles, seine Stunde habe geschlagen. Es gab stürmische Cortesdebatten, die im Dezember zum Sturz der Regierung führten. Gil Robles forderte die Regierung für seine Partei. Der Präsident der Republik wagte es jedoch nicht, die Macht dem Faschistenführer auszuhändigen. Er beauftragte den Unabhängigen Portela Valladares mit der Bildung einer neuen Regierung. Valladares fand in den Cortes nur eine sehr knappe Mehrheit. Nun gab es keinen anderen Weg als die Auflösung der Cortes und Neuwahlen. Als Termin für die neuen Corteswahlen wurde der 16. Februar 1936 festgesetzt. Die Wahlagitation setzte mit Leidenschaftlichkeit ein. Rechtsblock und Linksblock riefen sich zu: »Bei Philippi sehen wir uns wieder!«

Die Neuwahlen wurden in einem Klima politischer und psychologischer Hochspannung vorbereitet. Gil Robles gefiel sich in der Rolle eines spanischen Hitlers. Er führte eine gewalttätige Sprache, riss seine Gegner herunter und schreckte vor keiner Verleumdung zurück. Ein positives Programm für Lösung der großen sozialen und wirtschaftlichen Probleme stellte seine Partei nicht auf. Ihre Programmpunkte waren Wiedereinsetzung der Großgrundbesitzer in ihre Privilegien, Begünstigung der Kirche und der Monarchisten. Hinter dem Rechtsblock standen die Monarchisten, die katholische Aktion und die Großgrundbesitzer und ein Teil des Mittelstandes.

Der Linksblock bestand aus der Republikanischen Linkspartei, der Republikanischen Union, den Sozialisten und Kommunisten. Diese Gruppen bildeten die Volksfrontparteien mit dem Programm, die republikanischen Einrichtungen zu verteidigen und die republikanische Verfassung auszubauen. Dazu kam das wichtige Problem der Amnestie für die politischen Gefangenen. Die zahlreichen Aufstandsbewegungen der links eingestellten Arbeiterorganisationen in den letzten zwei Jahren hatten eine Verfolgung ganz großen Stils zur Folge. Die Zahl der Verhafteten belief sich auf 30.000. Zwei Drittel davon waren Anarchosyndikalisten. Die Volksfrontparteien hatten die politische Amnestie als einen ihrer wichtigsten Punkte in der Wahlpropaganda hervorgehoben. Dies hatte zur Folge, dass die anarchosyndikalistische CNT auf einer Landeskonferenz beschloss, diesmal keine Antiwahlpropaganda zu betreiben. Selbst wollten die Syndikalisten zwar keine Kandidaten aufstellen aber sie überließen es ihren Mitgliedern, für die Linksparteien zu stimmen. Die Folge davon war eine Erhöhung der Wahlbeteiligung um ein um eine viertel Million Stimmen! Bei den vorhergehenden Wahlen gab es elf und eine viertel Million Wähler, bei den jetzigen zwölf und eine halbe Million. Das Plus bestand zum größten Teil aus den Stimmen der Syndikalisten.

Die Rechtsparteien hatten trotz ihrer demagogischen Wahlpropaganda nur vier Millionen Stimmen erhalten. Die Links- und Mittelparteien kamen auf acht und eine viertel Million! Als stärkste Partei gingen die Sozialdemokraten aus den Wahlen mit 89 Sitzen hervor. Hinter ihnen kamen die Linksrepublikaner mit 84 Sitzen. Die Republikanische Union, die gleichfalls zum Linksblock gehörte, hatte 34 Mandate erhalten. Ihre Beteiligung an der Linksblockbildung ermöglichte es den Kommunisten, mit 14 Abgeordneten in die neuen Cortes einzuziehen. Die Gesamtheit der Linksparteien hatte eine überwältigende Mehrheit gegenüber den Rechtsparteien.

Unter den Linksparteien war jedoch keine stark genug, um allein die Regierung bilden zu können. Einheitliche Richtlinien konnten die Parteien des Volksfrontblokkes gleichfalls nicht aufstellen. Jede Partei hielt an ihrem eigenen Programm fest. Selbst innerhalb der einzelnen Parteien gab es Meinungsverschiedenheiten über die neue Regierungspolitik. Am größten war die Kluft innerhalb der sozialdemokratischen Partei. Sie bestand aus einem rechten und einem linken Flügel, und auch in der Mitte hatte sich eine besondere Richtung gebildet. Rechts stand der Universitätsprofessor Besteiro. Er war Gegner jedes revolutionären Experiments. Das Zentrum bildete Indalécio Prieto aus Bilbao, der die Zusammenarbeit mit den bürgerlichen Linksparteien befürwortete. Er schlug vor, die Wirtschaftskrise durch maßvolle Landverteilung und große Bewässerungsanlagen zu beheben. Durch eine solche Politik hätte seiner Ansicht nach das Elend der Landarbeiter beseitigt werden können. Den linken Flügel der Partei bildete Largo Caballero mit seinen sozialdemokratischen Gewerkschaften. Er hielt an der Forderung »Alle Macht für die Sozialdemokratie!« fest. Er war ein Mann nahe der Siebziger von dem sturen Charakter eines Autodidakten. Seine Freunde bezeichneten ihn als Lenin Spaniens, seine Gegner bespöttelten ihn als Kerenski. Largo Caballero hatte nicht die Macht, sich durchzusetzen. Die Linksparteien bildeten eine Koalitionsregierung unter Casares Quiroga, einem Führer der Linksrepublikaner. Bald darauf kam es zu einer Regierungskrise durch den Rücktritt des Präsidenten der Republik, Alcalá Zamora. Zamora war ein alter Monarchist. Bei Abdankung des Königs 1931 hatte er als Treuhänder der Monarchie die Staatsmacht übernommen. Bei dem nun erfolgten Linkskurs hatte er nicht mehr das Vertrauen der Mehrheitsparteien. Auch die Rechtsparteien waren mit ihm unzufrieden, da er sich wenige Monate vorher geweigert hatte, Gil Robles mit der Bildung einer neuen Regierung zu beauftragen. Mit Acalá Zamora war eines der größten Symbole des alten Regimes gefallen. Die Republik hatte einen Schritt nach links getan.

Die Rechte hatte alle Chancen verloren, rasch und auf gesetzlichem Wege zur Macht zu gelangen. Sie gab jedoch ihre Hoffnung auf eine baldige Veränderung der Dinge nicht auf. Spanien ist nicht umsonst das klassische Land der Militärpronunciamientos. Politik wird auch mit anderen Mitteln als bloßer Wahlpropaganda geführt. Verschwörungen gegen die bestehende Staatsgewalt gehören jenseits der Pyrenäen zur Tradition.

Bei den Februarwahlen trat zum ersten Male eine neue Partei auf. Es war die 1932 von dem Sohn des ehemaligen Diktators Primo de Rivera gegründete *Falange Española*. Sie hatte bei den Wahlen keinen großen Erfolg. Nur ihr Führer, der junge Primo de Rivera, wurde als einziger Vertreter seiner Partei in die Cortes gewählt. Die

Falange begnügte sich nicht mit Wahlpropaganda. Sie bediente sich der Gewalt als politischen Kampfmittels. Hinter ihr standen Geldleute. Die Partei hatte Autos, Lastkraftwagen, Maschinengewehre und andere Waffen. Sie begann in Andalusien, verlegte aber bald ihre Tätigkeit nach Madrid. Ihre Kraftwagen kreuzten durch die Straßen der Hauptstadt und terrorisierten die politischen Gegner. Dabei kamen Revolver, Bomben und selbst Maschinengewehre in Anwendung. Die Falangisten rühmten sich, die Anarchisten in Gewalttaten zu übertreffen. Daran lag etwas Wahres. Die Anarchisten bedienten sich der Gewalt als Mittel, die Falangisten als Selbstzweck. Sie hatten ihre Vorbilder im italienischen Faschismus und bei den deutschen Nazis. Anfangs gab es verschiedene selbstständige Gruppen, die sich 1934 zu einem Ausschuss der nationalsyndikalistischen Offensive *(JONS)* zusammenschlossen. Der Name war mit gewisser Berechnung angenommen worden. Die spanischen Syndikalisten sind Antimarxisten und stellten jahrzehntelang das kämpferische Element im sozialistischen Leben des Landes dar. Der Name *Nationalsyndikalisten* sollte dazu dienen, bei den Syndikalisten Anhang zu finden, ähnlich wie Hitler durch den Namen Nationalsozialistische Arbeiterpartei in der deutschen Arbeiterschaft Proselyten warb.

Dass es den Kommunisten gelungen war, bei den Wahlen 14 Sitze zu erobern, war auf ihre Koalition mit den Linksparteien zurückzuführen. Es war eine Überraschung, da die Partei um diese Zeit nur 3.000 eingeschriebene Mitglieder hatte. Erst einige Monate nach den Wahlen, als ein Teil der sozialdemokratischen Jugendorganisation sich mit der kommunistischen Jugend vereinigte, hatte die Partei unter der Arbeiterjugend an Einfluss gewonnen.

Im spanischen Heer gab es zahlreiche Anhänger der Monarchie und Bewunderer Mussolinis und Hitlers. Die monarchistischen und faschistischen Elemente im Heere bildeten eine spanische Militärunion, der auch die Carlisten und Traditionalisten beitraten. Diese Offiziersvereinigungen bereiteten sich allen Ernstes auf einen Militärputsch vor. Ihr Führer war Francisco Franco, der sich bei der Niederschlagung des Aufstandes in Asturien besonders ausgezeichnet hatte. Zwischen der Militärunion der Offiziere und den Falangisten kam es zu einer konspirativen Zusammenarbeit. Auch die Monarchisten und gewisse Elemente der katholischen *CEDA* beteiligten sich an der Verschwörung. Der politische Leiter dieser Gruppen war Calvo Sotelo, Finanzminister unter dem Diktator Primo de Rivera und monarchistischer Abgeordneter der Cortes.

Im Sommer 1936 war die politische Situation in Spanien ähnlich wie die Lage in Deutschland Ende 1932. Die Arbeitslosigkeit war groß, das Massenelend nahm zu. Die Syndikalisten führten ununterbrochen kleinere und größere Streiks. Am 1. Mai 1936 fand in Zaragoza ein Syndikalistenkongress statt. Nach Freigabe von Zehntausenden ihrer Gefangenen hatte die syndikalistische Bewegung einen mächtigen Aufschwung genommen. Aus allen Teilen Spaniens kamen die Delegierten in Lastkraftwagen zum Kongress. Eine Million Arbeiter waren vertreten. Die Syndikalisten waren bereit, den letzten entscheidenden Schlag gegen Kapitalismus und Reaktion zu führen. Sie wollten die soziale Revolution und den freiheitlichen Sozialismus. Meinungsverschiedenheiten der Vergangenheit wurden ausgeglichen. Die radikalen und gemäßigten Elemente einigten sich. Der Kongress erhärtete die sozialrevolutionären Ziele der anarchosyndikalistischen Organisation. Durch die zahllosen revolutionären Erhebungen hatten die Anarchosyndikalisten einen reichen Schatz an Erfahrungen gesammelt, der ihnen bei den bevorstehenden Kämpfen zugute kommen sollte. Der Kongress versäumte nicht, vom russischen Kommunismus ganz entschieden Abstand zu nehmen. Er erklärte sich vor allem gegen die Diktatur des Proletariats.

Der linke Flügel der Sozialdemokratie hatte die Methoden der Anarchosyndikalisten angenommen. Die Ereignisse in Asturien hatten auf die sozialdemokratische Gewerkschaftsbewegung einen tiefen Eindruck aus geübt. Große Teile der sozialdemokratischen *UGT* waren gewillt, im Ernstfall auf den Barrikaden an der Seite der Anarchosyndikalisten zu kämpfen. Largo Caballero begab sich zur Zeit des Syndikalistenkongresses nach Zaragoza, wo er eine Versammlung abhielt. Die Syndikalisten hatten ihr Misstrauen Largo Caballero gegenüber nicht abgelegt. Für den Sozialismus zu kämpfen waren sie bereit, sich vor den Wagen parlamentarischer Ablenkungsmanöver spannen zu lassen, lehnten sie ab. Die sozialistische Jugend hatte erklärt, bei einem Rechtsputsch auf der Straße gemeinsam mit den Syndikalisten kämpfen zu wollen.

Die Arbeiterbewegung plante indessen keinen Angriff. Die Linken hatten bei den Wahlen gewonnen. Es war ihnen jetzt darum zu tun, diesen Gewinn zu verteidigen und die Angriffe der Rechtsputschisten abzuwehren. Die Syndikalisten hatten auf ihrem Kongress in Zaragoza eine Abwehrorganisation mit einer Zentralstelle in Madrid eingesetzt. Sie wollten sich nicht durch einen Rechtsputsch überraschen lassen.

Die Rechtsparteien erklärten mehr oder weniger offen, ihre Wahlniederlage nicht unwidersprochen hinnehmen zu wollen. Ihrer Meinung nach konnten die Dinge nicht so bleiben wie sie waren. Die Vertreter der Militärunion und der Falangisten sowie die Anhänger von Gil Robles und Calvo Sotelo, hatten mit den italienischen Faschisten und den deutschen Nazis Verbindungen aufgenommen. Mussolini und Hitler sagten Franco militärische Hilfe zu. Die Generäle verfügten über große Teile der spanischen Wehrmacht. Die katholische Partei wurde eingeschüchtert. Große Teile des Mittelstandes waren für die *Erneuerungspartei*.

Die Fäden der Putschvorbereitungen lagen in den Händen des ehemaligen Finanzministers Calvo Sotelo. Die in seinem Dienste stehenden Falangisten hatten Anfang Juli in Madrid ein Mitglied der sozialistischen Jugendorganisation erschossen. Die Parteigänger des Ermordeten organisierten einen Vergeltungsakt. Sie hatten Calvo Sotelo, das Haupt der faschistischen Verschwörung, aufs Korn genommen. Das Attentat war gut vorbereitet. Sotelo fiel am 13. Juli als Opfer eines Attentats.

Das war das Signal für die Faschisten zum losschlagen. Am 15. Juli verließ General Franco die kanarischen Inseln, wo er als General der republikanischen Truppen stationiert war. Tags darauf brach unter seiner Leitung der Putsch in Marokko aus. Zwei Tage später ging es in ganz Spanien los. War das nur ein Milltärpronunciamiento, an denen die Geschichte Spaniens so reich ist? Nein, es war der Beginn des Bürgerkrieges, der drei Jahre dauerte. Es war der Auftakt des Zweiten Weltkrieges.

Kapitel 4

Der 19. Juli 1936

Der 19. Juli 1936 ist ein Tag von großer historischer Bedeutung für das spanische Volk. Die Juli-Ereignisse jenseits der Pyrenäen stellten die europäische Politik vor neue Probleme. Seit Beginn der zwanziger Jahre war die Reaktion auf dem Vormarsch. In Italien, Rumänien, Deutschland und Österreich herrschten freiheitsfeindliche Diktaturen. Die sozialistische und kommunistische Arbeiterbewegung hatte es in keinem dieser Länder vermocht, dem Vormarsch des Faschismus Einhalt zu gebieten. Kampflos hat sie politische Freiheiten und soziale Errungenschaften aufgegeben, die in einem halben Jahrhundert mühseliger Kleinkämpfe erobert worden waren. Die spanische Arbeiterbewegung war auf Grund ihres starken anarchistischen Einschlages als rückständig betrachtet worden. Werden sich auch spanische Anarchisten widerstandslos in ihr Schicksal ergeben, wie es vorher die deutschen Kommunisten und Sozialdemokraten getan hatten?

Das war die schicksalsschwere Frage. Der 19. Juli sollte darauf die Antwort geben. Anfang Juli reiste ich von Paris nach Barcelona. Ich sollte auf Einladung der Gewerkschaften auf einer Friedenskundgebung sprechen. Zur gleichen Zeit sollte in der Mittelmeerstadt die Internationale Volksolympiade stattfinden. Doch es kam weder zum großen Meeting der Syndikalisten noch zur Volksolympiade. Ein tragisches Schauspiel blutiger und heroischer Kämpfe trat an die Stelle friedlicher olympischer Spiele.

Das Attentat gegen Calvo Sotelo in Madrid hatte in ganz Spanien eine Fieberstimmung ausgelöst. Die Rechtsparteien beschuldigten die republikanische Sicherheitsgarde, an dem Attentat beteiligt gewesen zu sein. Die Linksparteien wiesen darauf hin, dass der erschossene Führer der Faschisten eine Liste mit Namen von zahlreichen Linkspolitikern und Arbeiterführern bei sich trug, die ermordet werden sollten. Die Falangisten hatten es übernommen, diese politischen Attentate auszuführen. Auf der Liste waren die Namen der bereits Ermordeten mit einem roten Kreuz versehen.

Der Rechtsputsch wurde erwartet. Den Arbeitern schwebte das Schicksal der deutschen und österreichischen Arbeiterbewegung als abschreckendes Beispiel vor Augen. Die syndikalistischen Gewerkschaften in Barcelona standen Gewehr bei Fuß.

Das Attentat gegen Calvo Sotelo wurde am 13. Juli verübt. Vom 14. bis zum 18. Juli glichen die Gewerkschaftslokale in Barcelona militärischen Rekrutierungsbüros.

Kampfeinheiten wurden organisiert, Verteidigungskomitees in allen Stadtbezirken eingesetzt, Waffen verteilt und Parolen ausgegeben. Die anarchistische Föderation hatte sich mit den republikanischen Offizieren und Mannschaften des Heeres und den verschiedenen Polizei- und Sicherheitskörpern ins Einvernehmen gesetzt. Durch einen Handstreich gelang es den Arbeitern, sich in den Besitz von einigen Hundert Armeegewehren zu setzen. Es bildeten sich Kolonnen für die Errichtung von Barrikaden. Ein Generalstreikkomitee traf Vorbereitungen für eine vollständige Arbeitsniederlegung. In den Straßen und Bezirken Barcelonas würden Zehntausende ihre Posten auf den Barrikaden einnehmen, wenn der Ruf an sie ergeht.

Noch lustwandelt das Publikum sorglos und scherzend auf den Ramblas. Es ist Samstagabend. In den volksreichen Straßen der unteren Stadt schwirrt es von Menschen wie in einem Bienenkorb. Hier ist es gut sein, sagen die Barceloneser. Die Nacht bricht ein. Die Bürger gehen zur Ruhe. Doch die Arbeiter denken in dieser Nacht nicht an Schlaf. Sie haben sich in ihren Gewerkschaftslokalen versammelt und warten auf die Parole. Ihre Gesinnungsgenossen in den Kasernen haben ihnen mitgeteilt, dass Anzeichen darauf hindeuten, dass die Generäle für diese Nacht etwas vorbereiten. Um fünf Uhr morgens hört man die ersten Schüsse. Es geht los, und diesmal ist es ernst. Die Faschisten haben ihren Putsch begonnen. Die Generäle erheben sich gegen die Republik. Sie wollen die vom Volk gewählte Regierung stürzen, die Verfassung außer Kraft setzen und eine autoritäre Regierung einsetzen.

Doch das Volk hat gewacht. An seiner Seite steht der größte Teil der von der Republik zum Schutze der neuen Verfassung eingesetzten Polizeitruppe, die *Guardia de Asalto* (Sturmgarde), die zu einem großen Teil aus jungen Arbeitern besteht. Auf die alte Zivilgarde kann sich das Volk nicht verlassen. Sie hängt den Mantel nach dem Winde. Sie wird abwarten, um sich dann an die Seite der Sieger zu stellen. Die katalanische Sicherheitspolizei steht an der Seite des katalanischen Volkes, doch sie ist keine ernste Kampfeinheit. Dagegen sind die Mannschaften im Heer zum Teil von der antimilitaristischen Propaganda der Anarchisten beeinflusst.

Um sechs Uhr morgens hatten die Truppen unter General García Burriel mehrere strategisch wichtige Punkte der Stadt besetzt. Auf der Avenida de las Cortes, auf der Plaza de la Universidad und auf der Calle Marqués del Duero standen Kavallerieregimenter, auf der Plaza de Cataluña, im Zentrum der Stadt, im Militärkasino und Telefongebäude stand Infanterie. Von da aus sollten die Truppen auf den breiten Ramblas bis zum Hafen vorrücken. Ein Artillerieregiment bewegt sich durch die Avenida d'Icária auf das Regierungsgebäude, die Gobernación, zu. Leichte Artillerie kommt durch die Calle Claris und will zum Polizeipräsidium vordringen.

Neben den offiziellen Gebäuden sind die Gewerkschaftslokale das unmittelbare Ziel der Militäraktion. Die gesamte Militärbesatzung Barcelonas steht auf der Seite der Putschisten. Doch die Arbeiter warten nicht, bis das Militär sie aus ihren Lokalen herausholte. Sie stellten sich ihnen auf der Straße entgegen. Die der Republik treu gebliebenen Polizeitruppen verbrüderten sich mit den Arbeitern. Jeder hatte seinen Posten bezogen. An allen Straßenkreuzungen werden Barrikaden errichtet. Bald setzt. die Gegenoffensive der anarchistischen Kampfgruppen ein. Unter dem Rufe »Viva la FAI« bricht von einer Nebenstraße ein Stoßtrupp mit Revolvern gegen eine Artilleriekolonne vor. Im Nahkampf können die Kanonen nicht zur Anwendung kommen. Nach kurzem Kampfe fallen den Anarchisten drei Kanonen in die Hände. Mit Handpistolen gegen Kanonen! Das Beispiel wiederholt sich in anderen Stadtteilen. Auf der Plaza de Cataluña stürzen sich die Arbeiter mit bloßen Fäusten den Truppen entgegen. Kanonen und Maschinengewehre fallen in ihre Hände. Nach wenigen Stunden verfügen die Kampfgruppen der iberisch-anarchistischen Föderation (FAI – Federación Anarquista Ibérica) über Kanonen, Maschinengewehre und Mausergewehre. Der Anfang war wenig ermutigend für die Rebellengeneräle. Die Zivilgarde sieht den fatalen Ausgang des Militärputsches voraus und schlägt sich auf Seiten des Volkes. Die Kampfmoral der Truppe sinkt, der Angriffsgeist der Verteidiger wird stärker.

Das Lokal der Holzarbeitergewerkschaft war durch ein Überraschungsmanöver von den Truppen besetzt worden. Zahlreiche Syndikalisten wurden dabei gefangen genommen. Die Gewerkschaftsmitglieder stürmen das Lokal, befreien die Gefangenen und nehmen die Besatzungstruppen fest. Drei Maschinengewehre fallen bei dieser Aktion in die Hände der Arbeiter.

Vor dem Universitätsgebäude ist die Lage kritischer. Die Truppen hatten Maschinengewehre in Stellung gebracht und beherrschten den großen Platz vor dem Gebäude. Den Platz zu überqueren bedeutet, sich dem Maschinengewehrfeuer auszusetzen. Doch es gibt keinen anderen Weg. Der Frontalangriff setzt ein. Viele fallen. Doch der Platz wird genommen. Zivil- und Sturmgardisten nehmen an dem Angriff teil. Die Universität ist im Besitz des Volkes. Zahlreiche Waffen werden erbeutet.

Aus dem Karmeliterkloster in der Avenida Diagonal und aus einem Kloster in der Calle Claris wird mit Maschinengewehren auf die Arbeiter geschossen. Der Klerus kämpft gegen das Volk. Zahlreiche Arbeiter wurden von den Schüssen tödlich getroffen. So also befolgen die Priester das fünfte Gebot »Du sollst nicht töten!«, fragen die Arbeiter. Nach dem Sieg geben sie die Antwort: Zahlreiche Kirchen und Klöster gehen in Flammen auf. Auf der Plaza de Cataluña wird schwer gekämpft. Auch hier ergreifen die Arbeiter die Offensive. Die Anarchisten suchen hinter Laternenpfählen, Bäumen und Straßenecken Deckung. Sprunghaft rücken sie vor, von Baum zu Baum, bis dicht an das Telefongebäude heran. Endlich erscheint eine Gruppe der FAI mit den in der Avenida d'Icária eroberten Kanonen. Nach den ersten Volltreffern geben die Truppen den Kampf auf. Die Telefonzentrale ist im Besitz des Volkes. Gleich darauf werden die faschistischen Rebellen aus der Militärakademie, dem Jagdklub und den Hotels Colón und Ritz von den kämpfenden Arbeitern herausgeworfen. Im Laufe des Tages hatten die Rebellengeneräle fast alle durch Überraschungsmanöver am frühen Morgen besetzte Positionen verloren. Die Angreifer haben sich die Initiative aus den Händen gleiten lassen. Die Anarchisten waren zum

Gegenangriff übergegangen. Das Volk siegte über das Militär, der Enthusiasmus über die Routine, die Sache der Freiheit über die dunklen Pläne der Faschisten.

Der Kampf geht jedoch weiter. General Goded, Befehlshaber der IV. Division, kam von den Balearen mit dem Flugzeug nach Barcelona, um den Aufstand zu leiten. Sein Hauptquartier hat er in der Militär- Kommandantur aufgeschlagen. Hier ist das Zentrum der Militärrebellion. Die Arbeiter richten ihre Kanonen gegen das mächtige Gebäude, die Hochburg der Faschisten. Ein Treffer dringt durch eine Balkontür und mehrere Generalstabsoffiziere fallen. Auf der Straße bedienen Arbeiter und Sturmgardisten gemeinsam die Kanonen. General Goded sieht die Nutzlosigkeit des Kampfes ein und ergibt sich mit seinem Generalstab. Als er als Gefangener die Stufen zum Polizeipräsidium hinaufschreitet, erhebt er die Faust zum Gruß. Doch auch das kann ihn nicht retten. Er spricht durchs Radio zu seinen Untergebenen und fordert sie auf, die Waffen zu strecken. Später wird er vor in Militärgericht gestellt und zum Tode verurteilt.

In der Kaserne Maestranza, im Hafenviertel Atarazanas, verteidigen sich die letzten Militärrebellen. Der Kaserne gegenüber hat die syndikalistische Metallarbeitergewerkschaft ihren Sitz. Von da aus geht eine Sturmkolonne zum Angriff über. Auf der linken Seite, in der Nähe des Hafens, steht das Kolumbusdenkmal mit dem Aussichtsturm. Dort oben haben die Faschisten Maschinengewehre aufgestellt, die die Angreifer in die Flanke nehmen. Doch im Militärflughafen hat sich der Kommandant Diaz Sandino mit seinen Mannschaften auf die Seite des Volkes gestellt. Flugzeuge greifen in den Kampf ein. Mehrere Flugzeugbomben fallen auf die belagerte Kaserne. Schließlich rücken die Arbeiter zu einem Frontalangriff vor. Ein katalanischer Stadtverordneter fällt an der Seite seines Sohnes. Bald darauf fällt auch der Sohn. Francisco Ascaso, der berühmte Anarchist, der einige Jahre vorher den Erzbischof von Zaragoza erschossen hatte, fällt durch zwei Kopfschüsse. Der Sieg wird schwer erkauft, doch die Kaserne wird genommen. Damit ist die letzte Feste der Rebellen in die Hände des Volkes gefallen. Im Laufe von drei Tagen war der Militäraufstand in ganz Barcelona niedergeschlagen. Die Anarchosyndikalisten haben über die Faschisten, die revolutionären Arbeiter über die reaktionären Generäle gesiegt. Über der alten Hafenstadt am Mittelmeere weht die schwarz-rote Fahne der spanischen Anarchisten.

Wenige Tage später waren die Faschisten in ganz Katalonien geschlagen. Doch nicht in allen Provinzen Spaniens war der Kampf gegen den Militäraufstand so glücklich verlaufen wie in Katalonien. In Sevilla hatte der reaktionäre General Queipo de Llano gesiegt. Franco hatte sich in Marokko festgesetzt. Die spanische Fremdenlegion, das sogenannte Tercio, stand auf seiner Seite. Unter den Mauren warb er neue Soldaten an, die per Schiff bis nach Sevilla gelangen konnten. Durch Vermittlung des

Chefs der deutschen Spionage, Admiral Canaris, der mit General Franco befreundet war, sandte Göring mehr als zwanzig Transportflugzeuge nach Afrika, auf denen die Truppen der spanischen Fremdenlegion nach Spanien transportiert wurden. Auch in Burgos, Salamanca und Extremadura hatte der Militäraufstand Erfolg gehabt. In Zaragoza, der Hauptstadt Aragoniens, hatte sich die Militärgarnison, mit General Cabanella an der Spitze, der Stadt bemächtigt. Die Anarchisten leisteten harten Widerstand, doch unbewaffnet waren sie den weit überlegenen Truppen nicht gewachsen.

Nach ihrem Siege über die Militärrebellen in Katalonien bereiteten die Anarchosyndikalisten Barcelonas eine Expedition gegen die Faschisten in Aragonien vor. Die Syndikalistischen Gewerkschaften der Hauptstadt Kataloniens stellten 13.000 Freiwillige. Die übrigen Parteien wollten nicht nachstehen. Die POUM. brachte 3.000 und die Sozialdemokraten 2.000 Mann auf. Kommunisten glänzten durch Abwesenheit. Dazu kamen 4.000 Mann der Zivil- und Sturmgarde. Als diese Expedition aus Barcelona mit improvisierten Tanks und eroberten Kanonen hinauszog, hatte der Bürgerkrieg begonnen. Es war am Donnerstag früh, dem 23. Juli, als die Kolonne unter Führung des bekannten Anarchisten Buenaventura Durruti nach Aragonien zog.[1]

Am gleichen Tage wird durch Beschluß der CNT der Generalstreik als beendet erklärt. Die Faschisten waren besiegt und die Arbeit wird wieder aufgenommen. Die Nachricht von dem Siege des Volkes in Barcelona veranlaßte die Garnisonen in allen übrigen Orten Kataloniens, den Widerstand aufzugeben. Die Kolonne Durruti stößt in den katalanischen Provinzen auf keinen Widerstand. Sie dringt in Aragonien vor. Vor Huesca kommt sie zum Stillstand. Die Tage der Begeisterung sterben dahin. Es folgen Wochen, Monate und Jahre harter Arbeit, zähen Durchhaltens, schwerer Entbehrungen. Eine alte Welt der Knechtschaft versinkt. Am Horizont sieht man die Morgenröte der Freiheit und sozialen Gerechtigkeit aufsteigen.

Der Kampf in Madrid entscheidet sich am 20. Juli. Bis zuletzt hat die Regierung gezögert, das Volk zu bewaffnen; aus Furcht vor einer Revolution von unten begünstigt sie die Rebellion von oben. Alarmierende Nachrichten treffen aus den nahen Provinzstädten ein. In Toledo, Alcalá de Henares, Guadalajara und anderen Orten haben sich die Truppen gegen die Republik erhoben.

Am Morgen des 19. Juli kommt es vor der Puerta del Sol in Madrid zu großen Menschenansammlungen. Die Mehrzahl setzt sich aus den Anarchosyndikalisten oder Konföderierten[2], wie man sie in Madrid meist nennt, zusammen. Die Könföderation hatte seit vielen Wochen einen Bauarbeiterstreik geführt, der von der Regierung als illegal erklärt wurde. Die syndikalistischen Gewerkschaftslokale waren von der Poli-

[1] Ausführlich beschrieben in: Abel Paz: *Durruti*. Ed. Nautilus 1993, S. 460ff.

[2] A.S. meint die Mitglieder der CNT

zei geschlossen worden. Angesichts der Faschistengefahr veranstalten die Syndikalisten eine Straßendemonstration. Sie fordern die Öffnung ihrer Gewerkschaftslokale. Die Regierung beharrt auf ihrer Weigerung, die Lokale bleiben weiter von der Polizei bewacht. Die Demonstranten durchbrechen den vor den Lokalen aufgestellten Polizeigürtel und öffnen ihre Gewerkschaftsbüros ohne Regierungserlaubnis. Angesichts der weit größeren Gefahr, die durch die faschistische Militärrevolte droht, wagt es die Regierung nicht, die Konföderation herauszufordern.

Das revolutionäre Verteidigungskomitee der Konföderation wird beim Innenminister Juan Moles vorstellig und fordert Waffen für das Volk. Die Konföderierten sind gewillt, die Republik mit Einsatz ihres Lebens zu verteidigen. Der Minister erklärt, die Regierung könne das Volk nicht bewaffnen, denn das würde bedeuten, die Revolution heraufzubeschwören. Mit der Weigerung der Volksbewaffnung beschwört die Regierung den Faschismus herauf. Juan Moles kann sich weder für die Armee, noch für das Volk entscheiden. Er wählt den leichteren Teil der Tapferkeit, indem er sich seiner Verantwortung durch die Flucht ins Ausland entzieht.

Die Nachrichten aus dem ganzen Lande überstürzen sich. Sevilla, Cádiz, Córdoba, Las Palmas und Marokko sind in den Händen der Militärrebellion! Es muß rasch gehandelt werden. Die syndikalistischen Taxichauffeure stellen ihre Automobile ihren Gewerkschaften zur Verfügung. In den Arbeiterbezirken der Stadt wird der Widerstand organisiert. In den Stadtbezirken organisieren die unter dem Namen *Ateneos* bekannten Kulturklubs der Konföderation den Widerstand. Die Kommunisten und Sozialdemokraten folgen zögernd nach. Die Kasernen werden von Mitgliedern der Arbeiterwehr umstellt. Die sozialdemokratische UGT und die anarchosyndikalistische CNT bilden zusammen die Gesamtheit der organisierten Arbeiterschaft Madrids. Sie haben sich geeinigt, den faschistischen Militärputsch mit den Waffen abzuwehren. Die Vertreter beider Organisationen wenden sich durch den Rundfunk an das Volk von Madrid, um es zur Abwehr und Generalstreik aufzurufen. Beim ersten Zeichen der Militärerhebung in Madrid ist die Arbeit niedergelegt worden. In den Straßen bilden sich spontane Volksdemonstrationen. Mit dem Rufe: »Waffen! Waffen!« durchziehen Zehntausende die Straßen der Hauptstadt.

Eine neue Abordnung der Könföderation begibt sich zum Ministerpräsidenten Casares Quiroga. Wie vorher Innenminister Juan Moles, so weigerte sich auch Casares Quiroga, den Anarchosyndikalisten Waffen auszuhändigen. »Das wäre ja Revolution!« ruft er erschrocken aus. Auch er scheint die Militärrevolte einer Volkserhebung vorzuziehen. Das Volk war bereit, die Republik gegen die faschistischen Generäle zu verteidigen. Doch die Regierung fürchtete, dass die bewaffneten Anarchisten versuchen würden, ihre soziale Revolution durchzuführen und dass es ihnen gelingen könnte, große Massen des Volkes mitzureißen. Dies müsse um jeden Preis verhindert werden. Einem solchen Zustand wäre, nach Meinung des Ministerpräsidenten, die Militärdiktatur vorzuziehen. Die Forderung auf Waffen wird daher von ihm kategorisch abgelehnt.

Die gemäßigten Parteien, Republikaner, Sozialdemokraten und selbst die Kommunisten werden von der Regierung weniger gefürchtet. Die sozialdemokratischen Minister haben bereits mit der Waffenverteilung an ihre Partei- und Gewerkschaftsmitglieder begonnen. Ein Lastkraftwagen mit Waffen durchkreuzt den Plaza de la Glorieta des Stadtviertels Cuatro Caminos. Die Anarchisten halten den Wagen mit Revolvern auf. Die eingeschüchterten Fahrer können die drohenden Massen nicht abwehren. In wenigen Minuten befinden sich die Armeegewehre in den Händen der FAI.

Um vier Uhr morgens tritt die Regierung zurück. Der linksrepublikanische Ministerpräsident Casares Quiroga hat sich nicht entschließen können, die Massen zu bewaffnen. Auch hatte er nicht das Vertrauen des arbeitenden Volkes. Es wird eine provisorische Regierung unter dem Linksrepublikaner Martinez Barrio, einem liberalen Politiker Andalusiens, gebildet. Die neue Regierung ist für Verständigung. Es soll mit den aufständischen Generälen verhandelt werden. Das war eine unmögliche Zumutung für das entrüstete Volk. Drei Stunden später dankte die neue Regierung ab. An ihre Stelle trat eine Regierung unter dem Universitätsprofessor Giral. Giral erklärte sich bereit, den Kampf gegen die Militärrebellen aufzunehmen.

Madrid hatte am folgenden Tage ein kriegerisches Aussehen. Autos und Lastkraftwagen mit bewaffneten Arbeitern rasten durch die Stadt. Die Kasernen wurden von dem Volke bewacht. Die Truppen wagten es nicht, in geschlossenen Formationen auszurücken. Die Befehlshaber konnten sich auf die Mannschaften nicht verlassen. Die Zivilgarde verhielt sich abwartend. Sie würde sich auf die Seite der Sieger schlagen. Angesichts der antifaschistischen Haltung der Arbeiterbevölkerung konnten die Generäle ihr Vorhaben, die Regierungsgebäude militärisch zu besetzen, nicht ausführen. Diese Ruhe vor dem Sturm fand jedoch ein baldiges Ende. Von der Kaserne Montana wurde auf das Volk geschossen. In dieser Kaserne befand sich die Elite des spanischen Militärs. Draußen die Anarchosyndikalisten. Ihre schwarz-roten Taschentücher mit den Initialen CNT flatterten im Winde.[3]

[3] Die spanischen Anarchosyndikalisten hatten eine gewisse Vorliebe für Zeichen und Symbole. Als ich 1931 Andalusien bereiste, trugen die Landarbeiter auf den Gutshöfen und die Arbeiter in den Olivenölmühlen Papiermützen mit den Buchstaben CNT und FAI. Die spanischen Anarchisten hatten die rote Farbe des internationalen Sozialismus durch Hinzufügung der schwarzen Farbe lebhafter gemacht. Eine Diagonale wurde durch das Rechteck der Fahne gezogen und trennte die rote und die schwarze Farbe in zwei gleich große Hälften. Die schwarze Farbe war von symbolischer Bedeutung. Als sich später eine syndikalistische Partei bildete, hatte ihre Fahne nur in der Ecke einen kleinen schwarzen Fleck.
Gleich am ersten Tag nach dem 19. Juli verfertigten die anarchosyndikalistischen Textilarbeiter spontan in ganz Spanien rohseidene Taschentücher in schwarz-roter Farbe. Auf der roten Fläche waren die Initialen CNT in schwarz und auf der schwarzen Fläche die Buchstaben FAI in rot aufgedruckt. Diese Taschentücher wurden in großen Mengen von den Antifaschisten gekauft. In Frankreich war in Arbeiterkreisen die Nachfrage nach diesen Taschentüchern besonders in der ersten Zeit des Bürgerkriegs sehr groß.
Ein Kuriosum war, dass die spanische Falange die Farben schwarz und rot gleichfalls in ihr Banner aufnahm, doch in anderer Zusammensetzung. (A.S.)

Bald kommen die Sozialdemokraten, Kommunisten und Republikaner hinzu. Die Zahl der Angreifer ist auf 4.000 gestiegen. Doch nur ein Teil von ihnen ist mit Gewehren bewaffnet. Sie verfügen über eine Kanone größeren Kalibers, einige Panzerwagen und Maschinengewehre. In der Kaserne stehen ein General mit sieben Obersten und 40 Hauptleuten mit ihren Truppen. Bei dem ersten Frontalangriff werden die Angreifer mit Maschinengewehrfeuer zurückgeschlagen. Zahlreiche Arbeiter fallen, die Masse weicht zurück. Einige Stunden später wird der Angriff wiederholt. Die ersten Reihen der Stürmenden fallen. Über ihre Leiber hinweg kommen die Nachfolgenden. Sie sind bis dicht vor die Eingangstore vorgedrungen. Die Tore werden mit Handgranaten gesprengt. Die Kaserne fällt in die Hände der Arbeiter. General Fanjul und sein Stab werden gefangen genommen. Die Syndikalisten erbeuten 800 Gewehre, sieben Maschinengewehre und zahlreiche Kleinwaffen. Die Mannschaft der Artilleriekaserne Vicalvero war von anarchistischer Propaganda beeinflusst. Einige anarchistische Hundertschaften entwaffnen gemeinsam mit den Truppen die Befehlshaber. Der Oberbefehlshaber weigerte sich anfangs, den Anarchisten die Kaserne zu übergeben. Er erklärte, auf Anweisungen des Kriegsministers zu warten. »Einen Kriegsminister gibt es nicht mehr«, wird ihm erwidert. »Das Volk ist in Waffen.« Angesichts der Verbrüderung der Truppen mit dem Volke gibt der Oberbefehlshaber den Widerstand auf. Auch die Kaserne Campamento fällt nach kurzem Kampf in die Hände des Volkes.

Die Falangisten hatten sich in zahlreichen Häusern verschanzt. Sie hoffen auf baldigen Einmarsch des Generals Mola und verteidigen sich hartnäckig. Auch aus den Klöstern wird auf das Volk geschossen. Kleinere Kämpfe werden am Capitol, auf der Plaza del Callao und in der Avenida Pi y Margall, sowie auf der Calle Eduardo Dato ausgefochten. Am Abend des 20. Juli ist Madrid von den Faschisten befreit. Der Sieg des Volkes war das Werk des Volkes selbst.

In Toledo, Alcalá de Henares und Guadalajara haben die Militärrebellen triumphiert. Die Regierung blieb immer noch passiv. Die Initiative ist auf das Volk übergegangen. Nur die Arbeiterorganisationen und vor allem die Anarchosyndikalisten oder Konföderierten stellten sich den Faschisten entgegen.

Die FAI rüstete eine Expedition mit 40 Lastkraftwagen, zahlreichen Automobilen und 600 Mann aus. Man verfügte über erbeutete Infanteriegewehre, Panzerwagen und Maschinenpistolen. Die Kolonne fuhr nach Toledo, wo sich die Faschisten festgesetzt hatten. Toledo liegt auf einer Anhöhe an dem Ufer des Tajo. Um in die Stadt zu gelangen, müssen mehrere Brücken passiert werden. Die Kathedralen und der Alcázar sind zu Festungen umgewandelt und der Gouverneur hat sich mit der Zivilgarde an die Seite der Faschisten gestellt. Die Stadt wird von 2.000 Faschisten und Truppen verteidigt. 600 Anarchisten nehmen gegen sie den Kampf auf. Sie sind zahlenmäßig unterlegen, doch an Begeisterung überlegen. Die Angegriffenen verteidigen sich hartnäckig, doch am Abend hatte das Volk gesiegt. Toledo ist von Faschisten befreit. Die Falangisten haben sich in den Alcázar zurückgezogen und sich dort verschanzt. Dort fühlen sie sich sicher. Die hoch gelegene, mit riesigen Mauern umgebene Zwingburg kann nur mit großen Kanonen und Flugzeugbomben genommen werden. Nur nach Zerstörung der Burg wären die Faschisten gezwungen, sich zu ergeben. Doch die Belagerer verfügen nicht über Großkampfwaffen. Die Faschisten halten durch, bis sie später von einer organisierten Armee Francos befreit werden.

Eine zweite Expedition der Konföderierten begibt sich nach der alten Stadt Alcalá de Henares, die in die Hände der Faschisten gefallen war. Dem Ansturm der bewaffneten Arbeitergarden sind die Franco-Anhänger nicht gewachsen. Nach kurzer Verteidigung geben die Rebellen ihre Sache verloren, und die Stadt wird befreit.

Nach Einnahme von Alcalá de Henares drangen die Konföderierten bis nach Guadalajara vor. Vor den Toren der Stadt wurde ihnen Widerstand entgegengesetzt. Ein Flugzeug nähert sich und ehe man wusste, ob es Freund oder Feind war, richtete es im Senkflug seine Maschinengewehre auf die Arbeiterkolonne. Zahlreiche Kämpfer fielen. Die tags zuvor aus der Vicalvero-Kaserne erbeutete Kanone wurde gegen die befestigten Punkte der Stadt gerichtet. Doch unter den Offizieren, die die Kanone bedienten, befanden sich Faschisten, die in die Reihen der Arbeiter schießen. Von zwanzig verschiedenen Punkten wird der Sturm auf Guadalajara unternommen. Die Stadt fällt in die Hände der Anarchisten. Bald weht von den Gebäuden Guadalajaras die schwarzrote Fahne der Anarchisten.

In kurzer Zeit fallen die kastilischen Orte Taracena, Troija, Hita, Jadraque, Cogolludo, Brihuega, Cifuentes, Ledanca und Algora in die Hände der Konföderierten.

Ermüdet kehrten die anarchistischen Kämpfer nach diesen ersten Expeditionen gegen den Faschismus zurück nach Madrid. Sie hatten ihre Pflicht getan im Dienste der Freiheit und des Volkes. Sie haben die Republik vor dem ersten Anfall der Faschisten gerettet. Die übrigen Parteien waren weniger eifrig im Kampfe gegen die Militärs, dafür aber erfolgreicher in den politischen Intrigen. Während die Anarchisten Städte und Dörfer von den Faschisten befreiten, hatten Sozialdemokraten, Republikaner und Kommunisten kampf- und mühelos die Madrider Zeitungsdruckereien besetzt. Das war weniger gefährlich und dabei nutzbringend für die eigene Parteipolitik. Die Anarchisten hatten die Kastanien aus dem Feuer geholt, die sich die Politiker wohl schmecken ließen.

Das sonnige Valencia ist ernst und besorgt. Der Gouverneur und der Militärkommandant versichern der Regierung ihre Treue. Doch das Volk traut ihren Beteuerungen nicht.

Bei den ersten Gerüchten über den Militäraufstand erklären die syndikalistischen Gewerkschaften den Generalstreik. Die Hafenarbeiter, Transportarbeiter, Metallarbeiter und Bauarbeiter legen die Arbeit nieder. Arbeit und Verkehr ruhen im Hafen und in der Stadt. Später schließen sich die sozialdemokratischen Gewerkschaften, zu denen die Handels- und Büroangestellten gehören, dem Streik an. Zwischen den syndikalistischen und sozialdemokratischen Gewerkschaften wird eine antifaschistische

Arbeitsgemeinschaft gegründet. Die Linksparteien und die anarchistische Föderation (FAI) bilden eine Revolutionsjunta. Angesichts der schwankenden Haltung der Behörden nimmt diese Junta den Widerstand gegen die Militärrebellion in ihre Hände. Der Militärkommandant General Monje weigert sich, der Revolutionsjunta Waffen auszuhändigen. Es wiederholt sich die gleiche Tragödie wie in Madrid. Den bürgerlichen Republikanern schien die Militärdiktatur lieber zu sein als die Volksrevolution.

Auf den Straßen von Valencia kommt es zu Zusammenstößen zwischen Falangisten und dem Klerus auf der einen und den antifaschistischen Arbeitern auf der anderen Seite. Die Anmaßung der Kirche, in die Politik einzugreifen, reizt das Volk. Einige Kirchen und Klöster gehen in Flammen auf. Im Hafen von Valencia befinden sich zwei große Schlachtschiffe der spanischen Kriegsmarine. Die Marinesoldaten verbrüdern sich mit den Arbeitern und erklären, sich mit ihren Schiffen auf Seiten des Volkes zu stellen.

Der Generalstreik hatte eine Woche gedauert, doch die Lage blieb unentschieden. Die Truppen sind in den Kasernen geblieben. Es war bekannt, dass die Militärbefehlshaber mit Franco sympathisierten. Doch die drohende Haltung des Volkes schüchterte sie ein. Die Madrider Regierung sandte Martinez Barrio nach Valencia, um die Arbeiter zu bewegen, den Generalstreik zu beenden. Die Arbeiter forderten Entwaffnung des Militärs und Bewaffnung des Volkes. Diese Bedingungen wollte die Regierung nicht annehmen und der Konflikt blieb ungelöst. Zwischen Anarchosyndikalisten und Sozialdemokraten bildete sich eine enge Arbeitsgemeinschaft. Die zwei Gewerkschaftsorganisationen, die sozialistische Union und die syndikalistische Konföderation beschließen, eine gemeinsame Tageszeitung unter dem Titel *CNT-UGT* herauszugeben. Doch zwischen der Revolutionsjunta der Arbeiterschaft und den Regierungsbehörden kommt keine Verständigung zustande. In dieser unentschiedenen Situation beschließt die Revolutionsjunta, eine Kolonne aus Arbeitermilizionären nach Teruel zu senden, wo es den Faschisten gelungen war, die Macht zu erobern. Als die Kolonne Valencia verlassen hatte, stellt sich heraus, dass sie aus 500 Zivilgardisten und nur 200 Arbeitern besteht. Das war verdächtig. Niemand vermochte eine Erklärung für diese merkwürdige Zusammenstellung zu geben. Kurz vor Teruel wird halt gemacht. Die Zivilgardisten steigen von den Transportautos aus und schießen kurzerhand alle 200 Arbeiter nieder. Darauf begeben sie sich nach Teruel und verbrüdern sich mit den Faschisten. Die Nachricht dieses Verrates ruft bei der Arbeiterbevölkerung Valencias tiefe Entrüstung hervor. Jetzt gibt es kein Verhandeln mehr. Die Kasernen wurden von den Arbeitern besetzt und die faschistischen Befehlshaber entwaffnet. Bei dieser Aktion kam es zwischen den Truppen und den Arbeitern zu Verbrüderungsszenen. Die Autorität der schwankenden Regierungsbehörden wurde nicht mehr anerkannt. Die Revolutionsjunta entschloss sich, allein die Macht auszuüben. Der anarchosyndikalistische Hafenarbeiter Domingo Torres wird von allen Antifaschisten zum Bürgermeister von Valencia ernannt. Erst jetzt sind alle Zweideutigkeiten beseitigt. Die unklare Situation hatte 14 Tage gedauert. Zahlreiche Arbeiter waren in den Kämpfen gefallen. Die revolutionäre Vollzugsjunta besteht aus je zwei Vertretern der beiden Gewerkschaftsorganisationen und je einem Mitglied der politischen antifaschistischen Parteien.

Im kantabrischen Küstenland befinden sich die Kohlengruben und Eisenindustrie Spaniens. Die Industriearbeiterschaft war gut organisiert. Etwa 60 Prozent gehörten den sozialdemokratischen und 40 Prozent den anarchosyndikalistischen Gewerkschaften an. Seit dem asturischen Oktoberaufstand von 1934 hatten sich die sozialdemokratischen Gewerkschaften (UGT) gegen die Zusammenarbeit mit den bürgerlichen Parteien und für die Kampfgemeinschaft mit den Syndikalisten zwecks Durchführung der sozialen Revolution erklärt. Beide Gewerkschaftsorganisationen arbeiteten zusammen, um die faschistische Militärerhebung zurückzuschlagen. Die Militärbefehlshaber der Truppen standen auf Seiten Francos. In einigen Orten gelang es ihnen, die Zivilbehörden abzusetzen und die Militärdiktatur zu proklamieren. In den meisten größeren Städten aber kam es zu Kämpfen. Die Generäle und Offiziere versuchten, sich durch allerlei Manöver solange zu halten, bis sie von Franco Hilfe erhielten.

General Aranda, Ortskommandant von Oviedo, erklärte, an der Seite der Republik zu stehen. Zu Beginn des Franco-Putsches zog er jedoch die gesamte Zivilgarde Asturiens in der Provinz Oviedo zusammen und leitete Verhandlungen mit den Zivilbehörden ein, wobei Aranda erklärte, bereit zu sein, die Arbeiter mit Waffen zu versehen. Die Gewerkschaften sandten ihre Kampfgruppen in die Kaserne Santa Clara, um die Waffen in Empfang zu nehmen. Doch in der Kaserne wurden sie verhaftet. Durch diesen Verrat war Oviedo, die Hochburg der asturischen Sozialdemokraten, in die Hände der Faschisten gefallen. In Felgueras waren die Anarchosyndikalisten in der Mehrheit. Sie besetzten die am Orte befindliche Waffenfabrik und verteilten die Waffen unter ihre Mitglieder. Durch diese rasch durchgeführte Maßnahme gelang es, einen örtlichen Militärputsch zu verhindern. Nachdem sie in ihrem eigenen Orte Herr der Lage waren, begaben sich 500 bewaffnete Bergarbeiter auf Lastkraftwagen und mit einigen provisorisch hergestellten Panzerwagen nach der Hafenstadt Gijón. Die Kolonne verfügte über Maschinengewehre, Armeepistolen und Handgranaten. Letztere verstanden sie mit großem Geschick anzuwenden. Es kam zu Kämpfen mit den Truppen, die mehrere Tage dauerten. Die Zivilgarde der Kaserne Santa Catalina. in Stärke von 150 Mann ergab sich und ließ sich entwaffnen. In der Kaserne Simancas verteidigte sich ein Regiment Soldaten unter Führung des Obersten Pinillas. Die Konföderierten belagerten die Kaserne mehrere Tage lang. Schließlich gelang es den Belagerern, einige Kanonen herbeizuschaffen. Nach kurzer Beschießung, wobei das Gebäude beträchtlichen Schaden erlitt, stürmten die Arbeiter die Kaserne. Die Verteidiger schlugen den ersten Angriff zurück. Beim zweiten Angriff kam es zu Nahkämpfen mit Säbeln und Revolvern. Schließlich siegten die Arbeiter. Die Kaserne fiel am 23. Juli in die Hände der Konföderierten.

Die ersten Siege des Volkes über den Militäraufstand brachten keine endgültige Entscheidung. Altkastilien fiel bis Santander in die Hände der Faschisten. Bald gelang es Franco, von Andalusien nach Extremadura vorzustoßen. Von da aus zogen die Faschisten weiter nach Norden, besetzten nacheinander Asturien und das Baskenland und schließlich die gesamte kantabrische Küste. Nun hatte Franco eine einheitliche Front vom Mittelmeer bis zum Golf von Biskaya. Die Arbeiter im Norden waren schlecht bewaffnet und hatten keine direkte Verbindung mit Madrid und dem übrigen republikanischen Spanien. Wenige Wochen nach Ausbruch des Bürgerkrieges setzte Franco deutsche Flugzeuge und italienische Tanks ein. Dadurch war es ihm möglich, in systematisch durchgeführten Militäraktionen innerhalb neun Monaten ganz Nordspanien in seine Hände zu bekommen.

Die Reste der Arbeitermilizionäre flüchteten im März 1937 über die Grenze nach Frankreich.

Kapitel 5

Die soziale Umwälzung

Das Alte stürzt, es ändert sich die Zeit,
und neues Leben blüht aus den Ruinen.
Schiller.

Es wäre übertrieben zu behaupten, dass der Sozialismus alle Menschheitsprobleme löse. Doch die Menschheit käme einen gewaltigen Schritt weiter, wenn die gesellschaftlichen Einrichtungen allen Menschen Wohlstand, Gerechtigkeit und Freiheit und allen Völkern Gleichberechtigung und Frieden garantieren würden. Und das kann durch den Sozialismus erreicht werden. In der sozialistischen Arbeiterbewegung, deren Einfluss seit Beginn dieses Jahrhunderts in allen Ländern immer stärker wurde, gibt es zwei Hauptrichtungen: Den Staatssozialismus und den freiheitlichen Sozialismus. Alle anderen Tendenzen lassen sich in diese beiden Hauptgruppen einreihen. Im Staatssozialismus gibt es eine revolutionäre und diktatorische und eine reformistische und demokratische Richtung. Revolutionär und diktatorisch ist Sowjetrussland. Auch die Länder hinter dem eisernen Vorhang sind dazu zu rechnen. Reformistisch und demokratisch ist der Sozialismus in Skandinavien, England, Frankreich und den übrigen Westländern.

Der Bolschewismus und die Sozialdemokratie haben einen gemeinsamen ideologischen Ursprung im Marxismus. Sowohl die Kommunisten als auch die Sozialdemokraten berufen sich auf Karl Marx und seine Lehren. Beide erstreben die Verstaatlichung der lebenswichtigen Industrieunternehmungen, wie Eisenbahnen, Kohlen- und Erzgruben, der Elektrizitätswerke und großen Fabriken, der Hochseeflotten, der Waffenindustrie, des Bank- und Kreditwesens. Dieses Nationalisierungsprogramm ist in vielen Ländern bereits ganz oder teilweise durchgeführt. Eine Ausnahme machen die schwedischen Sozialdemokraten, die nach zwanzig Jahren Machtausübung die Verstaatlichung immer noch nicht durchgeführt haben und auch nicht die Absicht zu haben scheinen, diesen Weg zu beschreiten. Sie können daher kaum noch als Marxisten betrachtet werden. In England hat die Arbeiterpartei ihr Versprechen auf Nationalisierung eingelöst. Doch die britische Labourpartei ist nicht diktatorisch. Die Arbeiter haben nach wie vor das Streikrecht. Den Staatsbürgern sind ihre Rechte und Freiheiten nicht entzogen worden. Auch in den anderen westeuropäischen Ländern, wo die Sozialisten an die Macht kamen, hält man aus demokratischen und liberalen Traditionen an den Freiheiten und Rechten der Bürger fest. In Russland gab

es keine solche Tradition. Daher ist der russische Kommunismus anders geartet. Es gibt heute einen östlichen und einen westlichen Marxismus. Dieser ist demokratisch, jener diktatorisch.
Einen ganz anderen Weg sui generis hat der freiheitliche Sozialismus beschritten. Er hat sich aus dem bakunistischen Flügel der Ersten Internationale entwickelt und Teile aus dem Gedankengut Proudhons in sich aufgenommen. In den sechziger und siebziger Jahren des vergangenen Jahrhunderts hatte der freiheitliche Sozialismus in der Schweiz, Italien und Frankreich zahlreiche Anhänger. In den germanischen Ländern gelangte er nie zu größerer Bedeutung. In Frankreich feierte er im Syndikalismus zu Beginn des 20. Jahrhunderts eine Auferstehung. Am stärksten hatte er in Spanien Wurzeln gefasst. Er trat anfangs als Anarchismus und später als Anarchosyndikalismus in Erscheinung. Der Einfluss des spanischen Anarchismus machte sich selbst in den Reihen der spanischen Sozialdemokraten in gewissen Äußerungen bemerkbar. Die zahlreichen sozialrevolutionären Experimente des spanischen Proletariats sind vom Geiste des Anarchismus getragen.

Die Arbeiterbewegung hat in jedem Lande ihren besonderen Charakter. Die spanischen Formen der sozialen Bewegung kann man in etwas veränderter Weise auch in Lateinamerika finden. Man kann sie als freiheitlichen Sozialismus bezeichnen. Im Gegensatz zum marxistischen Sozialismus ist der freiheitliche revolutionärer, dabei aber doch antidiktatorisch. Er verteidigt die Freiheit und predigt Toleranz. Er lehnt die Nationalisierung oder Verstaatlichung der Produktionsmittel ab und stellt ihr die Sozialisierung entgegen. Beide dürfen nicht verwechselt werden. Bei der Nationalisierung wird der Staat der neue Eigentümer, die Wirtschaftsführer sind Staatsbürokraten. Nach der freiheitlich-sozialistischen Definition sind Staat und Volk nicht identisch. In einer freiheitlich-sozialistischen Gesellschaftsordnung soll die Wirtschaft von Gewerkschaften, Genossenschaften aller Art und den Gemeinden geleitet werden. Das Privateigentum an Produktionsmitteln würde im freiheitlichen Sozialismus wie im Staatssozialismus abgeschafft sein, doch nicht in Staats-, sondern in Kollektiv- und Gemeindeigentum umgewandelt werden. Die politischen Organe im freiheitlichen Sozialismus sind die Gemeinden, die sich zu kleineren oder größeren Bünden zusammenschließen können. Diese Bünde sollen an die Stelle der heutigen Staaten treten.

Diesen Weg des freiheitlichen Sozialismus hat der spanische Anarchosyndikalismus beschritten. In allen Teilen Spaniens, in denen nach dem 19. Juli 1936 der faschistische Aufstand niedergeschlagen wurde, sind die Ideen des freiheitlichen Sozialismus mehr oder weniger vollkommen verwirklicht worden. Das war ein soziales Experiment von großer geschichtlicher Bedeutung für die Zukunft des Sozialismus.

Von allen sozialen Umwälzungen des 20. Jahrhunderts war die soziale Revolution in Spanien nach dem 19. Juli am meisten vom sozialistischen Geiste erfüllt. Sie ging nicht den Weg der Diktatur des Proletariats wie in Russland, sondern den Weg der

Freiheit. Das ist ihr großes Verdienst. In der Sowjetunion herrschen die Bürokraten über die Produktionsmittel und auch über die Produzenten. Das Volk ist dem allmächtigen Sowjetstaat unterworfen. Die Freiheit ist in der Sowjetunion unterdrückt. Es wird eine neue Revolution erforderlich sein, um die Freiheit zurückzuerobern.

In der deutschen Revolution von 1918 wagten die Sozialdemokraten es nicht, sozialistische Experimente zu machen. Die privilegierten Klassen blieben im Besitze ihrer Vorrechte. Die Junker herrschten so uneingeschränkt auf ihren Gütern wie vorher. Der Einfluss der Militärklasse blieb ungebrochen, die privatkapitalistischen Kartelle und Konzerne beherrschten die Wirtschaft.

Diese Beispiele zeigen, dass weder der revolutionäre Marxismus russischer Observanz, noch der gemäßigte Marxismus der deutschen Sozialdemokratie zur Freiheit, zur sozialen Gerechtigkeit und zum Sozialismus führen.

Einen anderen Verlauf mit ganz neuen Perspektiven hat die spanische Revolution genommen. Es ist nicht übertrieben, den Prozess der Kollektivierung des Wirtschaftslebens in Spanien als das bedeutendste soziale Experiment des 20. Jahrhunderts zu betrachten. Es handelt sich nicht um Staatsdekrete. Es war keine Revolution von oben. Alles wurde von unten, an der Peripherie, vom Volke selbst unternommen. Eine neue Wirtschaftsordnung wurde organisiert, das Privateigentum an Land und Produktionsmitteln wurde abgeschafft. An Stelle des Privateigentums trat das Kollektiveigentum. Es gab keine privaten Unternehmergewinne mehr. Doch auch der Staat wurde nicht zum Herrn der Produktionsmittel, wie Marx und Engels es in ihren Schriften gefordert hatten. In Spanien zeigte sich an praktischen Beispielen der Unterschied zwischen dem Staatssozialismus und dem freiheitlichen Kollektivismus.[1] Der Verlauf der spanischen Revolution ist faszinierend. Die Kollektivierung des Landes durch die Bauern, der Fabriken und Werkstätten durch die Arbeiter und Techniker und der Geschäftsunternehmen durch die Angestellten, hat überraschende Ergebnisse gezeitigt. Das gesamte Volk nahm an dem neuen Wirtschaftsaufbau Anteil. Die Erfahrungen der spanischen Revolution sind für die Zukunft des Sozialismus von größter Bedeutung.[2]

[1] Vgl. u.a. Souchys Darstellung der sozialen Revolution in *The Peasants of Aragon* (Die Bauern von Aragon, geplant in der Trotzdem Verlagsgenossenschaft)

[2] Mein Urteil der Kollektivierungen in Spanien stützt sich auf eigene Beobachtungen. Ich habe gleich nach der Kollektivierung zahlreiche Betriebe in Barcelona besucht, um mich über den Charakter der Kollektivierungen zu informieren. Später bin ich aufs Land gereist, um mich mit dem Kollektivismus bekannt zu machen. Die nachfolgenden Beschreibungen über die Kollektivierungen stützen sich auf eigene Beobachtungen und Erfahrungen.

Im Jahre 1920 habe ich mich sechs Monate in Russland aufgehalten. Auch dort habe ich mich eingehend mit den revolutionären Veränderungen in Stadt und Land beschäftigt. Meine Erfahrungen habe ich in einem Anfang 1921 im Asy-Verlag, Berlin, erschienenen Buch, *»Wie lebt der Arbeiter und Bauer in Rußland«*, festgelegt. Mein Aufenthalt in Russland 1920 und meine Anwesenheit in Spanien während des Bürgerkrieges von 1936–1939 versetzten mich in die Lage, einen Vergleich zwischen beiden Ländern zu ziehen. Ich habe feststellen können, dass die spanischen Bauern und Arbeiter 1936 weit mehr vom sozialistischen Geiste des Neuaufbaus erfüllt waren, als ihre russischen Brüder 1920. (A.S.)

Die Erfahrungen der spanischen Revolution sind anderer Art als die der russischen. Russland war das Land des Zarismus. Die Leibeigenschaft ist im Zarenreich erst im letzten Drittel des vorigen Jahrhunderts abgeschafft worden. Eine bürgerliche Demokratie hat es in Russland nie gegeben. Das Land kam mit einem Sprunge aus dem zaristischen Absolutismus in den bolschewistischen Totalitarismus.

Spanien ist ein westliches Land. Das spanische Volk stand einst an der Spitze Europas. Es hat Jahrhunderte um seine politischen Freiheiten und um die soziale Gerechtigkeit gekämpft. Vielleicht können die Völker Europas und Amerikas aus den sozialen Experimenten während des spanischen Bürgerkrieges etwas lernen. Die Spanier sind intuitiv, initiativkräftig rasch in der Entscheidung und im Handeln. Gerade diese Qualitäten machen sie geeignet zu Schöpfern von neuen Lebensformen. Schon der Kirchenvater Augustin hatte die Beobachtung gemacht, dass die Iberer in ihrem eigenen Schoße alles das hervor bringen, was anderen Völkern von außen beigebracht wird. Für die Arbeiterbewegung der westlichen Länder können die Erfahrungen der spanischen Revolution von größerem Nutzen sein als die Erfahrungen des Ostens. Auch Mitteleuropa kann davon lernen. In Russland baute eine Gruppe energischer Männer mit einer formlosen Masse von Herdenmenschen eine große staatliche Zwangsanstalt. In Spanien schufen individualistisch eingestellte Lateiner aus sich selbst heraus einen eigenen Volkssozialismus.

Nach Niederschlagung des Militäraufstandes hatte sich eine Verschiebung der Machtverhältnisse vollzogen. Zwischen den Vertretern der syndikalistischen Gewerkschaften und der iberisch-anarchistischen Föderation (FAI – Federación Anarquista Ibérica) einerseits und Lluis Companys, dem Präsidenten Kataloniens, andererseits, fand eine Besprechung über die politische Lage statt. Die Frage war: Was nun? Präsident Companys erklärte den anarchosyndikalistischen Vertretern: »Ihr seid die Herren der Stadt Barcelona und ganz Kataloniens. Ihr habt die militärischen Faschisten besiegt. Ich hoffe, dass Ihr in dieser Situation nicht vergesst, dass Euch die kleine Hilfe meiner Partei und der katalanischen Garde nicht versagt wurde. Ihr habt gesiegt, und alles befindet sich in Eurer Macht. Wenn Ihr mich nicht mehr benötigt, oder als Präsidenten Kataloniens nicht mehr haben wollt, dann sagt es mir frei heraus, und ich trete zurück, um mich als einer der vielen in die Reihen beim Kampf gegen den Faschismus zu stellen. Wenn Ihr dagegen glaubt, ich könne auf diesem Posten, von dem die Faschisten mich lebend nicht hätten vertreiben können, mit meiner Partei, meinem Namen und meinem Ansehen, im Kampfe gegen den Faschismus, von dem wir nicht wissen, wann er enden wird, von Nutzen sein, dann könnt Ihr mit mir und meiner Treue zur gemeinsamen Sache rechnen. Ihr könnt überzeugt sein, dass heute die ganze Vergangenheit begraben ist, und ich wünsche aufrichtig, dass Katalonien an der Spitze des sozialen Fortschrittes, gemeinsam mit den meist fortgeschrittenen Ländern stehe.«

Wollte Companys den Anarchisten schmeicheln, um sie zu betören? Ließen sich die Sieger der Strasse durch schöne Reden im Salon umstricken? Tatsache ist, dass sie freiwillig darauf verzichteten, die Regierung zu übernehmen und Companys nicht absetzten. Companys blieb Präsident Kataloniens, seine kleine Partei blieb an der Macht, die Sieger begnügten sich mit Ausübung der politischen Kontrolle.

Um diese Haltung der Anarchosyndikalisten würdigen zu können, muss man die politische Situation, in der sie sich befanden und ihre grundsätzliche Einstellung zum Machtproblem überhaupt in Betracht ziehen. Wir diskutierten am 23. Juli das Problem der Machtübernahme in einer Vollversammlung der Gewerkschaftsfunktionäre und der anarchistischen Delegierten Barcelonas. Einige Redner meinten, die alleinige Machtübernahme durch die Anarchosyndikalisten würde die Welt in Schrecken versetzen. Die Anarchisten haben einen schlechteren Ruf als die Bolschewisten. Im Kampfe gegen den Faschismus wird vielleicht die Hilfe des Auslandes erforderlich sein. Die katalanischen Autonomisten und die spanischen Republikaner haben die Sympathien der demokratischen Welt auf ihrer Seite. Von diesem Gesichtspunkt aus betrachtet, wäre es vorzuziehen, sich mit der Kontrolle der Regierung zu begnügen und den Präsidenten an der Macht zu lassen.

Das waren die politischen Gründe, die für den Verzicht auf die Macht sprachen. Dazu kamen grundsätzliche Bedenken: Die alleinige Machtausübung durch die Anarchisten nach Art der Bolschewisten hätte bedeutet, sich zur Diktatur zu bekennen. Die Anarchisten aber hatten seit jeher die Diktatur jeder Art bekämpft. Sollten sie nun durch die Praxis ihre eigenen Theorien widerlegen? Freiheit und Toleranz sind zwei unumstößliche Grundsätze der anarchistischen Weltanschauung. Sie mussten unter allen Umständen aufrecht erhalten werden. Der Sozialismus wird frei sein oder er wird nicht sein. Wir müssen konsequent sein, uns von der alleinigen Machtausübung enthalten und allen antifaschistischen Parteien die Möglichkeit geben, sich in aller Freiheit zu entfalten.

In Übereinstimmung mit dieser Einstellung wurde beschlossen, dem Präsidenten freie Hand zu lassen und sich mit allen anderen antifaschistischen Parteien und Organisationen an dem antifaschistischen Milizkomitee zu beteiligen.

Diese tolerante Haltung der katalanischen Anarchosyndikalisten zum Machtproblem war der Ausdruck eines hohen politischen Reifegrades. Sie entspricht den demokratischen Grundsätzen des Mehrparteiensystems. Das Einparteisystem, nach Art der Naziherrschaft, das auch in Russland und in den Ländern der so genannten Volksdemokratien besteht, ist antidemokratisch. Es ist auf der gewaltsamen Unterdrückung aller Gegner aufgebaut. Die Anarchisten haben nie in der politischen Demokratie ihr ausschließliches Ziel gesehen. Doch sie haben stets die Rechte des Volkes auf freie Meinungsäußerung respektiert. In ihren eigenen Organisationen haben sie stets die

Mehrheitsbeschlüsse anerkannt. Sie waren gewillt, das gleiche Prinzip für das ganze Volk anzuerkennen und zu respektieren. Sie gingen sogar noch weiter. Sie selbst waren in Katalonien die Mehrheit. Doch sie respektierten das Recht der Minderheit. Sie lehnten auch die Propaganda der so genannten Arbeiterdemokratie als verdächtig ab. Die Ausübung der demokratischen Rechte ist nicht ausschließlich das Privileg der Arbeiterschaft. Das demokratische Prinzip sollte nicht nur in der Politik, sondern auch in der Wirtschaft angewandt werden. Die katalanischen Anarchosyndikalisten räumten den Bürgern das Recht ein, sich politisch zu betätigen. Sie forderten aber für die Arbeiter und Bauern das gleiche Recht in der Wirtschaft, in der Fabrik, in der Werkstatt, auf dem Lande. Die konsequente Anwendung dieses Prinzips führte zur vollkommenen Wirtschaftsdemokratie und damit zur Sozialisierung von unten auf.

Die Durchführung der sozialen Revolution durch die spanischen Anarchosyndikalisten vollzog sich in Übereinstimmung mit ihren freiheitlichen Grundsätzen. Die Einführung des demokratischen Prinzips in die Wirtschaft bedeutete die Abschaffung des Privateigentums. Nach dem Siege der Arbeiterschaft über die Faschisten hatten sich nicht nur die politischen, sondern auch die wirtschaftlichen Machtverhältnisse verschoben. Die politische Gleichberechtigung wurde durch die Abschaffung der wirtschaftlichen Vorrechte ergänzt. Zahlreiche Großunternehmer, Besitzer von Banken, Fabriken, Handelshäusern usw. waren ins Ausland geflüchtet. Sie standen auf Seiten Francos, waren von dem bevorstehenden Militärputsch unterrichtet und wollten draußen das Ergebnis abwarten. Durch ihre Abwesenheit hatten sie sich das Recht verwirkt, an der Wirtschaftsrevolution teilzunehmen.

Als die Arbeiter nach Beendigung des Generalstreiks in die Betriebe zurückkehrten, nahmen sie die Arbeit unter neuen Bedingungen auf. Sie wählten auf Belegschaftsversammlungen eigene Betriebsleitungen. Die Fabrikkomitees führten die Betriebe mit allen erforderlichen technischen und kaufmännischen Fachleuten weiter. Die Betriebe wurden kollektiviert. Unternehmer, die die neue Ordnung anerkannten, wurden als gleichberechtigte Belegschaftsmitglieder aufgenommen. Sie wurden an einen ihren Fähigkeiten entsprechenden Platz gestellt. Nicht selten verblieben sie in der Betriebsleitung. Was im Anfang an Erfahrungen fehlte, ersetzte die Initiative. In kurzer Zeit war das privatkapitalistische Wirtschaftssystem in eine Kollektivwirtschaft umgewandelt. Eine ökonomische Revolution hatte sich vollzogen.

Anatole France hat einmal gesagt, dass die Utopien für den Fortschritt der Menschheit von größtem Werte sind. Dieses Wort findet hier Anwendung. Seitens der Marxisten wurden die anarchosyndikalistischen Ideen als utopisch hingestellt. Gerade diese Utopien waren es, die sich bei der Verwirklichung einer neuen Wirtschaftsordnung als bester Wegweiser erwiesen. Die spanischen Anarchosyndikalisten hatten sich schon vorher im Geiste ein ziemlich genaues Bild der neuen sozialistischen Gesellschaftsordnung gemacht. Im Gegensatz zur Auffassung von Marx und Engels, nach welcher die Expropriation der Expropriateure Sache des proletarischen Staates sei, verzichteten die spanischen Syndikalisten auf die Eroberung des Staates. Nach ihrer Auffassung sollte die Sozialisierung in den Werkstätten, auf den Feldern, in den Fabriken und Unternehmungen beginnen. Der Staat war nach ihrer Auffassung hierzu nicht erforderlich. Sein Eingreifen wurde als eine Belastung für die Wirtschaft und als gefährlich für die Freiheit betrachtet. Die Revolution sollte den Staat nicht stärken, sondern so schwächen, dass er außerstande war, die Sozialisierung zu verhindern. Diese Voraussetzung war nach dem Sieg über die Faschisten geschaffen. Das Militär war besiegt, die Polizei neutralisiert und zum Teil durch Arbeiterkontrollpatrouillen ersetzt worden. Durch Schaffung der antifaschistischen Miliz hatten die Arbeiter eine eigene bewaffnete Macht zur Verteidigung der Revolution.

Die erste und wichtigste Aufgabe bestand jetzt in der Versorgung der Millionenstadt mit Lebensmitteln. Diese Aufgabe übernahm die Gewerkschaft der Nahrungsmittelindustrie. Vierzehn Tage lebte man in Barcelona ohne Geld. Die Bevölkerung wurde in öffentlichen Speisehallen von den Gewerkschaften gratis ausgespeist. Die Gewerkschaft der Lebensmittelindustrie kaufte die erforderlichen Lebensmittel ein und bezahlte mit Gutscheinen, die später vom antifaschistischen Milizkomitee eingelöst wurden. Laut Beschluss des Milizkomitees wurden die Streiktage als Arbeitstage bezahlt. Der Wechsel in den Besitzverhältnissen vollzog sich ohne Betriebsstockungen. Nach kurzer Zeit stellten sich Schwierigkeiten bei der Rohstoffversorgung ein. Die Peseta war gefallen, wodurch eine Verteuerung der Rohstoffe aus dem Ausland eintrat. Die Waren wurden jedoch nicht verteuert, trotz einer allgemeinen Lohnerhöhung um 15 Prozent. Dagegen wurden die hohen Direktorengehälter und unproduktiven Ausgaben für Zwischenhändler abgeschafft. Diese Maßnahmen bedeuteten eine gerechtere Verteilung des Arbeitsproduktes. Die Kollektivierung der Betriebe war der erste Schritt zur Sozialisierung der Wirtschaft.

Der zweite Schritt bestand in der wirtschaftlichen Zusammenarbeit sämtlicher Betriebe innerhalb der Industriegewerkschaft. Die Gewerkschaften verwandelten sich in sozialisierte Industriekartelle. Diese Neuordnung wirkte belebend auf die Wirtschaft. Die Kleingewerbetreibenden schlossen sich dem gewerkschaftlichen Produktionsverband an, wodurch sie vieler Sorgen enthoben waren. Sie hatten dadurch ein sicheres Einkommen. Unrentable Unternehmungen wurden niedergelegt oder mit anderen zusammengeschlossen. Es vollzog sich eine Rationalisierung der Wirtschaft nach sozialistischen Gesichtspunkten. Die Kollektivierung erfasste das Baugewerbe, die Metallindustrie, die Bäckereien und Schlächtereien, das Gastwirtgewerbe, die Kinos, das Friseurgewerbe usw. Auch alle Hotels und Gaststätten wurden kollektiviert. Die Unternehmer, Hotelbesitzer etc. schlossen sich halb gezwungen der Gewerkschaft an und erhielten von dieser ihren Lohn. Die Löhne der niederen Lohnklassen wurden erhöht, die großen Gehälter gekürzt. Unternehmergewinne, Dividenden, Tantiemen usw. gab es nicht mehr. Überschüsse wurden an die Gewerkschaftskasse abgeführt. Die Gewerkschaft unterstützte Unternehmungen, die vorübergehend in schwieriger Lage waren. Der Staat war an dieser Neuordnung nicht beteiligt. Es war eine wirtschaftliche, industrielle und soziale Revolution. Die Parteipolitik wurde in den Betrieben und sozialisierten Industrien nicht geduldet. Die Wirtschaft war von parasitären Fremdkörpern befreit.

Die allgemeine Erhöhung der Löhne um 15 Prozent erfolgte auf der Grundlage der alten Löhne. Dadurch blieben gewisse Unterschiede zwischen Technikern, Angestellten, Arbeitern usw. in Bezug auf die Entlohnung bestehen. Die hohen unproduktiven Gehälter wurden jedoch abgeschafft. Die verbliebenen Unterschiede wurden nicht als soziale Ungerechtigkeit empfunden.

Das neue System hatte natürlich mit gewissen Schwierigkeiten zu kämpfen. Als Folge des Benzinmangels wurden 4.000 Taxichauffeure in Barcelona erwerbslos. Anfangs zahlte die Transportarbeitergewerkschaft allen arbeitslosen Mitgliedern volle Löhne aus. Dies stellte jedoch zu große Anforderungen an die Gewerkschaftskasse. Das Problem wurde in einer Vollversammlung der Delegierten sämtlicher Gewerkschaften Barcelonas erörtert. Man fand schließlich einen Ausweg durch Unterbringung der Chauffeure in der Kriegsindustrie und beim Transport für die Kriegsführung. In der Textilindustrie trat nach einigen Monaten ein Mangel an Rohstoffen auf. Die Arbeit in den Fabriken musste auf drei Tage wöchentlich eingeschränkt werden. Die Löhne wurden dennoch voll ausbezahlt. Ein Teil der Textilarbeiter fand später in der Kriegsindustrie Beschäftigung.

Ein kurioses Phänomen war der Straßenhandel. Als ein Anarchosyndikalist Polizeipräsident von Barcelona wurde, glaubten die Straßenhändler, dass nun für sie eine Epoche des uneingeschränkten Straßenhandels angebrochen sei. In den Geschäftsvierteln der Stadt füllten sich alle Straßen mit ambulanten Händlern, deren Zahl sich verzehnfachte. Die Geschäftsleute sahen darin eine gefährliche Konkurrenz, der sie dadurch zu begegnen suchten, dass sie ihre Waren gleichfalls vor den Türen ihrer Geschäfte auf der Straße feilboten. Das führte zu Verkehrsstockungen. Selbst zu Fuß konnte man nicht durch die Straßen kommen. Eine Sitzung der Delegierten der Gewerkschaften der Stadt beschäftigte sich mit dem Problem. Es wurde beschlossen, dass nur die früheren gewerkschaftlich organisierten Straßenhändler den Straßenhandel ausüben durften. Neumitglieder wurden nicht aufgenommen. Die gewerkschaftlichen Kontrollpatrouillen übernahmen es, für die Durchführung des Beschlusses zu sorgen. Die Wirkung war augenblicklich. Am Tage nach dem Beschlusse waren die Straßen frei. Der Gewerkschaftsbeschluss wirkte wie eine Zauberformel. Polizeiliche Eingriffe waren nicht erforderlich.

Der Kollektivismus ist in Spanien eine alte Erscheinung. Auf dem Lande ist er seit Jahrhunderten bekannt. Joaquín Costa hat in seinem grundlegenden Werk *Colectivismo agrario en España* den Kollektivismus auf dem Lande, die kollektiven Arbeits- und Wirtschaftsmethoden der Bauern, wie sie seit Jahrhunderten bestanden haben, beschrieben. Gegenseitige Hilfe auf organisierter Grundlage in Form von kommunalem Landbesitz, Arbeitskollektiven und Genossenschaften hat es in Spanien immer gegeben. Die Genossenschaftsbewegung war seit langem bekannt. Im Kriege der Comuneros gegen die katholischen Könige, am Ende des 15. und zu Beginn des 16. Jahrhunderts, zeigte sich der Freiheitswillen des werktätigen Volkes. Die Idee, dass das Land und die Produktionsmittel gemeinsames Eigentum sein sollen, ist in Spanien Jahrhunderte alt. Selbst der untere Klerus setzte sich dafür ein. Im 16. und 17. Jahrhundert predigten zahlreiche Ordensbrüder die Lehre des christlichen Kommunismus. Nach Eroberung Amerikas wurde die kommunistische Staatsform der Inkas in Spanien bekannt. Der Hinweis darauf diente den Verteidigern des Kollektivismus als Argument in ihrem Kampfe gegen das Privateigentum. Spanische Jesuiten gründeten in Paraguay einen kommunistischen Zwangsstaat. Die christliche Lehre diente ihnen als Leitfaden und die Praxis der Inkas als Beispiel. Auch der Bischof Vasco de Quiroga bildete in Mexiko um 1550 unter den Tarasco-Indianern kommunistische Gemeinden, wobei er sich zum Teil von den Ideen leiten ließ, die Thomas Morus in seinem Buche *Utopia* verkündet hatte.

Ende des vorigen Jahrhunderts haben die Anarchisten und Syndikalisten die grundlegenden Ideen des älteren spanischen Kollektivismus wieder aufgenommen. Der geistige Nährboden für ihre Ideen war durch die Geschichte vorbereitet. Ein direkter organisierter Zusammenhang zwischen dem alten Kollektivismus und der modernen anarchosyndikalistischen Bewegung besteht jedoch nicht. Man kann auch darauf hinweisen, dass der spanische Anarchosyndikalismus es nach Möglichkeit vermeidet, sich der Ausdrücke zu bedienen, die in der marxistischen Bewegung geläufig sind. Die Expropriation ist ein negativer Begriff. Man findet ihn selten im Wortschatz der spanischen Anarchosyndikalisten. Kollektivierung und freiheitlicher Kommunismus sind positive Begriffe. Darunter stellt man sich etwas Konkretes vor. Die modernste Formulierung des Programms des spanischen Anarchosyndikalismus wurde auf dem Madrider Kongress der CNT im Jahre 1931, kurz nach dem Sturz der Monarchie gegeben. Die Kollektivierung im Jahre 1936 hat sich im großen und ganzen nach diesem Programm voll zogen. Es lautet in seinen wichtigsten Punkten:

1. Entschädigungslose Enteignung des Großgrundbesitzes, der brachliegenden Ländereien, der Jagdgründe und allen sonstigen Landbesitzes, der für den Anbau von Feldfrüchten geeignet ist; Umwandlung all dieses Landes und Privateigentums in Gemeineigentum; Annullierung der bestehenden Pachtzahlungen und Schaffung neuer Einrichtungen, deren Grundzüge von den Gewerkschaften in Übereinstimmung mit den örtlichen Verhältnissen festgelegt werden.
2. Beschlagnahme des Viehbestandes, der Aussaat, der landwirtschaftlichen Geräte und Maschinen.
3. Übernahme der beschlagnahmten Ländereien durch die Landarbeitergewerkschaften zwecks direkter und kollektiver Bearbeitung. Verwaltung der landwirtschaft-

lichen Betriebe durch die Gewerkschaften. Abschaffung aller Bodensteuern, Renten und Hypotheken, die auf den Kleinbauern lasten, sofern sie den Boden selbst bearbeiten und keine Arbeiter ausbeuten.

4. Abschaffung der Pachtzahlungen, die von den Kleinpächtern in Form von landwirtschaftlichen Produkten an die Eigentümer oder Mittelspersonen gezahlt werden.

Das Programm wurde ergänzt durch Vorschläge über die gemeinsame Arbeit und Wirtschaft auf dem Lande. Die spanischen Landarbeiter waren, gleich den Industriearbeitern, in Syndikaten oder Gewerkschaften organisiert. Diese Gewerkschaften verwandelten sich nach dem 19. Juli in Produktions- und Verteilungsgemeinschaften. Landbesitzer, die auf Seiten Francos standen – und dazu gehörten fast alle Großgrundbesitzer – wurden enteignet. Die Kleinbauern standen meist auf der Seite der Republik. Sie traten nach dem 19. Juli freiwillig in die Gewerkschaften und meist auch in die neu gebildeten Kollektive ein. Zwang zum Beitritt in die Kollektive wurde nicht ausgeübt. Das Land wurde nach dem Siege der Landarbeiter in allen Teilen der Republik kollektiv bearbeitet. Die Landarbeitergewerkschaft lieferte ihre Produkte an die Verteilungsstellen in den Städten. Die Kollektivisten erhielten einen wöchentlichen Vorschuss in Geld und Lebensmitteln aus dem gemeinsamen Vorratslager. Nach jedem Erntejahr wurde der Überschuss an alle gleichmäßig verteilt. Entsprechende Summen für Anschaffung von Maschinen etc. wurden beiseite gelegt. Das Lohnsystem ist abgeschafft worden. An seine Stelle war ein neues System getreten: Die Verteilung des Produktes des gemeinsamen Arbeitsertrages. Im Kollektiv herrschte das Prinzip: Einer für Alle und Alle für Einen.[3]

Die Übernahme der großen Industrieunternehmen vollzog sich mit erstaunenswerter Leichtigkeit ohne Produktionsstörungen. Es erwies sich mit aller wünschenswerten Deutlichkeit, dass weder die Aktienbesitzer, noch die hoch bezahlten Direktoren oder Aufsichtsräte etc. für den guten Gang eines modernen Wirtschaftsunternehmens erforderlich sind. Arbeiter und Angestellte können das komplizierte Räderwerk der modernen Industrie selbstständig in Gang halten.

Beispiele hierfür sind zahlreich: Die erste Maßnahme bei der Übernahme der Straßenbahnen in Barcelona durch die Arbeiter bestand in der Abschaffung der Direktoren und der Werkspitzel. Es handelte sich um große und völlig unproduktive Summen. Während ein Straßenbahner 250 bis 300 Peseten Monatsgehalt hatte, erhielt der Generaldirektor 5.000 und die übrigen drei Direktoren 4.441, 2.384 und

[3] Während der Erntezeit 1937 fuhren wir mit Fenner Brockway, dem Führer der *Unabhängigen Arbeiterpartei Englands,* im Auto durch Apfelsinenpflanzungen der Provinz Valencia. Fenner wollte einige Apfelsinen kaufen. »Wir verkaufen keine«, erklärten die Bauern. »Gibt es denn dann keine Möglichkeit, hier in der Apfelsinengegend Apfelsinen zu erhalten?« »Soviel ihr wollt, aber nicht gegen Bezahlung«, war die Antwort. Man füllte einen Sack mit etwa einen Zentner Apfelsinen und gab sie uns als Geschenk. Unsere Bemühungen, die Früchte zu bezahlen, waren erfolglos. »Wenn wir nach Barcelona kommen«, sagten die Bauern, »könnt ihr uns von dem Überfluss eurer Produkte etwas abgeben.« Diese Bauern hatten den freiheitlichen Kommunismus eingeführt. (A.S.)

2.000 Peseten. Die Abschaffung dieser hohen Gehälter ermöglichte die Erhöhung der Löhne der Arbeiter. Die zweite Neuerung war die Einführung der 40-Stunden-Woche. Im Prinzip war man für 36 Stunden wöchentliche Arbeitszeit. Doch angesichts des begonnen Krieges gegen den Faschismus sah man davon ab. Die dritte Maßnahme erstreckte sich auf die Verwaltung. Bisher waren Straßenbahnen, Autobusgesellschaften und die Untergrundbahn getrennte Privatunternehmungen. Die Gewerkschaft beschloss, alle diese Verkehrsunternehmungen in ein einziges zusammenzufassen. Diese Konzentrierung ermöglichte wesentliche Verbesserungen des Verkehrswesens, die vom Publikum mit Genugtuung aufgenommen wurden. Die bedeutendste Maßnahme aber bestand in der Herabsetzung des Fahrpreises von 15 auf 10 Centimos. Für Schulkinder, Kriegs- und Arbeitsbeschädigte und Invaliden wurden Freifahrtsscheine ausgegeben. Dabei wurden die Löhne und Gehälter für die niedrigsten Lohnstufen um 40 bis 100 Prozent und für die höheren Lohn- und Gehaltsstufen um 10 bis 20 Prozent erhöht. Die Reparaturwerkstätten arbeiteten mehrere Schichten, um die schadhaften Wagen auszubessern. In kurzer Zeit war das Verkehrswesen besser als vorher, den Arbeitern ging es besser und die Fahrpreise waren billiger. Alle Straßenbahnen und Autobusse trugen die schwarzen Buchstaben CNT auf rot gemaltem Untergrund. Die einzigen Leid Tragenden waren die Aktionäre und hohen Gehaltsbezieher. Ihnen weinte die Bevölkerung keine Träne nach. Die Gewerkschaft der Arbeiter des Transport- und Verkehrswesens hatte sich in eine kollektivierte Verkehrsgesellschaft umgewandelt.

Der Bericht des Beschlagnahmekomitees enthält eine Stelle, die für das Vorgehen der Arbeiter nach dem 19. Juli typisch war: »Am Morgen des 24. Juli, als in den Straßen Barcelonas das Volk noch mit Waffen kämpfte, um die Ideale der Freiheit zu verteidigen, verließen einige Genossen der CNT ihre Barrikaden, wo sie von anderen abgelöst wurden. Sie wurden von der Organisation angefordert. In einem Panzerwagen begaben sie sieh in die Büroräume der Straßenbahngesellschaft, wo sie in Ausführung eines Beschlusses der Transportarbeitergewerkschaft die Beschlagnahme durchführten. Die Räume waren von mehreren Zivilgardisten besetzt. Nach kurzen Verhandlungen zog sich die Wache zurück. Die Konföderation der Arbeit (CNT) übernahm das Verkehrswesen in Barcelona. Bargeld war weder in den Kassenschränken der Büros noch auf den Bankkonten vorhanden. Die Arbeiter mussten ohne Anfangskapital von vorne anfangen.«

In der Telefonzentrale war während der Kampftage mehr als die Hälfte der Linien durch Granateinschläge zerstört worden. Die Wiederinstandsetzung der Linien und die Reparaturen der Zentrale war eine Spitzenleistung. Ohne von irgendeiner Seite dazu beauftragt worden zu sein, machten sich Arbeiter und Techniker an die Arbeit. In drei Tagen funktionierte der Telefonverkehr normal. Zahlreiche neue Linien wurden in Gewerkschaftslokale, Bezirkskomitees und den Milizbüros angelegt. Nach

Vollendung dieser dringenden Arbeiten beschloss eine Versammlung des gesamten Personals die Kollektivierung. Die Leitung wurde einem von der Versammlung selbst gewählten Sachverständigenkomitee übertragen. In jeder Bezirkszentrale wurde ein verantwortlicher Leiter gewählt. Da einige der Telefonangestellten der sozialistischen Gewerkschaftsunion angehörten (die Mehrzahl gehörte zur CNT) wurde die Kollektivierung unter dem Namen CNT-UGT vorgenommen. Die Abonnenten erklärten, dass das Telefonwesen nach der Kollektivierung besser funktioniere als vorher. Wie bei der Straßenbahngesellschaft wurden auch hier die Direktorengehälter eingezogen, die kleinen Gehalts- und Lohnempfänger dagegen erhielten beträchtliche Lohnaufbesserungen.

Das Eisenbahnwesen war in Spanien in Privatbesitz. Während des Militäraufstandes ruhte der Eisenbahnverkehr infolge des Generalstreiks. In Barcelona spielten sich in der Nähe des Hauptbahnhofs, der Estación de Francia, Straßenkämpfe ab. Am dritten Kampftage bildeten die anarchosyndikalistischen Gewerkschaften, in der Gewissheit auf den Sieg, ein revolutionäres Eisenbahnerkomitee. Dieser Ausschuss nahm die Besetzung und Beschlagnahme der Bahnhöfe, der Eisenbahnstrecken und des Hauptverwaltungsgebäudes vor. Alle wichtigen Eisenbahnknotenpunkte wurden von einer besonderen Eisenbahnergarde bewacht. Die Direktoren waren ins Ausland geflüchtet. Die Arbeiter setzten ein neues Verwaltungskomitee ein. Obwohl die Syndikalisten in der überwiegenden Mehrheit waren, boten sie der sozialdemokratischen Gewerkschaft im neuen Verwaltungskomitee Gleichberechtigung an. Eine Diktatur in der Art des Bolschewismus wollten die spanischen Anarchosyndikalisten nicht einführen. Alles sollte auf demokratische Weise vor sich gehen. In der Eisenbahnverwaltung gewährte die syndikalistische Mehrheit der sozialdemokratischen Minderheit absolute Gleichberechtigung. Jede Organisation stellte drei Verwaltungsmitglieder.

In wenigen Tagen waren alle Eisenbahnen Kataloniens sozialisiert. Technische Verbesserungen konnten nicht in Angriff genommen werden, da hierzu kein Material vorhanden war. Der Eisenbahnverkehr wurde unmittelbar nach Beendigung des Kampfes unter der neuen Gewerkschaftsleitung wieder aufgenommen. Er funktionierte wie vorher, Störungen traten nicht ein. Die Fahrpreise blieben die gleichen. Die Löhne der niedrigeren Lohnklassen wurden bedeutend heraufgesetzt, die Direktorengehälter und hohen Gehaltsbezieher vollständig abgeschafft. Es versteht sich von selbst, dass die Kollektivierung das Ende der privatkapitalistischen Eisenbahngesellschaften bedeutete. Die Aktien wurden annulliert, Entschädigungen nicht gezahlt. Eine Verbesserung trat insofern ein, als die verschiedenen kleinen Privatgesellschaften in eine einzige kollektive Eisenbahngesellschaft für ganz Katalonien zusammengefasst wurden. Durch diese Reorganisierung gelang es, zahlreiche Schwierigkeiten zu beseitigen, die vorher stockend auf den Eisenbahnverkehr gewirkt hatten.

In der Eisenbahnreparaturwerkstätte zu Barcelona wurde mit dem Bau von Panzerwagen und von Roten-Kreuz-Waggons begonnen. Eine Woche nach Wiederaufnahme der Arbeit verließen die ersten Sanitätswagen die Werkstatt. Die Ausstattung war so musterhaft, dass der katalanische Medizinalrat die Regierung bat, den Arbeitern in den Eisenhahnwerkstätten den Dank für ihre Leistung auszusprechen. Die Initiative zu diesen Arbeiten ging von den syndikalistischen Arbeitern aus. Keine hochbezahlten Funktionäre gaben Order. Es gab keine Aufsicht von außen. Die Arbeiter wählten sich selbst ihre technischen und organisatorischen Leiter. Mehr war nicht erforderlich. Alles andere entsprang dem guten Willen zur Zusammenarbeit und der Initiative im Produktionsprozess. Es gab aber auch keine Stachanow- oder Henneckebewegung![4]

Im Hafen von Barcelona hatte sich eine neue Ordnung durchgesetzt. Die Abschaffung der parasitären Agenten wurde als eine soziale Sanierung empfunden. Die zwischen Schiffskapitänen und Hafenarbeitern eingeschalteten Agenturen hatten durch das Löschen und Laden der Schiffe täglich Tausende von Peseten Einkommen, ohne dafür eine produktive oder gesellschaftlich wertvolle Arbeit zu leisten. Zahlreiche Streiks mit oft gewaltsamen Begleiterscheinungen waren die unvermeidlichen Folgen dieses Systems. Es ist nicht einzusehen, sagten sich die Gewerkschaften, warum wir die Verträge mit den Schiffskapitänen oder Schiffahrtsgesellschaften nicht selbst machen können. Mit dieser Begründung bildeten sie ein Kollektiv der Hafenarbeiter. Die Kontrakte mit den ausländischen Schiffahrtsgesellschaften konnten nicht annulliert werden. Doch die Gewerkschaft kontrollierte auch in diesen Fällen alle Einnahmen und Ausgaben der spanischen Agenturen. Das Resultat dieser Neuregelung war eine wesentliche Erhöhung der Einnahmen für die Hafenarbeiter. Es wurde außerdem – was vorher nicht bestand – eine Unfall- und Arbeitslosenkasse eingeführt. Für jede Tonne Ladung wurden 0,75 Peseten für die Unfallkasse und 0,50 Peseten für die Arbeitslosenkasse abgeführt. Der Hafen Barcelonas war sozialisiert worden.

Am dritten Kampftage gegen den Militäraufstand richteten die Gewerkschaften der Lebensmittelindustrie gemeinsam mit dem Personal des Hotel- und Gastwirtsgewerbes in Barcelona Speisehallen ein. Am fünften Kampftage trat ein Ausschuss zur Versorgung der Bevölkerung mit Lebensmitteln ins Leben. Die Zusammensetzung war demokratisch. Keine Diktatur einer Partei. Alle Organisationen und Parteien hatten das Recht, sich daran zu beteiligen. Entsprechend ihrem zahlenmäßigen Übergewicht hatten die Anarchosyndikalisten die meisten Vertreter im Ausschuss. Man ging systematisch vor. Der Ausschuss nahm im Einvernehmen mit der Stadtverwaltung eine Inventur der vorhandenen Lebensmittelbestände vor. Krankenhäuser,

[4] A. Stachanow und A. Hennecke, wurden durch die Übererfüllung der Arbeitsnormen im Bergbau um mehrere Hundert Prozent in der UdSSR bzw. DDR bekannt und als Vorbild bei der Durchsetzung höherer Arbeitsleistungen benutzt.

Altersheime und Milizionäre wurden zuerst versorgt. Beschlagnahmen durch einzelne Gruppen wurden nicht zugelassen. Eine zentrale Verteilungsstelle wurde ins Leben gerufen. Die Großeinkaufsgesellschaften wurden kollektiviert. Der Versorgungsausschuss war der einzige Großeinkäufer. Die Kleinhändler konnten ihren Bedarf nur durch den zentralen Versorgungsausschuss decken. Auch mußten sie ihre Lagerbestände angeben. Die Angaben wurden von den Gewerkschaften nachgeprüft. Falsche Angaben konnte kein Kaufmann machen, da er von seinen eigenen Angestellten kontrolliert wurde. Hamstern war ausgeschlossen. Die Gewerkschaftskontrolle erwies sich als wirksamer als die Polizeikontrolle.

Die Tätigkeit des gewerkschaftlichen Versorgungsausschusses erstreckte sich auf ganz Katalonien. Fünfhundert Angestellte waren erforderlich, um die große Versorgungsstelle in Gang zu halten. Dreißig Berufsgewerkschaften schlossen sich dem Lebensmittelindustrieverband an. Die Mühlenarbeiter und Bäcker stellten die wichtigsten Sektionen dar. Danach kam die Gewerkschaft der Milchversorgung, der Fleischversorgung usw. Die Löhne der Arbeiter und Angestellten wurden auf den Mitgliederversammlungen gemeinsam festgesetzt. Die Arbeiter waren ihre eigenen Arbeitgeber geworden.

Es war keine leichte Aufgabe, eine Millionenstadt mit Brot, Milch, Fleisch usw. zu versorgen. Doch die Arbeiter meisterten auch dieses Problem. Jeder einzelne Arbeiter fühlte sich mitverantwortlich für das Ganze. Da Katalonien nicht genügend Brotgetreide und Fleisch für den Eigenbedarf produziert und die Extremadura, die Kornkammer Spaniens, von den Faschisten besetzt war, musste Getreide und Fleisch aus dem Ausland importiert werden. Dazu waren Devisen erforderlich. Im Anfang wandte man sich an die Nationalbank um Devisendeckung. Später gelang es, durch den Export von Textilwaren und anderen Industrieprodukten einen großen Teil des Devisenbedarfes hereinzubekommen. Die neue gewerkschaftliche Wirtschaft hatte bald eine solide Grundlage.

Unter dem Druck der siegreichen Arbeiterbevölkerung erließ die katalanische Regierung ein Dekret, durch welches die Mieten um 50 Prozent herabgesetzt wurden. Diese Maßnahme zusammen mit der Lohnerhöhung, und der Herabsetzung der Tarife im Verkehrswesen hatte eine unmittelbare Erhöhung der Lebenshaltung der arbeitenden Bevölkerung zur Folge. Erst die durch den Bürgerkrieg eingetretene Warenverknappung in den darauf folgenden Jahren führte später zur Anziehung der Preise. In der ersten Zeit nach der Revolution aber waren verbesserte Lebensbedingungen der Arbeiterschaft unleugbar. Luxusvillen und Paläste wurden in Krankenhäuser, Kindergärten und ähnliche allgemeinnützige Anstalten verwandelt. Das Wohnungswesen war nicht mehr eine Quelle der Bereicherung für die Hausbesitzer; es diente der Allgemeinheit.

Die Wasser-, Gas- und Elektrizitätswerke hatten sich bei Ausbruch des Faschistenputsches in fast allen Städten Spaniens im Privatbesitz befunden. Die *Allgemeine Gesellschaft Wasserwerke Barcelonas* mit der Schwestergesellschaft *Wasserwerk Llob-*

regat waren Eigentümer der Wasser- und Gaswerke in zahlreichen Städten Spaniens. Es war ein Mammutunternehmen mit einem Aktienkapital von 272 Millionen Peseten. Die jährlichen Durchschnittsgewinne beliefen sich auf über 11 Millionen. Die Finanzmagnaten hatten bereits vor dem 19. Juli das Land verlassen. Die Syndikalisten beschlossen, die Werke zu kollektivieren. Arbeiter und Angestellte wählten eine Betriebsleitung. Kurz vor dem Militäraufstand hatten die Arbeiter dieser Betriebe Lohnforderungen gestellt, die nicht bewilligt worden waren. Nunmehr erfolgte auf Grund eines Belegschaftsbeschlusses die Erhöhung in Übereinstimmung mit den vorher gestellten Forderungen. Der Mindestlohn betrug 14 Peseten täglich, die Arbeitszeit wurde auf 36 Stunden wöchentlich festgesetzt. Angesichts der Kriegssituation trat jedoch Mangel an Arbeitern ein und die Arbeitszeit musste auf 40 und später auf 48 Stunden heraufgesetzt werden. Die Löhne der Frauen wurden denen der Männer gleichgesetzt, eine Betriebskranken- und Altersversicherung eingeführt. Die Kollektivierung kam auch der Stadtbevölkerung im Allgemeinen zunutze. Der Kubikmeter Wasser wurde von 0,80 bis 1,50 Peseten auf einen Einheitspreis von 0,40 Peseten herabgesetzt. Es wurden Vorbereitungen getroffen, um die nahe gelegene Stadt Sabadell mit Wasser durch die Barceloneser Werke zu versorgen. Auszahlungen von Dividenden und Kapitalgewinnen wurden eingestellt. Der erzielte Gewinn wurde zum größten Teil dem antifaschistischen Milizkomitee überwiesen. In den ersten Monaten nach dem 19. Juli beliefen sich diese freiwilligen Zuwendungen auf über 100.000 Peseten.

Ausländische Besucher haben sich oft darüber gewundert, dass die Übernahme der Betriebe ohne Störungen vor sich gegangen ist. Das Geheimnis für den glänzenden Erfolg der Kollektivierung liegt zum großen Teil in der systematischen Vorbereitung der Syndikalisten auf diese soziale Revolution.

»In der revolutionären Periode«, heißt es in einem Bericht der Vereinigten Wasser-, Gas- und Elektrizitätskollektive, »hatten wir Betriebskommissionen in den Gewerkschaften gebildet. Diese Kommissionen machten sich in jeder Sektion mit den Arbeiten vertraut und bereiteten sich auf die Leitung vor. Die Betriebskommissionen überwachten die Produktion, den Wasserverbrauch im Sommer und im Winter, sorgten dafür, dass auf jeden Posten der geeignete Mann gestellt wurde, ermahnten die Arbeiter zu pünktlichem Erscheinen bei der Arbeit, sorgten dafür, dass die Sicherheitsvorschriften beachtet wurden und dass Betriebsapotheken in allen Sektionen vorhanden waren, Duschen für die Arbeiter und Speiseräume usw. eingerichtet wurden.«

Durch diese und ähnliche Vorbereitungen waren die Arbeiter in die Lage versetzt, reibungslos schwierige Probleme zu lösen. Die von der Belegschaft ausgearbeitete Betriebsordnung zeugte von dem hochentwickelten Verantwortungsgefühl, zu dem die syndikalistischen Organisationen die Arbeiter erzogen hatten. Betriebsräte, Betriebsleiter, Verwaltungsrat und schließlich oberste Betriebsleitung arbeiteten nach

Vorschriften, die auf allgemeinen Betriebsversammlungen diskutiert und beschlossen wurden. Alle verantwortlichen Leiter wurden von besonderen gewerkschaftlichen Kontrollkommissionen streng kontrolliert. Nur Personen, die über genügend technische und organisatorische Fähigkeiten verfügten, wurden zur Betriebsleitung zugelassen. Man rechnete es sich als Ehre an, von der Gewerkschaftsversammlung auf einen hohen leitenden Posten gesetzt zu werden. Auch über den privaten Lebenswandel der Betriebsleiter und Vertrauensleute wachten die Gewerkschaften. Nur wirklich ernste, gewissenhafte und in jeder Beziehung ordentliche Personen konnten auf die Ehre rechnen, hohe Funktionen zu bekleiden. Materielle Vorteile brachten die verantwortungsvollen Posten nicht ein. Der oberste Verwaltungsrat hatte die Pflicht, sich über den Fortschritt der Technik auf seinem Gebiete auf dem Laufenden zu halten, die Werke auszubauen und Vorschläge zur Modernisierung vorzulegen, Handelsabkommen zu treffen, Zollfragen zu studieren usw. Der Bedarf an Rohstoffen und Maschinen sollte nach Möglichkeit im eigenen Lande gedeckt werden. Der große Ernst, mit dem die Gewerkschaften an ihre gewaltige Aufgabe, die Produktion im ganzen Lande zu übernehmen und ohne Unternehmertum selbst zu leiten, herangetreten sind, verbürgte den Erfolg.

Die Kollektivierung erstreckte sich auch auf das Kleingewerbe. Die Handwerksmeister und Kleingewerbetreibenden schlossen sich mit ihren Gehilfen und Lehrlingen der Gewerkschaft an. So eine Art Gewerbeverband für jeden Gewerbezweig. Gewerkschaften verwandelten sich zu Großunternehmungen auf genossenschaftlicher Grundlage, selbstständige Handwerker mit ihren Werkstätten und Kleinbetrieben zu Filialen der Gewerbekollektive.

An dem Beispiel der Kollektivierung des Friseurgewerbes kann man sich am besten ein Bild davon machen, in welchem Geiste die Wirtschaft den Übergang vom Privatkapitalismus zum Sozialismus vollzog. Die Friseure Barcelonas, Madrids und vieler anderer Städte Spaniens haben ihr Gewerbe aus eigenem Antrieb gemeinsam reorganisiert. In Madrid ist die Kollektivierung sogar bereits vor dem 19. Juli erfolgt. Das Ziel der Kollektivierung bestand darin, die Gegensätze zwischen Ladenbesitzern und Gehilfen aus der Welt zu schaffen. Einen Großkapitalismus kennt ja das Friseurgewerbe nicht. Nach Ansicht der spanischen Syndikalisten ist der Sozialismus und Kollektivismus ein Problem der Reorganisation der Arbeit auf Grundlage der Freiwilligkeit und Kooperation. Jeder hat das Recht, an dieser gesellschaftlichen Umgestaltung teilzunehmen.

Vor dem 19. Juli 1936 gab es in Barcelona 1.100 selbstständige Friseurgeschäfte. Die Mehrzahl davon waren arme Schlucker, die von der Hand in den Mund lebten. Die Läden waren oft nicht sehr vertrauenserweckend in Bezug auf Reinlichkeit und Hygiene. Die 5.000 Friseurgehilfen der Stadt gehörten zu den am schlechtesten bezahlten Arbeiterkategorien. Sie verdienten 40 Peseten wöchentlich, während die Fabrikarbeiter 60 bis 80 Peseten Einkommen hatten. Als nach dem 19. Juli die Arbeitszeit auf 40 Stunden wöchentlich festgesetzt und die Löhne um 15 Prozent erhöht worden waren, bedeutete dies für die meisten Friseurgeschäfte den wirtschaftlichen Ruin. Inhaber und Gehilfen beschlossen daher freiwillig, das gesamte Gewerbe zu sozialisieren.

Wie ging das vor sich? Sehr einfach. Alle traten in die Gewerkschaft ein. Auf einer Versammlung wurde beschlossen, die unrentablen Friseurläden zu schließen. Die davon betroffenen Inhaber wurden von der Organisation betreut; die 1.100 Läden wurden auf 235 reduziert. Dadurch wurden monatlich 150.000 Peseten an Miete, Licht und Abgaben eingespart. Alle Berufsangehörigen wurden in den restlichen 235 Läden beschäftigt. Die verbliebenen Friseursalons wurden modernisiert und elegant ausgebaut. Die Löhne hatten durch die vorgenommenen Einsparungen um 40 Prozent erhöht werden können. Jeder hatte das Recht auf Arbeit und auf den gleichen Lohn. Die ehemaligen Besitzer wurden für ihre Einrichtungen, die von der Gewerkschaft übernommen worden sind, nicht entschädigt. Dafür hatten sie aber ein gesichertes Einkommen. Es gab keine Gegensätze mehr zwischen Arbeitgebern und Arbeitnehmern. Alle Einkünfte wurden in gleicher Weise verteilt. Jeder hatte die gleichen Rechte und die gleichen Pflichten. An die Stelle des Prinzipals und des Gehilfen waren Berufsangehörige getreten. Es war ein Sozialismus von unten.

Es ist keine Kleinigkeit, eine Produktionsgemeinschaft auf kollektivistischer Grundlage auf die Beine zu stellen, die zahlreiche Fabriken in mehreren Städten mit annähernd einer Viertelmillion Textilarbeitern umfasst. Die syndikalistische Textilarbeitergewerkschaft Barcelonas hat aber dieses Werk in kurzer Zeit zu Stande gebracht. Es war ein gewaltiges soziales Experiment. Die Unternehmerdiktatur hatte aufgehört. Löhne, Arbeitsbedingungen und die Produktion wurden von den Arbeitern und ihren gewählten Vertretern bestimmt. Alle Funktionäre waren der Betriebs- und Gewerkschaftsversammlung verantwortlich.

Die Kollektivierung der Textilindustrie Kataloniens zerstört ein für alle Mal die Legende, dass die Arbeiter unfähig seien, große Betriebsunternehmungen zu leiten. Bei der Bildung der Kollektive wurde ein Verwaltungsrat aus 19 Personen gewählt. Nach drei Monaten gab der Verwaltungsrat einen Bericht über die Arbeiten und den Gang der Kollektive. Die Arbeit wurde mit sehr wenig flüssigem Kapital begonnen, da die Besitzer vor Ausbruch des Militärputsches ihre Bankguthaben abgehoben und im Ausland in Sicherheit gebracht hatten. Das Unternehmen *España Industrial* hatte vor der Kollektivierung einen Bestand von 48.213 Ballen Stoff. Nach drei Monaten war der Lagerbestand auf 50.321 Ballen gestiegen. Infolge der Abwertung der Peseta waren die Rohstoffpreise gestiegen. Durch Abschaffung unproduktiver Ausgaben wie Dividenden, Prämien und Direktorengehälter wurden jedoch hohe Beträge eingespart. Damit konnten die höheren Rohstoffpreise zum Teil gedeckt werden. Der Verwaltungsrat kaufte im Ausland zwei neue Maschinen für die Herstellung von Kunstseide. Die erforderlichen Devisen wurden durch den Erlös der Fertigprodukte im

Ausland aufgebracht. In jeder Fabrik wurde ein Verwaltungsvorstand aus den fähigsten Genossen gewählt, der, entsprechend der Größe des Unternehmens, aus drei bis neun Personen bestand. Die Aufgaben des Vorstandes waren die innere Organisation, Statistik, Wirtschaft, Finanzen, Korrespondenz und die Vertretung nach außen. Von besonderer Wichtigkeit war die Bildung eines Initiativkomitees aus den fähigsten technischen und organisatorischen Köpfen der Textilindustrie. Dieses Komitee aus Ingenieuren, Technikern, Arbeitern und kommerziellen Sachverständigen behandelte alle Vorschläge zur Verbesserung der Textilindustrie und machte selbst eigene Vorschläge zur Verbesserung der Produktion, der Verteilung der Arbeit, der sanitären Einrichtungen usw. Nach einigen Monaten Kollektivierung war die Textilindustrie Kataloniens auf einem höheren Stand als vorher. Hierin lag ein schlagender Beweis dafür, dass der Sozialismus von unten die Initiative nicht tötet. Die Gier zur Bereicherung ist nicht die einzige Triebkraft im menschlichen Handeln.

Die materielle Lage der Textilarbeiter hatte sich durch die Kollektivierung wesentlich verbessert. Die Arbeitszeit, die bei einigen Arbeiterkategorien, z. B. den Färbern, 60 Stunden betrug, war nun für alle Kategorien auf 40 Stunden wöchentlich herabgesetzt worden. Die Löhne wurden gerechter verteilt als vorher. Akkordarbeit wurde abgeschafft. Der Wochenlohn wurde auf 68 bis 78 Peseten festgesetzt. Ingenieure und Techniker, die vorher 250 bis 350 Peseten wöchentliches Einkommen hatten, erhielten nunmehr 200 bis 250. Diese Lohnsätze wurden von den Arbeitern auf ihren Betriebsversammlungen selbst festgesetzt. Ursachen für Streiks, Aussperrungen usw. waren aus der Welt geschafft. Die kollektivierte Textilindustrie stellte ein großes Kontingent von Kämpfern gegen die Faschisten. Die syndikalistische Textilarbeitergewerkschaft Barcelonas brachte allein 20.000 Mann für die Miliz auf. Wer nicht an die Front ging, gab 10 bis 15 Prozent seines Wochenlohnes für die Finanzierung des Krieges gegen den Faschismus. In den ersten drei Monaten wurden von der kollektivierten Textilindustrie 2,5 Millionen Peseten an das antifaschistische Milizkomitee abgeführt. Ein vorbildliches Beispiel freiwilliger Hilfeleistung.

Eine der größten Kollektivleistungen der katalanischen Arbeiter war der vollständige Neuaufbau einer Kriegsindustrie. Sie wurde aus dem Nichts geschaffen und beschäftigte zu Ende des Krieges 80.000 Arbeiter. Sie war vollständig das Werk der Arbeiter selbst.

Die Metallindustrie war in Katalonien bei Ausbruch des Bürgerkrieges nur schwach entwickelt. Das größte Metallwerk war die Automobilfabrik *Hispano-Suiza*, die 1.100 Arbeiter beschäftigt hatte. Bereits in den ersten Tagen nach dem 19. Juli stellte diese Fabrik Panzerwagen, Handgranaten, Fahrgestelle für Maschinengewehre, Krankenwagen usw. für die Front her. Diese ersten Kriegswagen trugen die Initialen CNT-FAI, der beiden Kampforganisationen, die im Kampfe gegen den Faschismus führend waren und denen die Metallarbeiter angehörten.

Im Laufe des Bürgerkrieges wurden in Barcelona und Katalonien 400 Metallfabriken errichtet. Ein großer Teil der Waffen wurde in diesen Fabriken hergestellt. Der bürgerliche katalanische Staatsrat Tarradellas erklärte im Oktober 1937: »Die katalanische Waffen- und Munitionsindustrie hat in den 14 Monaten ihres Bestehens ein Epos an Arbeit und Schöpferkraft vollbracht. Katalonien muss für alle Zeiten jenen Arbeitern dankbar sein, die mit größter Kraftanstrengung, Begeisterung und Aufopferung, oft unter Einsatz des Lebens, gearbeitet haben, um unseren Brüdern an der Front zu helfen.« Die Munitionsarbeiter waren zu 80 Prozent Syndikalisten. Während die politischen Parteien ihr Intrigenspiel um die Macht fortsetzten, verrichteten die Syndikalisten konstruktive Arbeit. Diese Arbeit begann Anfang August 1936 unter der Leitung des energischen Technikers Eugenio Vallejo, eines überzeugten Anarchosyndikalisten. Die sachverständigen Beobachter des Auslandes waren durch die Leistung der Metallarbeiter Kataloniens, die die Maschinen zur Herstellung von Waffen und Munition selbst herstellten, in Erstaunen gesetzt. Aus dem Ausland wurde nur ein ganz geringer Teil von Spezialmaschinen importiert. In kurzer Zeit wurden 200 verschiedene hydraulische Pressen bis zum Gewicht von 250 Tonnen, 215 Drehbänke, 178 Revolverdrehbänke und hunderte von Fräsen, Bohrmaschinen usw. hergestellt. Ein Jahr nach Ausbruch des Bürgerkrieges betrug die Erzeugung von Projektilen (bis 155 Millimeter) eine Million, die von Flugzeugbomben 50.000 und die von Patronen und Patronenhülsen mehrere Millionen. Allein im letzten Drittel des Jahres 1937 produzierten die katalanischen Kollektivfabriken 15 Millionen Patronenhülsen, 3,1 Millionen Patronen, eine Million Kapseln für Handgranaten und Riesenmengen von Kriegsmaterial aller Art. Das Werk der katalanischen Metallarbeiter war so imposant, dass die spanische Regierung unter Ministerpräsident Negrín am 11. August 1938 zur Beschlagnahme der kollektivierten Fabriken schritt. Diese Maßnahme wurde mit der Notwendigkeit begründet, die Kriegsindustrie unter das Verteidigungsministerium zu stellen. Der wahre Grund lag jedoch in dem Wunsche der kommunistischen Ratgeber aus Russland, diese gewaltige Industrie der kommunistischen Kontrolle zu unterstellen. Den Syndikalisten war es darum zu tun, den Krieg gegen Franco zu gewinnen. Sie wollten keine Streitigkeiten innerhalb der antifaschistischen Front aufkommen lassen und setzten sich gegen die kommunistische Herausforderung nicht zur Wehr. Nach der siegreichen Beendigung des Krieges, so meinten sie, würden sie mit der Handvoll kommunistischer Eindringlinge schon fertig werden. Mit der Staatskontrolle über die kollektivierten Waffen- und Munitionsfabriken war dem Selbstbestimmungsrecht der Arbeiter ein vorläufiges Ende gesetzt. Die gewaltige Kollektivleistung der katalanischen Metallarbeiter bleibt jedoch ein dauerndes Verdienst des spanischen Syndikalismus.

Vor Ausbruch des Bürgerkrieges importierte Spanien jährlich für 40 bis 50 Millionen Peseten optische Waren und Instrumente aus dem Ausland. Wucherische Spekulanten erzielten 60 Prozent und noch höhere Gewinne bei dem Handel mit optischen Instrumenten. Der niedrige Entwicklungsstand der optischen Industrie in Katalonien war die Folge einer falschen und zum Teil selbstmörderischen Handelspolitik. Die

Arbeiter und Techniker der optischen Industrie fühlten sich fähig, die meisten optischen Apparate im Lande selbst herzustellen. Unter dem System des Privatkapitalismus war dazu keine Möglichkeit vorhanden. Die Importeure hatten es verstanden, die Entwicklung der eigenen Landesindustrie auf diesem Gebiete zu verhindern. Erst die Kollektivierung eröffnete für die Optik des Landes neue Entwicklungsmöglichkeiten. Der Aufbau der neuen Industrie hatte einen ähnlichen Verlauf wie die Kollektivierung auf allen anderen Gebieten. Nach dem Siege auf den Barrikaden setzten die Arbeiter in allen Betrieben eine gewerkschaftliche Kontrollkommission ein, um zu verhindern, dass die Besitzer Apparate, Instrumente und Gelder aus den Betrieben zogen. Eigentümer, die unter den neuen Bedingungen mitarbeiten wollten, wurden als gleichberechtigte Mitglieder in die Kollektive auf genommen. Die Gewerkschaft hatte sich in ein Produktionskollektiv umgewandelt. Durch Versammlungsbeschluss wurden alle Gehälter vereinheitlicht. Das Monatsgehalt wurde für Beschäftigte beiderlei Geschlechts auf 400 Peseten festgesetzt. Man führte den so genannten Familienlohn ein. Für jedes arbeitsunfähige Familienmitglied wurde ein Familienzuschlag von 50 Peseten monatlich ausgezahlt.

Die große Neuerung bestand in der Errichtung einer Fabrik für optische Apparate und Instrumente. Das Kapital zu dieser Neugründung wurde durch freiwillige Beiträge, die von allen Mitgliedern geleistet wurden, aufgebracht. Nach kurzer Zeit gelang es, Feldstecher, Operngläser, Telemeter, Goniometer sowie alle für die Artillerie erforderlichen Apparate herzustellen. Besondere Glasarten für wissenschaftliche Zwekke in verschiedenen Farben wurden gleichfalls hergestellt. Auch alle optischen Apparate von der Front wurden in der Reparaturabteilung der Fabrik repariert. Ein optisches Lehrinstitut wurde errichtet, in dem Lehrkräfte des In- und Auslandes tätig waren. Die Optiker hatten Grund, auf ihr Werk stolz zu sein. Was der Privatkapitalismus nicht fertig gebracht hatte, das schuf die kollektive Schöpferkraft der Werktätigen.

In den zwanziger Jahren stellte die monarchistische Regierung die Subventionen für die transatlantische Schifffahrtsgesellschaft ein. Seitdem verlor Spaniens Seefahrt an Bedeutung. Zur Zeit des Militärputsches besaß die Gesellschaft sechs große Ozeanschiffe mit insgesamt 100.000 Tonnen Wasserverdrängung. Die Seeleute waren meist in der syndikalistischen CNT und das Büropersonal in den Geschäftsräumen der Gesellschaft in der sozialdemokratischen Gewerkschaft UGT organisiert. Die UGT war auf die Kollektivierung nicht vorbereitet. Erst 14 Tage nach dem 19. Juli, nachdem die Syndikalisten bereits alles kollektiviert hatten, unternahmen die Büroangestellten auf Drängen der Seeleute Schritte zur Kollektivierung der Gesellschaft. Alle sechs Schiffe befanden sich im Besitze der Republikaner, keines in einem faschistischen Hafen. Nach der Kollektivierung wurden die Schiffsgeistlichen entlassen und erhielten nur bis zum 18. Juli ihr Gehalt. Das neue Kollektiv hielt die geistliche Betreuung auf den Schiffen für unmodern. Durch Abschaffung der hohen Direktorengehälter wurden jährlich mehr als eine Viertelmillion Peseten eingespart. Dies ermöglichte, die Löhne und Gehälter der Seeleute und des unteren Personals zu erhöhen. Die Seeleute beschlossen selbst auf einer Versammlung ihre Arbeitsbedingungen. Man fasste den einstimmigen Beschluss, auf See 48 und im Hafen 40 Stunden wöchentlich zu arbeiten. Da es sich um ein Unternehmen handelte, das vom Staate subventioniert worden war, behielt sich der Staat Einspruchsrechte vor. Die Regierung setzte einen Generaldirektor ein, der ein höheres Gehalt erhielt, als die Versammlung der Seeleute beschlossen hatte. Der neue Direktor war ein sozialdemokratischer Abgeordneter. Hier trat der Unterschied zwischen Kollektivierung von unten und Verstaatlichung von oben deutlich in Erscheinung. Die Kollektivierung bedeutete Gerechtigkeit im Wirtschaftsleben. Die Verstaatlichung war Fortsetzung der Hierarchie und sozialen Ungerechtigkeiten.

Alle großen sozialen Veränderungen der Geschichte sind meist durch Revolutionen oder direkte Eingriffe des Volkes erfolgt. Die Gesetze bestätigten dann nur vollendete Tatsachen. So war es auch bei den Kollektivierungen. Die Syndikalisten waren nicht dagegen, dass die Neuordnung durch ein Gesetz konfirmiert wurde. Sie arbeiteten sogar an der Ausarbeitung des Kollektivierungsgesetzes mit. Als am 24. Oktober 1936 das katalanische Kollektivierungsgesetz veröffentlicht wurde, war die Kollektivierung bereits überall durch geführt. Das Gesetz hatte keine neuen Tatsachen geschaffen. Es enthielt Bestimmungen, die die Arbeiter nicht vorgesehen hatten und von denen sie nicht begeistert waren, die sie aber dennoch akzeptierten, weil sie selbst die Macht in den Händen hatten und glaubten, dass auf alle Fälle sie selbst in der Praxis zu bestimmen haben. Eine dieser Bestimmungen war die Einsetzung von Regierungsvertretern in allen größeren Betrieben. Zunächst blieb diese Bestimmung ein toter Buchstabe. Sie war jedoch geeignet, die absolute Selbstbestimmung der Arbeiter zu Gunsten des Staates zu beschneiden. Die Syndikalisten sahen in dieser Bestimmung keine Gefahr, denn die Regierungsvertreter wurden aus der Reihe der Gewerkschaften erwählt. Die extremeren Anarchisten waren jedoch von dieser Bestimmung nicht sehr erbaut. Sie fürchteten von den Eingriffen des Staates eine Beschneidung der revolutionären Errungenschaften der Arbeiter. Nach dem Wortlaut des Kollektivierungsgesetzes konnten Betriebe mit weniger als hundert Arbeitern im Privatbesitz verbleiben. Sie wurden aber der Arbeiterkontrolle unterstellt. Diese Arbeiterkontrolle bedeutete Ausschaltung der Willkürherrschaft der Unternehmer und Einführung einer vollständigen Wirtschaftsdemokratie. Unternehmen mit mehr als fünfzig und weniger als hundert Arbeitern wurden kollektiviert, wenn zwei Drittel der Belegschaft sich dafür entschieden. Als Arbeiter definierte das Gesetz die Gesamtheit der Beschäftigten eines Betriebes.

Das Gesetz verfügte die Einsetzung eines obersten Wirtschaftsrates für Katalonien. Alle Fragen von größerer Bedeutung sollten diesem Wirtschaftsrat vorgelegt werden. Unternehmen mit ausländischen Besitzern konnten nur im Einverständnis mit diesen kollektiviert werden. Das Kollektivierungsgesetz war eine Rahmenverordnung; sie erfasste nur einen Teil des gesamten wirtschaftlichen Umwandlungsprozesses. Die Einzelunternehmungen des Kleingewerbes brauchten nach dem Wortlaut des Gesetzes nicht kollektiviert werden. Doch der Kollektivismus wurde als neue Wirtschaftsform des Sozialismus betrachtet, als Gegenpol zum Privatkapitalismus. Friseurgeschäfte, Bäckereien, Hotels, Kinos usw. wurden nicht durch das Gesetz kollektiviert. Sie verzichteten freiwillig auf die Selbstständigkeit ihrer Unternehmen. Der Geist des Kollektivismus war über alle gekommen. Das Kleingewerbe schuf sich seine eigene Sozialisierungsform von unten auf. Der Sozialismus war an die Stelle des Kapitalismus getreten.

Der gesetzlich ernannte Kontrollbeamte in den größeren kollektivierten Betrieben gehörte dem Betriebe an. Er konnte nur mit Zustimmung der Arbeiter gewählt werden. Die Leitung des kollektivierten Betriebes lag in den Händen der Arbeiter. Der Staat hatte keinen Einfluss auf den Kollektivbetrieb. Herren der Produktion und Distribution waren die Arbeiter. Auf die großen Wirtschaftsgemeinschaften der einzelnen Kollektivbetriebe, wie z. B. die Kollektive aller Kinos oder Friseurgeschäfte, fand das Gesetz keine Anwendung. Die neue sozialistische Wirtschaftsform ergab sich aus der Initiative der Werktätigen. Sie war nicht eine gesetzliche Einrichtung, sondern eine neue Lebensform der Wirtschaft, des Handelns und des Denkens. Sie war das Werk des Volkes, nicht des Staates. Die sozialisierten Kollektive waren der erste Versuch, den freiheitlichen Sozialismus einzuführen. Und Spanien war das erste Land, das diesen Versuch wagte.

Seit der Pariser Kommune war die Einsetzung revolutionärer Gemeinderäte eines der Ziele der sozialen Arbeiterbewegung. Die spanischen Anarchosyndikalisten hielten die Beteiligung an den Gemeinderäten gleichfalls für eine soziale Pflicht. Die Art, wie die Gemeinderäte sich in Spanien nach dem Juli 1936 zusammensetzten, wich erheblich von normalen Gemeinderatswahlen ab. Es gab keine Neuwahlen. In allen Städten und Dörfern, in denen die Republikaner und Arbeiter über die Faschisten siegten, einigten sich die antifaschistischen Parteien und Organisationen auf eine neue Zusammensetzung der Gemeinderäte. Wo es nur eine Partei oder eine einzige Organisation gab, bildete diese den neuen Gemeinderat allein. Das war aber selten der Fall. Meistens gab es mehrere Gruppen, und jeder von ihnen wurde das Recht auf Vertretung zugebilligt. Das Recht auf Sitz und Stimme wurde auch den Minderheiten zuerkannt. Auch Parteien, die an einem bestimmten Orte keine Wähler hatten, waren im Gemeinderat durch wenigstens ein Mitglied vertreten. Die Mehrheit teilte freiwillig ihre Macht mit der Minderheit. Das war eine neue Anwendung des demokratischen Prinzips, wie es bis dahin nur von gewissen englischen Theoretikern gefordert worden war. Mit den so genannten *Volksdemokratien* Osteuropas hatte das spanische Gemeindevertretungsrecht nach dem 19. Juli nichts gemein. Im Osten herrscht eine Partei über alle anderen. Das ist Diktatur. In

Spanien nahmen alle Parteien und Organisationen mit Ausnahme der Faschisten, die mit Gewalt eine Diktatur zu erreichen versuchten, an der Macht teil. Das war Demokratie.

Das beste Beispiel für das Funktionieren des antifaschistischen Gemeinderates bietet Barcelona. Die antifaschistischen Organisationen und Parteien schlossen ein Gentlemans Agreement ab. Die Anarchisten und Syndikalisten waren in der Mehrheit, doch sie verzichteten auf Ausübung ihrer Mehrheitsrechte. Sie beanspruchten für sich neun Sitze und billigten der viel kleineren katalanischen Linkspartei gleichfalls neun Sitze zu. Der sozialistischen Einheitspartei Kataloniens PSUC, Kommunisten, die der Moskauer Internationale angeschlossen waren, wurden sechs Sitze gegeben, der marxistischen Einheitspartei POUM drei, der katalanischen Aktion gleichfalls drei und selbst die Partei der Landpächter, die in Barcelona nicht vorhanden war, da ihre Mitglieder auf dem Lande wohnten, erhielt drei Sitze.

Es ist schwer festzustellen, in welchem Grade diese Zusammensetzung dem wirklichen Stärkeverhältnis der Parteien entsprach. Sicherlich sind die Anarchosyndikalisten dabei zu kurz gekommen. Doch sie verzichteten auf die Wahlen. Man befand sich in einem politischen Ausnahmezustand, in den das Land durch den Francoputsch gedrängt wurde. Da kam es vor allem auf die Zusammenarbeit aller Antifaschisten an. Jeder wurde zur Mitarbeit herangezogen. Das Abzählen der Stimmen erschien weniger wichtig als der Einsatz im Bürgerkrieg gegen den ausländischen und inländischen Faschismus. Vor 1936 hatte man in Spanien das Wort geprägt, man könne zwar ohne die Syndikalisten regieren, aber nicht gegen sie. Nach den Juli-Ereignissen war es auch nicht mehr möglich, ohne sie zu regieren. Die syndikalistische CNT war in Katalonien der stärkste Machtfaktor und stellte auch im übrigen Spanien mindestens die Hälfte der antifaschistischen Kämpfer.

Am Anfang war die antifaschistische Einheitsfront ungebrochen und zwischen den Parteien herrschte gutes Einvernehmen. Im Laufe der darauf folgenden Monate kam es jedoch zu Meinungsverschiedenheiten. Dies lag in der Natur der Dinge. Viele hingen noch am Alten. Die neue Ordnung schien ihnen zu gewagt und zu revolutionär. Sie waren darauf bedacht, den nach dem 19. Juli einsetzenden radikalen Kurs in der Politik und Wirtschaft einzudämmen. Sie gruppierten sich innerhalb der katalanischen Linkspartei und in der sozialistischen Einheitspartei (Kommunisten) Kataloniens. Letztere, die Kommunisten, verteidigte das Privateigentum und die kapitalistische Wirtschaftsordnung, unbeschadet ihres Anschlusses an die Kommunistische Internationale. Politisch führte sie eine rücksichtslose Machtpolitik, wobei sie von den russischen Emissären beraten wurde. Die Anarchosyndikalisten waren bestrebt, die Errungenschaften des 19. Juli aufrecht zu erhalten, die Kollektivierungen zu verteidigen und das neue soziale Regime zu verbreitern und zu stabilisieren.

Bald traten Gegensätze in der Politik auf. Am gefährlichsten für den neuen Stand der Dinge war die Wühlarbeit der Kommunisten, bzw. der *Einheitssozialisten*. Moskau sandte nicht nur Flugzeuge und Tanks, sondern auch politische Parolen und Agenten, die sich in die Politik zu Gunsten der kommunistischen Partei einmischten. Die Anarchosyndikalisten standen ihnen im Wege. Die Kommunisten wollten den Einfluss der Syndikalisten zurückdrängen, um ihre eigene Politik durchsetzen zu können. Auch die Mitglieder des POUM waren die erklärten Feinde der Moskauer Stalin-Agenten. Der Trotzkismus bekam als kleinerer Bruder des Stalinismus die ganze Schwere der Hand Moskaus zu spüren. Innerhalb der Gemeindevertretung kam es zwischen den verschiedenen Richtungen und Parteien zu Reibungen. Die Gegensätze verschärften sich nach dem Bruderkampf in der ersten Maiwoche des Jahres 1937. Der *POUM* wurde aus dem Stadtrat Barcelonas verdrängt. Die Moskauer *Einheitssozialisten* nahmen ihre Plätze ein. Wahlen wurden nicht vorgenommen. Doch der Geist Moskaus schwebte über der spanischen Politik. Moskau verkaufte der spanischen Republik Waffen, Moskau forderte dafür seinen politischen Tribut.

Die Finanzen der Stadt Barcelona befanden sich seit der Zeit Primo de Riveras einem zerrütteten Zustand. Die großen öffentlichen Arbeiten und die mächtigen Ausstellungsgebäude, die der Diktator errichtet hatte, gingen über die wirtschaftliche Kraft der Stadt und sogar des Landes hinaus. Der Krieg gegen den Faschismus stellte an die Stadtverwaltung große finanzielle Ansprüche. In den Kassengewölben der spanischen Bank, Filiale Barcelona, lagen 300 Millionen Peseten. Die Syndikalisten und Anarchisten hatten in den Tagen der Julikämpfe diese Reserven nicht angetastet. Auch die unter einem anarchosyndikalistischen Präsidenten amtierende Stadtversammlung rührte dieses Geld nicht an. Die unter dem bürgerlichen Präsidenten stehende katalanische Regierung hatte aber weniger moralische Bedenken. Präsident Companys ließ das Geld beschlagnahmen und verwendete es für seine Zwecke.

Man fürchtete, dass in einer kollektivistischen Wirtschaftsordnung die Stadtverwaltung schwer zu ihren Einnahmen kommen würde. Das Gegenteil war der Fall. Die von den Syndikalisten kollektivierten Großunternehmen zahlten mehr Abgaben an die Gemeinde als es vorher die privatkapitalistischen Unternehmen getan hatten. Die kapitalistischen Privatunternehmer sahen in den Abgaben an die Gemeinde ein notwendiges Übel; die von den Arbeitern geleiteten Kollektivunternehmungen hielten es für ihre Ehrenpflicht, die Gemeinde zu unterstützen.

Einige Beispiele: Die kollektivierte Wasser-, Gas- und Elektrizitätswerke erließen der Stadtverwaltung die beträchtlichen Schulden. Die Kollektivverwaltung beschloss außerdem, der Stadt während der Dauer des Bürgerkrieges Wasser, Gas und elektrisches Licht gratis zu liefern. Das von den Syndikalisten kollektivierte Verkehrsunternehmen Barcelonas stellte 10 Prozent seiner gesamten Einnahmen der Stadtverwaltung zur Verfügung. Das ergab eine Jahressumme von 10 Millionen Peseten. Zum Vergleich kann herangezogen werden, dass die private Verkehrsgesellschaft vor dem 19. Juli an die Stadt nur 400.000 Peseten jährlich an Steuern abgeführt hatte. Dabei wurde der Fahrpreis von 15 Centimos auf 10 herabgesetzt.

Gegenüber den gewaltigen Abgaben der syndikalistischen Kollektivunternehmen an die Stadtverwaltung waren die Steuerbeträge der kleinen sozialistisch-kommunistischen sowie katalanischen Unternehmungen unbedeutend. Trotzdem gab es in Katalonien und Barcelona keinen Gemeindesozialismus. Die allgemeinen Dienste befanden sich vor dem 19. Juli 1936 in den Händen von Privatunternehmungen. Wasser-, Gas- und Elektrizitätswerke sowie Verkehrsunternehmungen wurden von Privatgesellschaften betrieben. Nach dem 19. Juli war die Möglichkeit gegeben, diese Unternehmen in den Besitz der Gemeinde zu überführen. Das erstrebten auch zum Teil die Sozialisten nach dem Vorbild des Auslands. Der Gedanke der Kommunalisierung setzte sich indessen nicht durch. Die Arbeiter neigten mehr zur syndikalistischen Lösung, und das war die Kollektivierung. Die Kommunalisierung wurde als kapitalistisch betrachtet. Kommunale Unternehmen arbeiten in der Form von Aktiengesellschaften. Selbst wenn die Gemeinde die Aktienmehrheit besitzt, werden Gewinne gemacht, Dividenden ausgeteilt und die Leitung von außen eingesetzt. Bei einem kollektivierten Unternehmen gibt es keine Profite, keine Tantiemen, keine hohen Direktorengehälter. Die Betriebsleitung wird von den Arbeitern selbst gewählt. Ein freiheitliches Kollektivunternehmen ohne Staatsaufsicht ist frei vom Parasitentum und bürokratischen Hindernissen. Den spanischen Arbeitern erschien der Kollektivismus als gerechteste und fortschrittlichste Wirtschaftsform.

Überall dort, wo das Volk nach dem 19. Juli über die Militärputschisten siegte, vollzog sich eine tiefgehende Veränderung in den Eigentumsverhältnissen und bei der Produktionsweise. Der lang gehegte Wunsch der Landarbeiter und Kleinbauern, sich nun endlich in den Besitz des Landes zu setzen, wurde verwirklicht. Das Land hatte einmal den Vorvätern der Bauern gehört und war unter den verschiedensten Vorwänden von den Kriegern, Adligen und später von der Bourgeoisie geraubt worden. Die Monarchen hatten im Laufe der Geschichte diesen Landraub gutgeheißen und sich zum Teil daran beteiligt. Die Landbevölkerung sah daher in der Monarchie und im Adel ihre natürlichen Feinde. Die Agrarrevolution verbreitete sich über ganz Spanien. Die Forderung auf Land war seit Jahrhunderten die gleiche geblieben. Die Bestrebungen der Landarbeiter richteten sich jedoch im Laufe des vergangenen Jahrhunderts besonders unter dem Einfluss der sozialen Arbeiterbewegung und der sozialistischen und anarchistischen Theorien, auf andere Ziele. Zur Zeit der großen französischen Revolution nahmen die Bauern das Land in Besitz, verteilten es unter sich auf und bearbeiteten es zu eigenem Nutzen. Seit jener Zeit hat sich in Frankreich ein kräftiger Stand von Kleinbauern gebildet. Der bäuerliche Kleinbesitzer verteidigt seinen Besitz mit großer Hartnäckigkeit. Er ist konservativ geworden. Sein Land ist seine Welt. Die Produktionsweise ist individualistisch. Die genossenschaftliche Zusammenarbeit stieß im Anfang auf Widerstand, doch die individuelle Produktionsweise hemmte den technischen Fortschritt. Die moderne Technik fand auf dem Lande und besonders unter den Kleinbauern nur langsam Eingang. Bis auf den heutigen Tag spannt der Bauer Ochsen vor seinen Pflug und zieht mühselig Ackerfurchen wie seine Vorfahren vor tausend Jahren. Trotz des gewaltigen Fortschritts auf allen Gebieten hat die moderne Technik auf dem Lande noch wenig Eingang gefunden.

Bei Ausbruch der russischen Revolution im Jahre 1917 gingen die Bauern in ähnlicher Weise vor wie hundertfünfzig Jahre vorher die französischen Bauern: Sie enteigneten die adligen Großgrundbesitzer und verteilten das Land unter sich. Unter dem Einfluss der Bolschewisten wurden später Kolchosen und durch Staatsdekret Sowchosen gebildet. Die russischen Landkollektive waren jedoch nicht das Werk der Bauern. Die Landbevölkerung wurde von der kommunistischen Partei dazu angehalten, Kollektivwirtschaften zu betreiben. Die Kolchosen und Sowchosen unterstehen der Staatskontrolle. Nur in den seltensten Fällen verdanken sie ihre Existenz der Initiative den Bauern selbst. Wenn die Bolschewisten in Russland die Staatsmacht verlören, würde sich der größte Teil der Zwangskollektive wahrscheinlich auflösen. Die Bauern würden zur individuellen Produktionsweise zurückkehren.

In Spanien liegen die Dinge anders. Dort ist der Kollektivismus auf dem Lande eine alte Erscheinung. Joaquín Costa hat in seinem Standardwerk über den *Colectivisimo agrario* auf die lange Geschichte des spanischen Landkollektivismus hingewiesen. Bereits im 9. Jahrhundert unserer Zeitrechnung findet man bei den spanischen Bauern kollektivistische Tendenzen. Als die Araber aus dem Lande vertrieben wurden, bildete sich in vielen Teilen ein so genanntes Niemandsland. Dieses Land wurde von den Bauern ohne Dazwischentreten der Feudalherren besiedelt. Die Bauern halfen sich gegenseitig bei ihren Feldarbeiten. So gab es bereits damals in Spanien unter den Bauern kollektive Arbeits- und Produktionsweisen. An diese alte Tradition knüpfte die moderne sozialistisch-syndikalistische Bewegung in Spanien an. Die ursprüngliche Form des spanischen Sozialismus ist der Anarchismus und Syndikalismus. Die marxistischen Theorien kamen erst später als etwas Fremdes ins Land. Kollektivismus und Kommunalismus waren in Spanien lange vor Aufkommen der modernen sozialistischen Bewegung bekannt. An diese kollektivistischen Traditionen knüpfen auch die Landarbeiter an. Überall. wo sie über die Faschisten gesiegt hatten, erklärten sie den Grund und Boden zum Gemeindeeigentum. Selbst in Katalonien, dem typischen Lande des Kleinpächters, des so genannten *Rabassaire*, fand der Kollektivismus Eingang. Eine katalanische Landarbeiterkonferenz, die unmittelbar nach dem Sieg über die Faschisten in Katalonien zusammentrat, richtete einen Aufruf an die Landarbeiter: »Der ländliche Kleinbesitz hat seinen Ursprung in dem Geiste der Unabhängigkeit unseres Volkes. In dem Bestreben, sich von der Lohnsklaverei oder von der Ausbeutung durch Landeigentümer und Verpächter zu befreien, hatte die Landbevölkerung nur den einen Wunsch, das Land, das sie bearbeitet, ihr Eigen nennen zu dürfen. Hatte der Bauer endlich sein eigenes Stück Land, so arbeitete er angestrengt Tag und Nacht mit allen seinen Familienangehörigen und hatte trotzdem nicht genug zum Leben. Er trieb mit seiner Gesundheit Raubbau und vegetierte dahin, wie sein Arbeitsvieh.

Die mühselige Arbeit des Kleinbauern und seine Hingabe an sein Stückchen Land waren einer besseren Sache wert. Diese bessere Sache ist das Landarbeiterkollektiv, das eine moderne und rationelle Arbeitsgemeinschaft der Landbevölkerung darstellt. Leider stößt bei vielen Kleinbauern die Kollektivierung auf Widerstand. Der Landbesitz ist für den Kleinbauern sein Ein und Alles. Er sieht ihn durch die Koliektivierung gefährdet. Der katalanische Kleinbauer ist misstrauisch gegen die kollektivistische Arbeitsgemeinschaft. Sein Misstrauen ist gerechtfertigt, denn er ist allzu oft betrogen worden.«

Der syndikalistische Landarbeiterkongress nahm Rücksicht auf diese Verhältnisse und auf die individualistische Einstellung der Kleinbauern. Er beschloss, dass niemand zur Kollektivierung gezwungen werden dürfe. Zwangskolchosen nach rus-sischer Art sollten in Katalonien und Spanien nicht eingeführt werden. Der Kongress wies darauf hin, dass Zwangskollektivierung nur Hass erzeugen und das große Werk des Fortschritts und des freiheitlichen Kollektivismus in Misskredit bringen würde. Wer zur Mitarbeit an den Kollektiven gezwungen wird, der sabotiert. Nur durch das Beispiel von Landarbeiterkollektiven in Funktion, können die Kleinbauern zum Kollektivismus bekehrt werden. Wenn die Kollektiven durch moderne Arbeitsmethoden und Verwendung neuer Landwirtschaftsmaschinen, Kunstdünger usw. bei geringerem Kräfteaufwand bessere Resultate erzielen als die Kleinbauern, dann werden die ursprünglichen Gegner sich selbst zum Kollektivismus bekehren.

Der beschlagnahmte Grund und Boden wurde von der Landarbeitergewerksehaft verwaltet und gemeinsam zum Nutzen der Mitglieder bearbeitet. Die Landarbeitergewerkschaft half den Kleinbauern auch durch Bereitstellung von Maschinen, Aufkauf der Produktion usw. Die Gewerkschaft vermittelte die Übersiedlung von Landarbeitern aus einem Kollektiv mit wenig Land in solche mit mehr Land. Bei Durchführung der Kollektivierung wurden folgende Richtlinien beachtet: Besteht in einem Dorfe die Möglichkeit, die Kollektivierung auf die gesamte Einwohnerschaft ohne Zwangsausübung auszudehnen, so kann die Kollektive sich auf das ganze Dorf erstrecken. Niemand soll durch Zwang zum Eintritt in die Kollektive gezwungen werden. Kleinbauern und Kleinpächter sollen das Recht haben, selbstständig weiterzuarbeiten, wenn sie dem Kollektiv im Dorfe nicht beitreten wollen.

Die Landarbeiterkollektive bildeten mit Hilfe der Gewerkschaften kollektivistische Großmeiereien. Die Gehöfte konnten nur mit Hilfe der Gewerkschaften und ihrer wirtschaftlichen Zusammenarbeit mit den Gewerkschaften der Industriearbeiter der Städte elektrifiziert werden. Auch Bewässerungs- sowie Drainagearbeiten konnten nur mit Hilfe der Gewerkschaften durchgeführt werden. Daher war die Zusammenarbeit zwischen den Gewerkschaften der Industrie- und der Landarbeiter für den Fortschritt und die Hebung des Wohlstandes von größter Bedeutung. In

Übereinstimmung mit den föderalistischen Grundsätzen des Syndikalismus wurde von einer einheitlichen Zwangskollektivierung abgesehen. In jedem Dorfe hatten die Kollektive die Freiheit, ihre Zusammenarbeit auf ihre Weise, in Übereinstimmung mit den örtlichen Gewohnheiten zu organisieren.

Ein Beispiel für die Organisation eines Landarbeiterkollektivs bildete das Dorf Valls in Katalonien. In diesem Dorf war die Zerstückelung des Landes in viele kleine Landwirtschaften ein Hemmnis für die Modernisierung der Landwirtschaft. Zahlreiche Landarbeiter und Kleinbauern einigten sich daher, eine Arbeitsgemeinschaft oder ein Produktions- und Konsumkollektiv zu gründen. Der Eintritt in das Kollektiv erfolgte freiwillig. Er hatte für ein Landwirtschaftsjahr Geltung, das am 1. November begann und am 31. Oktober endete. Nach Ablauf eines Jahres war es dem Bauern freigestellt, im Kollektiv zu verbleiben oder auszutreten. Die Kollektive stellten sich das Ziel, das Land der Mitglieder gemeinsam zu bearbeiten. Die kollektiv bearbeitete Fläche bestand aus dem freiwillig eingebrachtem Land der Mitglieder, aus brachliegendem Land, das innerhalb der Gemeinde lag und nicht bearbeitet wurde sowie aus requirierten Land, dessen Eigentümer bewaffnet und direkt an dem Aufstand gegen das Volk teilgenommen und sich auf die Seite der Faschisten geschlagen hatte.

Der Kollektivist erhielt eine Quittung für das, was er an Arbeitsvieh und Arbeitsgeräte in die Kollektive mitgebracht hatte. Bei Austritt aus dem Kollektiv hatte er das Recht, sein Eigentum zurückzufordern. Der Austritt aus dem Kollektiv konnte nur nach Beendigung des Erntejahres erfolgen.

Die Feldarbeiten wurden von Gruppen ausgeführt, deren Anzahl auf einer gemeinsamen Mitgliederversammlung festgestellt und bestimmt wurde. An der Spitze jeder Arbeitsgruppe stand ein Delegierter, der auf der Kollektivistenversammlung erwählt wurde. Die Gesamtheit der Gruppendelegierten bildete einen Arbeitsausschuss, der die Arbeit organisierte. Die Mitglieder hatten jedoch das Recht, auf einer allgemeinen Versammlung die Beschlüsse des Arbeitsausschusses zu ändern. Das Einkommen der Kollektivisten bestand je nach der Größe der Familie aus drei Klassen: Ein kinderloses Ehepaar ohne unversorgte Geschwister erhielt 32 Peseten wöchentlich. Ehepaare mit einem unversorgten Familienmitglied erhielten 36 Peseten. Bei mehreren Kindern betrug die Wochenzuwendung 39 Peseten. In Krankheitsfällen wurde der volle Lohn ausbezahlt. Kinderreiche Familien erhielten, in Übereinstimmung mit den jeweiligen Versammlungsbeschlüssen, mehr. Brennholz erhielten alle Kollektivmitglieder gratis. Starb ein Mitglied, so erhielt die Familie den vollen Wochenlohn bis zum Ablauf des Erntejahres ausgezahlt. Danach war es der Familie freigestellt, im Kollektiv zu verbleiben oder mit ihrem Stück Land auszutreten. Kollektivmitglieder zwischen 14 und 16 Jahren erhielten den halben Lohn; Jungens zwischen 16 und 18 Jahren dreiviertel des Lohnes und Erwachsene von 18 bis 60 Jahren den vollen Lohn. Kollektivisten über 65 Jahre erhielten den halben Lohn und außerdem Alterszulagen.

Das Kollektiv wählte einen Verwaltungsvorstand, der über Einnahmen und Ausgaben Buch zu führen und der Generalversammlung der Mitglieder Rechenschaft zu geben hatte. Eine Arbeitsgruppe übernahm die Gemüseversorgung und richtete auf dem Marktplatz des Dorfes einen Gemüsestand ein. Das Gemüse wurde zu den niedrigsten Preisen feilgeboten. Die Preise waren für Mitglieder und Nichtmitglieder die gleichen. Die von den Mitgliedern in das Kollektiv eingebrachten Arbeitstiere wurden beim Austritt zurückerstattet. Starb ein Tier, so erhielt der Besitzer beim Austritt aus dem Kollektiv entweder ein gleichwertiges Tier oder den Wert dafür in Geld ausgezahlt.

Das Kollektiv errichtete für die Mitglieder eine Sparkasse. Die Spargelder wurden mit drei Prozent verzinst. Mitglieder, die außerhalb des Kollektivs als Tagelöhner arbeiteten, konnten dies fortsetzen, mussten jedoch den Lohn an das Kollektiv abführen. Hatten die Feldarbeiten begonnen, so wurden bis zum neuen Landwirtschaftsjahr keine neuen Mitglieder mehr aufgenommen. Eine Ausnahme wurde nur für zurückkehrende Frontkämpfer gemacht, die jederzeit in ein Kollektiv eintreten konnten, vorausgesetzt, dass sie die Statuten anerkannten. Mitglieder, die ihre Pflicht versäumten, mussten sich vor der Mitgliederversammlung verantworten. Sanktionsbeschlüsse mussten mit Dreiviertelmehrheit angenommen werden. Die Mitgliederversammlung war die höchste Instanz des Kollektivs. Sie hatte das Recht, die Statuten zu verändern und alle Beschlüsse für ein gedeihliches Fortkommen des Kollektivs zu fassen.

Das Landarbeiterkollektiv in Valls war das Beispiel einer landwirtschaftlichen Produktionsgenossenschaft. Sie bildete sich aus freiwilligen Mitgliedern. Kleinbauern und Pächter, die dem Kollektiv nicht beitreten wollten, gab es im Dorfe nach wie vor.

Im Marktflecken Sollana gab es einen anderen Typ der Kollektivierung. Die Mehrheit der Einwohnerschaft gehörte der syndikalistischen Gewerkschaft an. Daneben gab es eine Minderheit von Sozialisten. Unter dem Einfluss der Ereignisse beschloss die Einwohnerschaft, das gesamte Wirtschaftsleben zu kollektivieren und eine freiheitlich-sozialistische Kommune zu bilden. Der Beschluss wurde auf einer öffentlichen Versammlung gefasst. Die Landwirtschaft, Viehwirtschaft und das Gewerbe sollte auf kollektivistischer Grundlage organisiert werden. Die syndikalistische und die sozialistische Gewerkschaft einigten sich, die Wirtschaft nach einem gemeinsam festgesetzten Plan Schritt für Schritt umzugestalten. Die Privatwirtschaft sollte abgeschafft und die sozialistische Wirtschaft eingeführt werden. Grund und Boden der Faschisten wurde beschlagnahmt. Die Höchstgrenze für Privateigentum an Land wurde auf 12 Hektar festgesetzt. Familien mit mehreren erwachsenen Söhnen hatten das Recht, 18 Hektar Land zu besitzen. Doch die Privatwirtschaften wurden in Bezug auf ihre Nutzbarmachung und Ertragfähigkeit vom Verwaltungsvorstand des Kollektivs kontrolliert.

In die örtliche Kollektivwirtschaft wurden auch Gewerbetreibende auf genommen. Das Kollektiv übernahm deren Einrichtungen, Rohmaterial, Waren etc. und bezahlte ihre Schulden. Gewerbetreibende, die sich dem Kollektiv nicht anschlossen, wurden vom Vorstand des Kollektivs kontrolliert, in ähnlicher Weise wie die freistehenden Bauern. Da das Lohnsystem abgeschafft war, konnten die selbstständigen Gewerbetreibenden keine Lohnarbeiter einstellen. Sie hatten jedoch das Recht, ihre eigenen Familienmitglieder in ihrem Unternehmen zu beschäftigen.

Das Ortskollektiv zahlte allen Mitgliedern einen Familienlohn aus, der in Form von Sozialzulagen gestaffelt war. Der Lohn wurde in Gutscheinen ausgegeben. Die Gutscheine des Kollektivs waren eine Art Stadtgeld. Auf Wunsch wurde den Einwohnern das Stadtgeld in Landesvaluta eingewechselt. Landeswährung und kollektivistische Stadtwährung waren gleichwertig. Auch die Häuser der Stadt wurden der Kontrolle des Ortskollektivs unterstellt. Die Gesamtheit der Einwohner gehörte entweder dem Kollektiv an oder wurde von ihm kontrolliert. Das alte System kapitalistischer Privatwirtschaft hatte zu bestehen aufgehört.

Gerona[5] ist eine typische Kleinstadt mit mittelalterlichem Gepräge. Ein spanisches Rothenburg ob der Tauber. Auf Schritt und Tritt stößt man auf Spuren der Vergangenheit. Die Patrizierhäuser zeugen von behäbiger Eleganz. Die altertümlichen Kirchen sind im gotischen Stil erbaut. Es gibt zahlreiche Klöster mit soliden Mauern, hinter denen die Zeit stehen geblieben ist. Die Kathedrale Geronas ist eine Perle katalanischer Gotik. Die Kirche drückte der Bevölkerung ihren Stempel auf. Die Geistlichen lenkten die Gläubigen, der Katholizismus kontrollierte ihr Gewissen. Der mächtige Erzbischof stand an der Spitze einer arroganten Klasse von Landeigentümern und Großbürgern. Das Kleinbürgertum war den kirchlichen Würdenträgern bis zur Servilität untertänig. Rentner, pensionierte Beamte und zurückgezogene Geschäftsleute verlebten hier ihren friedlichen Lebensabend.

Am 19. Juli war die Geistlichkeit des Sieges der Generäle sicher. Die Garnison würde ihre starke Hand schützend über die Privilegien halten. In Gerona würde alles beim Alten bleiben, was immer auch in den Großstädten vor sich gehen möge. Doch die Arbeiter dachten anders. Sie wussten, was ihnen bevorstand, wenn die Generäle über das Volk siegten. Freiwillig wollten sie sich nicht unter das Joch beugen. Die Freiheit sollte verteidigt werden, selbst mit Einsatz des Lebens. Die Faschisten des Ortes erwarteten einen raschen Sieg der Generäle in Barcelona. Sie bildeten Kampfgruppen und zogen aus der Stadt hinaus, den Faschisten entgegen, an deren Sieg nicht gezweifelt wurde.

Als die Nachricht von der Niederlage des Militäraufstandes aus Barcelona eintraf, gaben sich die Geroneser Faschisten verloren. Die Mannschaften in der Garnison verweigerten den Offizieren den Gehorsam. Soldaten und Arbeiter verbrüderten sich

[5] Die folgenden Berichte sind aus meinem Reisebuch *Entre Campesinos* (Unter Bauern) entnommen, das ich 1937 in Barcelona in spanischer Sprache veröffentlicht habe. (A.S.)

auf den Straßen. Der Militarismus musste kampflos abtreten. Das Volk hatte einen unblutigen Sieg errungen.

Nun zog in die rückständige Stadt ein neuer Geist ein. Die Revolution war auf dem Vormarsch.

Gerona hatte 30.000 Einwohner. Die Arbeiter waren in der syndikalistischen CNT organisiert. Die 6.000 Mitglieder zählende Gewerkschaft machte sich zum Herrn der Stadt. Das von der Kanzel so oft gepredigte Bibelwort, »Die Letzten werden am jüngsten Tage die ersten sein«, hatte sich nun erfüllt. Doch die Arbeiter erwarteten nichts von einem zweifelhaften Leben nach dem Tode. Sie wollten das Himmelreich auf Erden errichten. Christus hatte die Lehre von der Gleichheit aller Menschenkinder verkündet. Diese Lehre sollte nun verwirklicht werden. Man fing bei sich selbst im eigenen Hause an. Die Bauarbeitergewerkschaft beschloss, die Lohndifferenzen zwischen Facharbeitern und Hilfsarbeitern abzuschaffen. Alle erhielten unterschiedslos einen Wochenlohn von 70 Peseten. Die Bauunternehmer, die in der Vergangenheit stets den Herrenstandpunkt herausgestellt hatten, brauchte man nun nicht mehr. Die Gewerkschaft bildete ein einziges, großes Bauunternehmen. Architekten und Baumeister wurden als Gleichberechtigte aufgenommen, nicht als Bevorrechtigte. Dadurch ist das Baugewerbe mit einem Schlage sozialisiert worden. Die Sozialisierung dehnte sich bald auf die ganze Provinz Gerona aus. Sie brachte den Arbeitern wesentliche Verbesserungen. Profite für die Unternehmer gab es nicht mehr. Doch die alten, arbeitsunfähigen Bauarbeiter erhielten von der Gewerkschaft eine Pension. Das war ein Akt sozialer Gerechtigkeit. Das Kleingewerbe folgte dem Beispiel der Bauarbeiter. Mehlmühlen, das Transportgewerbe, die Metallbetriebe usw. wurden kollektiviert oder sozialisiert Die unbedeutende Minderheit der sozialistischen Arbeiter wollten bei der allgemeinen Sozialisierung nicht abseits stehen. Sie erhielten keine Anweisung von ihrer Zentrale in Barcelona, doch sie glaubten recht zu handeln, sich bei der Kollektivierung an die Seite der Syndikalisten zu stellen. Kinos, Hotels, Gaststätten und das Theater schlossen sich der Sozialisierungsbewegung an. Die Unternehmergewinne wurden abgeschafft. Doch alle sozialisierten Industrien führten freiwillig zehn Prozent ihrer Einnahmen an die Stadtverwaltung ab. Die Angestellten in den Kinos und Restaurants nahmen Abstand von Lohnerhöhungen. Sie verwandten einen Teil der Gewinne für die hygienische und ästhetische Ausgestaltung ihrer Betriebe. Jeder dachte mehr an das Wohl der Gemeinschaft als an das eigene. Ein sozialer Erneuerungsgeist war über die arbeitende Bevölkerung gekommen. Ein Geist der Hingebung an das Gemeinwohl. Schauspieler, Kellner, Kinoangestellte usw. stellten sich täglich drei Stunden zur Verfügung, um in den neu errichteten städtischen Schneiderwerkstätten zu arbeiten. Es wurden Kleider und warme Sachen für die Frontsoldaten hergestellt.

Die Syndikalisten waren nie zuvor Bürgermeister und Stadträte gewesen. Als sie nunmehr die Verwaltung der Stadt in ihre Hände nahmen, vergaßen sie nicht, dass sie vorher Bauarbeiter, Verkehrsarbeiter, Lehrer usw. gewesen sind. Sie führten zahlreiche Neuerungen ein. Die Abwässer des Fußes Onar hatten in vielen Straßen der Stadt die Luft verpestet. Nun wurden Kanäle angelegt, um die Stadt zu sanieren. In dem nahe gelegenen Tale Salt sollte ein Staubecken angelegt werden. Das Wasser sollte vom Fluss Ter hingeleitet werden. Damit würde man das Land im Umkreis der Stadt bewässern können, und das würde der Landwirtschaft zu Gute kommen. Der alte, unhygienische Marktplatz sollte durch einen neuen Markt abgelöst werden. Die Bauarbeiter legten, nach dem bekannten Beispiel der Stadt Wien, ein Projekt für die Errichtung von Arbeiterwohnungen vor. Das Geld für die Arbeiterwohnungen sollten die Inhaber der großen Wohnungen zahlen, und zu diesem Zweck wurden die Mieten der großen Wohnungen erhöht. Für Luxuswohnungen um 75 Prozent, für geräumige Bürgerwohnungen um 50 Prozent. Für Lebensmittel wurden Höchstpreise festgesetzt, Überschreitungen der Händler und Preiswucher wurde mit Schließung der Geschäfte und Beschlagnahme der Waren bestraft. Die Geroneser Arbeiterschaft hatte bisher keine Erfahrung in der Verwaltung. Doch die Gewerkschaften hatten einen guten Menschenverstand und Sinn für Gerechtigkeit. Zweitausend Geroneser zogen freiwillig an die Front, in den Kampf gegen den Faschismus. Kellner überließen ihre Arbeit weiblichen Angestellten. Bankangestellte erklärten, Mädchen könnten auch gut rechnen. Sie waren Männer, und die Front brauchte sie. Bauarbeiter gingen freiwillig zu Befestigungsarbeiten an die Front. Der soziale Umschwung erfasst selbst die neue Priestergeneration. Fünfzig Novizen aus dem Priesterseminar legten die Soutane ab. Mit Pickeln und Schaufeln arbeiteten sie an den Sanierungsarbeiten der Stadt. Sie waren dem Leben zurückgegeben. Sie schafften sich Bräute an und heirateten.

Das mittelalterliche Gerona war freundlich und heiter geworden. Der Geist des Muckertums war gewichen. Freiheit und soziale Gerechtigkeit hatten ihren Einzug gehalten. Der Sozialismus war auf dem Vormarsch.

Das Panorama des katalanischen Küstenlandes ist abwechslungsreich. Im Norden steigen schroffe Felsen aus dem Meer empor, die der Küste ihren Namen *Costa Brava*, die wilde Küste, gaben. Nach Süden ziehen sich sanfte Anhöhen mit Weinstöcken und Olivenbäumen am Meeresufer entlang. Darauf folgt das lang gestreckte Flachland mit seinen Reispflanzungen im Mündungsgebiet des Ebro. Ganz im Süden Kataloniens liegt auf der rechten Uferseite des Ebro das Städtchen Amposta. Weiß getünchte Häuserreihen geben der Stadt ihr charakteristisches Aussehen. Die Häuser sind nicht mehr neu, doch die fleißigen Frauen geben ihnen alljährlich durch einen weißen Anstrich ein freundliches Äußeres. In raschem Lauf strömen die gelben Fluten des Ebro dem Meer zu. Der Strom nimmt seinen Ursprung in den Quellen Fontire bei Santander in Nordspanien, durchströmt in unzähligen Krümmungen das Land in einer Länge von 928 Kilometer und ergießt sich in die blauen Fluten des »Mare Nostrum«. Der Ebro gab der iberischen Halbinsel ihren Namen. An seiner Mündung hat das Strombett eine Breite von 300 Metern. Zu beiden Seiten erstreckt sich das flache Land, bis sich in der Ferne seine Konturen verlieren. Hier und da wird die Eintönigkeit der Landschaft durch ein einzeln stehendes Bauerngehöft unterbrochen. Der Ebro ist die Quelle der Fruchtbarkeit. Seine zahllosen Kanäle durchziehen die Ebene und bewässern die Reispflanzungen. Um diese gesegnete Erde haben die Völker seit dem Altertum blutige Kriege geführt Die ibero-keltischen Urbewohner wurden von den Römern verdrängt. In dieser Gegend erlernte Hannibal von seinem Vater das Kriegshandwerk. Später drangen Westgoten und Vandalen aus dem Osten ins Land. Das milde Klima garantierte den Bewohnern ein gesichertes Leben. Auf wilde Kriegsperioden folgten Zeiten friedlichen Aufbaus. Parasitäre Krieger beherrschten die fleißigen Landleute. Dann kamen vom Südwesten die Mauren ins Land. Sie errichteten Paläste und legten schmucke Gärten an. Die Araber brachten auch das babylonische Bewässerungssystem aus dem Orient. Bis auf den heutigen Tag hat man nichts Besseres erfinden können. Die alten Wassertribunale der Levante sind immer noch in Kraft. Unter der Herrschaft der arabischen Eroberer kam das Land zu hoher kultureller Blüte. Die Bevölkerung lebte in Frieden und Wohlstand. Jeder hatte seine religiöse Freiheit. »Als die Mauren im Lande waren, habt ihr euch in Seide gekleidet. Dann kamen die Christen, und nun kleidet ihr euch in Lumpen«, rief ein andalusischer Dichter seinen Landsleuten zu. Der letzte arabische König von Granada beweinte wie eine Frau, was er nicht als Mann verteidigen konnte.[6] Die Periode der christlichen Könige dauerte bis in unsere Zeit. Der letzte Bourbonenkönig Alfonso XIII wurde 1931 vom Volke abgesetzt. Als die Republik proklamiert wurde, glaubte das spanische Volk an ein neues Zeitalter der Freiheit und sozialen Gerechtigkeit.

Doch die Bauern von Amposta bebauen ihre Reisfelder wie ihre Vorväter seit Jahrtausenden. Mit seinen 10.000 Einwohnern lebt das Städtchen nur von der Landwirtschaft. Amposta ist das Zentrum der Reisproduktion Spaniens. Die Revolution hat den ewigen Rhythmus der Arbeit nicht gestört, doch sie gab ihm neue Impulse. Die Reisernte war im ersten Revolutionsjahre mit 36.000 Tonnen gut. Nach der Revolution wurden die Reisfelder Kollektiveigentum. Damit ging ein alter Wunsch der Landbevölkerung in Erfüllung. Der Landarbeiter war nun kein Sklave mehr. Er war von den Frondiensten befreit. Die Arbeit wurde gemeinsam verrichtet, die Anbauflächen vergrößert. Vorher hatte sich der Kleinbauer mühselig abgerackert und kam nie auf einen grünen Zweig. Durch die gemeinsame Arbeit auf den Gemeindefeldern wurde sein Werk erleichtert. Die Kollektive fing mit vierzehn Traktoren, fünfzehn Dreschmaschinen und siebzig Pferden an. Mit Hilfe der regionalen Landarbeiterföderation gelang es, eine große Hühnerfarm anzulegen. Man schaffte sich Brutmaschinen an, die wöchentlich 2.000 Küken ausbrüteten. Man bemühte sich, dänische Zentrifugen für Herstellung von Butter zu erwerben.

[6] Souchy zitiert hier eine Geschichte, nach der sich der vertriebene maurische König Boabdil bei seiner Flucht aus Granada umgewandt haben soll, um weinend einen letzten Blick auf die Alhambra zu werfen. »Beweine nicht wie eine Frau, was du nicht wie ein Mann verteidigen konntest«, soll ihm seine Mutter daraufhin vorgeworfen haben.

Die Kollektive waren auf dem Prinzip der Freiwilligkeit aufgebaut. Zwang zum Eintritt bestand nicht. Wer mit seiner Familie individuell arbeiten wollte, erhielt vom Gemeinderat ein entsprechendes Stück Land zugeteilt. Der freiheitliche Kollektivismus ist kein Zwangssystem. Die in ihrer Mehrheit aus Anarchosyndikalisten bestehende Gemeindeverwaltung bemühte sich, nach der Niederschlagung des Faschismus vor allem das Schulwesen zu erneuern. Dass Wissen Macht ist, haben die Bauern dieses klassischen Kulturlandes längst erkannt, und nun wollten sie diese Devise in die Praxis umsetzen. Im alten Spanien gab es viele Kirchen und wenig Schulen. Jetzt sollten mehr Schulen errichtet werden, wenn nötig in leer stehenden Kirchen. Die vielen Analphabeten wurden als eine Schande für die Gemeinde betrachtet. Der Gemeinderat ergriff die Initiative für Errichtung von Abendschulen für Erwachsene. Auch eine Gewerbeschule und eine Stadtbibliothek wurden eröffnet und Vorträge über landwirtschaftliche Themen gehalten. Das alles hat es vorher nicht gegeben. Die Anarchisten zeigten, dass sie nicht nur gegen Tyrannen zu kämpfen verstehen, sondern auch dem Volke Fortschritt und Kultur zu bringen bemüht waren.

Unter ihrer Initiative wurde in einer leer stehenden Kirche eine Konsumgenossenschaft errichtet. Dort gab es die Konsumgüter zu billigeren Preisen als beim Händler. Die neue antifaschistische Gemeinde errichtete auch eine kommunale Alters- und Krankenversicherung. In einem neu eingerichteten städtischen Krankenhaus war die Behandlung kostenlos. Auf einem früheren Herrensitz außerhalb der Stadt wurde ein Sanatorium für Lungenkranke eingerichtet. Diese soziale Aufbauarbeit wurde besonders von der anarchistischen Jugend, der *Juventud Libertaria*, mit großem Enthusiasmus in Angriff genommen. Die Jugend war über die neue Zeit begeistert. Die Revolution hatte neue Kräfte ausgelöst. Jungen und Mädchen hatten noch keine Familiensorgen, die Dorfgemeinschaft war ihre Familie. Im Kampfe gegen den Faschismus setzten sie unerschrocken ihr Leben aufs Spiel. Beim Aufbau einer schöneren Zukunft gaben sie ihr Bestes. Dienst am Volke war ihre Parole. Die Freiheit ihr aufgehender Stern. Die Jugend machte die Bahn frei für die Entfaltung der Initiative zum Wohle der Gemeinschaft.

Sechzig Kilometer südlich von Barcelona liegt an der Küste des Mittelländischen Meeres Villanueva y Geltrú. Es ist eine Fischerstadt von 20.000 Einwohnern. Die Mehrzahl der werktätigen Bevölkerung gehörte den anarchosyndikalistischen Organisationen an. Nach dem 19. Juli hat ten die CNT und FAI im Gemeinderat die meisten Sitze. Doch die bürgerliche Linke, die Sozialisten, Kommunisten, POUM und Kleinpächter waren gleichfalls im Stadtrat vertreten.

Die Anarchosyndikalisten hatten als stärkste Gruppe das Recht, den Bürgermeister zu stellen. Doch sie verzichteten auf dieses Vorrecht. Ihrem Vorschlag entsprechend wurde das Amt des Bürgermeisters abgeschafft. Der Gemeinderat hatte wöchentlich einmal Sitzung. Jedesmal wurde ein anderer Vorsitzender gewählt. Die

Verwaltungsarbeit wurde in Sektionen aufgeteilt. Der Vorsitzende jeder Sektion erstattete auf den Sitzungen Bericht über seine Arbeiten, Vorschläge wurden unterbreitet, besprochen und Beschlüsse mit Stimmenmehrheit gefasst.

Dieses System funktionierte zu aller Zufriedenheit. Es war, wenn man den Ausdruck akzeptieren will, eine anarchistische Ordnung. Doch diese Anarchie bedeutete nicht Auflösung aller Ordnung. Die Stadt wurde ausgezeichnet verwaltet. Alle politischen Richtungen, selbst die bürgerlichen Parteien, akzeptierten das antiautoritäre Verwaltungsprinzip. Man wollte keinen wichtigtuenden Bürgermeister mit hohem Gehalt. Alle Parteien waren mit dieser anarchistischen Neuordnung zufrieden. Niemand maßte sich diktatorische Macht an. Jede Richtung hatte das Recht, sich zu entfalten. Der Stadtrat war ein demokratisches Ortsparlament, bei dem die Stimmenmehrheit den Ausschlag gab. Dieser Anarchismus war eine konsequent durchgeführte Demokratie. Freiwilligkeit wurde über Zwang, Zusammenarbeit über Autorität gestellt.

Im Kreise Villanueva y Geltrú gab es drei Landwirtschaftskollektive. Eine gründeten die Anarchisten, eine andere die Sozialisten und die dritte die Kleinpächter, ohne besondere sozialistische Ideologie. Alle drei Kollektive gründeten auf dem Prinzip der gemeinsamen Arbeit, der gegenseitigen Hilfe und der ökonomischen Gleichheit.

Die Landbevölkerung war von einem Geist der sozialen Erneuerung erfasst. In den ersten Tagen der Revolution ging es ohne Gewalt nicht ab. Bald aber schlug die revolutionäre Dynamik in begeisterte Arbeit zum Wohle der Gemeinschaft um. Es gab bewundernswerte Handlungen heroischer Aufopferung. Arbeiter, die vorher für wenige Centimes wochenlange Lohnkämpfe geführt hatten, verzichteten nunmehr auf die von der Regierung dekretierten Lohnerhöhungen. Die Betriebe gehörten ihnen, die Landkollektive waren ihr eigenes Werk. Jetzt ging es für sie um Höheres. Der Krieg gegen den Faschismus erforderte Opfer. Jeder war gewillt, diese Opfer freiwillig auf sich zu nehmen. Nicht selten kam es vor, dass die auf 40 oder mitunter sogar auf 36 Stunden festgesetzte Arbeitszeit freiwillig überschritten wurde, um die Frontkämpfer versorgen zu können. Nicht selten sah man Arbeiter an Sonntagen oder nach Feierabend an neuen Schulgebäuden oder Krankenhäusern für die Gemeinde freiwillig und ohne Anspruch auf Bezahlung arbeiten.

In Villanueva y Geltrú gab es eine Gummifabrik, die 1.500 Arbeiter beschäftigte. Pirelli, der italienische Besitzer, war geflüchtet und die Arbeiter führten die Produktion auf kollektivistischer Basis weiter. Sie hatten auf einer Belegschaftsversammlung beschlossen, die Arbeitszeit auf 40 Stunden in der Woche herabzusetzen. Doch als Gummireifen und andere Fabrikerzeugnisse an der Front gebraucht wurden, setzte man die Arbeitszeit freiwillig auf 48 Stunden herauf. Solange der Betrieb in Privatbesitz war, hätten sich die Arbeiter nie mit einer solchen Maßnahme freiwillig einverstanden erklärt. Da man aber nun keinen Herren mehr zu gehorchen brauchte, verrichtete man freiwillig Dienst an der Gemeinschaft. Freiheit ist der beste Erzieher.

KAPITEL 6

DER FREIHEITLICHE SOZIALISMUS IN ARAGÓN

In Freiheit zu leben war die Losung der Bauern von Aragón. Nach der Niederschlagung des Militäraufstandes in Barcelona durch die Arbeiter bildeten sich im republikanischen Spanien allerorts antifaschistische Milizen. Bereits eine Woche nach dem 19. Juli hatten sich drei anarchistische Milizkolonnen organisiert. Die Stärke einer Kolonne entsprach einer Division. Die Kolonnen der Konföderation drangen in Aragón bis Huesca vor. Die erste Kolonne wurde von dem bekannten Anarchisten Buenaventura Durruti geführt.[1]

Der Vormarsch der Kolonnen kam vor Huesca zum Stillstand. Aus der Revolution wurde ein Stellungskrieg. Die Barrikadenkämpfe in den Städten wurden durch den Frontenkrieg in den Schützengräben abgelöst. An die Stelle der improvisierten Handstreiche musste militärische Strategie gesetzt werden. Der Faschistenputsch fand im Bürgerkrieg seine Fortsetzung.

Wo die antifaschistischen Kolonnen vordrangen, gab es tiefe soziale Veränderungen. Aragón war seit jeher eine Hochburg des Anarchismus gewesen Für die aragonesische Landbevölkerung war die soziale Revolution eine Existenzfrage. Die Bauern schritten mit einer Art religiösem Eifer zur Proklamierung des *freiheitlichen Kommunismus*. Der Kollektivismus war in Aragón bereits in der Vergangenheit bekannt.

Die sozialen Veränderungen nach dem 19. Juli charakterisierten sich durch ihre Mannigfaltigkeit. Es gab keine Befehle von oben, alles erfolgte durch direktes Eingreifen der Bauern. Vierhundertfünfzig Dörfer führten eine neue soziale Gesellschafts- und Wirtschaftsordnung ein. Mehr als eine halbe Million Bauern veränderten freiwillig ihre Eigentumsverhältnisse, ihre Arbeitsweise und das soziale Regime.

Das neue System war nicht einheitlich. Niemand wurde gezwungen, in ein Kollektiv einzutreten. Es gab die verschiedensten Formen von Kollektiven: Von loser Zusammenarbeit selbstständiger Bauern bis zur vollkommenen Gütergemeinschaft. Jedes Dorf organisierte sich auf seine Art und jeder einzelne kam dabei auf seine Kosten. Vielfach bildeten die Nachbarn Arbeitsgruppen von fünf oder zehn Personen und zogen am Morgen gemeinsam zur Feldarbeit aus. Sie wählten ihren Arbeitsleiter

[1] Vgl. *Die Offensive von Durruti und García Oliver*. In: Abel Paz: *Durruti*. Ed. Nautilus 1993, S. 457ff.

und Delegierten. Die Landarbeiter waren gewerkschaftlich organisiert. Jeder kam einmal an die Reihe, Delegierter zu sein.

Das Kollektiv verteilte das Land an die Arbeitsgruppen. Jedes Mitglied erhielt ein Produzentenbuch. Darin wurden die Arbeitsleistung sowie die Arbeitsgeräte und das Arbeitsvieh, das jeder Kollektivist beigebracht hatte, eingetragen. In der Regel fanden allgemeine Dorfversammlungen statt, wo die Bauern beschlossen ein Kollektiv zu gründen. Grund und Boden wurde als Gemeindeeigentum erklärt. Die Feldfrüchte wurden in das Gemeindehaus gebracht. Die Dorfversammlung war souverän. Sie beschloss, was im Dorf bleiben und was zum Austausch bestimmt und versandt werden sollte. Alle Arbeiten wurden als gleichwertig erklärt. Was der Boden durch die Arbeit der Bauern hervorbrachte, sollte unter alle gleichmäßig verteilt werden. Die allgemeine Richtlinie war: Jeder nach seinen Fähigkeiten, jedem nach seinen Bedürfnissen.

Die Kollektive bildeten Kreis- oder Kantonalverbände. Die Kantonalföderation war ein Wirtschaftszentrum, in das die Austauschprodukte des ganzen Kreises gebracht wurden. Alle Kantonalföderationen zusammen waren in der Regionalföderation oder dem Gauverband zusammengeschlossen. Es gab einen Obersten Wirtschaftsrat für die ganze Region. Der normale Austausch für die meisten Güter wurde von Kollektiv zu Kollektiv und von einer Kreisföderation zur andern vollzogen. Nur die zentralen Angelegenheiten wurden vom Obersten Wirtschaftsrat geregelt. Der Güteraustausch sollte nicht unnötigerweise kompliziert werden. Die aragonesischen Bauern waren Gegner der staatlichen Zwangswirtschaft. Die einzelnen Dörfer wollten wirtschaftlich unabhängig sein und ihre Produkte selbstständig untereinander austauschen. Aragonesische Dörfer tauschten ihr Getreide mit dem Reis der Dörfer aus der Provinz Taragona. Anfangs war man Gegner der Planwirtschaft. Später beschloss ein Kongress der Kollektive, dem aragonesischen Wirtschaftsrat Vollmachten zu erteilen und gewisse allgemeine Regelungen für die ganze Region zu treffen.

Der Oberste Wirtschaftsrat von Aragón regelte das Verkehrswesen, ordnete den Ausbau der Landstraßen und Verkehrswege, übernahm die Anlage von Telefonen usw. Die Kollektive aus dem Kreise Barbastro haben die vor Saragossa kämpfenden Kolonnen der Milizionäre neun Monate hindurch mit ihren Landerzeugnissen ernährt. Schließlich hatten sie selbst nichts mehr für ihren eigenen Bedarf. Erst dann wandten sie sich an die Regierung um Hilfe.

Initiatoren der Kollektivierungen waren die Syndikalisten. Die sozialistischen Gewerkschaften waren in der Minderheit. Doch auch sie machten die Kollektivierungen mit. Sieben Monate nach dem 19. Juli forderte ein Kongress der freien Dorfgemeinschaften von der republikanischen Regierung gesetzliche Anerkennung der Expropriierung. Die Kollektive als solche bedurften keiner gesetzlichen Anerkennung; sie beruhten auf freiwilliger Zusammenarbeit der Bauern. Sie brauchten nicht gesetzlich sanktioniert zu werden. Der Kollektivismus war keine Sache der Gesetzgebung. Er beruhte auf freier Vereinbarung.

Die Sozialisten machten in vielen Dörfern die Kollektivierungen der Syndikalisten mit. Der Parteivorstand der sozialistischen Arbeiterpartei Spaniens wich jedoch einer klaren Stellungnahme zu den Kollektiven aus. Die Partei duldete die Kollektivierungen, propagierte sie jedoch nicht. Die Kommunisten waren am Kollektivierungsprozess nicht beteiligt. Sie hatten keine Weisungen aus Moskau erhalten. Als später die Moskauer Parolen eingetroffen waren, bekämpften sie den Kollektivismus. Während also die Bolschewisten in der UdSSR den Kollektivismus zwangsweise durchführten, bekämpften die spanischen Kommunisten die freiheitlichen Kollektive der Anarchisten.

Stalin hatte Largo Caballero von revolutionären Veränderungen abgeraten. Das Agrarprogramm der kommunistischen Partei Spaniens stand in krassem Widerspruch zur Zwangskollektivierung in der Sowjetunion. Die Hauptursache dieses Widerspruches lag darin, dass die kommunistische Partei Spaniens unter den Arbeitern und Bauern nur wenig Anhang hatte. Sie setzte sich hauptsächlich aus Intellektuellen, Offizieren und dem Kleinbürgertum zusammen. Diese Gesellschaftsklassen aber waren Gegner der Kollektivierung. Ein Jahr nach dem 19. Juli stellte die kommunistische Partei ein Agrarprogramm auf, das den Privatbesitz an Grund und Boden anerkannte. Die Kollektivierung wurde darin abgelehnt und die Bildung von landwirtschaftlichen Produktionsgenossenschaften propagiert. Die Kommunisten hatten gehofft, durch eine solche Politik das Kleinbürgertum und die mittleren Landbesitzer für sich zu gewinnen.

Nach einem spanischen Sprichwort soll es Wälder ohne Bäume und Flüsse ohne Wasser geben. Der Aphorismus ist nicht übertrieben, wenn man ihn auf gewisse Teile der spanischen Landschaft anwendet. Man trifft in Aragón meilenweit auf keinen Baum und keinen Bach. Bauerngehöfte ohne Gemüsegärten und ohne Hausvieh, ganze Dörfer ohne Wasser sind keine Seltenheit. Wasserverkäufer bringen die kostbare Flüssigkeit von den Bergen herab ins Dorf.

Mitten in einem weiten Steppenlande liegt ein fruchtbares Tal mit dem Städtchen Alcañiz als Mittelpunkt. Hier wohnen 8.000 Landarbeiter und Kleinbauern. Unter der Bevölkerung waren seit Jahren die antiautoritären Ideen bekannt. Land und Freiheit waren die beiden großen Wünsche der Landarbeiter, in Übereinstimmung mit der Lehre, nach welcher das Land dem gehören soll, der es bebaut. Als nach dem 19. Juli die Reaktion besiegt war, begnügte man sich nicht mit politischen Reformen. Nun sollte endlich der *Comunismo Libertario*, der freiheitliche Kommunismus, eingeführt werden. Das Eigenschaftswort *freiheitlich* ist von großer Bedeutung. Wer nicht in ein Kollektiv eintreten wollte, konnte draußen bleiben – er wurde aber auch nicht in die Gewerkschaft aufgenommen. Er war ein Außenseiter, ein *Individualist*. Später fanden sich die Individualisten zusammen und bildeten eine sozialistische Gewerkschaft der UGT. Die Kollektivisten gehörten der anarchosyndikalistischen CNT an.

Dreiviertel der Bevölkerung bekannte sich zum Syndikalismus und schloss sich dem örtlichen Kollektiv an, das unter Einschluss der Familienmitglieder über 6.000

Mitglieder zählte. Produktion und Konsum wurden in Übereinstimmung mit den freiheitlich sozialistischen Prinzipien geregelt. Wie fast überall, so ging auch hier die Jugend voran.

Alcañiz war ein Schulbeispiel dafür, dass die privatkapitalistischen Unternehmungen einerseits und sozialistische oder kollektivistische Unternehmungen andererseits nebeneinander bestehen können. Die Individualisten oder Anhänger der privatkapitalistischen Wirtschaft gingen Ihren Geschäften nach wie bisher. Unter ihnen gab es Bauern, Kleingewerbetreibende und Kaufleute. Meist hatten sie keine Arbeiter oder Angestellte; sie arbeiteten mit ihren Söhnen und Töchtern. Daneben aber war die große Kollektivwirtschaft entstanden. Ihr gehörte das Wasser- und das Elektrizitätswerk, sie organisierte gemeinsam die Feldarbeiten (wo in Gruppen und mit Maschinen gearbeitet wurde), errichtete eine Gemeindeschlächterei und Bäckerei, mahlte den Weizen in der kollektivistischen Mühle und stellte alle Lebensmittel und Gebrauchsartikel her, für die im Orte Rohmaterial vorhanden waren. Das gemeinsame Lagerhaus wurde in der Kirche eingerichtet, da kein anderes geeignetes Lokal im Orte vorhanden war. Da war alles in besonderen Abteilungen geordnet, wie in einer modernen Markthalle. In der ehemaligen Sakristei war eine Keksfabrik eingerichtet worden. Der Krieg führte zur Verknappung der Lebensmittel. Brot und Teigwaren wurden rationiert. Das Kollektiv hatte aus eigener Ernte 36 Tonnen Olivenöl gewonnen. Ein Teil davon wurde am Orte selbst konsumiert. Der Überschuss diente als Austausch.

Einen großen Fortschritt brachte das Kollektiv im Schulwesen. Vorher war der Schulbesuch ein Privilegium für die Kinder der Wohlhabenden. Das wurde nun anders. Jedes Kind des Ortes hatte die Möglichkeit, die Schule zu besuchen.

Die Kollektivisten hielten an der spanischen Sitte des Kaffeehausbesuches fest. Es wurde ein kollektivistisches Kaffeehaus errichtet. Lebensmittel und Kleidung erhielt jeder gratis. Außerdem gab es pro Mann fünf Peseten wöchentlich für Kino- und Kaffeehausbesuch, Rauchwaren und andere »kleine Laster«. Kleine Portionen von Tabak gelangten gratis zur Verteilung. Die Kollektivisten hatten ein arbeitsames Leben. Aber die Individualisten waren auch nicht besser daran. Dazu hatten sie noch die Sorgen um den morgigen Tag, von denen die Kollektivisten befreit waren. Das Kollektiv sorgte wie eine große Familie für alle ihre Mitglieder.

»Wie ist das zu verstehen? Auch Anarchisten errichten also Konzentrationslager? Wo bleiben denn da ihre Freiheitsprinzipien? Ohne Gewaltanwendung geht's eben nicht in der menschlichen Gesellschaft. So lange die Menschen so sind wie heute, d. h. keine Engel, ist der Zwang unerläßlich, die Menschen müssen an der Kandare gehalten werden.« In dieser Weise sprach mein Begleiter zu mir auf dem Wege zum Konzentrationslager der FAI, der anarchistischen iberischen Föderation. Das Lager befindet sich zwischen Alcañiz und Teruel. In der nahen Stadt Teruel haben die Faschisten gesiegt. Von Teruel aus organisierten die Anhänger Francos in der republikanischen Zone Sabotageakte. Die antifaschistischen Milizionäre wurden im Rücken angegriffen. Da blieb den Anarchisten nichts anderes übrig, als die Faschisten festzusetzen. Die meisten Häftlinge des Lagers sind Kriegsgefangene. Man kann sie nicht frei lassen, solange der Krieg dauert. Sie haben mit der Waffe in der Hand gegen die Republik gekämpft.

Das Lager liegt in einer öden Steppe. Nicht weit davon erheben sich die Anhöhen von Teruel. Die Lagerinsassen leben in Baracken, die sie selbst gemeinsam mit ihren Wächtern erbaut haben. Es gibt keinen Stacheldraht, keine Mauern, keine Einzäunungen. Die Internierten können sich frei bewegen. Die Wächter leben unter den gleichen Bedingungen, essen die gleiche Kost und schlafen auf Pritschen wie die Gefangenen. Man duzt sich gegenseitig und verkehrt miteinander auf genossenschaftlichem Fuße. Vor einer der Baracken sitzt ein junger Mann. Da die Wächter weder Uniformen noch Abzeichen tragen und auch keine Waffen bei ihnen sichtbar sind, weiß man nicht, ob man es mit einem Aufseher oder einem Gefangenen zu tun hat.

»Ich bin Gefangener«, sagte der junge Bursche. »Mein Name ist Benedicto Vallés. Ich gehörte zur katholischen Aktion, zur Partei Gil Robles.«

»Wie lange bist du interniert?«

»Drei Monate. Heute ging ich nicht zur Arbeit, ich fühle mich nicht recht gesund.«

»Erlaubt man dir, Besuche zu empfangen?«

»Selbstverständlich. Meine Braut kommt mich alle Sonntage besuchen.«

»Findet der Besuch unter Aufsicht statt?« Benedicto Vallés sah mich verwundert an. Er schien meine Frage nicht verstanden zu haben. Ich wurde deutlicher:

»Ich meine«, sagte ich, »ob die Besuchszeit beschränkt ist und die Wächter die Unterhaltung abhören?«

»So etwas gibt es hier nicht. Meine Braut kommt des Sonntags morgens. Dann gehen wir hinaus in die Felder.«

»Ohne Bewachung?»

»Selbstverständlich. Wenn die Braut kommt, will man doch mit ihr allein sein.«

»Dass man das will, daran zweifle ich nicht. Aber darf man es auch?«

»Niemand hindert uns daran.«

Vor mir stiegen die Schreckensszenen in den Konzentrationslagern der Nazis in Deutschland und der Bolschewisten in der UdSSR auf. Im Vergleich zu ihnen ist das Konzentrationslager der FAI ein Idealzustand. Zu essen hat es bisher im Lager genügend gegeben. Die Gefangenen hatten keinen Grund zu klagen. Es gab Schweine, Hühner und Kaninchenställe, die von den Gefangenen und den Wächtern gemeinsam betreut wurden. Fleisch war vorhanden. Man litt aber, wie in vielen Dörfern der Gegend, an Wassermangel. Das Trinkwasser wurde in einem Zisternenwagen herbeigeschafft.

Das Lager wurde an diesem Ort eingerichtet, weil man hier Bewässerungsanlagen in Gang gesetzt hat. 180 Internierte und 125 freie Arbeiter des Kollektivs aus

Alcañiz sind mit diesen Arbeiten beschäftigt. Es werden Kanäle angelegt, durch die das Wasser aus einer Talsperre geleitet werden soll. Die Arbeitszeit beträgt für Freie und Internierte neun Stunden täglich. Da Alcañiz zu weit entfernt ist, bleiben auch die freien Arbeiter die Woche über im Lager. Nur am Sonntag fahren sie zu ihren Familien.

Das Bewässerungsprojekt wurde von einem jungen FAI-Kollektivisten ausgearbeitet. Er hatte gleich in den ersten Tagen nach Sieg über die Faschisten seinen Plan der Kollektivistenversammlung vorgelegt. Das Projekt wurde angenommen. Alle ledigen Kollektivisten beteiligten sich an dem Werk. Ingenieure waren nicht vorhanden. Doch es gab einige junge Arbeiter, die in Barcelona etwas Physik und Mathematik gelernt hatten. Nun machten sie von ihren Kenntnissen nützlichen Gebrauch. Sie besorgten sich Bücher, ließen einen Techniker aus Barcelona kommen und die Arbeiten begannen. Das Wasser wird aus dem Flusse Guadalupe hergeleitet. Einige Felder sind bereits berieselt worden. Sie werden mit Kartoffeln bebaut. Die internierten Faschisten nehmen an dieser Aufbauarbeit teil. »Ich muss meine Ansicht über die Anarchisten revidieren«, sagte mein Begleiter nachdenklich auf dem Rückweg.

In Calanda war die freiheitliche Jugend die Seele der Revolution. Die örtliche Revolution hat das gesamte Leben der Einwohner von Grund auf verändert. Alle Neuerungen, die nach dem 19. Juli eingeführt wurden, sind der Jugend zu verdanken. Als wir uns dem Dorfplatz näherten, hörten wir das Revolutionslied des 19. Juli. Den Refrain »Auf die Barrikaden! Auf die Barrikaden! Alles für den Sieg unserer Konföderation!«, konnte man in ganz Spanien hören.

In Calanda hatte die freiheitliche Jugend auch einige Schallplatten mit der alten spanischen Anarchistenhymne *Hijo del Pueblo* (Sohn des Volkes), die an die heroischen Kämpfe des vorigen Jahrhunderts erinnerte. Die Jugend von Calanda hatte am Dorfplatz einen stattlichen Granitbrunnen erbaut. Sein Überbau ragte als Denkmal der Freiheit hoch empor. In den Steinsockel waren die Initialen *FAI-CNT* und *JJLL* eingraviert. Der Brunnen war der Stolz der Bevölkerung. Er entstand aus dem gleichen Geiste dei Verbundenheit, aus dem die Katalanen viele Jahrhunderte früher ihre gotischen Kirchen erbaut hatten. Er hat keinen Architekten zum Schöpfer. Die Bauhandwerker hatten ihn aus eigenem Antrieb nach dem Entwurf eines jugendlichen Anarchisten hergestellt.

Von den 4.500 Einwohnern des Ortes gehörten 3.500 der anarchosyndikalistischen Organisation an. Sie haben gleich nach der Bewegung – wie sie sich ausdrücken und womit sie den 19. Juli und die darauf folgenden Tage meinen – die alte Gesellschaftsordnung beseitigt und durch den Kollektivismus ersetzt. Das Geld wurde natürlich auch abgeschafft und alles nach sozialistischen Grundsätzen geordnet. Vor der *Bewegung* gab es nur Anarchisten im Orte. Nachher aber begünstigten die Anarchisten selbst die Bildung von sozialistischen und republikanischen Gruppen. Jeder sollte zu seiner Freiheit und zu seinem Recht kommen. Nur die Faschisten nicht, die sich gegen die Republik erhoben hatten. Für sie gab es keine Freiheit, denn sie wollten das Volk unterdrücken.

Zwischen den Kollektivisten und den Individualisten herrschte gutes Einvernehmen. Der Ort hatte zwei Kaffeehäuser. Eines davon gehörte den Kollektivisten. Dort nahmen die Mitglieder des Kollektivs ihren Kaffee unentgeltlich ein. Im anderen Kaffeehaus mussten die Individualisten ihren Kaffee bezahlen.

Die Hauptproduktion des Ortes war das Olivenöl. Im vergangenen Jahre hatte man eine Ausbeute von 1.750 Tonnen Olivenöl. Man baute auch Kartoffeln, Weizen und Wein an und züchtete Obst. Die syndikalistische Verwaltung war sparsam. Die Überschüsse aus dem Kollektiv wurden an die Gemeinde abgeführt. Zur Zeit meiner Reise waren 23.000 Peseten in der Gemeindekasse. Das Kollektiv führte das Werk der sozialen Umgestaltung mit großem Ernst durch. Immer mehr Individualisten traten in das Kollektiv ein.

Die Lebenshaltung der Bevölkerung hatte sich nach der Kollektivierung gehoben. Die Landarbeiter hatten vorher nicht einmal die Mittel, um sich einmal wöchentlich rasieren zu lassen. Das Kollektiv hatte eine Rasierstube mit Haarschneidesalon eröffnet. Da konnte jeder Kollektivist sich zweimal wöchentlich gratis rasieren lassen. Pro Person wurden wöchentlich fünf Liter Wein verteilt. Täglich wurden vierzig Personen mit Kleidungsstücken verschiedener Art versehen. Jeder erhielt, was er brauchte. Arzt und Medizin waren gratis. Auch Briefporto wurde vom Kollektiv bezahlt.

Der Stolz des Kollektivs war die neue Ferrerschule im ehemaligen Klostergebäude des Ortes. Vorher gab es nur acht Lehrer am Orte. Nur die Kinder der Wohlhabenden konnten zur Schule gehen. Nach dem 19. Juli wurde das anders. Das Kollektiv sah in der Reorganisation des Schulwesens eine ihrer wichtigsten Aufgaben. Von der Lehrergewerkschaft aus Barcelona wurden zehn Lehrer angefordert. Schulmaterial wurde angeschafft, Bänke und Stühle von den Kollektivisten selbst freiwillig und kostenlos hergestellt. Nun konnten alle 1.233 Kinder des Ortes die Schule besuchen. In kurzer Zeit wurde der Analphabetismus überwunden. Kinder, deren Väter als Milizionäre an der Front gegen den Faschismus kämpften, bekamen in der Schule gratis Essen. Begabte Kinder wurden auf Kosten der Gemeinde ins Gymnasium nach der Provinzialhauptstadt Caspe geschickt.

Der syndikalistische Gemeinderat beschloss, dass nunmehr keine Mieten mehr bezahlt werden brauchen. Die Häuser wurden von der Gemeinde verwaltet und Reparaturen auf Kosten der Gemeinde, d.h. des Kollektivs, vorgenommen. Wasser und elektrisches Licht waren für die gesamte Bevölkerung gratis, auch für die Individualisten. Die Kollektivisten wollten den Egoismus der kapitalistischen Gesellschaftsordnung durch den Altruismus der neuen sozialen Ordnung verdrängen. Die außerhalb des Kollektivs stehenden Kleinbürger profitierten gleichfalls durch die Neuordnung. Sie hatten für das neue Experiment große Sympathien.

Die Feldarbeiten wurden gemeinschaftlich organisiert. In Zehnergruppen zogen die Kollektivisten jeden Morgen gemeinsam zur Arbeit aus. Alle betrachteten sich als Mitglieder einer großen Familie, der *Colectividad*. Die Milizionäre sandten ihre Ersparnisse von der Front nicht an ihre eigenen Familienangehörigen, sondern an das Kollektiv. Diese war die große Gemeinschaftsfamilie, die für alle sorgte.

Von den 4.000 Einwohnern des Ortes Alcoriza, traten 3.700 freiwillig dem anarchosyndikalistischen Kollektiv bei. Die Seele des Kollektivismus am Orte war der junge Rechtsanwalt Jaime Dandén. Er kam vom Liberalismus zum Anarchismus. Seinen Familienbesitz stellte er dem Kollektiv zur Verfügung. Unter seiner Initiative wurde die Wirtschaft des Ortes kollektiviert. »Advokaten braucht man in der neuen Ordnung nicht mehr«, sagte Jaime Dandén und widmete sich daher dem Lehrerberuf. Die neue Gemeinde wurde auf freiheitlich kommunistischer Basis auf gebaut. Wein und Gemüse wurden gratis verteilt. Jeder erhielt davon, wieviel er wollte. Da Fleisch knapp war, gab es 150 Gramm täglich pro Person. Als man den Kommunismus einführte, verteilte man an jeden Kollektivisten ein Schwein und zwei Hühner. Damit hatten sie etwas für den eigenen Haushalt. Die Kaninchenzucht war frei.

Das Geld war abgeschafft worden. Der Handel mit der Außenwelt lag in den Händen des kollektivistischen Wirtschaftsrates. Der Rat hatte eine Wurstfabrik errichtet, in der täglich 500 Kilogramm Wurstwaren hergestellt wurden. Die Würste gingen an die Front für die Milizionäre. Auch eine kleine Schuhfabrik und eine kollektivistische Schneiderei wurde eröffnet. Täglich wurden 50 Paar Lederschuhe und 100 Paar Zeugschuhe hergestellt. Auch davon ging ein großer Teil an die Front für die antifaschistischen Kämpfer. Bekleidungsstücke waren für alle vorhanden. Der kollektivistische Wirtschaftsrat hatte aus dem Erlös der verkauften Wurstwaren von den kollektivistischen Textilfabriken in Katalonien Stoffe gekauft. Die Kollektivschneiderei verfertigte gratis für die Männer Anzüge und für die Frauen Kleider. Niemand erhielt Lohn, doch niemand brauchte etwas kaufen. Alles, was die Kollektivisten benötigten, erhielten sie vom Kollektiv gratis.

»Sagt mal, Genossen! Wenn da jeder einfach hingeht und sich holt, was er braucht, ohne etwas dafür bezahlen zu müssen, kommt es da nicht zu Übertreibungen? Gibt es nicht welche, die diese Situation ausnützen?«

»Hier kennt einer den anderen. Wir wissen sehr gut, wer etwas nötig hat und wer nichts braucht. Bis jetzt haben wir noch keinen Fall von habsüchtigem Egoismus gehabt. Wer darauf ausginge, das Kollektiv zu betrügen, wäre in der Gemeinschaft unmöglich. Man würde mit dem Finger auf ihn zeigen. Für jeden erscheint es eine Ehrensache, in uneigennütziger Weise am gemeinsamen Werke mitzuarbeiten. Jeder bekommt, was er braucht, solange etwas da ist. Vertrauen wird gegen Vertrauen gesetzt. Außerdem wird niemand gezwungen, dem Kollektiv beizutreten. Unser Kommunismus beruht auf dem Prinzip der Freiheit. Wir zwingen keinem das neue System auf. Jeder kann unsere Handlungen in aller Öffentlichkeit kritisieren.«

An diesem Orte geht alles friedlich zu. Jeder gibt nach seinen Kräften und empfängt nach seinen Bedürfnissen. Die Kommune Alcoriz stellt unter Beweis, dass der anarchistische Kommunismus kropotkinscher Art möglich ist. Aber es gab einen Streit mit dem Nachbarorte Albalate del Luchador. Dort befand sich das Elektrizitätswerk, von welchem Alcoriz seinen Strom bezog. Das Werk war von den Arbeitern kollektiviert worden, und zwar von beiden Gewerkschaften, der anarchistischen CNT und der sozialistischen UGT. Die Elektrizitätskollektive forderte den gleichen Preis für den Strom wie vor der Revolution. Das war nach der Auffassung der Alcorizer Kommune eine kapitalistische Forderung. Die Alcorizer waren bereit, ihren Teil für die Unkosten der Stromerzeugung beizutragen, aber nicht mehr. Der Streit ging weiter.

Die Bauarbeiter hatten ein neues Haus der Konföderation der Arbeit erbaut. Da gab es Platz für die Verwaltungsbüros des Kollektivs. Die freiheitliche Jugend hatte eine Industrieausstellung im neuen Volkshaus organisiert. Da konnte man alles sehen, was die freie Kommune geschaffen hatte und was man in den Gemeinschaftsbetrieben herstellt.

Ein Wirtshaus gab es nicht. Fremde wurden im neuen Volkshaus untergebracht, wo einige Zimmer zu diesem Zweck eingerichtet wurden. Zu essen erhalten die Durchreisenden in der Gemeinschaftsküche. In der Kirche hat man ein Kino eingerichtet. Dreimal wöchentlich gibt es gratis Kinovorstellungen. Wo früher Psalmen gesungen wurden, hört man jetzt revolutionäre Volkslieder. Früher predigte der Dorfpfarrer vom Jenseits und dem Glauben an Gott. Heute spricht der ehemalige Rechtsanwalt Jaime Dandén vom Diesseits und dem Glauben an die Menschheit, und auch vom Himmel auf Erden. Die Richtung hat sich geändert, das Gefühl ist geblieben. Alcoriz hat das Christentum verwirklicht. Tolstoj würde sich glücklich fühlen in dieser Gemeinde der Arbeit, des Friedens und des irdischen Glücks.

»Kann man ohne Privateigentum leben?«. »Ja«, antworten die Kleinbürger in Mas de la Mata. In diesem Orte gab es einen Weber. Er besaß einige Webstühle primitiver Art und beschäftigte 15 Mädchen. Er lebte nicht schlecht, hatte aber, wie alle selbstständigen Handwerker, seine Sorgen.

Da kam der Faschistenputsch und die aktive Abwehr des Volkes gegen die Feinde der Demokratie. Das Volk siegte. Von den 2.300 Kleinbauern, Landarbeitern, Handwerkern und wenigen Industriearbeitern war der aktive Teil anarchistisch gesinnt. Die Landarbeiter gehörten der CNT an. Überall wo die konföderalen Kolonnen aus Katalonien nach Aragón vordrangen, konnten die freiheitlichen Landarbeiter ihr Ideal, den freiheitlichen Kommunismus oder Kollektivismus einführen. So geschah es auch in Mas de la Mata.

Der alte Webermeister sieht von der Bank vor seinem Hause träumerisch in die sinkende Sonne. Die Arbeiterinnen waren nach Hause gegangen, die Webstühle hatten zu klappern aufgehört. Er denkt an die jüngsten Ereignisse. Seine Weberei war dem Kollektiv einverleibt worden. Geld gibt es nicht mehr im Orte. Doch jeder erhält, was er benötigt. Mit Einführung des Kollektivs wurde auch das Lohnsystem abgeschafft. Der Webermeister braucht seinen Arbeiterinnen keinen Lohn zu zahlen, das besorgt das Kollektiv. Doch auch er hat nicht mehr sein früheres Einkommen. Seine Kattunstoffe werden ihm nicht mehr bezahlt.

»Was halten Sie von dem neuen System der Kollektivierung?«

»Ich gehöre nicht zu den Organisatoren des neuen Systems. Wenn ich die Wahrheit sagen soll, so muss ich erklären, dass ich in die allgemeine Strömung mit hineingezogen wurde. Man gewöhnt sich eben an die neue Situation. Auf meinen Gewinn muss ich verzichten. Aber groß waren meine Einkünfte früher auch nicht. Jetzt habe ich keine Wirtschaftssorgen. Das Kollektiv hat sie mir abgenommen. Und die Leute sind rührig, das muss man ihnen lassen. Was ich zum Leben benötige, erhalte ich vom Kollektiv. Mein Sohn geht auf Kosten des Kollektivs ins Gymnasium in Caspe. Weiter habe ich es unter dem kapitalistischen System auch nicht gebracht.«

Wie dieser Webermeister, so haben sich auch die meisten Kleingewerbetreibenden mit der neuen Lage der Dinge abgefunden. Es gibt am Orte 300 Individualisten. Sie arbeiten weiter für sich und sind dem Kollektiv nicht angeschlossen. Der Webermeister aber trat ihr aus eigenem Antrieb bei. Die selbstständigen Gewerbetreibenden haben das Recht, ihre Produkte außerhalb des Ortes zu verkaufen. Doch das lohnt sich für sie nicht. Sie verkaufen ihre Erzeugnisse dem Kollektiv. Dort haben sie ein laufendes Konto. Jedes Monatsende wird abgerechnet. Was sie an Lebensmitteln und Gebrauchsartikel den Monat hindurch gekauft haben, wird in Abzug gebracht. Das Plus wird ihnen in Bargeld ausgezahlt. Alles geht ehrlich zu wie in irgendeinem anderen Wirtschaftsunternehmen.

»Seitdem die Anarchisten an der Macht sind«, erklärte mir ein Handwerker des Ortes – ein Individualist – »ist das Ortsgefängnis leer. Die Zivilgarde ist nicht mehr da. Es gibt keine bewaffnete Ordnungsmacht und doch geht alles recht ordentlich zu. Jeder hat, was er benötigt. Die Freiheit wird uns nicht beschränkt. Meiner Meinung nach ist diese neue Ordnung besser als die alte war. Ich bin kein Politiker. Ich arbeite heute als selbstständiger Handwerksmeister wie früher. Mein Kleinbetrieb und mein kleines Eigentum wurden mir belassen. Die öffentliche Sicherheit ist heute größer als früher.«

Dieser Handwerksmeister war Individualist, er gehörte zur alten Ordnung. Der Kollektivismus war die Ordnung der Jugend und der Zukunft.

Am Río Martin, einem Nebenfluss des Ebro in der Nähe von Teruel, liegt der kleine Ort Oliete. Hier gab es niemals »wenige Reiche und viele Arme«. Daher war eigentlich kein Grund zur Expropriierung und zur sozialen Revolution vorhanden. Jeder hatte sein Stück Land oder seine Werkstatt. Industrieproletarier waren nicht vorhanden.

Es gab auch keinen Fortschritt. Die Produktionsmethoden waren primitiv, die Arbeit schwer, die Arbeitszeit lang und die Einkünfte langten gerade fürs nackte Leben. Reichtümer konnte keiner ansammeln, und selbst größere Rücklagen waren nicht möglich. Auch hier zog der Geist der neuen Zeit ein. Zahlreiche junge Leute waren vorher in Barcelona gewesen, andere sogar im Ausland und waren dann wieder in die Heimat zurückgekehrt. In der Fremde hörten sie von den neuen Ideen. In Barcelona hatten sie sich der freiheitlichen Arbeiterbewegung angeschlossen. Sie lernten die Ideologie des Anarchismus und die Kampfmethoden des Syndikalismus kennen. Sie glaubten, dass die Durchführung der freiheitlichen Ideale auch für ihren Ort einen neuen Aufschwung im Wirtschaftsleben bringen würde und neue geistige und kulturelle Horizonte eröffnen werde.

Als Mitte Juli 1936 bekannt wurde, dass der *Afrikaner*, wie man Franco hier nannte, seinen Putsch inszeniert hatte, kam Leben in den Ort. Die Einwohner versammelten sich auf dem Dorfplatz und diskutierten aufgeregt über die politischen Ereignisse. Junge Leute sprachen zum Volke. »Das Leben, das wir bis jetzt nach altem Brauch der Väter geführt haben, war arbeitsam und mühselig. Nur selten kam einer von uns zu Wohlstand. Das hat seinen Grund darin, dass jeder nur für sich arbeitet. Damit kommt man nicht weiter im Zeitalter der modernen Technik. Wir müssen die Methoden der modernen Arbeitsgemeinschaft, den Kollektivismus und die Kooperation einführen, wie sie bereits in vielen anderen Orten unseres Landes und auch im Ausland praktiziert werden. Allein bleiben wir schwäch und arm. Gemeinsam werden wir stark und wohlhabend.« Das fand Anklang. Zu enteignen gab es nichts. Großkapitalisten und Großgrundbesitzer waren im Orte nicht vorhanden. Doch das schließt die Bildung eines Kollektivs nicht aus. Jeder erbot sich, sein eigenes Land, seine Ackergeräte, sein Vieh oder auch seine Werkstatteinrichtung – wenn er selbstständiger Handwerker war – dem Kollektiv zu überlassen. Das alles würde dann gemeinsames Eigentum sein, jedes Mitglied hat dabei natürlich Mitbestimmungsrecht, und da alle von dem gleichen Wunsche der Zusammenarbeit beseelt sind, würden auch alle zum Wohle der Gemeinschaft ihr Teil beitragen. Und das wird jedem Einzelnen zu Nutzen gereichen.

Wie gesagt, so getan. Oliete wurde eine freiheitliche Wirtschaftskommune. »Ich glaube, wir haben das Richtige getroffen«, sagte mir der Vater eines der tätigsten Kollektivisten. »Was in der kurzen Zeit durch die Gemeinschaftsarbeit alles geschaffen wurde, hätten wir nach der alten Weise nie zu Stande gebracht. Zu essen haben wir genügend. Das Kollektiv verteilt alles gleichmäßig und gerecht an Alle. Wein gibt es einen Liter täglich pro Person. Nur Milch ist wenig vorhanden. Man bekommt sie nur auf ärztliche Verordnung. Die Milizionäre haben bereits 5.000 Peseten an das Kollektiv gesandt. Das Kollektiv sorgt in vorbildlicher Weise für die Familienangehörigen der Frontkämpfer.«

Der Stolz des Kollektivs war die neue Kohlengrube. Man hatte in der Nähe des Ortes ein kleines Kohlenvorkommen entdeckt. Ein junger Anarchist hatte während der Diktaturperiode als politisch Verfolgter ins Ausland flüchten müssen. In Belgien hatte er in den Kohlengruben der Borinage gearbeitet. Jetzt war er der Sachverständige. Man brachte Olivenöl nach Barcelona, verkaufte es und kaufte für den Erlös die notwendigsten maschinellen Einrichtungen für die Anlage eines Kohlenschachtes. Schienen wurden gelegt, Kabel und elektrische Leitungen gezogen. Die Arbeit begann. In kurzer Zeit hat man es täglich auf einen Eisenbahnwaggon Kohle gebracht. Hätte man mehr Arbeitskräfte, so könnte man dreimal so viel fördern. Vom Standpunkt eines Privatunternehmers wäre die Ausbeutung dieses kleinen Kohlenvorkommens wahrscheinlich nicht lukrativ gewesen. Doch für die Gemeinde war es ein Fortschritt. Man hatte eigene Kohle für den Hausbrand. Man hatte jedoch vor, sie zu industriellen Zwecken zu verwenden.

Die politische Freiheit und Toleranz ist im Dorfe oberstes Prinzip. Die Anarchisten sind in der Mehrheit. Vor der großen Umwandlung gab es außer ihnen keine andere politische Richtung. Es waren aber einige Sozialisten am Orte. Diesen stellten die Anarchisten aus freien Stücken ein Lokal zur Verfügung, wo sie eine Abteilung der sozialistischen Partei und der sozialistischen Gewerkschaft, UGT einrichteten. Da es keine Franco-Anhänger gab, wurde auch niemand verfolgt. Das Ortsgefängnis war leer.

Wie in den anderen Orten, so hat man auch in Oliete niemanden gezwungen, dem Kollektiv beizutreten. Jedem stand es frei, auf seinem Stück Land oder in seiner Werkstatt mit seinen Familienangehörigen allein weiter zu arbeiten. Doch Lohnarbeiter gab es nicht, da alle Besitzlosen sich dem Kollektiv angeschlossen hatten. Die Individualisten, die außerhalb des Kollektivs standen, hatten das Recht, ihre Kühe, Schafe, Ziegen etc, auf der Gemeindewiese grasen zu lassen. Mehr als 25 Stück Vieh durfte aber niemand besitzen. Der tierärztliche Sanitätsdienst des Kollektivs war eine Sache der Gemeinde. Auch die Einzelgänger hatten das Recht, ihn zu beanspruchen. Die Privatbesitzer hatten die gleichen Rechte wie früher. Vom Zwangskollektivismus nach russischer Art wollte man nichts wissen. Ein Kollektivist stellte bei einem Glas aragonesischen Weines am Abend einen passenden Vergleich: »Wie die veraltete Petroleumlampe immer noch neben dem modernen elektrischen Licht besteht«, sagte er, »so gibt es auch neben der kollektivistischen Wirtschaft die Privatwirtschaft. Doch wie die Petroleumlampe immer mehr verschwindet und durch moderne Beleuchtungskörper er setzt wird, so wird auch der kooperative Kollektivismus mehr und mehr an die Stelle der Privatwirtschaft treten.«

Auf dem Wege nach dem nächsten Dorfe sagte mein Begleiter, ein alter spanischer Liberaler: »Der staatliche Zwangskollektivismus bringt den Arbeitern und Bauern keine materielle Besserstellung. Der so genannte Mehrwert, den im Privatkapitalismus der Einzelunternehmer abschöpft, wird im Staatssozialismus von der Bürokratie absorbiert. Was dann noch übrig bleibt, wird durch die so genannte staatliche Lenkung oder Planwirtschaft in nationalistische Kanäle geleitet. Die Produktion dient der Machtentfaltung des Staates. Daher kommt es, dass in der Sowjetunion die Lage der Bauern und Arbeiter schlechter ist als in den privatkapitalistischen Ländern.«. »Deine Ansicht ist ganz die meine«, erwiderte ich. »Für den freiheitlichen Kollektivismus trifft das alles nicht zu.«

Muniesa

Die 1.700 Einwohner von Muniesa wurden von keiner Seite gezwungen, ihr Leben zu kollektivieren. Es gab auch keinen Kampf am Orte. Großgrundbesitzer gab es hier nicht. Die Bevölkerung bestand aus kleinen Bauern, die hart um ihr Leben kämpfen mussten. Die Arbeit des aragonesischen Landmannes ist schwer und das Ergebnis kärglich.

Nach dem 19. Juli zog in Muniesa ein neuer Geist ein. Der spiritus rector der Neuordnung war der Häuslersohn Joaquín Valiente. Er hatte siebzehn Jahre seines Lebens in Barcelona verbracht. Dort hatte er die freiheitlichen Ideen kennen gelernt. Er war ein feuriger Bekenner der anarchistischen Weltanschauung. Als er in seine Heimat zurückkam, brachte er die neue Botschaft ins Dorf.

Sein Vorschlag, den freiheitlichen Kommunismus einzuführen, fiel auf fruchtbaren Boden. Bisher ist es den Bauern nicht gut gegangen. Nun wollten sie mal etwas anderes versuchen. Vielleicht kommt man mit der gemeinsamen Arbeit weiter. Die Einführung der kollektivistischen Wirtschaft wurde beschlossen. Joaquín Valiente wurde zum Dorfschulzen, zum Alcalden, gewählt. Er amtierte im Gemeinderatszimmer. Auf dem Tisch lag eine spanische Ausgabe von Kropotkins Buch *Wohlstand für Alle*. Des Abends versammelten sich die Kollektivisten und einer las aus dem Buche vor. Das war das neue Evangelium. Hier stand schwarz auf weiß, wie man es machen soll, um zum gemeinsamen Wohlstand zu kommen.

Brot, Fleisch, Öl, Wein und einige andere Lebensmittel wurden gratis an alle verteilt. Jeder erhielt soviel er brauchte. Die Bauern brachten ihre Produkte ins Gemeindehaus, wo alles eingelagert wurde. Doch vieles wurde am Orte nicht hergestellt und musste außerhalb gekauft werden. Also wurde beschlossen, dass auch die einzelnen Dorfbewohner es kaufen und bezahlen mussten. Der Gemeinderat verkaufte Olivenöl und kaufte im großen für alle ein. Dann ließ er 100.000 Peseten örtliches Papiergeld drucken. Davon erhielt jeder Erwachsene beiderlei Geschlechts eine Peseta täglich. Kindern wurden fünfzig Céntimos gegeben. Damit konnte jeder kaufen, was er brauchte.

»Führt die unbeschränkte Weinausteilung nicht zu Auswüchsen?«

»Hier betrinkt sich niemand. Wir leben unter dem neuen System nun schon ein Jahr und bisher hat es sich gut bewährt.«

Von den 100.000 Peseten Dorfgeld sind nur 11.000 im Umlauf. Das übrige wird vom Gemeinderat aufbewahrt. Das Dorfgeld dient nur als Tauschmittel und trägt keine Zinsen. Niemand denkt daran, es zu sparen. Kapital kann der Einzelne nicht ansammeln. Die Wertanhäufung erfolgt durch den Gemeinderat für die Gesamtheit. Alle werden gleich behandelt. Die größte Sorge der Dorfväter ist die Erziehung ihrer Kinder. Es gibt keine Lehrer am Orte und auch keine Lehrmittel. Die Gemeinde ist bereit, alles daranzusetzen, um einige Lehrer heranzuziehen. Die Lehrergewerkschaft in Barcelona hat versprochen, einige Lehrerinnen zu senden. Inzwischen sind zwei Dorfgenossen als Lehrer tätig, damit wenigstens die größeren Kinder lesen und schreiben lernen.

Als wir uns des Abends im Gemeindehaus auf einem provisorischen Lager ausstrecken, sage ich zu meinem Begleiter: »Anfang des Jahrhunderts haben sich Soziologen und Ökonomen herumgestritten, ob der Sozialismus möglich ist oder ob er eine Utopie sei. Wenn man in diesem Dorfe beobachtet, mit welch festem Glauben und mit wieviel praktischem Sinn die Bauern eine kollektivistische Gemeinschaft-aufbauen, ohne irgendwelchen Zwang von außen, nur aus dem Bestreben heraus, ihr Leben durch gemeinsame Arbeit zu verbessern, dann erscheinen die gelehrten Diskussionen der Intellektuellen abstrakt und wirklichkeitsfremd. Diese Bauern hier haben niemals etwas von Theorien gewusst. Doch sie haben einen gesunden Menschenverstand. Sie wissen, dass sie gemeinsam weiter kommen, als wenn jeder für sich allein wurstelt. Das ist für sie der Sinn des Kollektivismus.

In Hunderten von Dörfern in ganz Spanien ging man auf ähnliche Weise vor wie in Muniesa. In der Hälfte aller Fälle kam es überhaupt nicht zur Enteignung. Die neue Wirtschaftsordnung wurde also nicht durch einen Gewaltakt eingeführt. Alles ging friedlich und auf freiheitlicher Basis vor sich. Die kapitalistische Gesellschaftsordnung besteht seit Jahrhunderten. Dennoch ist die Welt voll Ungerechtigkeiten und Kriegsgefahren. Nun wollten die Bauern mal versuchen, ob es nicht möglich wäre, durch den Kollektivismus gerechtere Zustände zu schaffen. Aus diesem Streben heraus ist hier eine neue Gesellschaftsordnung im Werden.» »Vielleicht hast du recht«, antwortete er.

Albalate de Cinca

Das Dorf Albalate de Cinca liegt in Aragón, hart an der katalanischen Grenze. Auch hier hatten die Bauern kaum etwas von Politik oder sozialen Theorien gewusst. Doch nach dem Faschistenputsch schlugen die Tagelöhner und Kleinbauern die Bildung eines Kollektivs vor, wie an anderen Orten. Es wurde nicht viel überlegt, sondern man handelte rasch. Und nun lebt man nach dem neuen System schon ein ganzes Jahr. »Uns Armen geht es heute besser als früher«, sagte eine alte Bäuerin des Dorfes. »Früher hatten wir Sorgen ums tägliche Brot. Heute bekommen wir gratis zu essen und vieles andere auch.«

Um sieben Uhr morgens war das Dorf schon geschäftig. Eine Frau kommt ins Gemeindehaus. Sie will nach Lérida fahren zu einem Spezialarzt. Doch im Dorfe ist das Geld abgeschafft. Für Reisen nach außerhalb muss man vom Gemeindevorstand Geld erbitten. »Hast du ein Attest vom Ortsarzt?« »Nein«. »Dann kann ich dir das Reisegeld nicht geben. Die Gemeindeversammlung hat beschlossen, in Krankheitsfällen nur dann Reisegeld zu geben, wenn der Ortsarzt die Reise verordnet.«

Die Frau ging zum Ortsarzt, um sich das Attest zu besorgen. »Viele Genossen«, erklärte mir der Vorsitzende des Kollektivs, der gleichzeitig auch dem Gemeinderat angehört, »nutzen die Situation aus. Früher kamen sie fast nie in die Stadt. Heute will jeder mal nach der Stadt reisen. Es kostet ja nichts, die Gemeinde bezahlt es. Doch wir müssen sparsam mit dem Gelde umgehen. Es gehört doch allen.«

Vielleicht ist der Vorsitzende etwas zu bürokratisch. Der Arzt wird in diesem Falle entscheiden.

Dr. José Mario Pueyo, ein Mann in mittleren Jahren, stammt aus Saragossa. Er ist seit zwölf Jahren in Albalate de Cinca ansässig, kennt die Bevölkerung und weiß am besten Bescheid über den Gesundheitszustand und die Gebrechen der Einwohner. Dr. Pueyo ist liberal eingestellt, gehört aber keiner Partei an. Er ist im Dorfe beliebt. Hier bestand vorher die alte spanische Gesundheitsversicherung. In den spanischen Dörfern zahlte jeder Bauer dem Ortsarzt jährlich eine bestimmte Summe. Gewöhnlich züchtete der Bauer jährlich ein Schwein für Doktorkosten und Medikamente. Der Erlös eines Schlachtschweines wurde also an den Arzt abgeführt. Diese Art Hausarztversicherung war nicht schriftlich niedergelegt und beruhte nur auf gegenseitigem Vertrauen. Einen ähnlichen Brauch findet man auf dem Lande in China. Doch die Chinesen waren einfallsreicher. Der Arzt erhielt eine Jahressumme, von der der Bauer die kranken Tage abzog. Die Sache hat einen tieferen Sinn: Der Arzt ist ein Gesundheitsberater. Wird der Bauer krank, dann hat der Arzt ihn schlecht beraten. Infolgedessen werden die Krankheitstage nicht bezahlt. Chinesische Bauernlogik!

Nach der Kollektivierung hat sich die Honorierung des Arztes in den aragonesischen Dörfern geändert, da es nun ja kein Geld mehr gab:

»Wie werden Sie heute honoriert?«

»Die Kollektive versorgt mich.«

»Sie haben doch aber auch andere Bedürfnisse als nur das Essen, Trinken und die Kleidung. Sie müssen sich doch hin und wieder Bücher anschaffen, Sie benötigen Instrumente usw.«

»Auch dafür sorgt das Kollektiv. Das geht in ähnlicher Weise zu wie in einem städtischen Krankenhaus. Die Verwaltung hat für alles zu sorgen, was der Arzt braucht.«

Dr. Pueyo zeigt uns einige neue Bücher. Er war kürzlich auf Kosten des Kollektivs in Barcelona. Dort hat er sich eingekauft, was er benötigte. Da im Orte keine Apotheke ist, betreut Dr. Pueyo gleichzeitig auch die Medizinausgabe. In seiner Apotheke sind alle wichtigen Arzneien, Patentmedizinen usw. vorhanden. Das Kollektiv unterstützt den Arzt in jeder erdenklichen Weise. Geschlechtskrankheiten hat es nach den Angaben Dr. Pueyo vorher im Dorfe nicht gegeben. Nach dem Kriege kamen zwei Fälle vor.

»Was halten Sie vom Kollektivismus, lieber Doktor?«

»Meiner Meinung nach ist es ein System mit größtmöglicher sozialer Gerechtigkeit. Moralisch steht er über dem Kapitalismus. Das neue System ist freilich noch sehr unvollkommen. Seine Schwierigkeiten bestehen in der Uneinheitlichkeit. In den Städten hat man das Geld beibehalten, auf dem Lande ist es in den meisten Fällen abgeschafft. Viele Dörfer haben sich ein eigenes Ortsgeld zugelegt. Das ist sehr unpraktisch. Wenn man das Geld abschafft, dann muss das im ganzen Lande durchgeführt werden. Behält man es aber bei, dann muss es eine einheitliche Währung geben. Die Einführung verschiedener Ortsgelder ist nicht praktisch. Ich wiederhole

jedoch: Vom Standpunkt der sozialen Gerechtigkeit aus betrachtet, steht der freiheitliche Kommunismus über dem Kapitalismus.«
Dr. Pueyo hatte auf die menschliche Seite des freiheitlichen Kommunismus hingewiesen. Das neue System erweckte neue Gefühle der Solidarität, die man unter dem Kapitalismus nicht gekannt hatte. Das kleine Dorf Albalate hat aus freien Stücken an die Bevölkerung des belagerten Madrids 10 Schlachtschweine, 500 Kilogramm Speck, 87 Hühner, 50 Kaninchen, zweieinhalb Tonnen Kartoffeln, 200 Dutzend Eier, sowie mehrere Säcke Erbsen und Bohnen gesandt. Die Militärintendantur erbot sich, diese Lebensmittel zu bezahlen, doch die Kollektivisten wiesen dieses Angebot zurück. Das Geld war doch für sie abgeschafft; die Solidarität an die Stelle des Handelsgeistes getreten.

Binefar

In Binefar ging man planmäßig an die Neuorganisierung der gesellschaftlichen Ordnung. Die Entwicklung verlief sozusagen programmatisch. In dieser Stadt mit 5.000 Einwohnern kam es am 19. Juli und den darauf folgenden Tagen zu Zusammenstößen zwischen der Zivilgarde und der Bevölkerung. Das Volk siegte über die Reaktion. Nach dem Siege wurde eine Volksmiliz aufgestellt. Nach wochenlangen Versammlungen und Sitzungen war es endlich so weit gekommen, dass die ganze Bevölkerung in einer öffentlichen Versammlung beschließen konnte, das Privateigentum abzuschaffen. 1.200 Hektar Ackerland wurden kollektiviert. Zum Zwecke der Bearbeitung wurde das Kollektivland in Arbeitsparzellen aufgeteilt. Es bildeten sich sieben größere Arbeitsgruppen. An der Spitze jeder Gruppe stand ein Delegierter. Nach jeder Ernte wurde ein neuer Delegierter gewählt. Jeder sollte einmal die Verantwortung übernehmen. Damit sollte die Kluft zwischen Führern und Geführten überbrückt und der Sinn für die Kritik geschärft werden. Die Delegierten kommen jeden Abend im Kollektivhaus zusammen, wo jeder einen Bericht über den Gang der Arbeiten gibt. Alles, was die Arbeit betrifft, wird auf diesen Sitzungen gemeinsam mit Stimmenmehrheit beschlossen und die Produktion geregelt.

Über die Regelung des Konsums hat man sich keine Kopfzerbrechen gemacht. Mehl, Kartoffeln, Erbsen, Fleisch, Olivenöl, Gemüse und Wein wird gratis an alle ausgeteilt. Davon erhält jeder was er benötigt, ohne Einschränkungen. Denn das sind Produkte, die am Orte selbst geerntet und hergestellt werden. Was man von außerhalb bezieht, wird vom Kollektiv zum Kauf feilgeboten. Das Kollektiv hat Ortsgeld im Werte von 45.000 Peseten in Form von Gutscheinen ausgegeben. Es gibt täglich 2,50 pro Mann, 1,50 pro Frau und 1 Peseta für jedes Kind. Damit kann eingekauft werden, was im kollektivistischen Konsumladen zu haben ist. Die Preise werden auf der Kollektivistenversammlung festgestellt. Die Kollektivisten sind abwechselnd Produktions- und Konsumgenossenschaftler. Dieses System funktioniert zu aller Zufriedenheit.

Die Schullehrer beziehen ihr Gehalt von der Regierung, denn Binefar hat eine staatliche Schule. Doch sie übergeben das Geld dem Kollektiv und dieses versorgt sie mit allem, was sie brauchen.

Binefar ist Kreisstadt und zugleich der Sitz der neu gebildeten Kreisföderation der Dorfkollektive. Diese Kollektive bringen ihre Produkte ins Kreislagerhaus. Die Föderationsverwaltung rechnet mit den angeschlossenen Kollektiven ab. Die Kreisföderation sendet täglich zwei Lastkraftwagen mit Lebensmitteln an die Front für die Milizionäre. Nach Madrid hat die Kreisföderation 32 Waggon Lebensmittel vollständig gratis gesandt. Die Kreisföderation entfaltet eine emsige Tätigkeit und sorgte auch dafür, dass die umliegenden Dörfer mit elektrischem Strom versehen wurden. In vielen Dörfern wurden sogar Fernsprechleitungen gelegt. Das war ein großer Fortschritt. Vor dem 19. Juli gab es im Städtchen kein Krankenhaus. »Das kam daher«, sagte die neue Gemeindeverwaltung, »weil vorher der Individualismus herrschte. Jetzt aber haben wir den Kollektivismus«. 100.000 Peseten wurden für den Bau des neuen städtischen Krankenhauses aufgebracht. Von der syndikalistischen Konföderation aus Barcelona kamen drei Ärzte, die im neuen Krankenhaus Dienst verrichten.

Binefar ist vollständig kollektiviert. Nur die staatlich angestellten Beamten und Arbeiter, Steuereinnehmer, Eisenbahner und Postbeamten stehen außerhalb des Kollektivs. Den größten Teil ihrer Lebensmittel und Bedarfsartikel kaufen aber auch die Staatsbeamten im kollektivistischen Konsumladen. Der Kreisföderation der Kollektiven sind 31 Dorfgemeinschaften angeschlossen. In den meisten dieser Dörfer ist der freiheitliche Kommunismus vollständig eingeführt worden, in anderen teilweise. Zwang wird nicht ausgeübt. Die soziale Freiheit ist das höchste Gut, das Grundprinzip des aragonesischen Kollektivismus.

In ganz Aragón wurden die Anhänger des Alten Individualisten genannt. Die Neuerer waren die Kollektivisten. Ein spanischer Kollektivist hat eine andere Einstellung als ein französischer, englischer oder deutscher Sozialist. Wer sich auf dem Lande in Aragón einem Kollektiv anschließt, verzichtet auf sein Privateigentum und sogar auf Privateinkommen. Sein ganzes bisheriges Leben verändert sich. Er arbeitet nicht mehr um Lohn oder Gewinn. Vielfach leistet er sogar Verzicht auf persönliche Bequemlichkeit, wenn die übrigen Mitglieder des Kollektivs nicht auch die gleiche Möglichkeit haben, sich ein bequemes Leben zu verschaffen. Die große Masse der Bauern aber hat durch den Kollektivismus einen höheren Lebensstandard erreicht. Der Kollektivismus in Aragón verkörpert eine Form des Sozialismus, die sich vielleicht am ehesten mit dem Urchristentum vergleichen läßt.

»Diese Art von Kollektivismus kann nur von Menschen akzeptiert werden, die vorher sehr arm waren oder bereit sind, ihr bisheriges Leben gänzlich umzustellen und auf vieles zu verzichten«, sagte mein Begleiter. »Darin magst du recht haben«, antwortete ich ihm.

»Ich glaube kaum«, setzte er fort, »dass ein Arbeiter oder ein Arzt in den Vereinigten Staaten mit einer so grundlegenden Veränderung seines Lebens einverstanden wäre.«

»Auch darin muss ich dir recht geben«, erwiderte ich. »Aber darin liegt ja gerade die Vorzugswürdigkeit des freiheitlichen Kommunismus, der niemanden zwingt, sich ihm anzuschließen. In dieser Freiheit und Freiwilligkeit erblicke ich die große Überlegenheit des spanischen Anarchosyndikalismus sowohl über den Kapitalismus als auch über den russischen Zwangskommunismus. Aber sehen wir uns zuerst Barbastro an, das im Rufe steht, ›individualistisch‹ zu sein und wo die Mehrheit der Bevölkerung von den sozialen Neuerungen nicht viel wissen will.«

Barbastro

Barbastro ist eine Stadt von 10.000 Einwohnern. Die Mehrheit konnte sich für den Kollektivismus nicht begeistern. Nur 150 Bauern mit anarchistischer Gesinnung bildeten ein Kollektiv. Dazu kam noch ein Kollektiv der syndikalistischen Bauarbeiter.

Das Landarbeiterkollektiv konnte auch keine Enteignungen vornehmen, da die Mehrheit der Bevölkerung dagegen war. Man hätte dies mit Gewalt tun können, was mit Hilfe der Milizionäre aus Barcelona leicht gewesen wäre. Doch davon nahm man Abstand. Alles sollte freiwillig vor sich gehen. Es gab aber in der Umgebung der Stadt genügend Brachland, das seit Jahren nicht bebaut worden war. Auf diesem begannen die Kollektivisten mit ihrer Neusiedlung, im Einverständnis mit der Gesamtbevölkerung.

Auf dem Wege zur Föderation der Landarbeiterkollektive sagte ich zu meinem Begleiter: »Der Einwand, den Dr. Pueyo in Albalate gegen den Kollektivismus gemacht hat, ist berechtigt insofern er sich auf eine einheitliche Währung, auf ein einheitliches Geld im ganzen Lande bezieht. Die Forderung auf eine einheitliche Wirtschaftsform dagegen ist freiheitswidrig und öffnet den Weg zum wirtschaftlichen Totalitarismus. Die kapitalistische Wirtschaftsordnung selbst ist weit entfernt von konsequenter Einförmigkeit. Es gibt neben privatkapitalistischen Betrieben genossenschaftliche, staatliche, nationalisierte und internationale Unternehmungen. Die wirtschaftliche Mannigfaltigkeit an sich ist kein soziales Übel. Sie ist der Ausdruck der Freiheit. Für die Wirtschaft hat das Nebeneinander von Kollektiven und Privatunternehmungen keine nachteiligen Folgen. Eine einheitliche Zwangsform der Wirtschaft dagegen ist nur für einen totalitären Staat von Nutzen, dem Volke gereicht sie zum Schaden.« Auf diese Bemerkung gab mein Freund keine Antwort.

Barbastro war von freiheitlichen Dorfkollektiven umgeben. Hier hatte die Kreisföderation der umliegenden kollektivistischen Dörfer ihren Sitz. Diese Föderation war im September 1936 gegründet worden. Ein halbes Jahr später waren ihr 60 kollektivistische Dörfer mit insgesamt 15.000 Einwohnern angeschlossen. In der Mehrzahl handelte es sich um Kollektive, die von Anarchosyndikalisten gegründet waren. Doch auch sozialistische und linksradikale Kollektivdörfer vollzogen ihren Anschluss an die Kreisföderation.

Die Föderation hatte ein Verzeichnis über alle kollektivistisch bebauten Ländereien, über die Landstraßen und Wege, Beförderungsmittel und Maschinen, Ackergeräte und den Viehbestand. Es bestand eine Abteilung für Einkauf und Verkauf. Die angeschlossenen Kollektive bringen ihre Produkte und holen sich Industrieerzeugnisse. Die Föderation legt neue Wege an, errichtet neue Omnibuslinien, Telefonverbindungen usw. Sie liefert große Mengen von Lebensmitteln ans Kriegsversorgungsamt. Nach halbjähriger Tätigkeit hatte sie ein Kapital von 3,5 Millionen Peseten. Sie arbeitete auf der Grundlage der Freiwilligkeit, ähnlich wie die Bauerngenossenschaften in anderen Ländern.

Mein Begleiter machte eine passende Bemerkung: »Der Name Kollektivismus hat durch die sowjetrussischen Kolchosen einen schlechten Klang bekommen«, sagte er und fügte hinzu: »Die Welt hat sich daran gewöhnt, Kollektivismus mit Zwang und Unfreiheit gleich zusetzen. Die freiheitlichen Bauernkollektive Spaniens haben den ramponierten Kollektivismus wieder zu Ehren gebracht. Im östlichen Diktaturlande ist der Kollektivismus untrennbar mit Zwangsmaßnahmen verbunden. In unserem republikanischen Spanien bilden Kollektivismus und Freiheit eine neue soziale Synthese: Den freiheitlichen Sozialismus.«

»Dich hat also erst das *individualistische Barbastro* von der Durchführbarkeit und Vorzugswürdigkejt des freiheitlichen Kollektivismus überzeugt«, antwortete ich ihm mit ironischem Augenzwinkern.

Er sah mir ins Gesicht und lachte verständnisvoll.

Unsere Reise ins Kollektivistenland Aragón war beendet.

Kapitel 7

Kollektivismus in der Levante und Kastilien

Der Kollektivismus ist für die Landbevölkerung Spaniens ein ähnlicher Begriff wie das Genossenschaftswesen für die dänischen Bauern. Bei beiden liegt der Schwerpunkt in der Kooperation, der Zusammenarbeit. Trotz dieser funktionellen Wesensverwandtschaft besteht in Bezug auf die Eigentumsverhältnisse zwischen einem spanischen Kollektiv und einer dänischen Bauerngenossenschaft ein prinzipieller Unterschied. Diese ist eine Arbeitsgemeinschaft selbstständiger Bauern; der Grund und Boden ist ihr Privateigentum. In jener ist das Land unveräußerliches Kollektiveigentum. Funktionell gesehen aber beruhen beide auf dem Prinzip der gegenseitigen Hilfe. Der Unterschied ist graduell, nicht substanziell. Die Kollektivisten gehen aufs Ganze, die Genossenschaftler begnügen sich damit, einen Teil ihrer Wirtschaft gemeinschaftlich zu regeln.

Es wäre verfehlt, die wesentlichen Merkmale des Kollektivismus in der Expropriation und Landverteilung zu erblicken. In vielen Kollektiven wurde das Land von den Mitgliedern freiwillig zur Verfügung gestellt. Die Enteignung ist ein einmaliger Akt, die kollektivistische Wirtschaftsform eine permanente Lebensführung. In den Kollektivwirtschaften gibt es keinen individuellen Landbesitz. Expropriationen und Beschlagnahme von Land und Vermögenswerten sind übrigens keineswegs besondere Charakterzüge des Sozialismus und Kommunismus. Nach allen Kriegen gab es Enteignungen der Besiegten durch die Sieger. Die Geschichte ist voll von Eigentumsentziehungen der Schwachen durch die Mächtigen. Der Kollektivismus und das Genossenschaftswesen dagegen entspringen aus dem Wunsche der werktätigen Bevölkerung, sich durch gemeinsame und gegenseitige Hilfeleistung von der Ausbeutung zu befreien und durch eigenes Wirken gerechte soziale Verhältnisse zu schaffen.

Der moderne Kollektivismus in Spanien setzte im Kleinen bereits vor dem 19. Juli 1936 ein. Ein Beispiel dafür bot das Bauernkollektiv in Gandia, einem Orte in der Provinz Valencia. Dort hatten mehrere Bauern Anfang der Dreißigerjahre damit begonnen, ihren Grund und Boden gemeinschaftlich zu bebauen. Sie errichteten eine kollektive Geflügelfarm und eine Kollektivschneiderei für Frauenkleider. Die Kleider wurden in den umliegenden Dörfern verkauft und der Erlös kam der Gemeinschaft zu Gute. Das Kollektiv bestand aus dreißig Personen, verfügte über gemeinsame Landwirtschaftsgeräte, gemeinsamen Viehbestand, einen Lastkraftwagen und fünf Nähmaschinen. Die Kollektivisten hatten ein höheres Lebensniveau als die Mehrzahl der

Kleinbauern des Ortes. Sie hatten sich durch ihr solidarisches Verhalten die Sympathien der Bevölkerung erworben. Die Vorzüge der neuen Arbeitsweise gegenüber der Arbeit des einzelnen Kleinbauern lagen auf der Hand. Dieses kleine Kollektiv in Gandia wurde zum Schrittmacher der großen kollektivistischen Bewegung nach der Niederschlagung des Franco-Putsches in der Levante.

Die Großgrundbesitzer, meist Anhänger Francos, waren bei Ausbruch des Militärputsches geflohen. Ihr Grund und Boden wurde von den Landarbeitern übernommen und das Land kollektivistisch bearbeitet. Die Begeisterung für den Kollektivismus war groß. Unter dem neuen Wirtschaftssystem blieben die Landarbeiter im Besitz der Früchte ihrer Arbeit. Die Kleinbauern standen der neuen Bewegung anfangs skeptisch gegenüber. Einige machten die Sache mit und gingen ins Lager der Kollektivisten über. Andere verhielten sich abwartend. Im Laufe der Zeit gewann der Kollektivismus durch das bloße Beispiel mehr Anhänger. Viele Kleinbauern gelangten zur Überzeugung, dass der Kollektivismus die Lage verbessere und schlossen sich den Kollektiven ihres Dorfes an. Im Laufe von zwei Jahren hatte sich der Landkollektivismus über die ganze Levante verbreitet.

Die vielen örtlichen Kollektive überzeugten sich bald von der Notwendigkeit und Nützlichkeit der Zusammenarbeit. Sie beriefen einen Kongress nach Valencia ein und beschlossen, eine Bauernföderation der Landarbeiterkollektive der Levante zu gründen. Die neue Föderation entwickelte sich erstaunenswert. In kurzer Zeit konnte sie als Muster einer neuzeitlichen Interessengemeinschaft auf der Grundlage der sozialen Gerechtigkeit angesehen werden. Der geistige Urheber der neuen Organisation war das kleine Kollektiv in Gandia. Eine Handvoll von begeisterten Idealisten hatte die Richtung für eine neue, wirtschaftliche Entwicklung angebahnt. In den geräumigen Lokalen des stattlichen Gebäudes der Föderation herrschte reges Leben. Über zweihundert Angestellte sind erforderlich, um die administrativen Aufgaben der neuen Wirtschaftsgemeinschaft für Hunderte von Landkollektiven zu regeln. Den Anarchisten ist der Bürokratismus besonders verhasst. Sie sind daher bemüht, alles so zu organisieren, dass die Werktätigen nicht um einen Teil der Früchte ihrer Arbeit gebracht werden. Es wurden gleich von Anfang an Vorkehrungen getroffen, um bürokratische Auswüchse im Keime zu ersticken. An der Spitze jeder Abteilung steht ein Delegierter. Alle Kollektive werden regelmäßig über die zweimal wöchentlich stattfindenden Sitzungen des Verwaltungsrates auf dem Laufenden gehalten. Alle sechs Monate findet ein Kongress statt, auf dem alle Angelegenheiten des Bundes in allen Einzelheiten erörtert und entsprechende Beschlüsse gefasst werden. Unfähige Angestellte werden abgesetzt. Die Kongresse kontrollieren die Rechenschaft und das organische Funktionieren der Föderation. Unnötige Belastung durch Bürokraten wird an der Wurzel beseitigt.

Die Föderation hat einen jährlichen Umsatz von 500 Millionen Peseten. Die angeschlossenen Landkollektive befassen sich mit Apfelsinen-, Reis-, Gemüse- und Obstanbau. Ein großer Teil der Produktion wird nach Frankreich, England, der Schweiz und den skandinavischen Ländern exportiert. Diesem Export verdankt die Föderation ihr Aufblühen. Sie gewährt weniger begünstigten kollektivistischen Regionalföderationen Kredite. Die Bauernföderationen Andalusiens, Mittelspaniens und sogar Kataloniens werden von der levantischen Schwesterorganisation unterstützt. Krankenhäuser und ganze Heeresgruppen von Milizionären werden dauernd mit Lebensmitteln versorgt. Die Föderation von Valencia ist der Stolz der Syndikalisten.

Die Bauern sind Gegner des Zentralismus. Die freie Initiative darf nicht erstickt werden. Jede örtliche Kollektive regelt ihre Angelegenheiten nach ihrer Art. Benachbarte Kollektive tauschen ihre Erfahrungen aus. Man akzeptiert gern Ratschläge wohlmeinender Genossen. Eingriffe einer Zentralinstanz aber lehnt man ab. Ist in einem Kollektiv kein fähiger Genosse für die Buchhaltung vorhanden, so wendet man sich an die Föderation. Auf dem Kongress wurde die Errichtung einer Buchführungsschule beschlossen, wo junge Kollektivisten in der Führung der Bücher unterrichtet und in den erforderlichen organisatorischen Angelegenheiten ausgebildet werden. Die ausgebildeten Buchhalter gehen in ihre Dörfer zurück, in denen sie ihren neuen Beruf ausüben. Einige Kollektive haben den Familienlohn eingeführt, andere verteilen den Gewinn an jedes einzelne Mitglied in Übereinstimmung mit den Bedürfnissen. In einigen Orten hat man das Geld abgeschafft, in anderen beibehalten. Jedes Kollektiv verfährt nach eigenem Gutdünken, ohne Eingriffe von außen.

Die Handelsoperationen der Föderation hatten bald einen so großen Umfang angenommen, dass man den Beschluss fasste, eine eigene Föderationsbank zu gründen. Man ging vom Einfachen zum Zusammengesetzten, von der Peripherie zum Zentrum. Das entsprach der Psychologie der Bauern. Die Bank vermittelt den Tausch und Verkauf der Produkte im eigenen Lande und nach dem Ausland und regelt alle Devisengeschäfte, die sich aus dem Export ergeben. Sachverständige von der Gewerkschaft der Bankangestellten stehen an der Spitze der Föderationsbank.

Die Föderation hat auch eine Anzahl von Konservenfabriken in den Provinzen Murcia, Alicante und Valencia errichtet. Man stellt Obstkonserven aller Art, Apfelsinenmarmelade und Essenzen her. Auch Fabriken für Alkohol und Düngemittel wurden erbaut. Eine besondere Handelsabteilung beschäftigt sich mit dem Austausch von Produkten der angeschlossenen Kollektive, mit dem Verkauf der eigenen Erzeugnisse an die Regierung, dem Einkauf von Maschinen und Ackergeräten sowie mit dem Tausch der Produkte mit den kollektivierten Fabriken der Textil-, Metall- und Holzindustrie usw. Bei diesen Operationen werden die Preise in Übereinstimmung mit den Interessen der Konsumenten festgesetzt, um ungerechtfertigte Preissteigerungen zu vermeiden. Hunderte von Lastkraftwagen der levantischen Bauernföderation durchkreuzen das Land nach allen Richtungen. Sie schaffen Landprodukte in die Häfen und holen Industriewaren aus Katalonien. Ein beträchtlicher Teil der Wirtschaft der Levante liegt in den Händen der Bauernföderation.

Die Föderation hat ihren eigenen Gesundheitsdienst eingerichtet. Alle Kollektivisten und deren Familienmitglieder erhalten ärztliche Behandlung, Medizin und Krankenhausaufenthalt gratis. Es gibt auch in Valencia ein Föderationshotel. Kommen die Kollektivbauern mit ihren Familien nach der levantinischen Hauptstadt, so können sie in ihrem eigenen Hotel wohnen und essen. Die Föderation sorgt wie eine große Familie für ihre Mitglieder. Der Kollektivismus verbreitet sich über den gesamten Küstenstrich von Katalonien bis zur Grenze Andalusiens.

Auf einem Föderationskongress schlug ein Bauer vor, eine Landwirtschaftsuniversität zu gründen. Der Vorschlag fand begeisterte Zustimmung und wurde einstimmig aufgenommen. Man ging unverzüglich ans Werk, zog Lehrkräfte vom Inland und Ausland heran und in kurzer Zeit war die neue Landwirtschaftsschule eröffnet. Das ist der größte Stolz der Kollektivbauern. Jetzt konnten sich ihre Söhne mit allen Neuerungen auf dem Gebiete der Landwirtschaft vertraut machen. Die Föderation hat eine Bibliothek eingerichtet, in der neben landwirtschaftlicher Fachliteratur auch Bücher über allgemeine Wissensgebiete zu finden sind. Sie veröffentlichte eine Zeitschrift unter dem Namen *Vida* (Leben), die alles Wissenswerte über die Landwirtschaft und ihren Fortschritt im eigenen Land und im Ausland enthält. Auch ein eigener Verlag wurde gegründet. Alljährlich erscheint ein landwirtschaftlicher Almanach. Die künstlerische Ausgestaltung dieser Publikationen liegt in den Händen des bekannten valencianischen Malers Vicente Ballester.

Dieses mit echt levantinischer Begeisterung durchgeführte Werk war ein gewaltiger wirtschaftlicher Fortschritt und kultureller Aufstieg der Landbevölkerung. Gewissen politischen Parteien und Staatsanbetern passte es nicht in den Parteikram, dass der Staat keinen Anteil daran hatte.

Wenn diese Entwicklung weitergegangen wäre, wären die Parteien und der Staat zweitrangige Einrichtungen geworden und ihre politische Macht hätte darunter gelitten. Das wollten sie unter allen Umständen verhindern. Unter dem Vorwand, dass die Regierung als Ausdruck des Gesamtwillens des Volkes das alleinige Recht habe, den neuen Kurs zu bestimmen, wurden der Bauernföderation bei ihrer Arbeit zahllose Schwierigkeiten in den Weg gelegt. Gebäude der Föderation wurden beschlagnahmt, landwirtschaftliche Produkte der Kollektive konfisziert, Lastwagen der Föderation requiriert. Diese Übergriffe sollten die Autorität des Staates stärken und die Entwicklung der aufbauenden Kräfte des Volkes schwächen. Die Kollektivisten setzten sich zur Wehr. Die Staatsexekutive packte scharf zu. Die Kollektivbauern, die sich gegen die ungebührliche Einmischung der Staatsbürokratie zur Wehr setzten, wurden von der antifaschistischen Regierung der Republik verhaftet. Die größten Gegner des Kollektivismus waren die Kommunisten. Der kommunistische Landwirtschaftsminister Vicente Uribe stand an der Spitze aller Regierungseingriffe gegen die Bauernkollektiven in der Levante. Die Bauern hätten der Gewalt der Staatsbürokratie ihre eigene Gewalt entgegensetzen können. Doch verzichteten sie angesichts des antifaschistischen Bürgerkrieges auf die Anwendung der Gewalt. Sie begnügten sich damit, die staatlichen und parteilichen Übergriffe auf gerichtlichem Wege anzuklagen. Die Föderation richtete zu diesem Zwecke eine Rechtshilfe ein, bei der die Kollektivisten Rechtsschutz erhielten.

Nach dem Sieg Francos über die Republik wurden die Kollektive zerstört und die levantinische Bauernföderation verfiel der Auflösung. Die Ländergebiete aber, die von den Kollektiven in mühseliger Arbeit durch Bewässerung in fruchtbares Ackerland verwandelt worden waren, konnten nicht zerstört werden. Sie sind ein dauerndes Wahrzeichen einer großen Zeit. Die kulturellen Einrichtungen der Föderation wurden von den Falangisten zum Teil übernommen und in autoritärer Form weitergeführt.

Die levantinischen Bauern haben die kurze aber fruchtbare Periode der freiheitlichen Neuschöpfung nicht vergessen. Sie hatten sich aus eigener Kraft Wohlstand und Freiheit geschaffen. Die Erinnerung an diese glorreiche Epoche ist wach geblieben. Trotz der furchtbaren Unterdrückung und materiellen Not unter dem Franco-Regime richten die levantischen Bauern ihre Blicke in die Zukunft. Sie leben in der Zuversicht, dass der Tag der Freiheit und des Wohlstandes aufs neue anbrechen wird.

Über die Hälfte der Ländereien auf republikanischem Gebiete war kollektiviert worden. Die meisten Kollektive hatten die Anarchosyndikalisten organisiert. Die Grundform war das örtliche Kollektiv, danach kam die Kreisföderation und darauf die Provinzialverbände, die sich ihrerseits in Regionalföderationen zusammenschlossen. Alle Regionalföderationen bildeten zusammen eine Landesföderation. Der Kollektivismus hatte auf dem Lande durch seine weite Verbreitung eine große Bedeutung für die Versorgung der Städte mit Lebensmitteln. Bald kam es zwischen der syndikalistischen Landesföderation der Landkollektive (*Confederación Nacional de Campesinos*) und dem Institut für Agrarreform zu Kompetenzstreitigkeiten.

Das Institut für Agrarreform hatte die Aufgabe, in Übereinstimmung mit der Agrargesetzgebung vom Jahre 1931, Land zu verteilen und den Neubauern durch Gewährung von Krediten zu helfen. Nach dem 19. Juli hatte die Landbevölkerung unter dem Einfluss der Anarchosyndikalisten das Land der faschistischen Großgrundbesitzer enteignet und Kollektive gegründet, ohne die Genehmigung des Instituts für Agrarreform einzuholen. Die neuen Kollektive unterstanden nicht der Kontrolle des Institutes. Nach dem 19. Juli kam das Landwirtschaftsministerium in die Hände der Kommunisten und das Institut für Agrarreform war dem kommunistischen Landwirtschaftsminister unterstellt. Dem kommunistischen Landwirtschaftsminister waren die vielen selbstständigen Kollektive, die sich dem Einfluss seiner Macht entzogen, ein Stein des Anstoßes. Die in ihrer großen Mehrheit anarchosyndikalistischen Kollektive waren überdies der kommunistischen Propaganda nicht zugänglich.

Um nicht hinter den Ereignissen zurückzubleiben, forderte auch das Institut für Agrarreform nach dem 19. Juli die Bildung von Kollektiven und Genossenschaften, gewährte Kredite, vermittelte die Überweisung von Landwirtschaftsmaschinen, richtete Reparaturwerkstätten ein und bemühte sich, die Produktion der Landwirtschaft aufzukaufen. Diese Funktionen wurden auch von den örtlichen syndikalistischen und anarchistischen Landkollektiven mit ihren Spitzenkörperschaften ausgeübt. Das staatliche Institut und der syndikalistische Bauernbund waren praktisch in vielen Beziehungen Konkurrenzorganisationen. Das Institut hielt sich für die einzig kompetente Einrichtung. Der Bauernbund war eine vom Staate unabhängige Wirtschaftsorganisation. In dieser gab der Staatsbürokratismus den Ton an, in jenen kam die Initiative der Bauern zum Ausdruck. Das Institut konnte sich auf die Staatsautorität stützen, die anarchosyndikalistischen Kollektive suchten bei ihrer Landesföderation Schutz. Der Bauernkollektivismus hatte im Volk selbst seine Wurzeln. Das Institut für Agrarreform war eine staatliche Dachorganisation, die sich durch die Staatsautorität durchzusetzen versuchte. Der Bauernbund ergriff die Initiative, das Problem der Lebensmittelversorgung zu meistern, wobei er sich auf die örtlichen Kollektive und kollektivistischen Regionalföderationen stützte. Er stellte sich damit eine wichtige Aufgabe, denn die Lebensmittelversorgung befand sich infolge des Bürgerkrieges in einer ernsthaften Krise.

Wie in den meisten Ländern, so war auch in Spanien die Lebenshaltung der Landbevölkerung niedriger als die der Bevölkerung in den Städten. Die Hebung ihrer Lebenshaltung hätte einerseits durch Verbesserung der Produktionsmethoden in der Landwirtschaft, andererseits durch Preiserhöhung der landwirtschaftlichen Produkte erfolgen können. Der erste Weg erforderte Zeit und war während des Bürgerkrieges mit allerhand Schwierigkeiten verbunden. Der zweite Weg war leichter zu beschreiten, besonders bei Verknappung der Lebensmittel. Die Preiserhöhung der Landprodukte aber hätte für die Konsumenten in den Städten eine Verteuerung der Lebensmittel bedeutet. Die Industriearbeiterkollektive wären gezwungen gewesen, die Löhne zu erhöhen. Die Folge davon wäre eine Steigerung der Produktionskosten und folglich eine Preiserhöhung der Industrieprodukte gewesen. Letzten Endes hätten die Landarbeiter höhere Preise für die Industrieprodukte zahlen müssen. Das Ganze wäre in eine Inflation gemündet. Die allgemeine Preiserhöhung hätte sich am Schlusse in einem geschlossenen Kreis bewegt und niemanden einen Vorteil gebracht. In einigen Ländern, in denen das gleiche Problem auftrat, hat man den Versuch gemacht, diese Schwierigkeiten durch Eingreifen des Staates zu überwinden. Man hat Höchstpreise für die wichtigsten Lebensmittel festgesetzt und den Landwirten, die bei diesen Preisen nicht auf ihre Kosten kamen, Staatszuschüsse gewährt. In Frankreich, England, den Vereinigten Staaten und einigen anderen Ländern ist die Unterstützung der Landwirtschaft durch den Staat fast zu einer allgemeinen Regel geworden, die unabhängig vom politischen Kurs befolgt wird.

In der spanischen Republik wurde auf Grund der veränderten sozialen Verhältnisse und infolge der Kollektivierung das Problem in anderer Weise angepackt. Die Syndikalisten, die durch ihre Land- und Industriekollektive einen großen Teil des

Wirtschaftslebens kontrollierten, gingen ihren eigenen Weg, der weder kapitalistisch, noch kommunistisch war.

Die Landkollektive und auch die privaten Landwirtschaftsbetriebe hatten das Recht, die für ihren Eigenkonsum erforderlichen Landprodukte zurückzubehalten. Es wurde ihnen anheim gestellt, ihre Ration nicht höher anzusetzen als die Rationen der städtischen Bevölkerung. Obwohl kein Zwang ausgeübt wurde, genügte im Allgemeinen dieser moralische Appell. Hamsterer bildeten unrühmliche Ausnahmen. Die Kollektive lieferten ihren Provinzial- und Regionalföderationen freiwillig ihre Produkte ab, die ihnen zu den von den örtlichen und provinzialen Lebensmittelkommissionen festgesetzten Preisen in Rechnung gestellt wurden. Die abgelieferten Produkte wurden an die Organe des Bauernbundes, an die Konsumgenossenschaften und Verteilungsstellen des Privathandels – letzterer wurde von den Gewerkschaften kontrolliert – geleitet. Den Konsumenten wurden die Lebensmittel zu einheitlichen, von den Gewerkschaften der Land- und Industriearbeiter gemeinsam festgesetzten Preisen verabfolgt. In ähnlicher Weise wurden auch die Preise für die wichtigsten Industrieprodukte von paritätischen Kommissionen der Land- und Industriearbeitergewerkschaften festgesetzt. Diese direkte Regelung durch die Gewerkschaften, wodurch sowohl die Interessen der Produzenten, als auch die der Konsumenten berücksichtigt wurden, machte das Eingreifen des Staates überflüssig. Es gelang dem kollektivistischen System dadurch, die Klassengegensätze zu beseitigen. Arbeiter und Bauern waren Mitglieder einer großen Familie von Produzenten und Konsumenten. Das Problem von Preisen und Löhnen erfuhr eine zufrieden stellende Lösung. Der syndikalistische Bauernbund hatte sich auch mit dem Arbeitslosenproblem auf dem Lande zu beschäftigen. In Spanien war die Hauptursache der Arbeitslosigkeit auf dem Lande in den ungerechten Eigentumsverhältnissen zu finden. In einigen Landesteilen gab es weite Strecken unbebauten Großgrundbesitzes. In anderen Teilen war für die vielen Landarbeiter nicht genügend Grund und Boden vorhanden. Die Enteignung des Großgrundbesitzes und die Organisierung durch die Kollektive gab den arbeitslosen Landarbeitern die Möglichkeit, in die unbebauten Ländereien abzuwandern. Mit Hilfe des Bauernbundes wurde den kollektivistischen Neubauern die Möglichkeit gegeben, sich durch eigene Arbeit auf dem gemeinsamen Grund und Boden zu ernähren. Der Austausch von Land- und Industrieprodukten wurde soweit als möglich örtlich geregelt, um zentralistische und bürokratische Auswüchse zu vermeiden. Der Warenverkehr von Provinz zu Provinz und Region zu Region wurde zwischen den Land- und Industriearbeitergewerkschaften vereinbart Der Bauernbund errichtete örtliche Ausgleichskassen, wodurch die Zahlungen durch Saldenverrechnungen erleichtert wurden.

Durch die Initiative der Bauern und Arbeiter hatte sich eine wirtschaftliche Umgestaltung vollzogen, an der der Staat nicht beteiligt war. Es war ein echter Volkssozialismus der Arbeiter und Bauern. Man benötigte keine Regierungsdekrete. Alles wurde von den Belegschaftsversammlungen in den Betrieben, den Bauernversammlungen in den Dörfern und von der werktätigen Bevölkerung in der Gemeinde in die Wege geleitet. Es war eine glückhafte Verbindung von Sozialismus und Freiheit.

Der spanische Kollektivismus war nicht das Werk überstürzter Revolutionsmaßnahmen oder unüberlegter Handlungen. Er hatte im Volk tiefe Wurzeln und ist von langer Hand vorbereitet worden. Staat und Gesetzgebung fühlten sich gezwungen, ihm einen rechtlichen Platz in der Gesetzgebung einzuräumen. Das Institut für Agrarreform bestand vor dem 19. Juli 1936. Es sollte den Wünschen des Volkes nach gerechter Landverteilung Rechnung tragen. Unter dem Drucke der Massen war der Staat gezwungen, die Veränderungen in den Eigentumsverhältnissen und die kollektivistischen Wirtschaftsformen anzuerkennen. Die Gesetzgebung hat die neuen Kollektivwirtschaften nicht geschaffen. Sie registrierte nur, was vom Volk selbst geschaffen worden war. In den Dekreten der Volksfrontregierung nach dem 19. Juli über die Eigentumsrechte und die Wirtschaftsorganisationen spiegelt sich die auf dem Lande vollzogene Veränderung in unzweideutiger Weise wider.

Bereits nach der Proklamierung der Republik (1931) sah sich die Regierung gezwungen, die Agrarreform zu fördern, um die schlimmsten Ungerechtigkeiten in den Besitzverhältnissen aus der Welt zu schaffen. Am 15. September 1932 wurde ein Gesetz erlassen, nach welchem »Grund und Boden expropriiert werden kann, falls er von seinen Besitzern dem Staate für diese Zwecke zur Verfügung gestellt und das Institut der Agrarreform Wert auf den Erwerb der betreffenden Ländereien legt«. Dieses Dekret war ungenügend und konnte die landhungrigen Landarbeiter nicht zufriedenstellen. Es erklärt zwar, dass die Enteignung gegen Entschädigung von Landgütern, die ungenügend oder gar nicht bebaut werden und die durch ihre Lage und allgemeinen Bedingungen eine rationellere Bebauung ermöglichen, zulässig sei, macht die Enteignung aber nicht zur Pflicht. Am 9. Dezember 1935 veröffentlichte das Institut für Agrarreform ein neues Dekret, das die Enteignung großer Landgüter und deren Überführung zu gemeinnützigen Zwecken unter gewissen Voraussetzungen als zulässig erklärt. Auch dieses Dekret war nicht gründlich genug, um die Landarbeiter zufriedenzustellen.

Zwei Monate nach dem 19. Juli 1936 wurde – am 15. und 23. September – vom Landwirtschaftsminister ein neues Dekret erlassen, in welchem die vom Volke durchgeführten Enteignungen der ersten Tage nach dem 19. Juli sowie die Bildung von Kollektiven und Genossenschaften auf den enteigneten Gütern gesetzlich anerkannt wurden. Paragraph 1 dieser Verordnung ermächtigte die Einsetzung von örtlichen Wirtschaftskomitees. Vier Mitglieder der Volksfrontparteien und der Gewerkschaften konnten unter dem Vorsitz des Gemeindevorstehers und unter dem Beisitz von Vertretern der provinzialen Agrarbehörden zusammen Vorschläge für die Steigerung der landwirtschaftlichen Produktion machen. Die Verordnung erkannte die neuen Eigentumsverhältnisse und die neugebildeten kollektiven Organisationen der Landarbeiter an. Am 7. Oktober des gleichen Jahres veröffentlichte der Agrarminister eine neue Verordnung, nach der die entschädigungslose Enteignung von Landgütern zu Gunsten des Staates aus dem Besitze von Personen, die direkt oder indirekt am Putsch des 19. Juli gegen die Republik teilgenommen haben, gebilligt und gesetzlich anerkannt wird. Um den vom Volk selbst vorgenommenen Enteignungen einen legalen Charakter zu geben, verordnete das Gesetz die Einsetzung einer vom Gemeindevorstand, dem Volksfrontkomitee, Vertretern der Gewerkschaften und der Kleinbauern zusammengesetzten Qualifikationsjunta, die unter dem Beisitz eines Provinzialvertreters des Landwirtschaftsministeriums darüber zu entscheiden hat, wer als Franco-Anhänger und Kollaborationist zu betrachten und demgemäß zu enteignen sei. Die Entscheidung der örtlichen Junta musste durch eine Provinzialjunta bestätigt werden. Nachdem er im Staatsanzeiger zu Madrid mit den Namen der betreffenden Personen veröffentlicht wurde, war die Entscheidung rechtskräftig. Berufung gegen diese Enteignung war beim Landwirtschaftsministerium zulässig. Beschlagnahmeobjekte waren nicht nur Ländereien, sondern auch Gebäude, Fabriken zur Verarbeitung landwirtschaftlicher Produkte, sowie festes Eigentum im allgemeinen. Das Gesetz enthielt auch die Bestimmung, dass beschlagnahmtes Eigenturm den Landarbeiterorganisationen oder – falls solche am Orte nicht vorhanden waren – den Landarbeitern individuell zur Nutzbarmachung überlassen werden durfte. Enteignungen, die nicht nach den gesetzlichen Vorschriften vollzogen worden waren, konnten für ungültig erklärt werden. Dieser Passus veranlasste die anarchistischen Kollektive, sich den neuen Bestimmungen anzupassen. Das Gesetz erklärte ferner, dass in Übereinstimmung mit dem Willen der Mehrheit die Bewirtschaftung der landwirtschaftlichen Betriebe kollektiv oder individuell vorgenommen werden kann. Antifaschistische Kriegsteilnehmer wurden durch das Gesetz bei der Verteilung des Landes bevorzugt. Es wurde ihnen freigestellt, den ihnen zugeteilten Grund und Boden allein oder kollektiv zu bearbeiten, bzw. in ein Kollektiv zu übergeben, in der sie Mitglied waren. Das Institut für Agrarreform wurde ermächtigt, die Vormundschaft des enteigneten Landes zu übernehmen. Die individuellen oder kollektiven Neubauern konnten sich bei einer neu zu gründenden landwirtschaftlichen Kreditbank um Kredite bemühen.

Am 8. Juni 1937 wurde ein neues Dekret über die gesetzliche Anerkennung der Landwirtschaftskollektive erlassen. Die Regierung anerkannte als zu Recht bestehend alle im laufenden Landwirtschaftsjahr gesetzlich eingetragenen Kollektive, die sich nach dem 19. Juli 1936 gebildet hatten und das von ihnen übernommene Land bearbeiteten. Am 15. Juli 1937 wurden vom Finanzminister Negrín Bestimmungen über Zahlungen von Steuern und Abgaben erlassen. In dem gleichen Dekret erklärt sich der Staat als Eigentümer der vom Volke beschlagnahmten Fabrikgebäude und

Wohnhäuser. Kollektive oder sonstige Organisationen, die sich im Besitz solchen Eigentums befanden, wurden aufgefordert, die vorher von den respektiven Privatbesitzern gezahlten Steuern und Abgaben direkt an den Fiskus abzuführen. Diese Verordnung sollte dazu dienen, dem Staate neue Einnahmen zuzuführen, bedeutete aber gleichzeitig Anerkennung der vom Volke durchgeführten Enteignungen und Kollektivierungen. Der revolutionäre Enteignungsprozess hatte gesetzliche Formen erhalten. Der Staat hatte für die auf revolutionärem Wege neu geschaffenen kollektiven Eigentumsverhältnisse auch neue Rechtsformen geschaffen. Mit diesen Dekreten stellte sich der Staat auf den Boden der revolutionären Tatsachen. Ausgangspunkt der neuen Rechtsformen war das direkte Eingreifen des Volkes. Das spanische Sprichwort: *EL hecho va ante el derecho* hatte sich aufs Neue bestätigt.

Die Tat ging dem Rechte voraus.

Worin unterscheidet sich der Sozialismus vom Kapitalismus? Die Sowjetunion ist nicht weniger kapitalistisch als die Vereinigten Staaten. Kapital wird in beiden Ländern akkumuliert, hier von Einzelpersonen oder Gruppen, dort vom Staate und seiner Bürokratie. In letzterer herrscht der Staatskapitalismus, in ersterer der Privatkapitalismus. Was man sonst darüber sagen möge, ist Sophistik, Demagogie oder Schönrederei. Die Sowjetunion als sozialistisch hinzustellen, ist Betrug. Das Ideal des Sozialismus ist unvereinbar mit Knechtung und Ausbeutung wie sie in der Sowjetunion ausgeübt werden.

Die zwei großen Wirtschaftssysteme der Gegenwart sind Privatwirtschaft und Staatswirtschaft. Dass die Staatswirtschaft unter allen Umständen vorzugswürdiger sei als die Privatwirtschaft, ist eine propagandistische Zwecklüge. Damit soll nicht gesagt sein, dass der Privatkapitalismus an sich gut ist. Selbst ohne Wirtschaftskrisen und ohne imperialistische Kriege ist das private Ausbeutungswesen ein gesellschaftliches Übel. Doch das Grundübel, die Ausbeutung, ist auch im Staatskapitalismus nicht abgeschafft.

Ein drittes Wirtschaftssystem ist der Kollektivismus oder vom Volke selbst eingeführte Sozialismus ohne Dazwischentreten des Staates. Er ist heute noch ein Ideengebilde, doch in Spanien war man während des Bürgerkrieges auf dem Wege, ihn einzuführen. In kurzer Zeit – in anderthalb Jahren – war man erstaunenswert weit auf dem Wege zu seiner Verwirklichung gekommen. Was man in Spanien verwirklichte, war ein syndikalistischer Gewerkschaftssozialismus, ein System ohne Ausbeutung und ohne soziale Ungerechtigkeiten.

In der freiheitlichen Kollektivwirtschaft wird die Lohnknechtschaft durch gerechte Verteilung des Arbeitsertrages ersetzt. An die Stelle des Privat- oder Staatseigentümers tritt das Betriebskollektiv, die Gewerkschaft, der Industrieverband und letzten Endes der gewerkschaftliche Landesbund. Dass ein solches System praktisch durchführbar ist, das haben die spanischen Syndikalisten gezeigt. Der freiheitliche Kollektivismus garantiert die Freiheit, wirkt belebend auf die Initiative und ebnet damit dem Fortschritt den Weg. Die syndikalistische Kollektivwirtschaft ist keine staatliche Planwirtschaft. Geplant wird nur, was den Konsumenten zum Nutzen gereicht. Was die Konsumgenossenschaft für den Konsumenten ist, das ist die syndikalistische Kollektive für den Produzenten. Sie beseitigt die Ausbeutung und den Staatszwang.

Die während des spanischen Bürgerkrieges errichteten Kollektive waren wirtschaftliche Arbeitsgemeinschaften ohne Privateigentum. Der kollektivierte Betrieb gehörte den Arbeitern und Angestellten, war aber nicht ihr Privateigentum im Sinne der heutigen Gesetzgebung. Das Kollektiv hatte kein Recht, die Fabrik oder Werkstatt im Ganzen oder einzelne Teile davon zu verkaufen oder sonstwie zu veräußern. Trotzdem aber war das Kollektiv nicht identisch mit dem *volkseigenen* Betrieb in der Ostzone Deutschlands. Der rechtliche Garant des Kollektivs war nicht der Staat, sondern die CNT, d. h. der Landesarbeitsbund. Doch auch dieser hatte nicht das Recht, durch seinen Vorstand nach Gutdünken zu verfügen. Alles musste durch die Arbeiter selbst auf Konferenzen und Kongressen entschieden werden. Diese neue Ordnung war flexibel. Im Betriebe bestimmten die Arbeiter und Angestellten. Phalansterien nach Fourierschem Vorbild waren es nicht, und auch nicht Nationalbetriebe im Sinne von Saint Simon. Es war ein Versuch, die Arbeit durch solidarische Hilfeleistung, die Wirtschaft durch gegenseitigen Kredit zu organisieren, ähnlich wie es Prondhon vorgeschlagen hat. Die Syndikalisten waren stolz darauf, den Sozialismus selbst einzuführen, ohne Dazwischentreten des Staates und ohne Parteipolitiker. Das waren Dinge der Wirtschaft, Aufgaben für Arbeiter, Techniker und Ingenieure. Staatsbeamte und Parlamentarier sollten sich nicht einmischen. Wirtschaftsliberalismus war es auch nicht. Zwischen der selbstherrschaftlichen Unternehmerwirtschaft mit unbeschränkter Ausbeutung und der syndikalistischen Kollektivwirtschaft besteht kein Zusammenhang.

Nach einem Jahre stand die syndikalistische Wirtschaftsstruktur bereits fest auf den Beinen. Die Betriebe wurden von den Arbeitern selbst geleitet, die erforderlichen Leiter von ihnen selbst erwählt. Probleme, die über die Kompetenz des Einzelbetriebes hinausgingen, wurden dem örtlichen Wirtschaftsrat unterbreitet. In Barcelona setzte sich der Ortswirtschaftsrat aus zwei Delegierten jeder Industrie zusammen. Am 28. August 1937, ein Jahr nach dem Beginn der Kollektivierung, fand in Barcelona der erste Wirtschaftskongress für Katalonien statt. Bald darauf tagte in Valencia ein Wirtschaftskongress fürs ganze Land. Die zahlreichen Kollektive in Stadt und Land und die sozialisierte Industrie machten aus dem syndikalistischen Landesbund der Arbeit die größte und reichste Wirtschaftsmacht des Landes. Der Kongress in Barcelona behandelte Aufgaben und Probleme, die ein Spiegelbild der neuen Wirtschaftsstruktur darstellten.

Einige Beispiele:

1. Die kollektivierten Schuhfabriken benötigten einen Kredit von zwei Millionen Peseten. Sie hatten die ganze Zeit hindurch den Arbeitern volle Löhne ausbezahlt, waren aber auf Grund von Ledermangel gezwungen gewesen, verkürzt zu arbeiten. Fünfhundert Arbeiter erhielten ihre wöchentliche Auszahlung, wie sonst, ohne zu arbeiten, weil kein Leder da war. Das konnte nicht auf die Dauer so weiter gehen. Der Wirtschaftsrat untersuchte die Lage der Schuhindustrie. Er stellte fest, dass kein Überfluss an Schuhen vorhanden war. Der Kredit würde es ermöglichen, Leder einzukaufen und einige veraltete Fabriken zu modernisieren. Die Modernisierung und Reorganisierung der Industrie würde die Schuhpreise verbilligen und den Konsum erhöhen. In kurzer Zeit würde die Schuhindustrie saniert sein und bald sogar anderen Industrien helfen können. Dieser günstige Bericht befürwortete die Kreditgewährung.
2. In Katalonien gab es keine Aluminiumfabrik. Die Fabrik, in der Aluminium hergestellt wurde, befand sich bei Huesca auf dem von den Faschisten besetzten Gebiete. Die Herstellung von Aluminium war für die Fortführung des Krieges von großer Bedeutung. Die Gewerkschaften nahmen die Sache in die Hände. Der Wirtschaftsrat arbeitete unter Hinzuziehung von Chemikern, Ingenieuren und Technikern den Plan für den Bau einer Aluminiumfabrik aus. Wasserkraft, Elektrizität, Kohle und Bauxit waren im Lande vorhanden. Für die Finanzierung legte der Wirtschaftsrat dem Kongress einen besonderen Plan vor. Das Geld war durch die kollektivierten Betriebe, die sozialisierten Industrien und durch Gewerkschaftsgelder aufzubringen. Von dem heutigen System des Aktienkapitals, das auch in der Sowjetunion in neuer Form erstanden ist, nahm man Abstand. Man fürchtete, dass man dadurch dem Kapitalismus, den man zur Tür hinausgejagt hatte, durch das Fenster wieder Einlass gewähren würde.
3. Dem Problem der Erwerbslosigkeit steht der Privatkapitalismus ratlos gegenüber. Der russische Staatskapitalismus hat es durch Errichtung von Konzentrationslagern mit Zwangsarbeitern und durch eine mächtige staatliche Rüstungsindustrie gelöst, in ähnlicher Weise wie die faschistischen Staaten es getan hatten. Zwölf Millionen Arbeiter sind zur Zwangsarbeit in den sowjetischen Arbeitslagern verurteilt. Die syndikalistische Kollektivwirtschaft packte das Problem auf ihre eigene Weise an. Industriearbeiter, die sich für Landwirtschaft interessierten, wurden in den Landwirtschaftskollektiven untergebracht. In Gemeinschaft mit dem Bund der Landarbeitergewerkschaften arbeitete der Wirtschaftsrat von Barcelona einen Plan für Erschließung neuer Bebauungsflächen, Bewässerung und Verbesserung der bebauten Nutzflächen aus. Dank dieser Initiative war man in der Lage, die Arbeitslosigkeit in den Städten einzudämmen oder ganz abzuschaffen. Der Landwirtschaft öffneten sich endlich neue Möglichkeiten, ihre Rückständigkeit zu überwinden.

Doch die Arbeiter sind keine Kapitalisten. Wo nehmen sie das Geld her, um Löhne zu zahlen, Rohmaterial einzukaufen, Maschinen anzuschaffen, Betriebe zu modernisieren oder neue zu errichten, landwirtschaftliche Meliorationen vorzunehmen usw.?

Sie helfen sich gegenseitig. Allein und vereinzelt sind sie finanzielle Zwerge, die Zusammenarbeit und Zusammenlegung der Mittel aller Betriebe aber macht sie zu Riesen. Die Gelder aller kollektivierten Betriebe, der sozialisierten Industrien und der Gewerkschaften fließen in einer konföderalen Kasse oder Gewerkschaftsbank zusammen. Die Zentralkasse ist in Barcelona; in allen Orten gibt es Filialen. Die Bank nimmt die Überschüsse der einen in Verwahrung und gibt anderen Kredite. Der Geldverkehr wird möglichst eingeschränkt. Die Bank übernimmt die Vermittlung des Austausches der Produkte. Nur die Restsummen werden in Geld ausbezahlt. Die Grundlinien für die Manipulationen der konföderalen Kasse werden auf den jährlichen Gewerkschafts- und Wirtschaftskongressen festgelegt.

Die Bank der Arbeit erwirbt auch Auslandsdevisen für den Einkauf von Rohprodukten und Waren aus dem Ausland. Auch beim Außenhandel soll der Kompensationsverkehr an Stelle des direkten Geldverkehrs treten. Dem Gewerkschaftskongress werden jährlich die Ankäufe aus dem Ausland zur Begutachtung unterbreitet. Zinsen gewährt die Gewerkschaftsbank nicht. Es wurden nur ein Prozent Unkostenbeitrag in Rechnung gestellt. Das war die neue Wirtschaftsstruktur der freiheitlichen Sozialisten.

Der Privatkapitalismus trägt den Keim des Imperialismus in sich. Die Staatswirtschaft ist ihrem Wesen nach nationalistisch. Die freiheitlich sozialistische Kollektivwirtschaft ist von Imperialismus und Nationalismus frei. Das ist von großer Bedeutung für die Aufrechterhaltung des Friedens.

Die spanischen Syndikalisten machten als Erste den Versuch, den Sozialismus von unten aufzubauen. Die kollektivierten Betriebe waren die Bausteine des freiheitlichen Sozialismus. Die sozialisierten Industrien stellten das Gebäude der freien Gesellschaft dar. Seine Architekten waren die Hand- und Kopfarbeiter in Stadt und Land.

Vor Ausbruch des Franco-Putsches lag das Gerichtswesen unter der Obhut des Staates. Es gab Gemeinderichter und örtliche Zivilrichter der ersten Instanz sowie Richter für Strafverfahren, die von der Madrider Regierung eingesetzt worden waren. Gegen die Entscheidungen der Amtsgerichte und der Tribunale der ersten Instanz konnte bei den Territorial- oder Provinzialgerichten Berufung eingelegt werden. Außerdem bestand ein Oberstes Berufungsgericht, das die höchste Instanz im Gerichtswesen des Landes darstellte. Nach Niederschlagung des Franco-Putsches richtete sich der. Volkszorn in zahlreichen Orten gegen reaktionär eingestellte Richter und Gerichte, die wegen Fällung von Klassenurteilen verhasst waren. Es konnte nicht ausbleiben, dass in dieser Periode der aufgepeitschten Leidenschaften die Angriffe vielfach über das Ziel hinausgingen. Das Volk stürmte die Gerichtsgebäude und bemächtigte sich der Archive. In den katalanischen Städten Vich, Granollers, Villanueva y Geltrú, sowie auch in mehreren Orten der Levante und Andalusiens bemächtigte sich das Volk der Gerichtsakten und Tausende davon gingen in Flammen auf. In einigen Orten kam es sogar auch vor, dass selbst die Zivilregister und Kirchenbücher mit ihren Tauf- und Heiratsurkunden ein Raub der Flammen wurden. Das staatliche Gerichtsgebäude in Barcelona wurde vom Volke besetzt. Die im Gebäude stationierte Zivilgarde von 50 Personen wurde entwaffnet. Eine Arbeitermiliz aus den Belegschaften der nahen Elektrizitätswerke, der nahen Eisenbahnstation und der gleichfalls in der Nähe gelegenen Zentralmarkthallen übernahm den Schutz des Gebäudes und pflanzte das Wahrzeichen des antifaschistischen Volkes, die schwarzrote Flagge der Anarchosyndikalisten auf. Die Besetzung des Gerichtsgebäudes war der erste Akt, mit der die Erneuerung des Gerichtswesens symbolisch eingeleitet wurde. An Stelle der staatlichen Justiz trat die Volksgerichtsbarkeit. Es wurde ein neues, aus dem Volke selbst hervorgegangenes oberstes Gerichtskomitee für Katalonien eingesetzt. Die alten Gerichtshöfe mit Ausnahme des von Madrid abhängigen Kassationstribunals wurden aufgelöst, neue Körperschaften traten an ihre Stelle.

Die oberste Gerichtsinstanz für Katalonien war das revolutionäre Volkstribunal. An seiner Spitze standen Männer, die vom Vertrauen des Volkes getragen waren. Vorsitzender dieses Tribunals wurde der föderalistische Republikaner und berühmte Rechtsanwalt Bariobero, erster Beisitzer war der anarchistische Rechtsanwalt Samblancat, einer der gelehrtesten Juristen des Landes.

Die neuen Volksgerichte befassten sich nicht mit zivilen Eigentumsdelikten. Sie verhandelten in der Hauptsache Klagen zwischen Arbeitern und Unternehmern, die aus der vorangegangenen Zeit übernommen worden waren. Es handelte sich meist um Vergehen, die in Streiks ihre Ursache hatten. Verfahren wegen Sabotageakten und wegen Widerstand gegen die Staatsgewalt bei diesen Streiks wurden niedergeschlagen. Dagegen wurden über Forderungen der Arbeiter Verhandlungen geführt und Urteile gefällt.

In den ersten Tagen nach Niederschlagung des Franco-Putsches hatte das Volk die Ausübung der Justiz in die eigenen Hände genommen. Über die Franco-Anhänger und Volksfeinde urteilten revolutionäre Sondergerichte. Nur in den Kampftagen wurden in überstürzter Weise Urteile gefällt und rasch vollzogen. Das geschah in gleicher Weise bei den Faschisten wie den Republikanern. Eine Woche nach Beendigung des Kampfes wurde im republikanischen Spanien niemand ohne sorgfältiges Gerichtsverfahren der Volkstribunale abgeurteilt.

Die große Anzahl von verantwortlichen Putschgenerälen und Offizieren, die im republikanischen Spanien gefangen genommen wurden, sind besonderen Gerichtshöfen übergeben worden, die im Einverständnis mit der Madrider Regierung eingesetzt worden waren. In Barcelona tagten zwei solcher Volkstribunale; eines auf dem Ozeandampfer *Uruguay*, der im Hafen vor Anker lag und das andere auf der Festung Montjuich, außerhalb der Stadt. Dreihundert höhere Offiziere wurden angeklagt, an den Vorbereitungen und dem Ausbruch des bewaffneten Aufstandes gegen die Republik maßgeblich und verantwortlich beteiligt gewesen zu sein. Die Gerichte hatten zweihundert für schuldig befunden und einhundert freigesprochen.

Auch das Schwurgericht wurde neu organisiert. Es bestand nach wie vor aus zwölf Geschworenen, die von den antifaschistischen Organisationen und Gewerkschaften gestellt wurden. Unter den neuen Geschworenen befanden sich vier Frauen, die aus den Reihen der Mitglieder der Lebensmittel- und Textilarbeitergewerkschaften gewählt wurden. Die Heranziehung von Frauen für die Schwurgerichte war für Spanien eine Neuerung. Die Frauen haben sich als Geschworene gut bewährt.

Der sozialistische Kriegsminister Indalecio Prieto schuf auch eine Organisation gegen Militärspionage, die später unter dem Namen SIM bekannt und gefürchtet wurde. Das SIM entglitt bald den Händen seines Schöpfers. Die Kommunisten hatten es verstanden, die entscheidenden Posten des SIM in ihre Hände zu bekommen und missbrauchten ihre Macht zu parteipolitischen Zwecken. Das SIM hatte seine eigene Polizei, ein eigenes Tribunal und eigene Gefängnisse. Es war der Kontrolle durch das Volk vollständig entzogen. Ausländische Kommunisten gaben im SIM den Ton an und gingen nach den Weisungen der russischen GPU wie in Feindesland vor. Nicht nur Faschisten, sondern auch Antifaschisten, die den Kommunisten im Wege standen, wurden Opfer des SIM. Selbst der marxistische ehemalige Justizminister Kataloniens, Andrés Nin, wurde ein Opfer der SIM. Er wurde vom SIM verhaftet und verschwand auf immer. Das SIM ist ein schwarzes Kapitel im republikanischen Spanien. Es hatte das Licht der Öffentlichkeit zu scheuen. Für seine Handlungen tragen die Kommunisten und die Negrín-Clique die Verantwortung. Die Volkstribunale dagegen stehen vor der Geschichte rein und gerechtfertigt da.

Die staatsrechtliche Stellung ist in der Republik nach dem Siege des Volkes über den Militärputsch die gleiche geblieben. Die Verfassung wurde nicht geändert. Im Staatsaufbau hat sich nichtsdestoweniger eine Veränderung vollzogen. Der Eintritt der Anarchisten und Syndikalisten in die Regierung war verfassungswidrig, da beide Gruppen nicht in den Cortes vertreten waren. Es handelte sich um einen Ausnahmefall. Es wäre nicht möglich gewesen, den Kampf gegen Franco ohne verantwortliche Teilnahme der Anarchosyndikalisten zu führen, die mindestens die Hälfte der antifaschistischen Kräfte repräsentierten. Nach dem Militärputsch ging die Macht nicht mehr vom Parlament, sondern direkt vom Volke aus. Das Schicksal der Nation entschied sich auf den Schlachtfeldern des Bürgerkrieges. Der Kampf gegen den Faschismus wurde vom Volke selbst geführt. Mutige Kämpfer und umsichtige Organisatoren waren wichtiger als die Parlamentsvertreter.

Die Mehrzahl der gesetzlichen Verordnungen während des Bürgerkrieges waren nur für die Kriegszeit erlassen worden. Nur wenige Dekrete gingen inhaltlich über diese Zeit hinaus. Ein Dekret von historischer Bedeutung wurde im Jahre 1937 vom anarchistischen Justizminister García Oliver erlassen. Es handelte sich um die gesetzliche Rehabilitierung der Juden, die Ende des 15. Jahrhunderts unter Isabel I aus dem Lande verwiesen und ihrer spanischen Nationalität beraubt worden waren. Dieses Gesetz aus dem 15. Jahrhundert ist formell niemals aufgehoben worden, hatte jedoch im Laufe der Jahrhunderte seine Kraft verloren.

Das neue Dekret bestimmte, dass die Nachkommen der spanischen Juden die spanische Nationalität wieder erhalten sollten, wenn sie sich darum bewerben. Damit sollte in aller Öffentlichkeit bekundet werden, dass die spanische Republik die mittelalterlichen Rassenvorurteile der katholischen Könige nicht anerkenne. Dieses Dekret bedeutete auch eine moralische Verurteilung der hitlerischen Judenverfolgungen, die um diese Zeit (1937) in Deutschland an der Tagesordnung waren. Die spanische Republik wollte der Welt ihre freiheitliche Gesinnung und ihren liberalen Charakter kundtun. Die Verordnung verlieh außerdem den Antifaschisten der verschiedenen Nationalitäten, die auf spanischem Boden gegen den Faschismus kämpften, die spanische Nationalität. Auch die vielen politischen Flüchtlinge und rassistisch Verfolgten wurden in Spanien mit offenen Armen empfangen.

Die Veröffentlichung dieses Dekretprojektes veranlasste die Nazipresse in Deutschland zu gehässigen Kommentaren gegen den »anarchistischen Justizminister und verkappten Juden García Oliver«, der als Feind des spanischen Volkes hingestellt wurde. Einige Jahre später veröffentlichte Franco ein ähnliches Dekret, das den Juden erlaubt, nach Spanien zurückzukehren.

Der Caudillo imitierte den Anarchisten. So ändern sich die Zeiten!

Kapitel 8

»No pasarán!«

Der Ausbruch des Militärputsches führte in Madrid zu einer Regierungskrise. Ministerpräsident Casares Quirogas trat zurück. Es bildete sich eine neue Regierung mit Portela Valladares an der Spitze. Doch auch diese Regierung hatte keinen Bestand und trat nach wenigen Tagen zurück. Die republikanischen Mittelparteien gingen nur zögernd den Weg nach links, doch schließlich gelang es dem Linksrepublikaner Professor José Giral eine neue Regierung zu bilden. Die bürgerlichen Parteien fürchteten den Druck von links nicht weniger als den Militärputsch von rechts. Nach Erhebung der Armee waren die politischen Parteien nicht mehr alleinige Träger der Macht. Die Arbeitermassen hatten unter Leitung der Gewerkschaften die Kasernen gestürmt und die Regierung stand unter dem Druck der Straße. Der Kampf gegen den Militärputsch konnte nur mit Hilfe der Arbeiterorganisation geführt werden. In der neuen Regierung Giral kam es bald zu Unstimmigkeiten. In der Presse wurde gegen den Ministerpräsidenten der Vorwurf erhoben, er verzögere den Waffenankauf im Ausland aus Furcht, den Goldbestand der Bank von Spanien anzugreifen. Die Syndikalisten wiesen darauf hin, dass Franco und seine Putschgeneräle in dieser Beziehung keine Skrupel kannten. Franco hatte Hitler und Mussolini die reichen Quecksilbergruben in Almadén und das wertvolle Erz der spanischen Gruben als Pfand für Waffenlieferungen und militärische Hilfe angeboten. Beide Diktatoren gingen auf dieses Anerbieten ein, obwohl die Erzvorkommen auf republikanischem Gebiet lagen und sich außerhalb der Reichweite Francos befanden. Durch Vermittlung des Leiters der deutschen Spionageorganisation, Canaris, den Franco von seinem Spanienaufenthalt während des Ersten Weltkrieges kannte, stellte der Luftwehrminister Göring bereits am 25. Juli 1936, sechs Tage nach Ausbruch des Putsches, dem spanischen Putschgeneral deutsche Flugzeuggeschwader zur Verfügung. Die ersten marokkanischen Truppen, die Franco von Afrika nach Andalusien dirigierte, wurden von deutschen Fliegern mit deutschen Flugzeugen befördert.

In Barcelona, Madrid und Valencia war der Militärputsch niedergeschlagen und mehr als die Hälfte des Landes war von den Faschisten befreit. In Sevilla dagegen war es General Queipo de Llano gelungen, sich zum Herrn der Stadt zu machen. Sevilla war der Schlüssel für Andalusien und es gelang Franco bald, den größten Teil Andalusiens zu besetzen. Nach der Eroberung von Cádiz durch die Fremdenlegion konnte der Putschistengeneral seine Truppen den Guadalquivir stromaufwärts befördern. Die

Faschisten hatten auch in Burgos und Salamanca gesiegt. Die Madrider Kolonnen der syndikalistischen Gewerkschaften hatten den Faschistenaufstand in zahlreichen Orten niedergeschlagen. Es war ihnen aber nicht möglich, mit ihren unzureichenden Waffen gegen die gut bewaffneten Francotruppen erfolgreich anzukämpfen und Badajoz, die Hauptstadt Extremaduras, fiel in die Hände Francos. Die afrikanischen Landsknechte hatten nach der Einnahme der Stadt ein furchtbares Blutbad unter der republikanischen Bevölkerung angerichtet. Wer im Verdacht stand, mit den Republikanern zu sympathisieren, wurde von den Mauren ohne Gnade und Barmherzigkeit niedergemacht.

Wo es dem Volke nicht gelungen war, den Militärputsch in den ersten Tagen niederzuschlagen, hatte sich der Faschismus auf die Dauer festgesetzt. Bald gelang es Franco, vom Mittelmeer bis Salamanca und Burgos eine ununterbrochene Frontlinie herzustellen. Aus dem politischen Putsch wurde ein militärischer Feldzug, der mit Hilfe italienischer und deutscher Waffen, Militärsachverständiger und Truppen gegen das republikanische Spanien geführt wurde. Francos Ziel war es, so schnell wie möglich Madrid zu erobern. Er hoffte, die Einnahme der Landeshauptstadt würde dem Bürgerkrieg ein baldiges Ende bereiten und ihm den schnellen Sieg in die Hände geben.

Anfang September hatte sich die Kriegslage für die Republikaner verschlechtert. Die Faschisten ruckten langsam, aber unaufhaltsam vor. Die republikanische Regierung war ihren Aufgaben nicht gewachsen. Ministerpräsident Giral trat am 4. September zurück. Largo Caballero, Generalsekretär der sozialistischen Gewerkschaften UGT, bildete eine Volksfrontregierung aller Linksparteien unter Einschluss der Kommunisten. Der linke Flügel der sozialistischen Partei und die Kommunisten feierten Caballero als den großen Mann der Stunde. Die spanischen Kommunisten wurden in die neue Regierung aufgenommen, nicht weil sie eine große Macht in der Innenpolitik darstellten, sondern weil man hoffte, dies würde dazu beitragen, dass Stalin der spanischen Republik Waffen liefern werde. Diese Hoffnung wurde von den Kommunisten weidlich ausgenutzt und diente ihnen zur Stärkung ihrer Parteikader.

Die Intervention der nazifaschistischen Mächte zu Gunsten Francos und die erwartete Beteiligung der Sowjetunion an der Seite der Republik stellte die Weltpolitik vor eine kritische Situation. Der spanische Bürgerkrieg war geeignet, den Weltfrieden zu gefährden. In Frankreich war die Volksfrontregierung mit dem Sozialistenführer Léon Blum an der Macht. Largo Caballero setzte große Hoffnungen auf Léon Blum[1]. Blum war jedoch nicht der Mann, selbstständige Entscheidungen zu

[1] Ich begab mich Anfang August 1936, vierzehn Tage nach Ausbruch des Francoputsches, im Auftrag der syndikalistischen Landesorganisation (CNT) und des antifaschistischen Milizkomitees Kataloniens nach Paris in Begleitung eines spanischen Kameraden, um von den französischen Gewerkschaften und vom Sozialisten Léon Blum Hilfe für die spanischen Arbeiter und die spanische Republik zu erbitten. Als wir in Gemeinschaft mit Jouhaux, dem Generalsekretär des französischen Gewerkschaftsbundes, im Hotel Matignon, wo die französische Regierung ihren Sitz hatte, auf Léon Blum warteten, erklärte uns ein Vertreter des französischen Generalstabs, der eingeladen war, um an der Unterredung teilzunehmen, dass Francos Sieg in Spanien für Frankreich gefährlich werden könne, da damit zu rechnen sei, dass Franco sich bei einem kommenden internationalen Konflikt an die Seite Hitlers stelle. Er sei, so erklärte der Generalstabsoffizier, kei-

treffen und rasch zu handeln. Er war eine Hamletnatur und kam über das zögernde Argumentieren nicht hinaus. Er wartete ab, welche Stellung England einnehmen würde. Im britischen Inselreich aber befand sich die Torypartei unter Führung Arthur Chamberlains an der Macht. Chamberlain entschied sich für die Nichteinmischung, die Politik des Nichthandelns. Léon Blum gab trotz der Sympathien der großen Mehrheit des französischen Volkes für die spanische Republik seine Zustimmung zu Chamberlains Noninterventionsvorschlag. Englands Vorschlag führte zur Politik der Nichtintervention seitens der Westmächte.

Im Laufe der folgenden Wochen und Monate kamen nach und nach russische Berater und Militärtechniker und später auch russische Waffen ins Land. Die militärische Hilfe Hitlers und Mussolinis für Franco war indessen rascher und wirkungsvoller. Dank dieser Hilfe konnte Franco seine Kräfte zusammenfassen und den Angriff auf Madrid vorbereiten. Im Lager der Republikaner war die Verwirrung groß. Die Regierung Largo Caballero bestand aus den politischen Linksparteien und repräsentierte nicht das gesamte antifaschistische Volk, sondern im besten Falle nur die eine Hälfte der antifaschistischen Kräfte. Die andere Hälfte bestand aus den Anarchosyndikalisten. Diese aber befanden sich außerhalb der Regierung. Die Hauptträger des Kampfes gegen Franco waren überdies die Arbeiterorganisationen, d. h. die Gewerkschaften. Die konföderalen Kräfte, wie die Kampfkolonnen der Anarchosyndikalisten genannt wurden, waren die bestorganisierten Kampfeinheiten des Madrider Proletariats. Sie hatten in Eduardo Val einen hervorragenden Organisator. Die wenigen Waffen, über die sie verfügten, hatten sie zum größten Teil selbst erobert. Die syndikalistische Konföderation errichtete eigene Waffenfabriken für ihre Kolonnen, in denen Patronen und Gewehre hergestellt wurden. Im Hauptquartier der konföderalen Einheiten waren 65.000 Frontkämpfer eingetragen, die allein von den syndikalistischen Gewerkschaften Madrids gestellt worden waren. Die konföderalen Einheiten verfügten über eine eigene Intendantur, eigene Werkstätten zur Herstellung von Kleidern und Schuhen und eigene Krankenhäuser. Die syndikalistische Bauarbeiterorganisation organisierte Kolonnen von Armierungssoldaten und die anarchosyndikalistischen Bauernkollektive der Dörfer Kastiliens und der Levante versorgten die konföderalen Einheiten mit Lebensmitteln.

Die Anarchosyndikalisten hatten in Madrid zwei Tageszeitungen: *C.N.T.* und *Castilla Libre*. In beiden Blättern wurde ein einheitliches Volksheer aller antifaschistischen Kräfte gefordert. Die Anarchosyndikalisten Kastiliens wiesen immer wieder darauf hin, dass den Armeen Francos gleichwertige Volksarmeen entgegengestellt werden müssen[2]. Die organisierte Macht der anarchosyndikalistischen Konföderation war für den Kampf gegen Franco von größter Bedeutung.

neswegs ein Freund der spanischen Anarchisten, doch eine spanische Volksfrontrepublik sei für Frankreich ein besserer Nachbar als ein faschistisches Spanien. Aus diesem Grunde befürwortete der Offizier die Unterstützung der spanischen Republik durch Frankreich. (A.S.)

[2] Es ist von historischer Bedeutung, darauf hinzuweisen, dass die Anarchosyndikalisten viel früher als die Kommunisten ein einheitliches Volksheer forderten. Das hinderte jedoch die Kommunisten nicht, in Spanien selbst und im Ausland die Anarchosyndikalisten als Gegner des Volksheeres hinzustellen. (A.S.)

Für die Regierung Largo Caballeros war es daher eine Lebensfrage, sich mit den Syndikalisten zu verständigen[3]. Die anarchosyndikalistischen Kolonnen waren jedoch so ungenügend bewaffnet, dass sie einem modern ausgerüsteten Feinde unterlegen sein mussten. Sie waren daher gezwungen, mit Caballero zu verhandeln, um in den Besitz von Waffen zu gelangen. Diese Verhandlungen führten dahin, dass die Konföderation (CNT) am 4. November 1936 in die Regierung eintrat. Die Syndikalisten (CNT) und die Anarchisten (FAI) erhielten vier Ministerien, die Justizverwaltung, das Gesundheitswesen, das Handels- und das Arbeitsministerium. Dieser Schritt der Anarchosyndikalisten hatte zur Folge, dass in einem kritischen Zeitpunkt des Kampfes gegen Franco die inneren Gegensätze im Lager der Republikaner vorübergehend ausgeglichen wurden. Der Eintritt der Anarchosyndikalisten in die Regierung hatte auf die kämpfenden Massen eine große Wirkung. Die Kampfbegeisterung stieg und die Hoffnung auf den Sieg wurde gestärkt.

Inzwischen hatte sich die militärische Lage verschlechtert. Madrid war ernsthaft bedroht. Die faschistischen Truppen rückten immer näher und standen bereits vor den Toren der Stadt. In dieser gefährdeten Situation beschloss die Regierung in der Nacht zum 5. November, ihren Sitz nach Valencia zu verlegen. Noch in der gleichen Nacht begab sich die Regierung nach ihrem neuen Sitz, in die Hauptstadt der Levante. Gleichzeitig setzte der Kampf um Madrid ein. Er wurde ganz vom Volke, d. h. von der Arbeiterbevölkerung Madrids geführt. Weder die Regierung noch die wenigen der Republik treu gebliebenen Generäle haben Madrid verteidigen können. In der gleichen Nacht, als die Regierung Madrid verließ, bildete sich die Madrider Verteidigungsjunta. Sie war aus allen antifaschistischen Organisationen zusammengesetzt. An ihrer Spitze stand General Miaja. Er war eine symbolische Figur. Seine Bedeutung lag weniger in der effektiven Leitung des Kampfes als vielmehr in einer Art väterlicher Sorge, mit der er alle antifaschistischen Parteien und Organisationen bedachte.

In den folgenden Monaten wurde Madrid zum Mittelpunkt des Bürgerkrieges. Es waren kritische und schicksalsschwere Tage. Die Bevölkerung der Hauptstadt Spaniens war voll aufopfernder Hingabe und war entschlossen, den Kampf bis zum bitteren Ende auszufechten.

Zwei Mächte standen sich in aller Schärfe gegenüber: Der internationale Faschismus und das Volk von Madrid. Drei Jahre vorher hatte Hitler über die deutsche Arbeiterbewegung gesiegt. Die Sozialdemokraten und Kommunisten Deutschlands waren glänzend organisiert, wagten es jedoch nicht, zu kämpfen. Die Arbeiterbewegung Spaniens war im Vergleich zur deutschen schlecht organisiert, doch sie war kampfesfreudig. Besonders bei den Anarchosyndikalisten herrschte ein unzerstörba-

[3] Bei einem Gespräch, das ich im Sommer 1937 in Valencia mit Largo Caballero in Anwesenheit Fenner Brockways, des Sekretärs der Independent Labour Party Englands, hatte, erklärte uns Caballero, dass er es sich als sein größtes historisches Verdienst anrechne, die anarchosyndikalistische Konföderation zur Mitarbeit an der Regierung bewogen zu haben. (A.S.)

rer Kampfgeist. Dieser Geist war wie ein zündendes Feuer, das alles erfasst. Getragen von der unauslöschlichen Flamme der Begeisterung, stellten sich die Arbeiter Madrids den spanischen Militäreinheiten und dem internationalen Faschismus entgegen. Die Augen der Welt richteten sich auf die ereignisreichen Entscheidungen an den Ufern des Manzanares. Madrid war zum Symbol des Kampfes der internationalen Arbeiterbewegung gegen den Faschismus und Hitlerismus geworden.

In Madrid wurde das Wort *No pasarán!* geprägt. Bis hierher und nicht weiter! Die Madrider Arbeiter waren sich der Tragweite der bevorstehenden Entscheidung bewusst. Der Ausgang dieses Kampfes bedeutete einen Wendepunkt in der Geschichte. Die erste entscheidende Schlacht wurde in der Nacht zum 7. November ausgefochten. Es gab kein Volksheer. Von den Internationalen Brigaden hörte man nichts. General Miaja hatte noch nicht die Zeit gehabt, sein Amt auszuüben. Francos Fremdenlegionäre hatten mehrere Außenbezirke der Stadt besetzt. Seine fünfte Kolonne suchte die Moral der Verteidiger im Innern der Stadt zu unterminieren. In den Vororten Carabanchel und Usera, auf der Straße nach Extremadura und in Casa de Campo stellten sich den Mauren die konföderalen Kolonnen der Anarchosyndikalisten entgegen. Barrikaden und Schützengräben wurden improvisiert. Die Arbeiter hatten in den Fabriken die Arbeit niedergelegt und eilten in ihre Gewerkschaftslokale. Immer neue Hundertschaften und Kolonnen wurden organisiert. Zuversichtlich marschierten die Fabrikarbeiter und Bauarbeiter in die Schützengräben. Auf den Lippen ihre anarchistischen Kampflieder, in den Herzen ihr unerschütterlicher Glaube an den Sieg der gerechten Sache, der Freiheit. »A las Barricadas! A las Barricadas! Por el Triunfo de la Confederación!« hörte man in den Straßen singen. Für den Sieg der kampferprobten syndikalistischen Konföderation, den großen Bund der Arbeit. »Hijo del Pueblo!«, Du Sohn des Volkes!, sangen die anarchistischen Hundertschaften.

Die Schlacht war auf der ganzen Linie entbrannt; doch kein General führt die Arbeiter an. Mit den Rufen »Viva la FAI! Viva la CNT!« boten die Arbeiter Madrids dem faschistischen Feinde die Stirn. »No pasarán!« riefen sie ihren Mitkämpfern zu. Immer neue Gruppen sprangen in die Breschen der Gefallenen. Am Heroismus der Arbeiter Madrids scheiterten alle Angriffe der Faschisten und Mauren. In dieser denkwürdigen und entscheidenden Nacht hielt nur ein Mann im republikanischen Madrid die Fäden des Widerstandes in der Hand: Eduardo Val, der Organisator der konföderalen Kolonnen der Madrider Anarchosyndikalisten. Ihm und den konföderalen Kolonnen war es in dieser Nacht gelungen, Franco am Einmarsch in die Stadt zu hindern.

Das Beispiel dieser einen Nacht wirkte zündend. In den darauf folgenden Tagen und Wochen versuchten die faschistischen Heere immer wieder, Madrid im Sturme zu nehmen. Doch jedesmal wurden sie zurückgeschlagen[4]. Am Tage nach dieser furcht-

[4] Als ich einige Tage nach dem 7. November General Miaja in seinem Hauptquartier im Bunker des Finanzministeriums fragte, wie das Wunder der Verteidigung Madrids zu Stande kam, erklärte er mir schlicht und bescheiden: »Madrid wurde von den Arbeitern, von den Männern aus den Gewerkschaften gerettet, den Bauarbeitern, Metallarbeitern, Schustern und Schneidern! Das Madrider Proletariat hat die Ehre der Republik gerettet.« Miaja hatte die Wahrheit gesprochen. (A.S.)

baren Nacht bildete sich unter dem Vorsitz von Miaja die Verteidigungsjunta unter Mitwirkung aller republiktreuen Organisationen. Jetzt erst wurde es möglich, die konföderalen Kräfte restlos zu bewaffnen. Die Gefahr war noch nicht überstanden. Sie wurde mit jedem Tag größer. Die Angriffe der Faschisten nahmen an Heftigkeit zu. Die Republikaner zogen Verstärkungen heran. Aus Albacete kamen 3.500 Mann der Internationalen Brigaden. Aus den Bergen des Albarracin trafen 3.000 Mann der anarchosyndikalistischen Organisationen ein. Wenige Tage später kam Durruti, der anarchistische Kämpfer Kataloniens, dem ein legendärer Ruf voranging, mit 4.000 seiner besten katalanischen Milizionäre. Die Madrider schöpften neue Hoffnungen. Durruti elektrisierte die ermüdeten Kämpfer.

Der Kampf nahm seinen Fortgang. Die Verteidiger verdoppelten ihre Anstrengungen. Jeder suchte den anderen an Kampfgeist und Todesverachtung zu überbieten. Franco samdte frische Truppen vor. Panzerwagen aus Italien und Deutschland wurden seitens der faschistischen Angreifer eingesetzt. Die Verteidiger hatten keine gleichwertigen Waffen. Sie hatten nur ihren persönlichen Mut und den Glauben an die gute Sache der Freiheit. Ein Matrose und ein Schullehrer erfanden eine neue Kampfmethode. Sie ließen die Panzer ganz nahe herankommen, erhoben sich plötzlich ungeachtet des Maschinengewehrfeuers aus dem Schützengraben und schleuderten Handgranaten gegen die Panzerwagen. Der Panzer wurde an einer empfindlichen Stelle getroffen, neigte sich zur Seite und blieb stehen. Den nachfolgenden Tanks war der Weg versperrt. Mit Handgranaten gegen Tanks! Das war eine selbstmörderische Kampfmethode. Kein Stratege hätte sie je erfinden können. Doch sie war wirksam. Der Angriff kam zum Stillstand.

Dieser ungleiche Kampf kostete zahlreiche Opfer. Der Revolutionsheld Buenaventura Durruti fiel vor dem Feind. Tausende unbekannte Freiwillige der Freiheit liessen ihr Leben in den Kämpfen um Madrid. Die Stadt ergab sich nicht. Franco und seine Mauren kamen nicht vorwärts. No pasarán!

Zur Zeit der Belagerung Madrids befand sich der amerikanische Journalist Twhitakers im Hauptquartier Francos. In der Oktobernummer der Zeitschrift *Foreign Affairs* (1942) veröffentlichte er einen Bericht über seine Beobachtungen. Daraus geht unzweideutig hervor, dass es Franco ohne Hilfe des faschistischen Italiens und des nationalsozialistischen Deutschlands niemals gelungen wäre, die Republik zu besiegen. Twhitakers schreibt: »Als der Staatsstreich gescheitert war, konnte sich Franco nur mit Hilfe deutscher und italienischer Flugzeuggeschwader retten. Dabei halfen ihm natürlich auch noch die Mauren. Später war er nochmals nahe daran, den Krieg durch seinen vergeblichen und kostspieligen Angriff auf Madrid zu verlieren. Bei dieser Gelegenheit waren es die deutschen Truppen, die ihn retteten. Ich befand mich mit den Mauren in den Vorstädten von Madrid. Ich sah Franco, der sich selbst und seine Sache in einem törichten Frontalangriff gegen die stolze Stadt aufs höchste gefährdete. Den Rücken durch die Häuser gedeckt, benötigten die Republikaner weder Offiziere noch strategische Kenntnisse. Als Franco zum ersten Male die Außenbezirke der Stadt erreicht hatte, hätte er die Stadt nehmen können. Er schob jedoch die Entscheidung auf, um die Sache mit seinen italienischen und deutschen Ratgebern zu besprechen. Franco hörte auf den Rat des Generals von Faupel und wartete auf neue Kanonen und Tanks. In jenen Tagen kamen 1.900 Freiwillige der Internationalen Brigaden nach Madrid, zu denen nach zwei Tagen noch weitere 1.550 Mann hinzukamen. Alle trugen dazu bei, Madrid zu verteidigen. Ich habe mich selbst davon überzeugen können, wie Madrid verteidigt wurde. Ich näherte mich der französischen Brücke, um der erste Korrespondent zu sein, der den Manzanares überschreiten und nach Madrid gelangen würde. Das Feuer war so heftig, dass ich die Ruhe verlor. Durch den Wasserspiegel des Flusses sah ich, wie die Mauren ein sechsstöckiges, palastähnliches Haus von Feinden reinigten. Eine Gruppe von fünfzig Mauren umstellte das Gebäude. Sie drangen in das Haus ein, ohne dass die Verteidiger ein Lebenszeichen von sich gaben. Sie gingen mit Handgranaten und Maschinenpistolen vor und drangen von einem Stock zum andern. Sie verrichteten ihre Arbeit mit jener Ruhe, die nur Sachverständige im Beruf haben. Doch ihre Arbeit wurde jäh unterbrochen. Als sie glaubten, fertig zu sein, ist kein einziger der Mauren übrig geblieben. Dieser hartnäckige Widerstand der Republikaner demoralisierte den Kampfeifer der Francosoldaten. Es war das erste Mal in ihrem Triumphzug von Badajoz und Talavera de la Reina, dass ihnen so ein erfolgreicher Widerstand entgegengesetzt wurde. Dann erfolgte etwas Neues. Die Republikaner hatten Kanonen eingesetzt. Und eines Tages geschah etwas völlig Unerwartetes. Die Republikaner ließen 127 Flugzeuge gegen Franco aufsteigen. Das war ein furchtbarer Schlag gegen die Mauren. Oberst Castejón, der an der Hüfte verwundet wurde, erklärte mir, dass Nachrichten aus Francos Hauptquartier zufolge von 60.000 Mauren 40.000 gefallen waren. ›Wir erhoben uns‹, fügte er hinzu, ›doch jetzt sind wir geschlagen‹.

Die Falangisten taugten nichts für die Front und die Carlisten waren vernichtet worden. Ich war zusammen mit Hauptmann Strunk, einem deutschen Militärattaché im Lager Francos, als General Varela und General Yagüe mir sagten: ›Wir sind erledigt. Wir können uns in keinem Punkt halten, wenn die Roten zum Gegenangriff übergehen sollten.‹ Die Spanier hinter der Front wussten das auch. Es gab Aufstände in Cáceres und in Andalusien. Während die Republikaner ihre Kräfte sammelten, um eventuell eine Gegenoffensive vorzubereiten, sandte Mussolini ein Heer von 100.000 Mann. Das deutsche und italienische Geld ermöglichten es Franco, weitere 60.000 Mauren anzuwerben. 40.000 dieser Mauren kamen aus Spanisch-Marokko. So ermöglichte das Ausland erneut einige Siege über das spanische Volk."

Der Bericht des amerikanischen Journalisten ist nicht der einzige Beweis für die Hilfe, die Franco durch Hitler und Mussolini zuteil wurde. Die Veröffentlichungen der Geheimdokumente zwischen dem Auswärtigen Amt in der Wilhelmstraße, Berlin, und dem Auswärtigen Amt Francos in Burgos liefern weitere Beweise. Die Naziregierung hat, ebenso wie das faschistische Italien, alles daran gesetzt, um die spanische Republik niederzuschlagen. Der Krieg in Spanien war für die Faschisten und die Nazis eine Generalprobe für den von ihnen vorbereiteten Zweiten Weltkrieg. Dass unter diesen Umständen die Republik militärisch geschlagen wurde, war kein Wunder. Wundern musste man sich vielmehr, dass das spanische Volk trotz der offensichtlichen Übermacht der Feinde an modernem Kriegsmaterial fast drei Jahre lang Widerstand hat leisten können. Dieses Wunder läßt sich nur mit der Begeisterung und dem revolutionären Elan der von freiheitlichen Idealen erfüllten Arbeiter und Bauern erklären.

Über die Internationalen Brigaden im spanischen Bürgerkrieg sind widersprechende Nachrichten verbreitet worden. Vieles, was darüber veröffentlicht wurde, war haltloses Gerücht. Die Achsenmächte bauschten die Bedeutung der Internationalen Brigaden auf, um damit ihre eigene Intervention im spanischen Bürgerkrieg zu rechtfertigen. Die Kommunisten verbreiteten über diese Brigaden Zwecklügen, um für den internationalen Kommunismus Propaganda zu machen. Für die einen wie für die anderen dienten die Internationalen Brigaden dazu, eine verlogene Propaganda zu treiben und die dunklen Machenschaften einer verderblichen Politik zu beschönigen. Die Wahrheit über die Interationalen Brigaden findet sich weder in den kommunistischen noch in den faschistischen Veröffentlichungen. Auch über die Zahl der Interationalen Brigaden sind lügenhafte oder falsche Angaben gemacht worden. In Madrid betrug die Zahl der aus dem Ausland hereingekommenen Freiwilligen kaum ein Zwanzigstel der republikanischen Streitkräfte. Dieser kleinen Zahl wäre es nie gelungen, Madrid zu retten. Diese Behauptung wurde dennoch von der kommunistischen Seite aufgestellt und sogar auch von amerikanischen Journalisten wiederholt. Auch der kämpferische Einfluss der Angehörigen der Internationalen Brigaden wurde übertrieben dargestellt. Dies wird von jeder objektiven Geschichtsschreibung festgestellt werden müssen. Mit dieser Feststellung soll keineswegs die Lauterkeit der Bestrebungen jener antifaschistischen Kämpfer angetastet werden, die begeistert die Pyrenäen überschritten und sich an die Seite des spanischen Volkes im Kampf gegen den internationalen Faschismus gestellt hatten.

Die Mehrzahl der Angehörigen der Internationalen Brigaden setzte sich aus politischen Flüchtlingen der faschistischen Länder zusammen. Diese Flüchtlinge hatten allen Grund, den Faschismus oder Nazismus, vor dessen Zugriffen im eigenen Lande sie sich hatten retten können, zu hassen. Sie sahen begeistert auf zum spanischen Volke, das dank des anarchistischen Einschlages in der spanischen Arbeiterbewegung als erstes den Kampf gegen den internationalen Faschismus und Despotismus, der ganz Europa zu überfluten drohte, aufgenommen hatte. Der Widerstand der Spanier gegen den Militärputsch gab der demokratischen Welt neue Hoffnung. Auf der pyrenäischen Halbinsel ging die Morgenröte einer neuen Freiheit auf, der die Herzen der unterdrückten Völker begeistert entgegenschlugen. Lob und Ehre gebührt all jenen, die in selbstloser Weise an dem großen Streite zwischen den Mächten der Reaktion und den Kräften des Fortschritts an der Seite der spanischen Freiheitskämpfer teilgenommen haben.

Die ersten Freiwilligen kamen in den ersten Augusttagen aus Frankreich. Es waren französische und italienische Anarchisten. Sie waren begeistert über die Pyrenäen nach Barcelona gekommenen, um an den Kämpfen gegen den internationalen Faschismus teilzunehmen. Es waren einige hundert Antifaschisten in jugendlichem Alter. Sie reihten sich in die spanischen Einheiten ein und kämpften an der aragonesischen Front. Bald folgten größere Scharen italienischer Antifaschisten aller Richtungen: Anarchisten, Sozialisten, Syndikalisten und Liberale. Die italienischen Freiwilligen bildeten die Brigade *Garibaldi*. Diese Brigade machte sich im Kampfe um Huesca besonders verdient. Zahlreiche italienische Anarchisten und liberale Sozialisten haben ihr Leben bei diesen Kämpfen lassen müssen. Im September 1936 bildete sich die Kolonne *Sacco und Vanzetti,* die aus internationalen Kämpfern bestand. Sie schloss sich den von Durruti befehligten Einheiten an. Die Gesamtzahl dieser internationalen Milizionäre dürfte kaum 3.000 überstiegen haben. Von ihnen war im Auslande wenig bekannt. Sie unterstanden nicht den von den Kommunisten organisierten Internationalen Brigaden. Die Anarchosyndikalisten hatten übrigens kein Interesse daran, ausländische Kämpfer ins Land zu ziehen. An Leuten fehlte es ihnen nicht; sie hatten in ihren Gewerkschaften genügend Kämpfer. Ähnlich war es bei der sozialistischen UGT. Was beiden fehlte, waren Waffen. Anders lag die Situation bei der kommunistischen Partei. Die Kommunisten hatten in Spanien so wenige Anhänger, dass sie im ganzen Lande kaum mehr als zwei oder drei Kolonnen hätten zusammenstellen können. Sie hatten daher ein Interesse daran, mit Hilfe der kommunistischen Parteien des Auslandes ihre Kampfeinheiten und ihren Einfluss zu stärken.

In den ersten drei Monaten nach dem 19. Juli befand sich Katalonien gänzlich in den Händen der Anarchosyndikalisten und die katalanisch-französische Grenze wurde von der FAI bewacht. Die FAI-Leute ließen ihre eigenen ausländischen Gesinnungsgenossen hinein, hatten aber Bedenken, die Grenze für die zahlreichen Kommunisten zu öffnen. Der Organisator der antifaschistischen Miliz Kataloniens war der Anarchist García Oliver, später Justizminister in der Regierung Largo Caballeros. Oliver gab den Befehl, die Grenze für die Freiwilligen aus dem Ausland vollständig zu sperren. Seine Anweisung wurde von dem Chef der katalanischen Polizei, Aurelio Fernández, strikt durchgeführt.[5] Die Kommunisten wandten sich an den Ministerprä-

[5] Um diese Zeit erschien an der Grenze Ludwig Renn und begehrte eine Einreiserlaubnis ins Land. Ein Grenzwachmann begleitete ihn bis Barcelona und führte ihn zu mir ins Regionalkomitee der CNT. Es war an einem Sonntagnachmittag. Es lag an mir, ihn wieder über die Grenze nach Frankreich zurückzusenden oder gar ins Gefängnis sperren zu lassen, was man in der Sowjetunion mit einem Anarchisten sicher getan hätte. Ich gab indessen Ludwig Renn eine Lektion anarchistischer Freiheit, indem ich ihn in das Hotel Colón sandte, wo die Kommunistische Partei ihren Sitz hatte.
Ein Jahr später florierten die kommunistischen Werbebüros für freiwillige in Frankreich. Gelegentlich einer Reise nach Paris traten drei Syndikalisten aus Ratibor, meiner Vaterstadt, an mich heran und baten mich, sie nach Spanien mitzunehmen. Sie waren aus Hitlerdeutschland geflohen und wollten mit ihren

sidenten Largo Caballero, um die Öffnung der Grenze zu erwirken. Caballero versuchte, auf telefonischem Wege García Oliver zu bewegen, die von den Kommunisten angeworbenen Freiwilligen ins Land zu lassen, wobei er ihm anheim stellte, die Ausländer nach Madrid zu senden, wo er sie in seine Kolonnen einreihen wolle, falls man sie in Katalonien nicht benötige. Oliver erklärte Caballero, dass es besser sei, keine ausländischen Freiwilligen ins Land hereinzulassen, um nicht den Anschein zu erwecken, dass die Republik in ihrem Kampfe gegen Franco und seine faschistischen Hintermänner auf die Werbung ausländischer Kämpfer angewiesen sei. Die beste Hilfe der Arbeiter anderer Länder bestehe in einer großen Propaganda auf die internationale Öffentlichkeit zu Gunsten der spanischen Republik. Ministerpräsident Caballero gab García Oliver recht. Die Grenze blieb geschlossen. Später begab sich Oliver an die aragonesische Front. Unter seinem Nachfolger im antifaschistischen Milizkomitee, Diego Abad de Santillán, wurde die Grenze geöffnet. Die freiwilligen Werbesoldaten kamen unter kommunistischer Führung ins Land.

Genaue Angaben über die Zahl der Internationalen Brigaden hätten nur die kommunistischen Werbebüros in Frankreich machen können. Zugazagoitia, Innenminister der Regierung Negrín, erklärt in seinem Buche *Geschichte des Krieges in Spanien,* dass ihm die Zahl der Mitglieder der Internationalen Brigaden nicht bekannt war. Auch Santillán erklärt in seinem in Buenos Aires erschienenen Buche *Warum wir den Krieg verloren haben*[6], nichts Genaues über die Stärke der Internationalen Brigaden gewusst zu haben.

Oberst Pérez Salas, ehemaliger Chef der Auslandsabteilung und Präsident der Revisionskommission der Milizstreitkräfte der spanischen Republik, erklärt in seinem 1947 in Mexiko erschienenen Buch *Krieg in Spanien*[7]: »Als ich meine Arbeit der Überprüfung der Internationalen Brigaden begann, musste ich feststellen, dass die Kommission von Kommunisten kontrolliert war. An allen leitenden Posten standen Kommunisten. Die Internationalen Brigaden waren organisatorisch der Auslandsabteilung, deren Chef ich war, unterstellt. Ich habe mich jedoch bald überzeugen müs-

spanischen Gesinnungsgenossen gegen den Faschismus kämpfen. Ich mußte noch am gleichen Tag nach Barcelona zurückreisen und hatte nicht die Zeit, ihnen die Einreisepapiere zu besorgen. Ich gab ihnen meine Adresse in Barcelona und erklärte ihnen, mich im Regionalkomitee aufzusuchen, damit ich das weitere für sie veranlassen könne. Sie hatten keine andere Möglichkeit, als durch ein kommunistisches Werbebüro nach Spanien zu kommen. Sie hatten die Absicht, sich in Barcelona mit mir in Verbindung zu setzen. Sie reisten mit einer Gruppe Kommunisten. Auf dem Bahnhof in Barcelona erlaubte man ihnen nicht, abzusteigen. Sie wurden direkt nach Albacete weiterbefördert. Dort ist einer von ihnen wegen unkommunistischer Gesinnung in Verbindung mit angeblich undiszipliniertem Verhalten von den Kommunisten erschossen worden. Ein anderer fiel im Kampf gegen Franco. Der dritte fiel in Francos Gefangenschaft, wo er blieb, bis er bei Ausbruch des Zweiten Weltkriegs von einer Kommission deutscher Offiziere mit anderen Leidensgenossen nach Deutschland abtransportiert wurde. Er kam ins Konzentrationslager, wo er bis Beendigung des Krieges gefangen gehalten wurde. Nach seiner Befreiung durch die Amerikaner schrieb er mir über seinen eigenen Leidensweg und den seiner Genossen. Heute lebt er in Lübeck. (A.S.)

6 Abad de Santillán, Diego: *Por qué perdimos la guerra.* Buenos Aires 1947.

7 Pérez Salas, Jesús: *Guerra en España* (1936 a 1939). México 1947.

sen, dass unsere Arbeit rein fiktiv war. Die Brigaden bestanden aus Freiwilligen aus allen Ländern. Sie wurden von einem Büro angeworben, dessen Hauptsitz in Paris war. Dieses Pariser Hauptbüro sowie auch die Unterbüros waren von Kommunisten kontrolliert. Die Folge davon war, dass die Mehrzahl der Freiwilligen aus Mitgliedern der kommunistischen Parteien der verschiedenen Länder bestand. Das Offizierskorps bestand ausschließlich aus linientreuen Stalinisten. Indalécio Prieto stellt in seiner Broschüre *Warum ich als Kriegsminister zurücktrat* fest, dass das für Kriegsmaterial bestimmte Geld von der Kommunistischen Partei Frankreichs für politische Propaganda ausgegeben wurde. Auch mir wurden Fälle von Unregelmäßigkeiten mitgeteilt. Um diesen Dingen nachzugehen, beschloss ich, in Begleitung eines Vertrauensmannes nach Paris zu reisen, in der Absicht, Ordnung zu schaffen. Wichtigere Aufgaben zwangen mich jedoch, die Reise aufzuschieben. Die darauf folgenden Ereignisse hinderten mich später an der Ausführung meines Entschlusses. Die Internationalen Brigaden hatten eine unglaublich erscheinende Unabhängigkeit. An ihrem Sitz in Albacete hatten sie eine eigene Intendantur und selbst eine eigene Gerichtsbarkeit, die sich der Kontrolle des Kriegsministeriums entzog. Die Drückeberger der Internationalen Brigaden, die weit hinter der Front in Sicherheit saßen und angenehme Posten bekleideten, waren in der Mehrheit. Im August 1937 waren von 20.000 Angeworbenen nur 8.000 an der Front! Während der Zeit, als ich an der Spitze der Abteilung stand, liefen in meinem Büro zahlreiche Klagen über ungerechte Verurteilungen bei den Internationalen Brigaden ein. Die Strafen wurden mehr aus politischer Rachsucht als wegen militärischer Verfehlungen oder Delikte verhängt. Diese Zustände und die enormen Kosten, die zu der Anzahl der Brigaden in keinem Verhältnis standen, veranlassten schließlich das Kriegsministerium, die Internationalen Brigaden aufzulösen und in die spanische Wehrmacht einzureihen. Im Laufe der Zeit verloren die Internationalen Brigaden ihren internationalen Charakter. Spanische Offiziere und Mannschaften wurden an die Stelle von ausländischen gesetzt. Diese Maßnahmen verfolgten den ausschließlichen Zweck, eine größere Leistungsfähigkeit dieser Einheiten zu erreichen. Die Kommunisten fürchteten jedoch, einen Rückgang ihres Einflusses und machten den Versuch, diese Reorganisierung zu verhindern.« Pérez Salas gehörte bereits unter der Monarchie zur republikanischen Gruppe der spanischen Berufsoffiziere. Ohne Mitglied einer Partei zu sein, stellte er sich bei Ausbruch des Francoputsches unbedenklich an die Seite der Republik. Sein objektives Urteil über die Internationalen Brigaden ist vernichtend für die kommunistischen Drahtzieher.

Ein nicht gerade erhebendes Zeugnis für die Führung Internationalen Brigaden unter Leitung des französischen Kommunisten André Marty legt auch Louis Fischer in seinen Memoiren ab. Fischer befand sich eine Zeitlang in Albacete als Helfer in der Intendantur der Internationalen Brigaden. Damals war er noch Kommunist und hat alles gebilligt. Als er später den Kommunisten den Rücken kehrte, machte er Enthüllungen, die die kommunistischen Machenschaften bei der Organisierung der

Internationalen Brigaden in einem keineswegs günstigen Lichte zeigen. Sicherlich gab es unter den Angehörigen der Internationalen Brigaden zahlreiche Idealisten, gleichzeitig aber auch viele Abenteurer Von den führenden internationalen Kommunisten, die nach Spanien gekommen waren, sind nur wenige reinen Herzens gewesen. Die Organisation der Internationalen Brigaden war eine üble kommunistische Parteimache.

Kapitel 9

Die Regierung Largo Caballero

Ursachen ihres Falles

Während die Regierung in jenen tragischen Novembertagen Madrid verlassen hatte, kämpften in den Straßen der spanischen Hauptstadt die Arbeiterkolonnen einen verzweifelten Kampf gegen einen überlegenen Feind. Die Regierung hatte Valencia zu ihrem Sitz erwählt. Hier bemühte sich Ministerpräsident Largo Caballero, der ehemalige Bauarbeiter, mit Hilfe aller antifaschistischen Richtungen den Krieg zu organisieren, um Spanien vom Zugriff des internationalen Faschismus zu befreien.

Die spanische Republik stand vor gewaltigen Aufgaben. Von den Westmächten war keine Hilfe zu erwarten. Zu Beginn des Bürgerkrieges hätten wenige französische Flugzeuggeschwader genügt, um dem Pronunciamiento und falangistischen Spuk ein rasches Ende zu bereiten. Doch der französische Ministerpräsident Blum wagte es nicht, zu Gunsten seiner bedrängten spanischen Gesinnungsgenossen einzugreifen. Unter diesen Umständen setzten die Republikaner ihre Hoffnung auf die Sowjetunion. Sie glaubten, es würde möglich sein, mit russischen Waffen ein republikanisches Volksheer aufzustellen und die Angriffe des Faschismus zurückzuschlagen. In dieser Erwartung knüpfte die Regierung Caballeros Beziehungen mit Moskau an. Stalin sah darin eine Möglichkeit, sich ein westeuropäisches Land botmäßig zu machen. Er sandte russische Instrukteure, Kanonen, Flugzeuge und Tanks. Russische Ratgeber gaben im Generalstab des republikanischen Heeres den Ton an. Es wurde eine Reorganisierung der republikanischen Streitkräfte vorgenommen. Aus der Volksmiliz sollte ein Volksheer werden. Die Hundertschaften wurden Kompanien, die Kolonnen Bataillone. Disziplin sollte an die Stelle der Begeisterung, Gehorsam an Stelle solidarischer Zusammenarbeit treten. In den Milizen bildeten die antifaschistischen Genossen ihre Kampfeinheiten durch Freiwilligkeit. Die Soldaten des Volksheeres mussten auf Grund der allgemeinen Wehrpflicht einberufen werden. Diese Veränderungen waren durch den Krieg diktiert worden. Die Begeisterung der ersten Kampftage war verflogen. Der Krieg erforderte zähes Ausharren, Opfer an der Front, harte Arbeit und geduldige Durchhalten im Hinterlande. Das alles war nicht zu umgehen.

Doch nun schaltete sich ein neuer Faktor ein, der bei der Mehrzahl der antifaschistischen Organisationen schwere Bedenken hervorrief: Die zunehmende Einmischung Sowjetrusslands in die inneren Angelegenheiten des Landes zu Gunsten der

Kommunistischen Partei. Die russischen Ratgeber setzten bei der Regierung durch, dass zahlreiche verantwortungsvolle und leitende Posten in der Armee kommunistischen Günstlingen übertragen wurden. Die Kommunistische Partei, die bis dahin im Volke nicht verwurzelt war, kam nunmehr zu großem Einfluss in den leitenden Stellen.

Diese Situation führte bald zu Unzufriedenheit und zu Gegensätzen wegen der großen Anzahl von kommunistischen Befehlshabern im Heer. Der Weg zur Beförderung führte über die Kommunistische Partei. Wer zu einem einflussreichen Posten kommen wollte, trat in die Kommunistische Partei ein. Nicht besser war es mit der Waffenverteilung. Die von Russland gelieferten Waffen wurden zurückbehalten. Man wartete, bis neue von Kommunisten befehligte Einheiten gebildet waren, um die Waffen diesen Formationen geben zu können. Gleichzeitig aber ermangelte es zahlreichen erprobten Kampfeinheiten an den erforderlichen Waffen. Die meist aus Anarchosyndikalisten bestehenden katalanischen Kolonnen und Heereskörper an der aragonesischen Front warteten vergeblich auf Kanonen, Flugzeuge und Tanks. Die neuen, auf Grund der allgemeinen Wehrpflicht gebildeten von Kommunisten befehligten Einheiten wurden dagegen aufs beste mit modernen Waffen versehen.

Franco hatte seine erfolglosen Angriffe auf Madrid eingestellt. Die Zeit für eine Gegenoffensive der Republikaner war gekommen. Im Einverständnis mit seinen spanischen Militärsachverständigen plante Largo Caballero eine Offensive in Extremadura. Das Ziel dieser Aktion sollte sein, die Front Francos in zwei Teile zu sprengen. Bei einem Blick auf die Landkarte konnte man sich von der Bedeutung einer solchen Aktion überzeugen. Der Vorstoß nach Badajoz hätte den nördlichen Flügel der Streitkräfte Francos isoliert. Bilbao, das von einer Offensive Francos bedroht war, hätte für die Republik erhalten werden können. Zu dieser Offensive benötigte man Flugzeuge. Alle Vorbereitungen waren getroffen, die Flugzeuge waren in Russland bestellt und ihre baldige Sendung war versprochen worden. Doch die Lieferung blieb aus. Russland sandte die Flugzeuge nicht, und in republikanischen Kreisen wurde bekannt, dass die Flugzeuge deshalb nicht geschickt wurden, weil die militärischen Ratgeber Stalins in Spanien mit der Aktion nicht einverstanden waren. Die Ursache der Gegensätze war politischer Natur. Der Einfluss der Kommunistischen Partei war noch nicht groß genug, um einen eventuellen Sieg auf das Konto der Kommunisten buchen zu können. An der Spitze der republikanischen Armeen in Extremadura standen republikanische Offiziere. Die russischen Ratgeber schlugen Caballero vor, kommunistische Befehlshaber an ihre Stelle zu setzen. Das lehnte der Ministerpräsident entrüstet ab. Er bezeichnete die Forderung der Russen als ungebührliche Einmischung in die Souveränität der spanischen Republik. Als die Kommunisten sahen, dass sie Caballero nicht als ihr willenloses Werkzeug gebrauchen konnten, ließen sie ihn fallen. Von nun an sprach die kommunistische Propaganda nicht mehr von dem »Lenin Spaniens«.

Die Differenzen zwischen den Russen und Caballero traten auch auf anderen Gebieten in Erscheinung. Die Politik der russischen Ratgeber und der spanischen Kommunisten stützte sich auf einen Brief Stalins vom 21. September 1936 an Largo Caballero. In diesem Brief gab Stalin dem spanischen Ministerpräsidenten politische Ratschläge. Der russische Diktator riet von revolutionären Maßnahmen in Spanien ab. Das Land und das Privateigentum sollten nicht enteignet werden, man sollte keine Landkollektive bilden, und das Kleinbürgertum sollte nicht durch radikale Maßnahmen vor den Kopf gestoßen werden. Diese von Stalin vorgeschlagene Politik der Mäßigung rief unter den spanischen Arbeitern große Verwunderung hervor. Man wies darauf hin, dass Stalin in Russland all das und noch mehr durchführte, was er den Spaniern abriet. Der russische Diktator hatte keine Ahnung von den Verhältnissen in Spanien. Die Enteignung der Landgüter und Fabriken und die Kollektivierung der Wirtschaft durch die Gewerkschaften war nicht, wie in Russland, durch ein Regierungsdekret beschlossen, sondern vom Volke selbst durchgeführt worden. Der Brief Stalins zeugte von einer vollständigen Unkenntnis der Geschichte des spanischen Volkes und von der psychologischen Situation innerhalb der spanischen Arbeiterschaft. Largo Caballero hätte bei Befolgung der Stalinschen Ratschläge die großen Massen der Arbeiter und Bauern gegen sich gehabt. Stalins Brief wurde in der spanischen Presse veröffentlicht und diente der Kommunistischen Partei zur Richtschnur. Es ist anzunehmen, dass er von den spanischen Kommunisten inspiriert wurde. Die Kommunistische Partei hatte nie im spanischen Proletariat Fuß fassen können. Das Bedürfnis des spanischen Volkes nach radikalen Lösungen wurde von den Anarchisten und Syndikalisten vollauf befriedigt. Die Kommunisten konnten dem spanischen Volke nichts Neues bieten. Die kommunistischen Herrschergelüste waren im spanischen Volk verpönt. Die syndikalistische CNT hatte bereits im Jahre 1931 den Beschluss gefasst, Kommunisten aus ihren Reihen auszuschließen. Damit war der Partei die Möglichkeit genommen, Wühlarbeit in den revolutionären Gewerkschaften zu machen. Bei den sozialistischen Gewerkschaften der UGT hatten die Kommunisten mehr Glück. In Madrid war es ihnen gelungen, in mehreren sozialistischen Gewerkschaften leitende Posten zu »erobern«. In Katalonien dagegen, und besonders in Barcelona, war die Arbeiterbewegung für sie verschlossen. Daher wandten sie sich an den Mittelstand. Die Kommunisten machten den Kleinbürgern Zugeständnisse und Versprechungen. In diesem Sinne ist auch der Brief Stalins an Caballero abgefasst. Er sollte den Kommunisten als Plattform für ihre Eroberung des Mittelstandes dienen. In Übereinstimmung mit den Richtlinien Stalins versprach die Kommunistische Partei den Großgrundbesitzern der Levante, ihren Grundbesitz vor den Zugriffen der anarchistischen Kollektive zu schützen. Katalanische Pächter verließen ihre Partei der katalanischen Linken, um in die Kommunistische Partei einzutreten, die ihnen durch ihre Verbindung mit dem mächtigen Russland mehr zu bieten in der Lage war. Politisch indifferente Kleingewerbetreibende, Geschäftsleute usw. glaubten, der Kommunismus habe die Zukunft für sich. Sie traten daher der

Kommunistischen Partei bei. Eine besondere Anziehungskraft übte die Kommunistische Partei auf die Staatsbeamten und das Offizierskorps aus. Sie gab ihnen die Möglichkeit, im Amt zu avancieren, wenn sie der Partei beitraten.

Die russischen Militärberater und Sachverständigen übten einen wachsenden Einfluss aus. Man fand sie im Landheer, bei der Flotte, in der Luftwaffe, in den Munitionsfabriken, im Außenhandel und nicht zuletzt in der Geheimpolizei. Ein großer Teil des gesamten Räderwerkes des Staates unterlag ihrer Kontrolle. Längere Zeit hindurch stand der russische Konsul Owtschenko, der das Amt eines Gesandten ausübte, an der Spitze der russischen Emissäre[1]. Über den Einfluss der Kommunisten herrschte in ganz Spanien nur eine Meinung. Oberst Pérez Salas schreibt in seinem Buch *Krieg in Spanien*: »Die kommunistischen Führer, besonders die ›Pasionaria‹, stellten sich als die treuesten Verteidiger der Republik und der Verfassung hin. Sie erklärten, dass es ihnen nur darauf ankomme, die bestehende republikanische Verfassung wieder in Kraft zu setzen. Um dieses Ziel zu erreichen, sei es nötig, eine schlagkräftige und disziplinierte Wehrmacht zu schaffen. Sie verstanden es, diese Parole so geschickt vorzubringen, dass viele darauf hereingefallen sind. Zahlreiche Offiziere ließen sich einfangen und nicht wenige traten begeistert der Kommunistischen Partei bei.«

Unter den höheren Offizieren, die der Kommunistischen Partei beigetreten sind, befanden sich die Generäle Miaja und Rojo. Miaja war gutmütig und harmlos, Rojo dagegen der eigentliche Drahtzieher im Wehrministerium mit dem Titel eines Unterstaatssekretärs. Er war während der ganzen Kriegszeit Chef des republikanischen Generalstabs. Er hatte sich den Kommunisten mit Haut und Haaren verschrieben. Er setzte fast nur solche Befehlshaber ein, die ihm von der Kommunistischen Partei vorgeschlagen worden waren. Er unterschrieb alle Schriftstücke, die ihm von der Partei vorgelegt wurden. Durch Rojo beherrschte die Kommunistische Partei die gesamte Wehrmacht.

Die Unstimmigkeiten zwischen Largo Caballero und den Kommunisten wurden in der Öffentlichkeit bekannt. Die Nachricht von der Vereitelung der Offensive in Extremadura durch die Russen rief im Lager der antifaschistischen Organisationen Entrüstung hervor. Die Kommunisten fühlten sich veranlasst, etwas zu unternehmen, um zu verhindern, dass die Unzufriedenheit des Volkes gegen sie wachse. Zu diesem Zwecke organisierten sie als Ablenkungsmanöver die Offensive in Brunete. Für diese Offensive wurden modern ausgerüstete Einheiten mit großen Waffenmengen eingesetzt. Die Leitung der Aktion lag in kommunistischen Händen. Líster, Modesto und El Campesino sollten als Helden hingestellt werden. Trotz des großen Aufgebots war der Erfolg weniger als mittelmäßig. Um einige Kilometer strategisch unwichtigen Geländes zu erobern, wurden zehntausende von Soldaten nutzlos hingeopfert. Fran-

[1] Owtschenko ist später bei der großen Reinigung in Moskau zusammen mit anderen alten Bolschewiken von Stalin liquidiert worden. Einer der Anklagepunkte gegen ihn bestand darin, während seines Aufenthaltes in Barcelona mit den Anarchisten geliebäugelt zu haben. Owtschenko gehörte zur alten Garde der Bolschewiken. (A.S.)

co hatte es nicht einmal für nötig befunden, seine Reserven heranzuziehen, um die Offensive zum Stehen zu bringen. Nichtsdestoweniger wurden von der kommunistischen Presse Spaniens und der ganzen Welt die kommunistischen »Heeresführer« als Helden gepriesen.

Das gleiche Schicksal ereilte eine kommunistische Offensive in Aragonien, mit dem Ziele, Zaragoza zu erobern. Die kommunistischen Führer prahlten, in zwei Tagen in Zaragoza Kaffee zu trinken. Doch die Aktion wurde zu einer großen Schlappe. Zaragoza wurde nicht genommen. Anstatt die unfähigen Offiziere abzusetzen und die Streitkräfte zu reorganisieren, blieb alles beim Alten. Die gescheiterten Aktionen wurden als Siege gefeiert, und die unfähigen kommunistischen Führer wurden sogar noch befördert.

Der Hartschädel Largo Caballero hatte den Russen seine Zähne gezeigt. Von nun an war seine Entfernung das oberste Ziel der kommunistischen Politik. Um dieses Ziel zu erreichen, spielten sie in machiavellistischer Weise die sachlichen Differenzen und persönlichen Gegensätze innerhalb der sozialistischen Partei aus. In der sozialistischen Partei gab es drei Richtungen: Einen rechten Flügel unter Führung des Universitätsprofessors Besteiro. Auch der sozialistische Kriegsminister Indalecio Prieto stand ideologisch auf dem rechten Flügel, obwohl er praktisch mit den Kommunisten und Russen zusammenarbeitete. Eine besondere Gruppe bildeten Juan Negrín und Alvarez del Vayo. Den linken Flügel bildete Largo Caballero, zu dem auch der ehemalige spanische Botschafter in Berlin, Luis Araquistaín, gehörte. Besteiro nahm während des Bürgerkrieges an der Politik nicht teil und lebte isoliert in Madrid. In den sozialistischen Gewerkschaften der UGT gab es zwei Richtungen, die Anhänger der Kommunisten und die Largo Caballeros.

Die Intrigen der Kommunisten gegen den Ministerpräsidenten machten nur langsame Fortschritte. Caballero war in Spanien populär geworden und es war nicht leicht, ihn zu beseitigen. Die bürgerlichen Parteien waren durch die Juliereignisse zur Einflusslosigkeit verdammt. Die Arbeiterorganisationen sahen in Caballero, dem ehemaligen Stuckateur, einen der ihren. Da kam den Kommunisten ein unerwartetes Ereignis zu Hilfe: Die Mai-Konflikte in Barcelona und Katalonien. Diese führten zu einer Regierungskrise. Largo Caballero wurde gestürzt.

In Katalonien hatten sich seit dem 19. Juli die Machtverhältnisse langsam verschoben. Die Anarchisten, denen nach dem 19. Juli durch ihren direkten Kampf alle wichtigen Machthebel in die Hände gefallen waren, hatten in den darauf folgenden Monaten eine Machtposition nach der anderen verloren. Dieser politische Prozess hatte seine gewisse innere Logik. Die CNT-FAI hätten nach ihrem Sieg im Juli alle übrigen Parteien und Organisationen Kataloniens diktatorisch unterdrücken können. Da sie aber Gegner der Diktatur waren, verzichteten sie freiwillig auf alleinige Ausübung der Macht. Sie waren für demokratische Zusammenarbeit. Alle antifaschistischen Richtungen nahmen an der Regierung teil. Durch diese Politik verloren die Anarchisten viel von ihrer Macht und ihrem Einfluss.

Am 20. Juli 1936 war auf Initiative und unter Leitung der Anarchisten das Antifaschistische Milizkomitee für Katalonien gebildet worden. Dieses Komitee übte eine vollständige Kontrolle über die Wirtschaft und die Politik Kataloniens aus. Die Situation war ähnlich wie 1917 in Petrograd während der Kerensky-Periode. Dort war es der Arbeiter- und Soldatenrat, der eine Art Nebenregierung darstellte. Der Unterschied lag jedoch darin, dass die Kerensky-Regierung im Gegensatz zu den Arbeiter- und Soldatenräten stand, während in Katalonien die Regierung und das Antifaschistische Milizkomitee zusammenarbeiteten. Im Verlaufe der darauf folgenden Monate stellte es sich indessen heraus, dass die Existenz von zwei Regierungen unpraktisch war. Die Anarchisten und Syndikalisten beschlossen, in die katalanische Regierung einzutreten. Das Antifaschistische Milizkomitee wurde aufgelöst. Dieser Wechsel vollzog sich am 28. September 1936. Die Syndikalisten übernahmen das Verteidigungs- und das Wirtschaftsministerium Kataloniens, und damit auch die Verantwortung für die Lebensmittelversorgung. Während des Winters 1936/37 verschlechterte sich infolge des Krieges die Lebensmittelversorgung. Der syndikalistische Wirtschaftsminister führte die Rationierung und gleichzeitig Höchstpreise für Lebensmittel ein. Die Kontrollorgane waren die Gewerkschaften. Der Kleinhandel konnte seinen Bedarf nur durch die Organe des Wirtschaftsministeriums decken. Den Händlern wurden die Einkaufs- und Verkaufspreise vorgeschrieben. Sie konnten ihre Preise nicht willkürlich erhöhen und erzielten nur mäßige Gewinne. Es gab keine Spekulation und keine Kriegsgewinnler. Diese Wirtschaftspolitik empfanden die Kaufleute als lästig und versuchten, sich von ihr zu befreien. Zu diesem Zwecke organisierten sie sich in den von den Kommunisten beherrschten UGT-Gewerkschaften! Es gab eine Zusammenarbeit zwischen den Kommunisten und dem Kleinbürgertum. Die Kommunisten griffen die Politik des syndikalistischen Wirtschaftsministers in der Regierung und in der Presse aufs Schärfste an.

Die Umformung der Miliz zum Volksheer führte zu einer Erstarkung des kommunistischen Einflusses. General Rojas gab die meisten Befehlsposten solchen Militärs, die sich bereit erklärten, in die Kommunistische Partei einzutreten. Das bedeutete keineswegs, dass die militärischen Befehlshaber nun mit einem Mal über Nacht Kommunisten wurden, wohl aber bedeutete es, dass sie den Weisungen der Kommunistischen Partei Folge leisteten, die ihrerseits ihre Verhaltungsmaßregeln von den russischen Ratgebern entgegennahm. Diese Umgestaltung hatte auch bei den Streitkräften Kataloniens ihre Folgen. Die anarchosyndikalistischen Befehlshaber wurden durch kommunistenhörige Befehlshaber ersetzt.

Das Justizministerium Kataloniens befand sich in den Händen der kleinen aber aktiven Partei der marxistischen Vereinigung, Partido Obrero de Unificación Marxista. Die POUM wurde daher von den Stalinisten aufs schärfste bekämpft. Es war auch leichter für die Stalinisten, gegen die kleine Partei vorzugehen, als gegen die einflussreichen und zahlreichen Anarchosyndikalisten. Die Kommunisten setzten sich das Ziel, den Vertreter des POUM aus der katalanischen Regierung zu entfernen. Sie wollten vor allem den Justizminister Andrés Nin (POUM) beseitigen, um das Justizministerium in ihre eigenen Hände zu bekommen. Ende 1936 fühlten sich die Kommunisten stark genug, um eine Regierungskrise in Katalonien heraufzubeschwören. Ihre Wühlarbeit hatte Erfolg. Am 16. Dezember 1936 wurde Andrés Nin gezwungen, zurückzutreten. An seine Stelle wurde ein linientreuer Kommunist zum Justizminister Kataloniens ernannt. Bei dieser Regierungskrise hatte der russische Konsul Owtschenko seine Hand im Spiele. Am Tage nach dem Sturze Nins, am 17. Dezember, schrieb die Moskauer *Prawda*, das Organ der Sowjetregierung: »Der Reinigungsprozess gegen die Trotzkisten und Anarchosyndikalisten hat in Spanien begonnen. Er wird mit der gleichen Energie durchgeführt werden wie in der Sowjetunion.«

Die Regierungskrise in Katalonien endete damit, dass, auf Vorschlag der Syndikalisten, eine Regierung aus den beiden Gewerkschaftszentralen, der CNT und der UGT sowie der katalanischen Linkspartei gegründet wurde. Das Wirtschaftsministerium kam in die Hände des Kommunisten Comorera. Als Vertreter der UGT oder katalanischen Kommunisten beseitigte Comorera die Lebensmittelkontrolle durch die Gewerkschaften und schaffte auch die Höchstpreise für Lebensmittel ab. Damit war der Kleinhandel zufriedengestellt. Der arbeitenden Bevölkerung Barcelonas aber bemächtigte sich eine große Unzufriedenheit. Dank dieser politischen Anfangserfolge schwollen die Kämme der kommunistischen Streithähne. Ihr nächstes Ziel war die Zerstörung der Kollektive. Die Kommunistische Partei Kataloniens war zum Sammelbecken der reaktionären Schichten des Kleinbürgertums und Mittelstandes geworden. Sie übernahm damit eine ähnliche Rolle wie in Deutschland die Nazipartei. Unter dem Schutze der Kommunisten organisierten die Kleinbürger und Pächter Anfang Januar 1937 im katalanischen Dorf Fatarella einen bewaffneten Angriff gegen das syndikalistische Kollektiv. Ähnliche Angriffe wurden auch in anderen Teilen Spaniens vorgenommen. *Solidaridad Obrera*, das Hauptorgan der katalanischen Syndikalisten, berichtete von einem kommunistischen Angriff auf ein Bauernkollektiv im Dorf Mora de Toledo in Mittelspanien. Bei einem von kommunistischen Hetzern eingeleiteten Überfall wurden siebzig Mitglieder der syndikalistischen Organisation, Männer und Frauen, niedergemacht. Die Konterrevolution war auf dem Vormarsch. An ihrer Spitze stand die Kommunistische Partei. Die Anarchosyndikalisten, gegen die sich die kommunistischen Aktionen in erster Linie richteten, wollten angesichts des antifaschistischen Bürgerkrieges einen bewaffneten Bruderstreit innerhalb des antifaschistischen Lagers vermeiden. Die verantwortungsvolle und nachgiebige Haltung wurde von den Kommunisten als Schwäche ausgelegt. Der nächste Vorstoß der Kommunisten richtete sich gegen den seit den Juliereignissen unerschütterten Einfluss der Anarchosyndikalisten in der Polizei Barcelonas. Die Kommunisten wollten die Syndikalisten aus den wichtigsten Schlüsselstellungen und Kommandostellen der Polizei verdrängen, um ihre eigenen Leute an deren Stelle zu setzen. Die Situation spitzte sich zu. Eine Auseinandersetzung zwischen Kommunisten und Anarchisten schien unvermeidlich. Companys, der Präsident der katalanischen Generalidad, der einige Monate vorher den Anarchisten angeboten hatte, die ganze Macht zu übernehmen, stellte sich nunmehr auf die Seite der Kommunisten und der mächtigen Sowjetunion. In den darauf folgenden Monaten verschärften sich die politischen Gegensätze. Ein kommunistischer Handstreich in Barcelona legte die Absichten der Kommunisten vor aller Augen bloß. Am 5. März 1937 erschienen in einem Waffenarsenal Barcelonas mehrere unbekannte Personen mit einem vom Syndikalisten Vallejas, dem Leiter der Waffenfabrikation Kataloniens, unterzeichneten Schriftstück, laut welchem ihnen zehn Panzerwagen ausgehändigt werden sollten. Das Schriftstück schien in Ordnung zu sein; die Tanks wurden herausgegeben. Bald darauf tauchten jedoch dem Lagerverwalter Zweifel auf. Eine telefonische Anfrage bei Vallejas ergab, dass dieser von der Sache keine Ahnung hatte und dass das Schriftstück gefälscht war. Die Fälscher waren inzwischen mit den Tanks auf und davon. Man setzte ihnen nach und stellte fest, dass sie in der kommunistischen Woroschiloff-Kaserne verschwanden. Das Kriegsministerium griff ein und verfügte, dass die Tanks herausgegeben wurden. Die Leitung der Kommunistischen Partei versuchte, die Urheberschaft dieses betrügerischen Manövers zu leugnen. Es stellte sich jedoch heraus, dass die Aktion auf Betreiben der Partei erfolgt war. Dieser nach dem Leninschen List- und Gewaltrezept durchgeführte Gaunerstreich hatte politische Folgen. Der Präsident Kataloniens verbot durch ein Dekret den Heeresangehörigen die Mitgliedschaft in politischen Parteien und Gewerkschaften. Eine solche Verordnung war für die Anarchosyndikalisten, die Hunderttausende von Milizionären dem Volksheer zugeführt hatten, untragbar. Sie erklärten, dass der Präsident seine Befugnisse überschritten habe und sie dieses Dekret nicht anerkennen könnten. Als Folge davon brach am 27. März eine neue Regierungskrise aus. Die Bildung einer neuen Regierung stieß auf große Schwierigkeiten. Companys spielte sich als Diktator auf und bildete eine Präsidialregierung. Diese Lösung war für die Syndikalisten ein offener Schlag ins Gesicht. Sie wollten jedoch die antifaschistische Einheitsfront nicht sprengen und schluckten die bittere Pille.

Neue Ereignisse führten in den darauf folgenden Wochen zu einer Verschärfung der Gegensätze. Am 25. April wurde in der Nähe Barcelonas ein Attentat gegen den Kommunisten Roldán Cortada verübt. Die Parteigänger des Ermordeten beschuldigten die Anarchisten, Urheber des Attentats zu sein. Die Täter wurden nicht ermittelt. Es war anscheinend kein politischer Mord. Nichtsdestoweniger ordnete der neue Polizeipräsident Rodriguez Salas eine Polizeiaktion gegen zahlreiche bekannte Anarchisten und Syndikalisten an. Damit sollte der Eindruck erweckt werden, dass die Anarchisten das Attentat gegen Cortada verübt hätten. Diese Maßnahme rief unter den Anarchisten große Erbitterung hervor. Das nächste Ereignis war ein Attentat gegen den anarchistischen Bürgermeister der katalanischen Grenzstadt Puigcerdá,

Antonio Martín, und drei seiner Gesinnungsgenossen. Martín stand an der Spitze des Grenzschutzes an der katalanisch-französischen Grenze. Er war in der Gegend gebürtig und kannte alle Grenzübergänge der Pyrenäen. Zahlreichen kommunistischen Agenten, die im Interesse ihrer Partei Schmuggelgeschäfte ausgeführt hatten, war durch ihn das Handwerk gelegt worden. Dadurch hatte er sich mit seinen Mitarbeitern den Hass der Kommunisten zugezogen. Solange Antonio Martín die Grenze bewachte, waren die Pyrenäen von der Küste bis Andora für die Kommunisten nur schwer zugänglich. Martín war durch die Lauterkeit seines Charakters und durch die von ihm in Putgcerdá geschaffenen sozialen Einrichtungen zu Gunsten der arbeitenden Bevölkerung unter den Arbeitern und Bauern des ganzen Umkreises sehr beliebt. Seine Ermordung löste unter der Bevölkerung große Empörung aus.

Alle diese Vorkommnisse führten zu einer gewaltigen politischen Spannung in den Beziehungen zwischen der anarchosyndikalistischen CNT und der von den Kommunisten beherrschten UGT in Katalonien. Eine gemeinsam geplante Demonstration zum 1. Mai 1937 wurde abgesagt. Die in der Kommunistischen Partei untergeschlüpften reaktionären Elemente waren durch die bisherigen Erfolge ermutigt. Sie glaubten, die Anarchosyndikalisten könnten endgültig aus dem öffentlichen Leben verdrängt werden. Die Syndikalisten waren jedoch nicht gewillt, sich von der Reaktion verdrängen zu lassen. Sie nahmen den Kampf gegen die von den Kommunisten geführten reaktionären Kräfte auf.

Kapitel 10

Die Maiereignisse in Katalonien und ihre Folgen

In seiner gehaltvollen Broschüre *Die Gegenrevolution in Spanien*[1] weist Robert Louzon auf die Ähnlichkeit des Verlaufs der achtundvierziger Revolution in Paris mit den Ereignissen vom Mai 1937 in Barcelona hin. Louzon stellt eine historische Parallele auf zwischen dem 19. Juli 1936 in Barcelona und dem 24. Februar 1848 in Paris. In beiden Fällen war das Volk Herr der Situation. Das Heer war besiegt und die revolutionäre Bevölkerung behielt die Waffen in den Händen. Die Bourgeoisie war unterlegen. Das besiegte Bürgertum trachtete jedoch danach, sich wieder in den Besitz der Staatsmacht zu setzen. Zu diesem Zwecke war sie darauf bedacht, eine starke Polizeimacht zu organisieren, die sie im gegebenen Augenblick einsetzen konnte, um ihre alten Privilegien zurückzuerobern.

Nach dem 19. Juli war in Katalonien die Staatspolizei aufgelöst worden. Es bildete sich eine neue Ordnungsmacht aus den Reihen der Arbeiterschaft unter dem Namen der Kontrollpatrouillen. Dies waren die Organe zum Schutze der neuen Ordnung. Die Kontrollpatrouillen traten an die Stelle der Ortspolizei. Die alten Sicherheitsformationen sind jedoch auch noch bestehen geblieben. Es gab eine Vielheit von polizeilichen Körperschaften. In der *Guardia de Asalto* (Sturmgarde) und in den von Negrín geschaffenen Carabineros waren die Kommandostellen meist von Kommunisten besetzt. Die katalanische Sicherheitsgarde *Mozos de Escuadra* unterstand der katalanischen Linkspartei. Die aus den Gewerkschaften rekrutierten Kontrollpatrouillen waren die Polizei der Syndikalisten und Anarchisten, die den Ordnungsdienst in Barcelona unter sich hatten. Die Arbeiterbevölkerung war mit ihrem Dienst zufrieden. Die Kommunisten aber sahen in ihnen ein Hindernis für ihre Machtbestrebungen. Sie suchten daher nach einem Vorwand, die Kontrollpatrouillen zu beseitigen. Dazu bot sich ihnen bald Gelegenheit.

Infolge des Krieges war das Brot in Barcelona knapp geworden und vor den Bäckerläden bildeten sich Schlangen. Die Zentralleitung der Kontrollpatrouillen hatte bei Beginn der Brotknappheit im Einverständnis mit den Stadtbehörden Brotmarken ausgegeben. Als später die Staatspolizei, sich über die Beschlüsse der Gewerkschaften und Kommunalverwaltung hinwegsetzend, auch noch besondere Brotmarken ausgab, trat eine Verwirrung ein. Die Leitung der Kontrollpatrouillen erklärte, dass auf die neuen Marken kein Brot verabfolgt werden könne, da die Gesamtbevölkerung

[1] Louzon, Robert: *La Contra-Revolutión en España.* Buenos Aires 1948.

mit den alten Marken versehen sei. Wer doppelte Marken habe, würde zweimal Brot erhalten, was ein Missbrauch wäre. Im Februar 1937 erschien eines Tages in einem Bäckerladen Barcelonas in Begleitung eines Sturmgardisten eine Frau und forderte auf Brotkarten der Staatspolizei ihre Brotration. Es kam zu einem Streit zwischen dem Wachhabenden der Kontrollpatrouille und dem Staatspolizisten. Der Streit endete mit einer Schießerei, bei welcher der Sturmgardist ums Leben kam. Dieser Vorfall diente als Anlass zu einer Hetze gegen den Leiter der Kontrollpatrouillen, Aurelio Fernández Sánchez. Um den sachlichen Differenzen keine persönliche Note zu geben, legte er sein Amt nieder. Diese Demission wurde von den Kommunisten als neuer Sieg gefeiert.

Ein neuer Zwischenfall ereignete sich im April. Der linksdemokratische Innenminister Kataloniens, Artemio Ayguadé Miró, bereitete ein Dekret vor, das den Kontrollpatrouillen ihren Dienst auf den Straßen Barcelonas verbieten sollte. Die syndikalistischen Organisationen erhielten von dieser Verordnung vor ihrer Veröffentlichung Kenntnis und beschlossen, den Kommunisten zuvorzukommen. In drei aufeinander folgenden Nächten besetzten sie die strategischen Punkte Barcelonas und entwaffneten 250 kommunistische Angehörige der Sturm- und Zivilgarde. Die Arbeiter erklärten, dass sie es gewesen seien, die Barcelona von den Faschisten befreit hatten und dass sie sich nicht von der kommunistischen Reaktion verdrängen lassen wollten.

Der Innenminister hatte eine Schlappe erlitten. Er ließ sich jedoch nicht entmutigen und holte zu einem neuen Schlage aus. Die Telefongesellschaft war am 19. Juli 1936 von den Arbeitern übernommen und in ein Kollektivunternehmen umgewandelt worden. In Übereinstimmung mit dem Kollektivierungsdekret vom 24. Oktober 1936 ging die Leitung auf ein Betriebskomitee über, dem ein Vertreter der katalanischen Regierung als Aufsichtsrat angehörte. Das Betriebskomitee war aus Vertretern der syndikalistischen CNT und der von den Kommunisten beherrschten UGT zusammengesetzt. Da die Mehrheit der Belegschaft Syndikalisten waren, hatten diese auch die Mehrheit im Betriebskomitee. Die technische Leitung bestand aus Ingenieuren und Arbeitern. Das Telefonwesen hatte seit dieser Neuregelung ausgezeichnet funktioniert. Das Telefonnetz wurde unter der kollektivistischen Leitung weiter ausgedehnt. Es gab nicht den geringsten Anlass zu Klagen. Unter dem Druck der Kommunisten erklärte der katalanische Innenminister Ayguadé plötzlich, dass die Staatsautorität das kollektivierte Telefonunternehmen nicht länger dulden könne und es unter die Staatskontrolle stellen müsse. Ohne die Sache der Regierung vorzulegen, verordnete er die Unterstellung des Telefonwesens unter sein Ressort. Am 3. Mai 1937 fuhren drei größere Polizeiautos mit ihren Mannschaften bei der auf der Plaza de Cataluña gelegenen Telefonzentrale vor. An ihrer Spitze befand sich der kommunistische Sicherheitsdirektor. Die Mannschaften versuchten, mit dem Rufe »Hände hoch!« das Gebäude zu besetzen. Sie kamen jedoch nur bis zum ersten Stock. Der Bewachungsdienst hatte im Obergeschoss ein Maschinengewehr, mit dem er die Eindringlinge am weiteren Vordringen hinderte. Die Nachricht von diesem Überfall verbreitete sich wie ein Lauffeuer in der Stadt. Das war eine neue Provokation der Kommunisten, die unter der Arbeiterschaft große Empörung auslöste. Die neue Staatsbürokratie war im Zuge, die Arbeiterkollektive zu Gunsten des Staates zu expropriieren. Die Provokationen der Kommunisten und des reaktionären Kleinbürgertums hatten ihren Höhepunkt erreicht. Die Arbeiterschaft Barcelonas war entschlossen, sich nun endlich dagegen zur Wehr zu setzen.

Wenige Stunden nach dem Überfall auf die Telefonzentrale standen die anarchosyndikalistischen Arbeiter Barcelonas unter Waffen. Gleich von Anfang an zeigte sich eine Zweifrontenteilung: Auf der einen Seite standen die katalanische Staatspolizei (Mozos de Escuadra), ein Teil der Zivil- und Sturmgardisten, die Partei der katalanischen Separatisten Estat Català und die Kommunistische Partei. Auf der anderen die syndikalistischen Gewerkschaften der CNT und die anarchistische FAI. Selbstständig kämpfte die marxistische Einheitspartei POUM an der Seite der Syndikalisten.

Der syndikalistische Polizeipräsident begab sich gemeinsam mit dem Leiter der Kontrollpatrouillen ins Telefongebäude, um auf dem Verhandlungswege den Abzug des Kommandos der Staatspolizei zu erwirken. Diese Bemühungen hatten keinen Erfolg. Der katalanische Präsident Companys erklärte, dass er und die Regierung von dem Vorgehen des Innenministers Ayguadé nicht unterrichtet waren. Er schien aber den Überfall auf das Telefongebäude zu billigen. Dadurch wurde die Spannung größer. Inzwischen hatte sich Barcelona in einen Kriegsschauplatz verwandelt. Auf der Plaza de Cataluña kam es vor der Telefonzentrale zu blutigen Zusammenstößen. In ganz Barcelona wurden Barrikaden errichtet. Im Innern der Stadt hatten sich die Kommunisten mit ihren bürgerlichen Verbündeten verschanzt. Zwei Zehntel der Bevölkerung standen an ihrer Seite. In allen übrigen Bezirken hatten die Anarchosyndikalisten das Übergewicht. Die Bahnhöfe waren von den syndikalistischen Arbeitern besetzt worden. Die Küstenbatterien und die Artillerie auf Montjuich, die die Stadt beherrschten, waren gleichfalls in den Händen der Anarchisten. Die syndikalistischen Gewerkschaften verfügten über zehntausende von Kämpfern und die im Laufe der vergangenen neun Monate errichteten Waffenfabriken befanden sich auch in den Händen der Syndikalisten. In den Arsenalen standen Kanonen und Tanks unter der Kontrolle der Anarchosyndikalisten. Es wäre der freiheitlichen Bewegung ein Leichtes gewesen, die Innenstadt zu nehmen, die Kommunisten zu liquidieren und die Regierungsgebäude zu besetzen. Der Kampfwille vom 19. Juli des vorangegangenen Jahres war ungebrochen. In wenigen Stunden hätten die Anarchisten dem kommunistischen Spuk ein Ende bereiten können. Doch sie zögerten, die Offensive zu ergreifen. Die Erhebung der Arbeiter gegen die kommunistische Provokation war spontan ausgebrochen. Die freiheitliche Jugend wollte bis zum Äußersten gehen, doch die vereinigten Komitees der syndikalistischen CNT und der FAI waren dagegen. Sie wollten den Bruch der antifaschistischen Front vermeiden und hofften, den

Konflikt auf dem Verhandlungswege beilegen zu können. Zu diesem Zwecke hatte man sich mit der Regierung in Valencia in Verbindung gesetzt.

Während der Verhandlungen wandten sich CNT und FAI durch ihre Rundfunksender stündlich an die Bevölkerung, an die Parteien und bewaffneten Kräfte, um sie zur Ruhe und Besonnenheit aufzufordern. Es war merkwürdig, aus dem Munde der Anarchisten und Syndikalisten Aufforderungen zur Ruhe zu hören. CNT und FAI wünschten eine friedliche Beilegung des Konfliktes und keinen Bruderkampf. Sie forderten ihre Mitglieder auf, sich mit der Verteidigung gegen Übergriffe zu beschränken und selbst nicht zum Angriff überzugehen. Beide kämpfenden Parteien wurden zur Niederlegung der Waffen aufgefordert. Die Verhandlungen zogen sich in die Länge. Die Kommunisten erwarteten Hilfe aus Valencia von ihren Militärbefehlshabern. Drei Tage lang war die Situation unentschieden. Die syndikalistischen Arbeiter standen in ihren Barrikaden Gewehr bei Fuß, ohne zum Angriff überzugehen. Sie bewiesen eine mustergültige Disziplin und befolgten die Anweisungen ihrer Komitees.

Es war vereinbart worden, dass während der Verhandlungen von keiner Seite Feindseligkeiten unternommen werden sollten. Die Syndikalisten und Anarchisten hatten sich an diese Vereinbarung gehalten. Nicht so die Kommunisten. Innerhalb ihrer Barrikaden befand sich der Sitz der syndikalistischen Gewerkschaft des graphischen Gewerbes, in welchem zu dieser Zeit gerade eine Ausstellung von Gemälden organisiert worden war, sowie das Haus der syndikalistischen Kino- und Theatergewerkschaft. Beide Häuser wurden von den Kommunisten besetzt und ein Teil der Gemälde zerstört. Die Syndikalisten hatten in den ersten Stunden des 4. Mai mehrere Tausend Sturm- und Zivilgardisten der Außenbezirke, die eine arbeiterfeindliche Haltung bewiesen hatten, entwaffnet. Die POUM, deren Sitz im Zentrum der Stadt lag, hatte gleichfalls Barrikaden errichtet, um sich gegen die stalinistischen Kommunisten verteidigen zu können. Während der Waffenstillstandsverhandlungen wurden von den Kommunisten zahlreiche Gewalthandlungen begangen. Besonders empörend war die Ermordung von Camillo Berneri, des italienischen Antifaschisten und Anarchisten, der in Barcelona eine antifaschistische Zeitung *Guerra di Classe* in italienischer Sprache herausgegeben hatte. Berneri hatte sich bei den Kommunisten verhasst gemacht, weil er in seiner Zeitschrift darauf hinwies, dass die kommunistische Diktatur ebenso freiheitsfeindlich und daher nicht weniger gefährlich sei als die faschistische. »Heute kämpfen wir gegen Burgos«, schrieb er, »morgen aber werden wir gegen Moskau kämpfen müssen, um unsere Freiheit zu verteidigen!« Der russische Konsul Owtschenko hatte im Namen der Moskauer Regierung gegen die Aufsätze Berneris beim Regionalkomitee der anarchosyndikalistischen CNT Protest eingelegt. Die kommunistische Presse hatte lange vorher ihre fanatischen Parteianhänger gegen Berneri aufgehetzt. Berneri wohnte in dem von den Kommunisten besetzten inneren Stadtviertel Barcelonas. Er war mit literarischen Arbeiten beschäftigt, als er von bewaffneten Kommunisten abgeholt wurde. In der folgenden Nacht hatte das Rote Kreuz seine Leiche und die Leichen zweier seiner italienischen Freunde, die mit ihm zu gleicher Zeit abgeholt worden waren, auf der Straße aufgelesen. Die Obduktion ergab, dass alle drei Italiener rücklings erschossen worden waren.

Die Kommunisten hielten die Geduld und den Großmut der Syndikalisten für Schwäche. Die Verhandlungen wurden im katalanischen Regierungsgebäude geführt, das von der Regierung und den Kommunisten verbarrikadiert war. Der katalanische Präsident Companys machte sich zum Sprachrohr der katalanischen mit Kommunisten durchsetzten Sicherheitspolizei. Er erklärte den anarchosyndikalistischen Unterhändlern, seine Garde würde sie als Geiseln behandeln und erschießen, wenn das Leben der von ihren Gesinnungsgenossen gefangenen katalanischen Polizisten bedroht werde. Die Unterhändler erwiderten, dass ihre Genossen bei den Batterien auf Montjuich ihre Kanonen auf den Regierungspalast gerichtet hätten und sich alle zehn Minuten telefonisch davon überzeugen, dass ihre verantwortlichen Genossen am Leben sind. Wenn sie die Stimmen ihrer Genossen im Telefon nicht mehr hörten, würden die Batterien in Funktion treten und das Regierungsgebäude unter Feuer nehmen. Eine Drohung wurde mit einer anderen Drohung beantwortet. Die Drohung mit den Geschützen bedeutete eine ernste Gefahr.[2] Schließlich erklärte sich der Präsident bereit, den Forderungen der Anarchosyndikalisten nachzugeben und den Innenminister und den kommunistischen Sicherheitsdirektor, die für die Geschehnisse verantwortlich waren, zu verabschieden. Es wurde eine neue Drei-Männer-Regierung gebildet. Sie bestand aus je einem Vertreter der anarchosyndikalistischen CNT, der kommunistisch beherrschten UGT und der katalanischen Linken. Damit wurde der Konflikt als gelöst betrachtet. Barcelona nahm langsam sein normales Leben auf.

Diese Ereignisse hatten an der Front große Beunruhigung hervorgerufen. Es war bekannt, dass der Kommandant der Kolonne *Karl Marx*, José de Barrio, mit seinem gesamten Stab und einem Teil seiner Mannschaften bereits vor Ausbruch der Unruhen die Front verlassen hatte und nach Barcelona gekommen war, um bei dem von seiner Partei vorbereiteten Putsch eingreifen zu können. Die anarchosyndikalistischen Kolonnen, die in Aragón einen über 300 Kilometer langen Frontabschnitt von den Pyrenäen bis Teruel besetzt hielten, hatten aus Verantwortungsgefühl nicht einen Mann von der Front zurückgezogen, um die Front gegen den internationalen Faschismus nicht zu entblößen. Sie hatten auch nicht die von ihnen selbst in den Munitionsfabriken für die Front hergestellten zahlreichen Panzerwagen, von denen einige sich in ihrem Regionalkomitee der Via Durruti (Layetana) befanden, eingesetzt. Diese Zurückhaltung der Anarchisten und Syndikalisten war selbst der bürgerlichen Presse Frankreichs, die über das Kräfteverhältnis in Katalonien sehr wohl unterrichtet war, aufgefallen. Die Franzosen erklärten sich die Reserve des Anarchosyndikalismus damit, dass in den anarchosyndikalistischen Kreisen Kataloniens die Befürch-

[2] Diego Abad de Santillán berichtet in seinem Buch *Porqué perdimos la guerra,* wie er dies vor seinen Verhandlungen mit Companys angeordnet hat.

tung herrschte, sie würden bei alleiniger Machtergreifung nicht nur von der gesamten bürgerlichen Welt Westeuropas, sondern auch von der Sowjetunion boykottiert werden und damit im Kampfe gegen den Faschismus unterlegen sein. Ein anarchosyndikalistisches Katalonien hätten den Krieg gegen drei Fronten führen müssen: Erstens gegen Franco, zweitens gegen das republikanische, stark von der Kommunistischen Partei und den russischen Ratgebern beherrschte Spanien und drittens gegen den Boykott der bürgerlichen Länder.[3]

Die Regierung der spanischen Republik in Valencia hat auf die Ereignisse in Barcelona und Katalonien prompt reagiert. Die anarchosyndikalistischen Minister kamen aus Valencia nach Barcelona, um den Konflikt zu schlichten. Die Regierung fasste den Beschluss, die katalanischen Streitkräfte ihrer relativen Selbstständigkeit zu berauben und sie unter die Kommandogewalt des spanischen Kriegsministeriums zu stellen. Mit dieser Maßnahme wurden nicht nur die Anarchosyndikalisten, sondern auch die katalanische Selbstständigkeit empfindlich getroffen. Die Valencianer Regierung sandte 5.000 Mann der *Guardia de Asalto* unter dem Befehl des Obersten Emilio Torres nach Barcelona. Die Truppen zogen nach Beilegung des Konfliktes in die Stadt ein. Als sie beim Regionalkomitee der Anarchosyndikalisten vorbeifuhren, begrüßte ein Teil spontan und begeistert die schwarz-rote Fahne der Anarchosyndikalisten, während ein anderer Teil sich reserviert verhielt. Dieses verschiedenartige Verhalten ließ auf die gemischte politische Zusammensetzung der Truppen schließen.

Einige Tage nach den Maiereignissen trat die Regierung in Valencia zurück. Die Regierungskrise war von den Kommunisten heraufbeschworen worden, die nun endlich die ihnen willkommene Gelegenheit gefunden hatten, Largo Caballero zu stürzen. Sie hatten in Juan Negrín ihren neuen Mann gefunden. Der neue Ministerpräsident gehörte zwar der Sozialistischen Partei an, war jedoch den Kommunisten ergeben. Der Kurs der neuen Regierung wurde nun vollständig von den Kommunisten beeinflusst. Außenminister wurde Julio Álvarez del Vayo, der mit Negrín durch dick und dünn ging. Zum Kriegsminister wurde Indalecio Prieto ernannt, der um diese Zeit mit den Kommunisten und ihren russischen Ratgebern auf bestem Fuße stand. (Erst viel später kam es zwischen Prieto und den Kommunisten zu unüberbrückbaren Gegensätzen und Feindseligkeiten)

[3] Diese Vermutungen waren nicht ganz aus der Luft gegriffen. Ich befand mich während der Maiereignisse im Regionalkomitee der CNT-FAI, in dem anarchosyndikalistischen Hauptquartier in Barcelona und nahm an allen Sitzungen und Beratungen der verantwortlichen Körperschaften teil. Es gab Genossen, die bei den Beratungen über die zu ergreifenden Maßnahmen auf die Folgen und eventuellen internationalen Verwicklungen hinweisen, die sich ergeben würden, wenn die Anarchosyndikalisten den Konflikt mit den Waffen austragen würden. Der Hinweis auf diese Möglichkeit hat zu einer kühlen Beurteilung der Lage beigetragen, die nicht ohne Einfluss auf die gefassten Beschlüsse geblieben ist.
Zwei Wochen nach der Beendigung der Maiereignisse habe ich in einer Broschüre die Geschehnisse geschildert, die Phasen der Entwicklung des Kampfes in allen Einzelheiten dargestellt und die Haltung der Anarchosyndikalisten erläutert. Diese in Barcelona erschienen Broschüre wurde von der Regierung Negrín in ihrer spanischen Ausgabe verboten. Eine französische und englische Ausgabe wurde jedoch im Buchhandel ungehindert verbreitet. Besonders die französische Ausgabe wurde auf den Ramblas in Barcelona verkauft und fand reißenden Absatz. In Katalonien ist die französische Sprache weit verbreitet. (A.S.)

Der Kampf in Barcelona wurde unter der Bedingung beigelegt, dass es weder Sieger noch Besiegte geben sollte. In den ersten Wochen danach waren noch keine großen politischen Veränderungen wahrzunehmen. Nach und nach aber zogen die neuen Männer die Schraube an. Die Kontrollpatrouillen waren aus den Straßen Barcelonas verschwunden. Die neue Ordnungsmacht wurde von angeblich neutralen Männern ausgeübt, die jedoch im Dienste der Reaktion standen, wie es sich bald herausstellte. Die bis zu den Maiereignissen von den Julikämpfern der Anarchosyndikalisten ausgeübte Grenzkontrolle an den Pyrenäen ging in die Hände der Valencianer Zentralregierung über. Die freiheitlichen Elemente wurden nach und nach aus den verantwortlichen Posten in der Armee und der Verwaltung entfernt und durch Kreaturen der Kommunisten ersetzt. Die CNT-FAI hatte in der neuen Regierung das Unterrichts- und das Gesundheitsministerium übernommen. Sie stellten jedoch für beide Ministerportefeuilles nur einen einzigen Minister in der Person des asturischen Syndikalisten Segundo Blanco.

Die neue Regierung war Gegner der Kollektive. Den Landkollektiven wurde das Leben schwer gemacht. Die Industriekollektive, besonders in Barcelona, waren jedoch so fest verankert, dass es einer vollständigen und rein faschistischen Konterrevolution bedurft hätte, um sie zu beseitigen. Solange der Kampf gegen den Faschismus geführt wurde, war es nicht möglich, diese syndikalistischen Errungenschaften zu beseitigen. Die kollektivierten Betriebe hatten sich so ausgezeichnet bewährt, dass ihre Zerstörung schwere Folgen in der Wirtschaft nach sich gezogen hätte. Dieses Risiko wollte die Regierung nicht auf sich nehmen. Die Kriegsindustrie war von den Arbeitern auf kollektivistischer Grundlage vollständig neu aufgebaut worden. Da die Regierung zur Errichtung der meisten Waffen- und Munitionsfabriken Kataloniens das Kapital vorgestreckt hatte, behielt sie sich die Einsetzung eines staatlichen Kommissars vor. Dieser Kommissar wurde im Einverständnis mit den Gewerkschaften ernannt. Die Arbeiter führten dennoch die Betriebe selbst.

Auch nach den Maiereignissen blieb die Wirtschaft in Barcelona in den Händen der Arbeiter. Louzon hat in seiner bereits erwähnten Broschüre ein lebhaftes Bild über das Leben in Barcelona gegeben, wie es von einem Zureisenden aus Frankreich wahrgenommen wurde: »Du kommst nach Barcelona«, schreibt Louzon, »und mietest ein Zimmer in einem kollektivierten Hotel. Du gehst in ein Restaurant und kannst sicher sein, dass von zehn Gaststätten neun kollektiviert sind. Du gehst in ein Café: Es ist kollektiviert. Du kaufst eine Zeitung: Das Zeitungsunternehmen gehört dem Personal des graphischen Gewerbes an, dem Redakteure, Typographen und Drucker angeschlossen sind. Willst du dir die Haare schneiden lassen, dann musst du notwendigerweise in einen kollektivierten Haarschneidesalon gehen, da alle Friseurgeschäfte kollektiviert sind, was man hier ›sozialisiert‹ nennt, wenn die Kollektivierung das ganze Gewerbe umfasst. Willst du dir einen Anzug machen lassen, dann kommst du in ein Schneiderkollektiv, wo man dir Maß nimmt. Gehst du in ein Warenhaus, so ist auch dieses kollektiviert. Bei den Warenhäusern siehst du die Aufschrift CNT-UGT, da ein Teil der Handelsangestellten der sozialistischen Gewerkschaft angehört. Wenn du ein Auto nimmst, dann hast du es mit einem Chauffeur zu tun, der einen Wagen des syndikalistischen Kollektivs fährt. Den Autobus, die Straßenbahn oder Untergrundbahn, die du besteigst, alles ist von den Syndikalisten kollektiviert. Wenn du abends ins Kino gehst oder ins Theater oder zum Tanz, dann befindest du dich allerorts in einem kollektivierten CNT-Unternehmen. Was für das Kleingewerbe und den Kleinhandel zutrifft, mit dem der Konsument täglich zu tun hat, gilt selbstverständlich in noch größerem Maße für den Großhandel und die Großindustrie. Die Textil- und Metallindustrieunternehmungen sind kollektiviert oder unterstehen der Arbeiterkontrolle. Der Unterschied zwischen beiden ist übrigens nicht groß. Doch nicht nur die Industrie ist kollektiviert, sondern das Land und die Landwirtschaftsbetriebe in noch viel größerem Maße.« Louzon hat ein getreues Bild vom Barcelona des Jahres 1937 gegeben. Die Kollektivierung war das Kernstück der Wirtschaftsrevolution, die sich nach dem 19. Juli vollzogen hatte. Sie war das ureigene Werk der Syndikalisten. An sie seine Hand zu legen, konnte der Staat noch nicht wagen. Er begnügte sich zunächst damit, die politische Macht in seine Hände zu bekommen, wobei die Weisungen Moskaus befolgt worden sind. Das *Echo de Paris,* eine gut bürgerliche Zeitung schrieb am 17. Mai anläßlich der Regierungskrise in Valencia: »Die Moskauer Direktiven bestehen darin, die vier anarchistischen Minister, García Oliver, Federica Montseny und Juan López aus der Regierung zu entfernen. Das scheint der Hauptgrund der Krise zu sein. Wenn das gelingt, dann kann gesagt werden, dass Moskau erreicht hat, was es wollte. Doch dann hat man eine Gewaltaktion der CNT-FAI zu erwarten.« Die Anarchosyndikalisten ließen sich aus der Regierung verdrängen, ohne Gewalt anzuwenden. Sie wollten die antifaschistische Front nicht sprengen. »Lasst uns erst den Krieg gewinnen«, sagten sie, »nachher werden wir mit den Kommunisten abrechnen«. Ob dieser Optimismus den Kommunisten gegenüber am Platze war, darüber blieb die Geschichte die Antwort schuldig. Der Sieg Francos stürzte die Republik in den Abgrund. Mit ihr aber wurden alle ihre Verteidiger, Sozialisten, Kommunisten und Anarchosyndikalisten in gleicher Weise getroffen.

Die Maiereignisse hatten vier Tage gedauert, 500 Tote und 1.500 Verwundete gekostet. Am 7. Mai war die Ruhe wieder eingekehrt. Die Barrikaden wurden weggeräumt, die Straßen dem Verkehr freigegeben. Die Bevölkerung Barcelonas war von einem Albdruck befreit. Vor dem Regionalkomitee der CNT erschienen lange Reihen von Lastkraftwagen und Bauernkarren mit Lebensmitteln. Sie kamen von den Landarbeiterkollektiven aus den umliegenden Dörfern. Die Sorge der Landarbeiter für ihre Genossen in der Stadt war rührend. Sie wollten auf ihre Weise den Verteidigern ihrer Kollektive helfen.

Die Ereignisse in Barcelona verfehlten nicht ihre Rückwirkung in der Provinz. Wo die Anarchosyndikalisten die Mehrheit hatten, blieb alles ruhig. In Nordkatalonien standen 10.000 Mann der Küstenbewachung unter dem syndikalistischen Verteidigungsminister Kataloniens, Iglesias. An der Küste bestand keine Front. Es wäre leicht gewesen, diese meist aus Anarchosyndikalisten bestehenden Truppen nach Barcelona marschieren zu lassen. Man sah jedoch davon ab. Aus Südkatalonien waren die anarchosyndikalistischen Kämpfer meist an die Front gezogen. Sie hatten nicht geglaubt, dass es notwendig sein könnte, sich gegen den »inneren Feind« verteidigen zu müssen. Diese Situation wurde von den reaktionären Kräften der Kommunisten ausgenutzt, um die Kollektive zu zerstören.

Eine besonders grausame Handlung wurde am 4. Mai von den Kommunisten der Karl-Marx-Kaserne in Barcelona begangen. Zwölf Mitglieder der *Juventudes Libertarias* begaben sich in einem kleinen Lastauto vom Vorort Armonia del Palomar nach dem Innern der Stadt in der Absicht, zum Regionalkomitee der CNT zu gelangen. Ihr Weg führte sie an der Karl-Marx-Kaserne vorbei. Vor der Kaserne wurden sie von der Wache der Kaserne angehalten und in den Kasernenhof geführt. Seitdem hat man über den Verbleib dieser jungen Leute nichts mehr erfahren. Vier Tage später, am 8. Mai, wurden von einem Krankenwagen auf der Landstraße nach Ballaterra, in der Nähe von Sardañola-Ripollet, zwölf entsetzlich verstümmelte Leichen in den Chausseegraben geworfen. Eine Untersuchung ergab, dass es sich um die in der Karl-Marx-Kaserne verschwundenen jugendlichen Anarchisten handelte. Acht von ihnen waren derart verstümmelt, dass sie nicht mehr zu erkennen waren. Vier dagegen wurden identifiziert. Ihre Namen waren Cesar Fernández Neri, José Villena, Juan Antonio und Luís Carneras.

Nach den Abmachungen sollten alle Gefangenen sofort freigelassen werden. Die Anarchosyndikalisten hielten sich an dieses Abkommen. Hunderte von kommunistischen Gefangenen wurden unmittelbar nach Beendigung des Kampfes freigegeben. Die Kommunisten dagegen hielten zahlreiche Anarchosyndikalisten in ihren Lokalen gefangen und gaben sie erst nach Wochen frei. Oft war es notwendig, mit Repressalien zu drohen, um die Freigabe zahlreicher Gefangener zu erreichen.

In den Dörfern Montesquiú, Lafarga und Bisaura hatten die Syndikalisten nicht an die Notwendigkeit der Abwehr gedacht. Sie waren auch unbewaffnet. Das nutzten die Kommunisten aus, um in das syndikalistische Gewerkschaftslokal und das anarchistische Kulturzentrum einzudringen. Beide Lokale wurden zerstört. In Vich waren sechzig Kollektivbauern gezwungen, zu flüchten, um nicht das Opfer der Reaktion zu werden.

In der Provinz Tortosa war die Reaktion gegen die Syndikalisten und die neuen kollektiven Wirtschaftsformen besonders stark. Nach dem Julisieg von 1936 waren zahlreiche kollektivistische CNT-Industrieunternehmen entstanden, die sich rasch und kräftig entwickelt hatten. Sie stellten für die Privatunternehmer eine ernste Konkurrenz dar. Die Maiereignisse boten diesen einen willkommenen Anlass, sich die neue Konkurrenz vom Hals zu schaffen. Im Dorfe La Cenia rückten am 7. Mai zweihundert Sturmgardisten unter kommunistischer Befehlsgewalt ein und besetzten das syndikalistische Gewerkschaftslokal, mit dem Sitz der freiheitlichen Jugend und des anarchistischen Kulturbundes. Die Ortsgruppe der Kommunisten beteiligte sich an dem Zerstörungswerk. Die Angreifer zogen vor die Lagerräume und Wirtschaftsunternehmungen des Kollektivs, die den Privathändlern besonders verhasst war. Sie drangen mit Gewalt ein, nahmen mit, was ihnen wertvoll erschien und zerstörten, was sie nicht mitnehmen konnten. Das Kollektiv in La Cenia war ein Musterunternehmen; es genoss im ganzen Kreise großes Ansehen. Sie bestand aus 400 freiwilligen Mitgliedern, die ihr privates Eigentum an Haus- und Arbeitstieren sowie Ackergeräten dem gemeinsamen Werke zur Verfügung gestellt hatten. An Stelle des Lohnsystems hatten sie ein System der gerechten Verteilung des Arbeitsertrages eingeführt. Sie hatten einen gemeinsamen Pferdestall, verfügten über einen Haarschneide- und Rasiersalon mit zehn modernen Friseursesseln und ein großes freundliches Kaffeehaus, das ihnen, nach spanischer Art, als Klubhaus diente. Diese Einrichtungen repräsentierten zusammen mit den Vorräten an Lebensmitteln einen Wert von 45.000 Peseten. Das alles wurde geraubt oder zerstört. Nur das Olivenöllager mit einem Vorrat im Wert von 140.000 Peseten konnte gerettet werden.

In Villadalán wurden die anarchosyndikalistischen Gemeinderatsmitglieder ausgestoßen und durch Kommunisten ersetzt. Das Gewerkschaftslokal der Syndikalisten wurde geschlossen und die Kollektive der Landarbeiter aufgelöst.

In Amposta, dem Zentrum der katalanischen Reisproduktion, entwaffneten die unter kommunistischem Befehl stehenden Sturmgardisten in Gemeinschaft mit der örtlichen kommunistischen Jugendgruppe die Anarchosyndikalisten. Die örtlichen Gewerkschaften sandten eine Delegation nach Barcelona, um die Zurückziehung der Sturmgarden aus dem Orte zu beantragen. Sie hatten das ganze Jahr hindurch große Mengen Reis freiwillig und gratis den republikanischen Truppen an der Front zur Verfügung gestellt und hofften daher, dass man ihrem Antrag, sie von den Truppen zu befreien, stattgeben werde. Auf dem Wege nach der Hauptstadt wurde die Delegation von Sturmgarden unter kommunistischem Befehl bei Tortosa angehalten und verhaftet. Vierzehn Tage später befanden sich die Delegierten noch in Haft. Sie wurden erst auf wiederholten Einspruch der beiden Gewerkschaftszentralen freigegeben.

In Tarragona besetzten Sturmgardisten unter kommunistischem Kommando die Telefonzentrale, um die syndikalistische Gewerkschaft zu hindern, Ferngespräche zu führen. Der Leiter der Zentrale, Casanova, erwirkte beim Militärkommandanten die Zurückziehung der Truppen. Es wurde vereinbart, dass nur vor dem Eingang eine Wache aufgestellt werden sollte. Der kommunistische Befehlshaber der Sturmgarde weigerte sich, dem ihm erteilten Räumungsbefehl nachzukommen. Er erklärte, von seinen kommunistischen Vorgesetzten aus Barcelona den Befehl zur Überwachung der Zentrale erhalten zu haben. Kurz darauf wurde das Lokal der freiheitlichen Jugend von Kommunisten und katalanischen Nationalisten angegriffen. Die Angreifer gingen mit Gewehrsalven und Handgranaten vor, wurden aber zurückgeschlagen. Die

Anarchosyndikalisten am Orte schlugen eine Konferenz aller antifaschistischen Parteien und Organisationen vor, wo jede Gruppe ihre Anliegen vorbringen konnte, um feststellen zu können, um was es sich überhaupt handele. Die Kommunisten waren gegen diesen Vorschlag und mussten von dem nichtkommunistischen Militärkommandanten dazu gezwungen werden. Der Kommandant des Flugplatzes erklärte, von der Zentralregierung den Auftrag erhalten zu haben, die Anarchosyndikalisten mit Gewalt zu entwaffnen, falls sie ihre Waffen freiwillig abzugeben nicht bereit waren. Die Syndikalisten wollten ihre Waffen nur unter der Bedingung abgeben, dass man ihre inhaftierten Genossen freigibt, die kommunistischen Sturmgarden den Ort verlassen und das Leben und die Freiheit aller Antifaschisten garantiert werde. Die Kommunisten erklärten, diese Punkte anzunehmen und die Anarchosyndikalisten gaben ihre Waffen ab. Einige Stunden später besetzte jedoch die kommunistisch befehligte Sturmgarde das Gebäude der Militärverwaltung. Das bedeutete einen Bruch der getroffenen Vereinbarungen. In den Außenbezirken der Stadt wurden bekannte Anarchosyndikalisten von bewaffneten Gruppen niedergeschossen. Unter den auf diese Weise ermordeten befanden sich Mario Berruti, Baltasar Vallejo, Mateo Freixas, José Gallisa und Julian Martínez. Die Anarchosyndikalisten Tarragonas hatten nach dem 19. Juli 1936 eine Konsumgenossenschaft organisiert, die bei der arbeitenden Bevölkerung großen Zuspruch fand. Den Kleinhändlern am Orte war der Konsumladen als Konkurrent verhasst. Als bekannt wurde, dass die Syndikalisten ihre Waffen abgegeben hatten, drangen mehrere Geschäftsleute unter Anführung des Krämers Gisbert in den Konsumladen ein, zwangen das Personal mit der Waffe in der Hand, das Lokal zu verlassen und begannen zu plündern. Ein großer Teil der Vorräte wurde geraubt oder vernichtet. Kommunistische Sturmgarden drangen in das syndikalistische Gewerkschaftslokal ein und zerstörten die Möbel. Die Syndikalisten hatten in gutem Glauben an die Abmachungen die Waffen abgegeben. Das wurde ihnen zum Verhängnis.

Auch in Valencia wurde die versöhnliche Haltung der Anarchosyndikalisten von den Kommunisten als Schwäche ausgelegt. Largo Caballero fiel den kommunistischen Intrigen zum Opfer. Seine Regierung wurde gestürzt. Sein Nachfolger wurde Negrín. Negrín gehörte, wie Caballero, der Sozialistischen Partei an, stand jedoch den Kommunisten näher als seinen eigenen Parteigenossen. Er erfüllte alle Wünsche der russischen Ratgeber und der spanischen Kommunisten. Ein skrupelloser Klüngel war an die Macht gekommen. Die Kräfte des republikanischen Spaniens wurden rücksichtslos vergeudet. Parteipolitische und teilweise sogar private Interessen wurden über die Lebensinteressen des spanischen Volkes gestellt. Die Folgen der neuen Politik machten sich bald in verhängnisvoller Weise bemerkbar. Die syndikalistische CNT wies in einer öffentlichen Erklärung darauf hin, dass die Kommunistische Partei, die eine verschwindende Minderheit im antifaschistischen Lager darstelle, mit Hilfe ausländischer Agenten die Regierungskrise heraufbeschworen habe. In der katalanischen Regierung hatte die Kommunistische Partei von Anfang an die Anarchosyndikalisten in perfidester Weise betrogen.

Negrín präsentierte sich dem spanischen Volke als Führer der neuen *Regierung des Sieges* (Gobierno de la Victoria). Bald sollte es sich jedoch herausstellen, dass es eine Regierung der Niederlage war. Eine militärische Niederlage erfolgte auf die andere. Der größte Schlag war der Fall von Bilbao und Gijón. Damit war das Gebiet der spanischen Schwerindustrie für die Republik verloren. *Juventud Libre,* das Organ der freiheitlichen Jugend, prangerte Negríns Politik mit scharfen Worten an: »Der Fall Bilbaos bedeutet ein vollständiges Versagen der Negrín-Regierung.« In allen Städten und Dörfern des republikanischen Spanien hört man nur einen Ruf: »Weg mit der Regierung Negrín! Nieder mit der Kommunistischen Partei, die alle militärischen Niederlagen verschuldet hat. Wir brauchen eine Regierung, die alle antifaschistischen Kräfte des Landes vertritt. Nur eine solche kann dem Kriege eine neue Wendung geben.«

Die zu Gunsten der Kommunisten von Negrín durchgeführten diktatorischen Maßnahmen untergruben die Kampfmoral der antifaschistischen Bevölkerung. Wenige Monate nach der Amtsübernahme Negríns war die antifaschistische Kampfbegeisterung dahin. Die anarchosyndikalistischen Spitzenkörperschaften sahen die Niederlage voraus und waren bemüht, unter allen Umständen eine andere Politik herbeizuführen. Das Landeskomitee der CNT richtete am 10. August 1937 an Negrín ein Schreiben, in welchem die Gewalttaten der Kommunisten, die diktatorischen Methoden der Regierung und die unter kommunistischem und russischem Einfluss geführte verhängnisvolle Niederlagenstrategie angeprangert wurden. In dem Schreiben wird u. a. gesagt: »Alle militärischen Unternehmungen der gegenwärtigen Regierung endeten mit einer Niederlage. An der Front wurde nicht eine einzige Stellung erobert. Tausende und abertausende von antifaschistischen Kämpfern sind nutzlos hingeopfert worden. Enorme Mengen von Kriegsmaterial sind dem Feinde in die Hände gefallen. Die Ursache dieser Niederlagen und Nackenschläge liegt in der Unfähigkeit der Obersten Heeresleitung. Die von der Negrín-Regierung angeordnete Offensive in der Richtung nach Segovia kostete bei einem Einsatz von 10.000 Mann 3.000 Gefallene! Dabei wurde nicht der geringste strategische Vorteil erreicht. Die Operationen an der Ostfront waren mit sträflicher Leichtfertigkeit durchgeführt worden und daher von vornherein zum Scheitern verurteilt. Die Offensive bei Brunete war aus rein politischen Motiven inszeniert worden und verfolgte den einzigen Zweck, die kommunistischen Führer in den Vordergrund zu stellen. Es war eine Katastrophe, die mit 23.000 Gefallenen für die Republik endete. Zahlreiche Brigaden verloren bis zu 70 Prozent ihrer Mannschaften! Die Operation bei Teruel war in unverantwortlicher Weise eingeleitet worden. Die militärischen Sachverständigen der anarchosyndikalistischen Konföderation hatten davon abgeraten. Als Negrín die Regierung übernahm, verfügte die Republik über eine Kriegsmacht von 550.000 Mann militärisch gut ausgebildeter Kräfte. Das vorhandene Kriegsmaterial hätte es ermöglicht, an strategisch wichtigen Punkten militärische Erfolge zu erzielen. Der unheilvolle Einfluss der russischen Ratgeber, die die Offensive in Extremadura durch Verweigerung der Luftwaffe sabotiert hatten, nimmt seinen Fortgang. Alle Militäroperationen wurden ohne Zusammenwirken mit den Luftstreitkräften eingeleitet. Dabei sind Flugzeuge in genügender Anzahl vorhanden! Die Militärbefehlshaber sind im höchsten Grade undiszipliniert. Die zahlreichen Kommunisten, die sich unter ihnen befinden, stellen die Parolen ihrer Partei über die militärischen Notwendigkeiten. Das schlagendste Beispiel hierfür war die bereits genannte Operation bei Brunete, die nicht im Interesse des Sieges über den Faschismus geführt wurde, sondern einzig und allein im Interesse der Kommunistischen Partei, zum Schaden der gemeinsamen Sache des Antifaschismus. Wenn nicht ein sofortiger und gründlicher Wechsel in der gesamten Kriegsführung vorgenommen wird, ist der Zusammenbruch unvermeidlich!«

Dieses Schreiben wurde Negrín achtzehn Monate vor dem tragischen Ende des Bürgerkrieges zugestellt. Es ist von historischer Bedeutung. Die Anarchosyndikalisten hatten die Niederlage vorausgesehen und Negrín beschworen, als Regierungschef mitzuhelfen, Vorbeugungsmaßnahmen zu ergreifen, um das Verhängnis aufzuhalten. Negrín gab auf das Schreiben keine Antwort. Er hatte sich seinen kommunistischen Ratgebern verschrieben und führte die Republik ins Verderben. So wurden die Hoffnungen, die der heldenhafte Kampf des spanischen Volkes im Juli 1936 im internationalen Proletariat erweckt hatte, von machthungrigen Parteipolitikern im Dienste der Sowjetunion schändlich zu Grabe getragen. Die spanischen Kommunisten waren nichts als Handlanger der Politik Stalins. Sie stellten die imperialistischen Ziele der Sowjetpolitik über die Interessen des spanischen Volkes. Die antifaschistischen Phrasen der Kommunisten waren gemeine Heuchelei. Die Vormachtstellung ihrer Partei war ihnen viel wichtiger als alles andere. An dem Siege der Antifaschisten waren sie nur insofern interessiert, als sie damit die Hoffnung auf den Sieg ihrer eigenen Partei über alle anderen Richtungen verbanden.

Kriegsminister in der Regierung Negrín war der Rechtssozialist Indalecio Prieto. Anfangs erfüllte Indalecio Prieto die Wünsche der russischen Ratgeber und ihrer spanischen Helfer. Man kann Indalecio Prieto den Vorwurf nicht ersparen, ein ganzes Jahr hindurch die verbrecherische Politik der Kommunisten mitgemacht und gedeckt zu haben. Erst viel später kam ihm seine unwürdige Rolle zum Bewusstsein. Als er dann sein Amt niederlegte, war es schon zu spät, um die verfahrene Situation noch retten zu können. Er wurde übrigens von den Kommunisten aus dem Kriegsministerium herausmanöveriert. Seine Amtszeit hatte ein Jahr gedauert. Er erstattete über die Gründe seines Austritts aus dem Ministerium in einer Vorstandssitzung der Sozialistischen Partei Spaniens, die am 9. August 1938 in Barcelona tagte, Bericht. Später hat er diesen Bericht als Broschüre herausgegeben. Prieto klagt seinen eigenen Parteigenossen Juan Negrín an, der Kommunistischen Partei Frankreichs enorme Summen Geldes zur Verfügung gestellt zu haben, ohne über die Ausgabe dieser Gelder Rechenschaft zu fordern. Die KP Frankreichs benutzte diese Gelder der spanischen Republik für ihre Parteipropaganda. Die kommunistische Zeitung *Ce Soir* wurde mit diesen Geldern Negríns gegründet und herausgegeben. Die Kommunistische Partei Frankreichs wurde von Negrín mit allerhand Geschäften beauftragt. Dabei war sie stets auf ihre eigene Propaganda bedacht. Sie gründete u. a. unter dem Namen *France Navigation* ein Schifffahrtsunternehmen. Diese Firma besaß zwölf Handelsschiffe, die mit spanischen Geldern gekauft wurden. Eigentümer der Schiffe war die spanische Republik. Die kommunistischen Leiter der *France Navigation* weigerten sich später, diese Schiffe herauszugeben. Bei der Räumung Kataloniens durch die republikanischen Truppen wurde ein Restteil des Goldbestandes der Bank Spaniens der Kommunistischen Partei Frankreichs ausgehändigt. Auch darüber wurde keine Rechenschaft gegeben.

Die Phrasen über internationale Solidarität waren für die unwissenden Proletarier bestimmt. Die Waffenlieferungen der Sowjetunion an das republikanische Spanien wurden auf Heller und Pfennig mit spanischem Golde bezahlt. Die Sowjetunion machte mit dem spanischen Bürgerkrieg ein glänzendes Geschäft. Die vielen Tausend russische Agenten in Spanien erhielten hohe Gehälter von der spanischen Republik. Darüber hinaus hatte Negrín, als er noch Finanzminister in der Regierung Largo Caballeros war, den größten Teil des Goldbestandes Spaniens nach der Sowjetunion verschifft. Die Einschiffung erfolgte im Hafen von Cartagena am 25. Oktober 1936. An diesem Tage wurden nicht weniger als 500 Tonnen Gold in 7.800 Kisten in Form von Goldmünzen und Goldbarren auf ein Schiff verladen, das nach Odessa fuhr. Negrín hatte den Ministerpräsidenten Caballero lediglich davon in Kenntnis gesetzt, dass er den Goldbestand der Bank von Spanien angesichts der Gefahr, die Madrid bedrohte, vor den vorrückenden Faschisten in Sicherheit bringen werde. Wohin das Gold gebracht wurde, das wurde zunächst nicht mitgeteilt. Den übrigen Ministern der Regierung Caballero wurde diese wichtige Tatsache vorenthalten. Selbst der Kriegsminister Prieto erhielt nur durch Zufall Kenntnis von der Sache. Es war also eine ganz dunkle Angelegenheit, die das Licht der Öffentlichkeit nicht vertragen konnte. Negrín hat sich eifrig bemüht, die Einschiffung dieser Fracht geheim zu halten. Vier Vertrauensleute der Bank von Spanien begleiteten den Transport. Diese Begleiter hatten keine Ahnung von dem Kurs des Schiffes. Sie hatten geglaubt, sie würden in einen Mittelmeerhafen Frankreichs fahren. Zu ihrem Erstaunen landete das Schiff nach langer Fahrt in Odessa. Am 6. November kam die Goldsendung in Moskau an. Die Übergabe und Zählung der Goldmünzen wurde von den Russen monatelang hingezogen. Nach Beendigung dieser Prodezur wurde den spanischen Bankbeamten nicht erlaubt, nach Spanien zurückzukehren. Die ganze Sache wurde streng geheim gehalten. Man befürchtete, dass die Bekanntgabe der Goldübergabe an Russland in der Öffentlichkeit Ärgernis erregen könnte.

Als die spanischen Familienangehörigen sich über den Verbleib der Bankbeamten beunruhigten, sandte Negrín auch diese Familienangehörigen nach Russland. Auch sie wurden über das Ziel ihrer Reise vorher nicht in Kenntnis gesetzt. Die spanischen Beamten wollten nicht in Russland bleiben. Doch weder sie noch ihre Familienangehörigen erhielten die Erlaubnis, die Sowjetunion zu verlassen. Alle Vorstellungen, die sie beim spanischen Geschäftsträger in Moskau, Marcelino Pascua, machten, um ausreisen zu können, waren vergeblich. Erst zwei Jahre nach Beendigung des Bürgerkrieges gelang es dem neuen spanischen Geschäftsträger in Moskau, Manuel Martinez Pedroso, die Ausreise der Bankbeamten aus der Sowjetunion zu erwirken. Sie wurden aber nicht nach Spanien zurückgesandt, sondern über die Welt verstreut. Einer wurde nach Stockholm geschickt, ein anderer nach Washington, der dritte nach Buenos Aires und der vierte nach Mexiko. Die hohen russischen Beamten, die mit der Sache zu tun gehabt hatten, verschwanden gänzlich. Finanzminister Grinko wurde erschossen. Der Direktor der Gosbank, Margulitz, der Bankdirektor Kogan, einer der Direktoren des Kreditinstituts mit Namen Ivanowsky und der Bankdirektor Martinson wurden ihres Amtes enthoben und inhaftiert. Sie alle waren Zeugen des russischen Goldraubes, zu dem Negrín seine Hand geboten hatte. Kurze Zeit danach veröffentlichte die illustrierte Zeitschrift *Die UdSSR im Aufbau*[4] eine Sondernummer über die Zunahme des Goldbestandes der Sowjetunion. Darin wurde erklärt, dass die Goldzunahme der UdSSR auf die erhöhte Goldproduktion in den Goldgruben Ostsibiriens zurückzuführen sei. In Wirklichkeit handelte es sich um das Gold Spaniens.

Prieto gibt einige Beispiele über die Art, wie die spanischen und russischen Kommunisten auf die nichtkommunistischen Minister der Republik Druck ausübten:

1. Eines Tages erschienen die beiden kommunistischen Minister Uribe und Hernández bei ihm und erklärten ihm, dass sie gern bereit wären, ihm, dem Kriegsminister, täglich die Meinungen und Vorschläge des Politbüros ihrer Partei über die Kriegsführung zu unterbreiten. Prieto erwiderte, dass er nicht daran denke, von der Kommunistischen Partei private Ratschläge entgegenzunehmen. Die kommunistischen Minister können ihre Vorschläge wie alle anderen Minister im

[4] Ein weiterer Zeuge des Goldraubes ist später an die Öffentlichkeit getreten. Es handelt sich um El Campesino, einen von der kommunistischen Presse während des spanischen Bürgerkriegs in der ganzen Welt gefeierten Partisanenkämpfer und »General«. El Campesino begab sich nach Beendigung des spanischen Bürgerkriegs in die Sowjetunion. Er war noch jung und sollte durch den Besuch der Moskauer Militärakademie zu einem richtigen kommunistischen General ausgebildet werden. Der russische Zwangskommunismus war jedoch nicht nach dem Sinne des spanischen Revolutionärs. Er geriet in Ungnade und verbrachte lange Jahre in den Konzentrationslagern der Sowjetunion. Schließlich gelang es ihm unter unglaublichen Abenteuern zu fliehen. Im Ausland veröffentlichte er unter dem Titel *La vie et la mort en URSS* (Leben und Tod in der Sowjetunion) seine Memoiren. Darin erzählt er, dass er einer jener Vertrauensleute Negríns gewesen war, der die Überwachung des Goldtransportes von Madrid nach Albacete übernommen hatte. Seine Angaben stimmen in allen Einzelheiten mit der Schilderung Indalecio Prietos überein. Die Angelegenheit ist trotz der Verdunkelungsmanöver der Kommunisten heute ganz klar.
Auch Louis Fischer erwähnt diese Sache in seinen Memoiren. Seine Kenntnisse darüber stammen jedoch aus dritter Hand und können nicht als direktes Quellenmaterial betrachtet werden. Was hingegen Louis Fischer über die Schiffsladung mit Gold und Diamanten und Geschmeiden nach Mexiko erwähnt, ist ernster zu nehmen. Diese Sendung ist übrigens in die Hände Prietos gefallen und später in aller Öffentlichkeit von der mexikanischen Regierung kontrolliert worden.(A.S.)

Ministerrat unterbreiten. Diese abschlägige Antwort führte zu einer Distanzierung zwischen Prieto und den Kommunisten.

2. Im August 1937 wurde auf Vorschlag des russischen Ratgebers vom Kriegsminister eine Organisation zur Spionageabwehr unter dem Namen *Servicio de Investigación Militar* (SIM) geschaffen. Kriegsminister Prieto stellte einen sozialistischen Vertrauensmann an die Spitze dieser Organisation. Nach kurzer Zeit war der SIM vollständig unter kommunistischen Einfluss gekommen. Die KP machte daraus ein Instrument zur Verfolgung politischer Gegner.
3. Der russische Ratgeber forderte, dass an die Spitze des SIM in Mittelspanien, wo vier Fünftel der gesamten republikanischen Wehrmacht standen, der Kommunist Durán gestellt werden sollte. Der Kriegsminister kam dem Wunsch des russischen Ratgebers entgegen und setzte Durán auf diesen Posten. Dieser organisierte seine Spionageabteilung in der Weise, dass er die gesamten Beamten- und Agentenposten mit Kommunisten besetzte, mit Ausnahme von fünf Sozialisten. Die Anarchosyndikalisten, zu denen die Hälfte der Wehrmacht gehörte, wurden von Durán zur SIM nicht zugezogen. Auch andere Richtungen waren nicht vertreten. In Barcelona war die Zusammensetzung des SIM ähnlich wie in Madrid. Wegen dieser Parteilichkeit setzte Kriegsminister Prieto den Kommissar Durán ab. Am Tage nach dieser Absetzung erschien der russische Ratgeber bei Prieto und forderte die Wiedereinsetzung Duráns.
4. Im Hafen von Gijón befand sich das republikanische Kriegsschiff *Ciscar*. Die Luftangriffe auf den Hafen setzten das Schiff der Gefahr aus, versenkt zu werden. Kriegsminister Prieto gab dem Kapitän des Schiffes den telegrafischen Befehl, den Hafen zu verlassen und auf Casablanca Kurs zu nehmen. Der russische Militärratgeber gab eigenmächtig und ohne den Kriegsminister davon in Kenntnis zu setzen dem Kapitän den telegrafischen Gegenbefehl, im Hafen zu bleiben! Der Kapitän wusste nicht, was er tun sollte und erbat auf telegrafischem Wege beim Kriegsminister eindeutige und endgültige Anweisungen. Das Telegramm des Kapitäns wurde vom russischen Ratgeber fünf Tage lang dem Kriegsminister vorenthalten! Inzwischen wurde die *Ciscar* tatsächlich von den Faschisten versenkt ...
5. Auf Druck der russischen Ratgeber wurden an die Spitze der republikanischen Luftstreitkräfte die Kommunisten Hidalgo de Cisneros und Níñez Maza gestellt. Es war in der ganzen Armee bekannt, dass beide für diese Posten gänzlich ungeeignet waren und ihre Beförderung nur der kommunistischen Parteizugehörigkeit verdankten. Das Versagen der republikanischen Luftwaffe während des Bürgerkrieges ist zum größten Teil auf ihre Unfähigkeit und sklavische Unterordnung unter die russischen Ratgeber zurückzuführen. Zu einem gewissen Zeitpunkt war es erforderlich, die Truppenkonzentrationen der Faschisten in Zaragoza, Pamplona, Vitoria und anderen Ostfrontabschnitten zu bombardieren. Der Kriegsmi-

nister erteilte hierzu den Auftrag. Die Flieger führten ihn jedoch nicht aus. Sie bombardierten stattdessen Valladolid und Altkastilien. Darüber vom Kriegsminister zur Rede gestellt, erklärten sie, die russischen Ratgeber hätten ihnen Gegenbefehle gegeben! Die Russen hatten keine Ahnung. von den tatsächlichen Verhältnissen in Spanien. Die Bombardierung von Valladolid richtete sich gegen die Zivilbevölkerung. Die Folge davon war ein empfindlicher Sympathieverlust der Republikaner unter der Zivilbevölkerung in Francospanien.

6. Zu einem anderen Zeitpunkt erhielten die Flieger den Auftrag, Córdoba, wo sich wichtige Waffenfabriken befanden, anzugreifen. Die Flieger warfen die Bomben nicht über den Fabriken ab, sondern auf freiem Felde. Als sie darüber verhört wurden, erklärten sie, die sie begleitenden russischen Flieger hätten sie zu dieser sinnlosen Handlung gezwungen!
7. Die russischen Ratgeber schlugen dem Kriegsminister zwei ihrer Schützlinge als Kommissare für zwei Unterseeboote vor. Der Kriegsminister hatte über die betreffenden Personen schlechte Auskunft erhalten und zögerte, den Wunsch der Russen zu erfüllen. Noch ehe der Fall erledigt war, ist einer der von den russischen Ratgebern vorgeschlagenen Kandidaten ins Lager Francos desertiert!
8. Eines Tages legte der russische Handelsvertreter dem Kriegsminister einen Scheck über 1.400.000 Dollar zur Unterschrift vor. Da der Russe für diese Summe keine Belege beigebracht hatte, weigerte sich der Kriegsminister, den Scheck zu unterschreiben. Es hat sich nicht um die Gehälter für die russischen Beamten gehandelt, die allmonatlich besonders ausgezahlt wurden. Der russische Handelsdelegierte konnte keine zureichende Erklärung über die Verwendung des Geldes geben und musste unverrichteter Sache abziehen. Der Russe hat auch später nie eine Rechtfertigung für seine Forderung beigebracht!

Ein sachverständiges Urteil über die schlechte Eignung der russischen Militärsachverständigen im spanischen Bürgerkriege gab der spanische Divisionsführer Manzana ab. Er erklärte: »Soweit ich mit den Russen zu tun gehabt habe, hatte ich den Eindruck, dass sie ebenso schlechte Ratgeber wie schlechte Militärsachverständige sind. Es genügt, unsere gegenwärtigen Frontlinien und das Scheitern aller von ihnen inspirierten Offensiven, die auch von ihnen geleitet wurden, in Betracht zu ziehen, um sich von ihrer Minderwertigkeit zu überzeugen. Die Russen sind schwerfällig in ihren Konzepten. Ihr Mangel an Geistesgegenwart bei unvorhergesehenen Problemen springt in die Augen. Wenn eine Militäroperation, die sie selbst vorbereitet und geleitet hatten, nicht glückte, waren sie hilflos und überließen die Maßnahmen, die rasch ergriffen werden mussten, um den Dingen eine neue Wendung zu geben, dem puren Zufall! Die vielen Obersten und Generäle, die man uns aus Russland gesandt hat, stehen auf keinem höheren Militärniveau als irgendein mittelmäßiger Hauptmann unserer spanischen Armee.«

Kapitel 11

Die Siegesregierung des Doktor Negrín

Indalecio Prieto ging es ähnlich wie vorher Largo Caballero. Beide wurden durch die Intrigen der russischen und spanischen Kommunisten zu Fall gebracht. Nach Beseitigung Prietos übernahm Negrín selbst das Kriegsministerium. So hatte er als Ministerpräsident die ganzen Fäden der Kriegsführung in seiner Hand. Er übte die Diktatur gegen das antifaschistische spanische Volk aus. Nach außen erschien er als der starke Mann. Die Eingeweihten aber wussten, dass er vollständig unter dem Einfluss der russischen Kommunisten stand. Er hat auf die Geschicke der spanischen Republik, besonders in der letzten Phase des Bürgerkrieges, entscheidenden Einfluss gehabt.

Wie war Negrín als Mensch? Diego Abad de Santillán, ehemaliger Wirtschaftsminister Kataloniens, veröffentlichte in seinem schon erwähnten Buch *Por qué perdimos la guerra* eine Denkschrift des Peninsularkomitees der FAI an die antifaschistischen Parteien Spaniens vom September 1938, in welcher kurze Angaben über die Persönlichkeit Negríns gemacht werden: Negrín stammt aus einer reaktionären Familie. Einer seiner Brüder ist Mönch und eine seiner Schwestern Nonne. Negrín studierte Medizin und nahm einen kurzen Studienaufenthalt in Deutschland. Seinen Professorenstuhl als Physiologe soll er sich hauptsächlich durch gewisse bibliographische Kenntnisse erworben haben. Er hat nicht eine einzige Schrift auf seinem Fachgebiete und auch nichts über Politik veröffentlicht. Leute, die ihn kennen, erklärten, dass er zu jenen Professoren gehörte, die in der Universität San Carlos zu Madrid von den Studenten ausgepfiffen wurden, weil er oft weniger wusste, als die Studenten, die er zu unterrichten hatte.

In den Jahren vor dem Sturz der Monarchie hängte sich Negrín an die Rockschöße Araquistaíns, des späteren spanischen Botschafters in Berlin. Als 1930 Araquistaín in die Sozialistische Partei eintrat, tat Negrín das gleiche. Nach Proklamierung der Republik hatte die Sozialistische Partei große Chancen bei den Corteswahlen. Negrín hatte auf das richtige Pferd gesetzt. Die Partei fühlte sich geschmeichelt, Universitätsprofessoren in ihren Reihen zu haben. Negrín kandidierte für die Cortes, die Partei erhielt über hundert Sitze und auch Negrín, der damals nur ein Jahr Parteimitglied gewesen war, wurde gewählt.

In den Cortes befand sich Negrín im Gefolge Indalecio Prietos. Prieto war der glänzendste Parlamentarier der Sozialisten. Im September 1936, einige Monate nach dem Francoputsch, wurde der Sozialistenführer Largo Caballero Ministerpräsident. Er ersuchte seine eigene Partei, ihm drei Ministerkandidaten zu nennen. Unter ihnen befand sich neben Prieto auch Negrín. So gelangte der Parteineuling zur Macht.

Persönlich ist Negrín ein Mann von guten Umgangsformen. Hierin liegt einer der Gründe seines Aufstiegs. In seinem persönlichen Leben ist er ein Pantagruel[1]. Sein ausschweifendes Leben während des Bürgerkrieges bildete in Barcelona Stadtgespräch. Für ihn gab es keine Rationierung von Lebensmitteln. Sein Tisch war stets mit den ausgesuchtesten Speisen und den teuersten Weinen gedeckt. Seine Geliebten bildeten ein Kapitel für sich.

Eine merkwürdige Begebenheit, die Negríns Charakter in ein eigenartiges Licht stellt, schildert Indalecio Prieto. In seiner Eigenschaft als Kriegsminister gab Prieto für den höchsten russischen Militärsachverständigen, der nach Russland zurückkehrte, ein Abschiedsfest. Vor dem Bankett kam Negrín zu Prieto, nahm ihn beiseite und sagte ihm, er möge dem Russen einen unversehrten Messerschmittapparat, der kurz vorher in die Hände der Republikaner gefallen war, als Abschiedsgeschenk geben. Prieto wandte ein, dass dieses Flugzeug den Republikanern sehr gute Dienste leisten würde und deshalb in Spanien bleiben müsse. Er könne es daher nicht verantworten, den Apparat wegzugeben. »Ach was«, erwiderte Negrín, nahm Prieto beim Arm, ging mit ihm zum Russen und sagte zu diesem: »Unser Kriegsminister übergibt Ihnen als Abschiedsgeschenk den Messerschmitt, den Sie sich mitnehmen können«. Prieto blieb nichts anderes übrig, als gute Miene zum bösen Spiel zu machen und dem Russen das Flugzeug zu überlassen.

Negríns Regierung des Sieges war für das antifaschistische Spanien verhängnisvoll. Elf Monate nach Negríns Ernennung verlor die Republik die Schlacht am Ebro. Die Streitkräfte Francos stießen am 14. April 1938 bis zum Meere durch. Dadurch wurde das republikanische Spanien in zwei Hälften geteilt. Die Hauptschuld an dieser Katastrophe trug die Unfähigkeit der von Negrín und den russischen Beratern eingesetzten Heeresführer. Schließlich wurde die Unzufriedenheit über Negríns Kriegführung auch unter seinen eigenen Parteigenossen groß. Die Spaltung der Sozialistischen Partei in drei verschiedene Gruppen hatte zur Folge, dass es nicht möglich war, Negrín zu stürzen. Bei den Parteikonferenzen war es Negrín immer wieder geglückt, die eine Gruppe gegen die andere auszuspielen und sich dadurch an der Macht zu halten. Auch fürchteten die Sozialisten, dass die russischen Waffensendungen ausbleiben würden, wenn man Negrín absetze und die Kommunisten ausschalte. Der republikanische Diktator wusste, dass seine Stärke in der Furcht vor dem Ausfall der russischen Waffenlieferungen lag. Er verstand es, diese Situation auszunutzen und seine diktatorischen Vollmachten zu erweitern.

Am 11. August 1938 erließ Negrín eine Verordnung, durch welche die Autonomie Kataloniens innerhalb der spanischen Republik aufgehoben wurde. Auch die Rechte

[1] Pantagruel, Sohn von Gargantua, aus dem Romanzyklus von François Rabelais (ca. 1483-1553), hier benutzt als Synonym für einen Menschen mit großem Appetit.

der Basken wurden beschnitten. Der Verordnungsentwurf war bereits zu einem früheren Zeitpunkt dem Ministerrat vorgelegt worden. Wegen seines reaktionären Charakters wurde er aber abgelehnt. Auf Initiative der russischen Ratgeber wurde der Entwurf von Negrín eigenmächtig erlassen, ohne weitere Befragung der Minister. Als Folge davon legten der katalanische und der baskische Minister im Ministerium Negríns ihr Amt nieder. Ihre Plätze wurden von zwei unter dem Einfluss der Kommunisten stehenden Ministern besetzt. Die neuen Minister fügten sich widerspruchslos dem Willen Negríns.

Als Begründung für die Beschneidung der Rechte der Katalanen und Basken gab Negrín an, dass die gesamte Kriegführung es erfordere, die Wirtschaft des ganzen Landes in einer Hand zu konzentrieren. Es zeigte sich jedoch bald, dass der eigentliche Zweck der Verordnung ein anderer war: Es handelte sich für die Kommunisten darum, die Rüstungsindustrie Kataloniens in ihre Hände zu bekommen. Diese Industrie war das ausschließliche Werk der syndikalistischen Arbeiter. Vor dem Bürgerkrieg gab es in Katalonien keine Kriegsindustrie. Die intelligenten katalanischen Arbeiter haben sie durch Tüchtigkeit und mit Begeisterung in kurzer Zeit sozusagen aus dem Boden gestampft. Ganz Katalonien war stolz auf diese hervorragende Leistung der syndikalistischen Arbeiterschaft. Gerade das aber erweckte den Neid der Kommunisten. Sie wollten die Syndikalisten diskreditieren und setzten alles daran, um die Kriegsindustrie unter ihre Kontrolle zu stellen. Das war der Grund der Negrínschen Verordnung. An die Stelle der syndikalistischen Direktoren wurden kommunistische gesetzt, die von den russischen Ratgebern vorgeschlagen worden waren.

Die Volksfrontparteien schluckten die bittere Pille aus Furcht, die russischen Kanonen und Flugzeuge zu verlieren. Anläßlich dieses Diktates richtete die FAI an Negrín und an die Volksfrontparteien ein Schreiben, in welchem gesagt wird: »Die Verordnung über die Unterstellung der gesamten Kriegsindustrie unter die Zentralregierung trifft besonders die Kriegsindustrie Kataloniens. Bei dieser aber handelt es sich um eine unvergleichliche Schöpfung des katalanischen Volkes. Dieser Schöpfung ist es zum großen Teil zu verdanken, dass die Milizsoldaten bisher im Stande waren, Widerstand zu leisten. Die Verordnung ist eine durch nichts zu rechtfertigende Ungerechtigkeit den freiheitlichen Arbeitern gegenüber, die diese Industrie aufgebaut haben. Außerdem beschwört sie die Gefahr herauf, dass die neue Leitung in den Händen eines zentralen Staatskommissars zu dem gleichen Versagen führt, wie dies bei den übrigen vom Staate übernommenen Industrien der Fall ist. Die verstaatlichten Industrien, die wir hier am Werke sehen, haben bisher wirklich kein gutes Beispiel ihrer Tätigkeit gegeben.

In Anbetracht dieser Erfahrungen und sich stützend auf die Traditionen des spanischen Volkes erklärt die FAI dass die Verordnungen vom 11. August ein Angriff auf die Rechte und Freiheiten des spanischen Volkes sind. Sie fordert daher die Parteien und Organisationen der Volksfront auf, die Verordnung nicht anzuerkennen.«

Die Opposition gegen diese und andere diktatorische Verordnungen wuchs bei allen Parteien. Eine Ausnahme machten nur die Kommunisten. Niemand wagte es jedoch, offen gegen Negrín Stellung zu nehmen aus Furcht, man könne die Russen verärgern. Negrín fühlte sich sicher. Sein Vorstoß war ihm geglückt, und er glaubte nun, er könne sich alles erlauben. In dieser Auffassung wurde er von den russischen und spanischen Kommunisten bestärkt. Zwar wurde die Opposition gegen ihn in seiner eigenen Partei immer größer. Nichtsdestoweniger wagten es die Sozialisten nicht, ihm den offenen Kampf zu erklären.

In der gleichen Denkschrift an die Volksfrontparteien erklärten die Anarchisten: »Die Volksfront hat sich die Aufgabe gestellt, die demokratischen Einrichtungen innerhalb der Verfassung zu wahren. Wir halten es für erforderlich, darauf hinzuweisen, in welch schändlicher Weise diese verfassungsmäßigen, demokratischen Einrichtungen missachtet werden. Kritik, Beaufsichtigung und Kontrolle der Regierungsorgane durch die Vertreter des Volkes ist die Voraussetzung jeder Demokratie. Das Recht der Kritik ist eine der großen Eroberungen des 19. Jahrhunderts gegen die unbotmäßigen Anmaßungen des Absolutismus vergangener Jahrhunderte. Gerade Spanien bietet das beste Beispiel hierfür. Die berühmte Verfassung von 1812, die in jener Zeit den größten politischen Fortschritt in der Welt dargestellt hatte, kam mitten im Unabhängigkeitskriege und sozusagen unter dem Donner der Geschütze der Kriegsflotte zustande. Während der unruhigen Jahre unserer Bürgerkriege im vergangenen Jahrhundert haben nicht nur die Cortes weiter getagt, sondern es wurden auch Neuwahlen vorgenommen. Auch die Konstituante von 1837 trat unter unruhigen politischen Zuständen zusammen. Unser Volkskrieg gegen Napoleon und unsere Bürgerkriege des vergangenen Jahrhunderts waren also nicht Perioden des politischen Rückschritts, sondern des demokratischen und liberalen Fortschritts.

Die Beaufsichtigung, Kontrolle und Kritik der Regierungsfunktionen wird in allen verfassungsmäßigen demokratischen Ländern vom Volke durch die Presse, Volksvertretungen und politische oder wirtschaftliche Organisationen des Volkes ausgeübt. Eine demokratische Republik kann ohne diese verfassungsmäßigen Einrichtungen nicht bestehen. Wenn die Regierung wirklich den Volkswillen ausdrückt, erfordert die Demokratie, dass die Regierungsmaßnahmen vom Volke kontrolliert werden. Das Volk muss das Recht haben, Regierungsmaßnahmen anzuerkennen oder abzulehnen. Diese Einschränkung der Freiheiten hat sich in allen Ländern für den Fortschritt als unfruchtbar erwiesen. Sie diente nur solchen Regierungen, die Grund hatten, Maßnahmen vor der öffentlichen Meinung zu verbergen. Ein Verzicht auf die Kritik, die Kontrolle und Beaufsichtigung der öffentlichen Angelegenheiten durch das Volk kommt einem Verzicht auf die Demokratie gleich.

Die Geheimhaltung von Kriegsoperationen und deren Vorbereitung ist im Kriege berechtigt. Doch die Kritik der verlorenen Schlachten und Niederlagen war in allen Kriegen ein wichtiger Faktor. Der Krieg ist, nach Ausspruch eines französischen Militärkritikers, eine viel zu wichtige Angelegenheit, als dass man ihn ausschließlich den Militärs überlassen könne. Nach einer verlorenen Schlacht hat man aus psychologischen und praktischen Gründen immer die verantwortlichen Befehlshaber abgesetzt und oft Regierungsumbildungen vorgenommen. Dass man nur die gemeinen Soldaten, nicht aber die Befehlshaber zur Verantwortung zieht und bestraft, das ist ein Novum, das in unserem Kriege die Regierung Negrín eingeführt hat. Das hat man in keinem Lande und in keinem Kriege.

Unter der Regierung Negrín sind die verantwortlichen Militärbefehlshaber absolut unantastbar. Das kann unmöglich im Interesse eines glücklichen Ausgangs des Krieges liegen. Es ist auch in der spanischen Republik nicht zulässig, die gerade deshalb gegen den Faschismus kämpft, weil sie sich dem politischen Totalitarismus entgegenstellt und die Demokratie verteidigt, in welcher das Volk selbst über alle öffentlichen Angelegenheiten zu bestimmen hat.

Auf finanziellem Gebiete tappt man völlig im Dunkeln. So wichtige Angelegenheiten wie der Einkauf von Kriegsmaterial, bei welchem stets die Gefahr vorhanden ist, dass sich Spekulanten und nichtswürdige Schieber dazwischenschalten, gehen ohne jegliche Kontrolle und ohne Aufsicht vor sich. Die an diesen Dingen interessierten antifaschistischen Organisationen haben nicht den geringsten Einblick in diese Dinge. Die Folge davon ist, dass die wildesten Gerüchte über Schiebungen schlimmster Art im Lande verbreitet werden. Die Diktatur des Finanzministers ist weder mit der spanischen Verfassung noch auch mit der Demokratie überhaupt vereinbar. Das Budget über die ordentlichen und außerordentlichen Ausgaben sowie die periodischen Abrechnungen der Bank von Spanien müssen ordnungsgemäß allen antifaschistischen Parteien und Organisationen zur Begutachtung und Kontrolle vorgelegt werden, wenn die Regierung verhüten will, in den Augen des Volkes diskreditiert zu werden. In allen demokratischen Ländern hat das Volk das Recht, Einblick zu nehmen in die öffentlichen Finanzen. Selbst im kaiserlichen Deutschland und im zaristischen Russland wurden die Kriegskreditbudgets den Parlamenten oder Parteien vorgelegt. Im republikanischen Spanien dagegen ist das alles unbekannt!«

Mit diesen demokratischen Begründungen forderte die Anarchistische Föderation Iberiens, FAI, die Wiederherstellung des Rechtes der Kritik, der Kontrolle und Aufsicht über die Regierungsmaßnahmen in allen finanziellen, innenpolitischen und außenpolitischen Angelegenheiten und vor allem in Sachen der Kriegsführung. Sie schlug die Bildung eines gemeinsamen Kontrollausschusses durch die Parteien und Organisationen der Volksfront vor. Diesem sollte das Recht zustehen, sämtliche Regierungsmaßnahmen zu überprüfen und erforderlichenfalls Einspruch zu erheben. Die Kommunistische Partei lehnte diese demokratischen Forderungen ab. Der linke Flügel der Sozialisten war dafür. Negrín bot seinen ganzen Einfluss auf und es gelang ihm auch, die Sozialistische Partei zu bewegen, die Einsetzung eines Kontrollausschusses abzulehnen. Die übrigen kleineren Gruppen wagten es nicht, den Vorschlag der Anarchisten zur Demokratisierung des Landes zu unterstützen. Negrín und die Kommunisten hatten in der Regierungskoalition gesiegt. Die Diktatur nahm innerhalb der Republik ihren Fortgang. Unter diesen Umständen blieb nur ein Mittel übrig, die Negrín-Diktatur und die Misswirtschaft durch Anwendung von Gewalt zu beseitigen. Die Anarchisten wären dazu vielleicht imstande gewesen. Die freiheitliche Jugend hatte sich bei verschiedenen Gelegenheiten dafür ausgesprochen. Die syndikalistischen Gewerkschaften aber wollten die schwere Verantwortung einer bewaffneten Auseinandersetzung im antifaschistischen Lager während des Bürgerkrieges nicht auf sich nehmen. So konnte Negrín das antifaschistische Spanien ungehindert dem Untergang entgegenführen.

Die Niederlage der östlichen Streitkräfte war für die Republik eine Katastrophe. Einen großen Teil der Verantwortung hierfür trug General Rojo, Chef der Obersten Heeresleitung. Die Syndikalisten forderten Rojos Absetzung. Doch Rojo war Kommunist und fand in seiner Partei und bei den russischen Ratgebern eine Stütze. Also blieb er auf seinem Posten und das Verhängnis nahm seinen Lauf. Die Ebroschlacht hatte große Verluste an Menschenleben und Kriegsmaterial gekostet. General Rojo hat nach Niederlage der Republik ein Buch veröffentlicht, das seiner persönlichen Rechtfertigung dienen soll.[2] Er gibt darin die Anzahl der Toten, Gefangenen und Verwundeten der Ebroschlacht mit 15.000 an. Negrín selbst hatte vorher eine Verlustziffer von 90.000 genannt. Die Militärsachverständigen der Anarchistischen Föderation Iberiens gaben die Zahl von 70.000 an. Nach vorsichtigen Schätzungen des Obersten Jesús Pérez Salas waren es 50.000 Mann. Kein Zweifel, dass Rojo die Niederlage und sich selbst möglichst rein waschen wollte. Die wirklichen Verlustziffern liegen wahrscheinlich zwischen 50.000 und 60.000.

Die Massen der Arbeiter und Bauern waren enttäuscht und fühlten sich betrogen. Sie mussten große Entbehrungen auf sich nehmen. Negrín aber lebte weiter tatsächlich und buchstäblich in Saus und Braus. In Barcelona, wo die Zentralregierung zu dieser Zeit ihren Sitz hatte, sprach man unter der Bevölkerung davon, dass der Ministerpräsident nach Art der alten Römer ein Brechmittel nahm, um weiter essen zu können. Ob das wahr war, ließ sich schwer nachprüfen. Richtig scheint zu sein, dass Negrín ein *glotón,* wie man es in Spanien nennt, d. h. ein starker Esser, ist. Als die durch Niederlagen und Entbehrungen enttäuschten Massen den Glauben an den Sieg allmählich verloren hatten, wagte es Negrín, verächtlich von »Mob« zu sprechen. Rojo nimmt in seinem Buche das Wort auf. Er glaubte, seine eigene Verantwortung verkleinern zu können, indem er die Schuld an der Niederlage auf den »demoralisierten Pöbel« schiebt, der »unfähig war, Opfer zu bringen und die Niederlage heraufbeschwor«.

[2] Rojo Lluch, Vicente: *Así fue la defensa de Madrid.* Ed. Era, México 1967 und *España heroica,* Ed. Era, México 1961.

Zu Beginn der Schlacht an der Ostfront befanden sich alle hohen Kommandostellen in den Händen der Kommunisten. Auch die Mehrzahl der politischen Kommissare in der Armee waren Kommunisten. Außerdem gab es eine große Anzahl von kommunistischen Geheimmitgliedern. Die geheime Mitgliedschaft hatte politische Gründe. Den offenen Kommunisten begegnete das Volk mit Misstrauen, die Geheimmitglieder waren der Kommunistischen Partei als Spitzel sehr nützlich.

Oberst Cordón, der Unterstaatssekretär des Landesheeres, war gleichfalls Kommunist. Berufsoffizieren wurde nur dann Beförderung in Aussicht gestellt, wenn sie der Kommunistischen Partei beitraten. Damit hatte die Kommunistische Partei die Hebel der Personalpolitik des Heeres in ihren Händen. Nach Umwandlung der Miliz in das Volksheer konnten meist nur kommunistische Milizionäre Offiziere werden. Nichtkommunisten wurden von den Kommandostellen entfernt. Hunderte von sozialistischen, anarchistischen und radikalsozialistischen Offizieren sind mit List oder Gewalt, zum Teil sogar durch Mord, beseitigt worden. Die Soldaten wurden durch diese Vorgänge und Machenschaften demoralisiert. Sie wandten sich mit Beschwerden an ihre Parteien und Organisationen. Diese machten Eingaben an den Kriegsminister, den Ministerpräsidenten und sogar den Präsidenten der Republik. Alles blieb jedoch erfolglos. Alle wussten, dass die spanischen Kommunisten ohne Unterstützung der Russen über Nacht ihren Einfluss verlieren würden. Doch jeder fürchtete, dass man ohne die Kanonen und Flugzeuge der Sowjetunion den Krieg verlieren würde. Diese Furcht hing wie ein Damoklesschwert über allen Schultern und niemand wagte, mit der Achsel zu zucken, aus Furcht, verletzt zu werden.

Die Auswirkungen der kommunistischen Personalpolitik waren verhängnisvoll. Das 10. Armeekorps, das den rechten Flügel der Ostfront bis zu den Pyrenäen besetzt hatte, wurde vom kommunistischen Kommandanten Gallo befehligt. Gallo hatte bei Übernahme des Oberbefehls alle Kommandostellen mit seinen Parteimitgliedern besetzt, ohne Rücksicht auf militärisches Können. Offiziere, die der Kommunistischen Partei nicht beitreten wollten, wurden entfernt. Im Verlaufe der Offensive Francos wurde Gallos Heereskörper von den übrigen Truppen abgeschnitten. Das ganze Armeekorps wurde aufgerieben. Die Soldaten ließen die Waffen im Stich und flüchteten über die Pyrenäen nach Frankreich. Das gesamte Kriegsmaterial fiel in die Hände Francos. Das war die Folge der kommunistischen Politik, die ihre Parteiinteressen über die Sache des antifaschistischen Kampfes stellte.

In den übrigen Armeekorps war die Lage ähnlich. Nach der Niederlage an der Ostfront unterbreitete die FAI dem Ausschuss der Volksfrontparteien eine Denkschrift, in der auf die bedauernswerten Zustände im Heere hingewiesen wurde. Im Ausland wurden Líster, Modesto und El Campesino als große Helden und Militärgenies hingestellt. In Wirklichkeit waren es brutale Rohlinge, die von Militärstrategie nicht einen blauen Dunst hatten. Andererseits wurden verdienstvolle republikanische Offiziere kaltgestellt oder selbst Verfolgungen ausgesetzt, wenn sie sich weigerten, der Kommunistischen Partei beizutreten.

Einer der bekanntesten höheren Offiziere, der von der kommunistischen Führung ausgeschaltet wurde, war General Asencio, der als ausgezeichneter Artillerieoffizier in Spanien einen guten Namen hatte. Asencio stellte sich bei Ausbruch des Francoputsches ohne Zögern an die Seite der Republik. Er hätte bei der Organisierung der republikanischen Armee und auch als Stratege gute Dienste leisten können. Da er sich aber weigerte der Kommunistischen Partei beizutreten, wurde er entlassen. Monatelang ging er müßig. Später wurde er nach Washington als Militärattaché geschickt. Ähnlich ging es dem Chef der katalanischen Luftstreitkräfte, General Sandino. Auch er hatte sich am 19. Juli an die Seite der Republik gestellt und mit seinem Geschwader die Truppenkonzentrationen der Faschistengenerale angegriffen. Als das neue republikanische Heer organisiert wurde, hatte Sandino sich wiederholt zur Verfügung gestellt. Man antwortete ihm, dass für ihn kein Platz frei sei. Sandino war bereits in der Monarchie als republikanischer Offizier bekannt, doch er hatte keine Sympathien für die Kommunistische Partei und wurde deshalb geschnitten.

Andererseits wurden Offiziere mit zweifelhafter Vergangenheit oder unzulänglicher Berufsausbildung zu verantwortungsvollen Stellen herangezogen. Ein hoher Kommandoposten wurde von einem Flieger bekleidet, der beim Oktoberaufstand in Asturien 1934 die kämpfenden Arbeiter mit Bomben angegriffen hatte. Für diese republikfeindliche Haltung wurde er von der Regierung Gil Robles mit einer Auszeichnung bedacht. Fliegeroffizier Carrasco kämpfte am 19. Juli an der Seite der Francogeneräle in Katalonien. Als er jedoch zwei Tage später sah, dass die Sache der Faschisten in Katalonien schief ging, schwenkte er schnell ins Lager der Republikaner über. Er ließ sich für den Kommunismus gewinnen und wurde Adjutant des Unterstaatssekretärs der republikanischen Luftwaffe. Als sich ihm eine günstige Gelegenheit bot, desertierte er mit seinem Flugzeug ins Lager Francos. Die falschen Beförderungen waren eine der Ursachen der Demoralisierung im republikanischen Heere. Sie setzten ein, als Prieto noch Kriegsminister war. Prieto, der korpulente ehemalige Zeitungsverleger aus Gijón, begünstigte am Anfang Kommunisten und Russen. Erst, als er sich mit ihnen entzweit hatte, machte er seine Enthüllungen über die Katastrophenpolitik der Kommunisten.

Verfolgungen und sogar Ermordungen von nichtkommunistischen Militärbefehlshabern im republikanischen Heere waren an der Tagesordnung. Selbst dem sozialistischen Innenminister Zugazagoitia, einem treuen Parteigänger seines Vorgesetzten Juan Negrín, schien die Sache zu weit zu gehen. In einer Sitzung des Ministerrates rief er Negrín zu: »Aber Don Juan« – so wurde Negrín vertraulich angeredet – »wir müssen endlich einmal offen aussprechen, wie die Dinge liegen. An der Front ermordet man unsere eigenen Genossen, weil sie sich weigern, der Kommunistischen Partei beizutreten. Und in der kommunistischen Zeitung *Frente Rojo* sowie in der Vanguardia veröffentlicht unter einem Pseudonym ein kommunistischer Minister

Hetzartikel, in welchen der Kriegsminister und Parteigenosse Indalecio Prieto in gehässigster Weise angegriffen wird.«[3]

In ihrer Denkschrift wiesen die Anarchisten auf die merkwürdige Tatsache hin, dass die ermordeten Soldaten und Offiziere fast immer den syndikalistischen Gewerkschaften oder der Anarchistischen Föderation angehörten und dass die Mörder immer Mitglieder der Kommunistischen Partei seien. Die Kommunisten bildeten an der Front eine Art Feme gegen ihre Parteigegner.

Ein Offizier der 153. Brigade, der seit dem 19. Juli 1936 an der Seite der Republikaner stand, wurde von einer kommunistischen Streife verhaftet. In der kommunistischen Kaserne verhörte ihn ein Berufsboxer. Nach dem Verhör wurde er in Gesellschaft mehrerer gleichfalls verhafteter Soldaten nach Pons gebracht. Man setzte die Verhafteten in Freiheit und ermahnte sie, sich in Zukunft den Kommunisten gegenüber loyal zu verhalten. Darauf wurden sie auf einen Lastkraftwagen gesetzt, um angeblich zu ihren Truppenkörpern an die Front befördert zu werden. Die Soldaten gehörten der 26. Division der ehemaligen *Kolonne Durruti* an. Hinter dem Lastwagen fuhr ein von einem kommunistischen Offizier befehligtes Bewachungsauto. Bei einer Wegkreuzung hörte der Offizier der 153. Brigade Schüsse von Maschinenpistolen, die vom Bewachungsauto abgefeuert wurden. Instinktiv warf er sich zur Erde. Gleich darauf fielen die übrigen Insassen des Lastautos neben ihm auf die Landstraße nieder. Das Bewachungsauto fuhr heran, die Insassen stiegen aus, um sich zu vergewissern, ob die Gefallenen auch wirklich tot waren. Sie schienen es eilig zu haben und merkten nicht, dass eines ihrer Opfer lebte. Sie bestiegen ihr Auto und fuhren davon, vom Lastkraftwagen gefolgt. Als sie außer Sichtweite waren, erhob sich der Offizier und ging zu Fuß nach Barcelona. Der Mord wurde in der Nähe des Flusses Mollerusa verübt. Der Offizier erstattete der Militärabteilung der Anarchistischen Föderation Bericht über den Vorfall. Der Fall wurde protokollarisch aufgenommen und zusammen mit anderen ähnlichen Verbrechen dem Ministerpräsidenten Negrín unterbreitet. Negrín weigerte sich, die Verantwortlichen zur Rechenschaft ziehen zu lassen.

Um die antifaschistische Moral zu heben, forderte die FAI die Einsetzung einer paritätisch zusammengesetzten Untersuchungskommission, zu dem Zwecke, die Vergangenheit aller prominenten Mitglieder der antifaschistischen Parteien und Organisationen zu überprüfen und Elemente mit faschistischer Vergangenheit auszuscheiden. Die Kommunisten waren gegen Einsetzung einer solchen Untersuchungskommission, weil sie das Ergebnis zu fürchten hatten. Zahlreiche faschistische Elemente hatten sich nach dem 19. Juli durch Eintritt in die Kommunistische Partei

[3] Indalecio Prieto veröffentlichte das Zitat in seiner Schrift *Wie und warum ich das Amt des Kriegsministers niederlegte*. Zugazagoitia wurde bei der Besetzung Frankreichs durch die Hitlerarmeen an Francospanien ausgeliefert und erschossen. Das gleiche Schicksal erlitt der ehemalige Präsident der katalanischen Generalitat Luis Companys und der syndikalistische Minister Juan Peiró. (A.S.)

ein antifaschistisches Alibi verschafft. Daher fürchtete die Kommunistische Partei eine überparteiliche antifaschistische Untersuchung. Auch der Antrag der Anarchisten, eine Untersuchung über die Absetzung fähiger Militärbefehlshaber und die militärische Eignung amtierender Militärkommandanten durch eine Sachverständigenkommission vorzunehmen, wurde von den Kommunisten abgelehnt. Das Ergebnis wäre in beiden Fällen ein vernichtender Schlag für die Kommunisten gewesen.

Anfang Dezember 1938 wurde die Offensive Francos gegen Barcelona erwartet. Es war klar, dass der Verlust Kataloniens die Niederlage der Republik bedeuten würde. Der Widerstandswille der Bevölkerung und auch im Heere war in den letzten Monaten infolge der erlittenen militärischen Niederlagen katastrophal geschwächt worden. Die Anarchistische Föderation schlug Maßnahmen vor, den Kampfgeist zu heben. Ihre Hauptforderung war die Absetzung des kommunistischen Generals Rojo, des Oberbefehlshabers der Heeresleitung. Rojo hatte zwei Jahre an der Spitze der militärischen Operationen gestanden und nicht einen einzigen Sieg erfochten. Seine Unfähigkeit lag offen zutage. Seine Entfernung und Ersetzung durch einen fähigeren Offizier war ein Gebot der Stunde. Auch die Absetzung des kommunistischen Oberst Camacho, Unterstaatssekretär der Luftstreitkräfte sowie des kommunistischen Oberst Cordón wurde gefordert. Diese Personen waren die Hauptverantwortlichen für die verhängnisvolle kommunistische Personalpolitik im republikanischen Heer. Ihre Absetzung hätte der kommunistischen Vormacht mit einem Schlage ein Ende bereitet. Die Vorschläge der Anarchistischen Föderation wurden dem Ausschuss der Volksfrontparteien vorgelegt. Diesem Ausschuss waren alle antifaschistischen Organisationen und Parteien angeschlossen. Es war die Spitzenkörperschaft des antifaschistischen Spanien. Der Volksfrontausschuss hätte bei energischem Eingreifen Negrín seinen Willen aufzwingen können. Die einzelnen Gruppen im Ausschuss hatten indessen das Vetorecht. Davon machten die Kommunisten reichlich Gebrauch. Sie stimmten den Antrag der Anarchisten nieder. Die übrigen Organisationen und Parteien waren innerlich mit den anarchistischen Anträgen einverstanden, brachten aber nicht den Mut auf, offen Farbe zu bekennen. Die Ausschaltung der Kommunisten hätte das Verhängnis vielleicht noch aufhalten können. Der Kampfgeist im Heer und unter der Zivilbevölkerung wäre neu belebt worden und das Ausland hätte einem von den Kommunisten befreiten Spanien mehr Sympathien entgegengebracht. Aus Mangel an Zivilcourage bei den Sozialisten und Republikanern war dieser letzte Versuch der Anarchisten, die Republik zu retten, zum Scheitern verurteilt. Unter diesen Umständen hätte Negrín und seine kommunistische Clique nur durch Gewalt beseitigt werden können. Das wäre ohne einen Aufstand innerhalb der Volksfront gegen die Regierung nicht möglich gewesen. Franco stand bereits in den katalanischen Provinzen. In Anbetracht dieser militärischen Situation wollten die Anarchisten die historische Verantwortung für den Bruch der Volksfront und Gewaltanwendung nicht auf sich nehmen. Rojo blieb. Die unfähigen kommunistischen

Militärbefehlshaber blieben. Das katalanische Volk hatte den letzten Rest des Zutrauens in die republikanische Heeresführung verloren. Francos Offensive setzte ein. Die Entscheidung nahte und das Verhängnis nahm seinen Lauf.

Kapitel 12

Barcelona fällt

In den Dezembertagen 1938 machte die Anarchistische Föderation, FAI, einen letzten Versuch zur Rettung der militärischen Lage. Viele Tausende von unerschrockenen Anarchisten waren bereit, sich in die von Franco besetzten Teile Spaniens zu begeben, um dort die Widerstandsbewegung zu organisieren. Diese Bewegung musste jedoch ganz groß aufgezogen werden, wenn man auf Erfolg hoffen wollte. Dazu fehlten den Anarchisten die erforderlichen Mittel. Nur die Regierung wäre in der Lage gewesen, diese Mittel bereitzustellen. In einem im Dezember an den Ministerpräsidenten Negrín gerichteten Schreiben erklärte die FAI: »Nach der verlorenen Ebroschlacht, über deren Tragweite wir uns keinerlei Illusionen machen, sowie auch in Anbetracht der internationalen Lage sind wir der Meinung, dass eine der wirksamsten Kampfmaßnahmen gegen die Faschisten eine mit allen Mitteln durchgeführte und koordinierte Aktion im Hinterland Francos sein muss, die in der klassisch spanischen Form des Guerillakrieges besteht.

Die Anarchistische Föderation hat keine Kräfte gespart im Kampf gegen den internationalen Faschismus. Dieser Krieg gegen den Faschismus in Spanien ist überhaupt zu einem großen dem Einsatz der Anarchisten zu verdanken. Die FAI war es, die am meisten zur Niederschlagung des Militäraufstandes beigetragen hat. Es ist auch bekannt, dass der erste organisierte Widerstand in ganz Spanien von der FAI ausging, die ohne Waffen und ohne finanzielle Mittel den Kampf gegen den faschistischen Feind aufnahm.

Wir besitzen eingehende Kenntnisse über die Lage der von Franco besetzten Teile Spaniens. Wir haben zahlreiche Genossen dort zurückgelassen, die passiven und aktiven Widerstand ausüben. Wir übertreiben nicht, wenn wir behaupten, dass die FAI die einzige Organisation ist, die die Möglichkeit, den Willen und die Kräfte dazu hat, hinter der Front, im Herzen des faschistischen Spanien einen groß angelegten Kampf zu entfachen, der zersetzend auf die gegnerischen Kräfte wirken und von unberechenbaren Folgen sein könnte«.

In dem Schreiben wird auf die ausgezeichnet funktionierende Geheimorganisation der FAI im Lager Francos hingewiesen. Die Anarchisten hatten im unterirdischen Kampf und im Guerillakrieg jahrzehntelange Erfahrungen. In dieser Beziehung konnte sich keine andere antifaschistische Organisation mit ihnen messen. Sie waren bereit, diese Erfahrungen und ihre Kampfgruppen einzusetzen und forderten von der Regierung die materiellen Mittel und Waffen hierzu.

Dem Chef des Generalstabs, General Rojo, waren diese Dinge bekannt. Er sah in dem Angebot der Anarchisten einen wichtigen Faktor zur Unterstützung des Krieges der Republik gegen Franco. Er wusste auch, dass weder die spanischen Kommunisten noch irgendeine andere Partei über ähnliche Kampfgruppen, Erfahrungen und Widerstandszentren verfügten. Er empfahl daher Negrín, den Plan der FAI anzunehmen. Negrín aber ließ sich vom Zentralkomitee der Kommunistischen Partei beraten. Dieses war aus Gründen des politischen Prestiges, das den Anarchisten daraus hätte entstehen können, dagegen. Sie fürchteten, dass dadurch das Ansehen der Anarchisten gestärkt und das der Kommunisten geschwächt werden könnte. Negrín ließ durch seinen Innenminister Zugazagoitia der FAI eine abschlägige Antwort auf ihr Angebot zukommen. Damit war die letzte Möglichkeit, dem Kriege eine neue Wendung zu geben, verscherzt.

Weihnachten 1938 war für Barcelona kein Freudenfest. Täglich erwartete man einen Generalangriff der Faschisten auf Katalonien und den Vormarsch auf die Hauptstadt. In der letzten Dezemberwoche verbreitete sich in Barcelona das Gerücht, dass General Asencio, der in Barcelona beschäftigungslos war, das Oberkommando an Stelle von General Rojo übernehmen werde. Dieser Kommandowechsel hätte dazu beigetragen, die Stimmung zu heben. Doch die *Vanguardia,* das Organ Negríns, lancierte einen Artikel gegen Asencio. Das war ein deutliches Zeichen dafür, dass Negrín nicht gewillt war, Rojo fallen zu lassen.

Inzwischen häuften sich die Fliegerangriffe. Die Hafenviertel von Barcelona, das Barrio Chino, und Barceloneta hatten unter den Luftangriffen der deutschen und italienischen Geschwader besonders viel zu leiden. Die spanischen Republikaner waren Versuchskaninchen für die deutsche Luftwaffe. Hitler hatte eine glänzende Gelegenheit, seine neuesten Waffen als Vorbereitung für den zweiten Weltkrieg auszuprobieren.

Barcelona hatte sich verändert. Das katalanische Sprichwort »Barcelona es bona, si la bolsa sona; si sona o no sona, Barcelona es bona«[1] war auf die Perle des Mittelmeeres nicht mehr anzuwenden. Die Lebensmittelknappheit machte sich immer stärker bemerkbar. Brot, Fleisch, Kartoffeln, Erbsen, Öl und Wein waren seit Jahren rationiert und nur in kleinen Mengen zu haben. Der Schwarzmarkt blühte, die Preise aber waren für die Bevölkerung unerschwinglich. Die Zahl der Spekulanten wuchs. Nur die höheren Regierungsbeamten und militärischen Befehlshaber litten keinen Mangel. Besonders auf dem Tische des Ministerpräsidenten Negrín fehlte es an nichts.

Die Begeisterung vom Sommer 1936 war dahin. Die Hauptstadt Kataloniens, die seit Jahrzehnten eine Hochburg des Syndikalismus war, hatte sich zum Zentrum der Madrider Regierungsbürokratie verwandelt. Die Volksfrontregierung war für die Massen der anarchosyndikalistischen Gewerkschaften eine Enttäuschung. Die bürokratische Routine hatte den Geist der Initiative von unten verdrängt. Das Ideal der

1 In Barcelona lebt sich's gut, wenn die Börse klingt. Ob sie klingt oder nicht klingt, in Barcelona lebt sich's gut. (A.S.)

sozialen Befreiung war durch den zentralen Staatsapparat, der während des zweieinhalbjährigen Bürgerkrieges zu einem neuen Unterdrückungsinstrument ausgewachsen war, verdrängt worden. An die Stelle des Kampfgeistes war Gleichgültigkeit getreten. Tausende von Arbeitern, die im Sommer 1936 mit der Hoffnung auf den Sieg der sozialen Gerechtigkeit und Freiheit gekämpft hatten, waren enttäuscht, entmutigt und niedergeschlagen.

Im Januar 1939 setzte Francos Offensive gegen Barcelona ein. Am 15. Januar näherten sich die faschistischen Truppen der Stadt Tarragona. Zwischen dem 17. und 24. Januar war die republikanische Ostfront zerschlagen. Am 18. fiel Reus. Bald darauf fielen Vendrell und Villafranca, Calaf und Manresa in die Hände der Faschisten. Gleichzeitig setzt ein faschistischer Vorstoß in Nordkatalonien ein. Die republikanischen Streitkräfte wurden bis Seo de Urgel zurückgeschlagen. Viele Einheiten lösten sich auf, verloren sich in den Pyrenäen und überschritten die Grenze, wo sie sich von den französischen Grenzgarnisonen entwaffnen ließen. An der Küste hätte sich bei den Felsen von Garraf, 30 Kilometer südlich von Barcelona, eine neue Verteidigungslinie errichten lassen. Doch die Niederlagenstimmung war so sehr in die offiziellen Kreise eingedrungen, dass niemand daran dachte, eine neue Verteidigungslinie aufzubauen. Die Regierung war in der Nacht zum 25. Januar nach Gerona, nahe der Grenze, geflüchtet. Die Bevölkerung war auf sich selbst angewiesen. Am 26. Januar schlug General Asencio der Anarchistischen Föderation vor, die Stadt zu verteidigen und bot sich selbst als militärischer Fachmann an. Er wollte jedoch zuvor die Einwilligung des Ministerpräsidenten Negrín einholen. Wenn der Krieg auch verloren war, so galt es doch, die Ehre der revolutionären Hauptstadt Kataloniens zu retten. Das anarchistische Peninsularkomitee sagte ihm Hilfe zu, obwohl ein solches Unternehmen in der allgemeinen Mutlosigkeit ein großes Wagnis war. Vergeblich warteten die Komiteemitglieder auf Asencios Erscheinen. Negrín war nicht aufzufinden. Barcelona war seinem Schicksal überlassen. Die allgemeine Panik hatte die ganze Stadt ergriffen. Wer in seinem Wohnbezirk als Antifaschist bekannt war, versuchte, sich durch die Flucht an die Grenze zu retten. Am Morgen des 25. Januar lagen auf den Straßen der Stadt Haufen von antifaschistischen Dokumenten aller Parteien, Papiere aller Art und verbrannte Dokumente. Die Führer waren geflohen. Tausende und Abertausende von unbedeutenden Gewerkschaftsfunktionären versuchten gleichfalls, sich vor den anmarschierenden Heeren der Faschisten zu retten. Autos mit Nachzüglern rasten durch die Stadt. Lastkraftwagen, bis zum Rande mit Männern, Frauen und Kindern gefüllt, nahmen Richtung nach dem Norden, der Grenze zu. Der Straßenbahn- und Autobusverkehr war eingestellt. Auf den Gesichtern der Bevölkerung lag Niedergeschlagenheit und Furcht. Doch hie und da sah man Gesichter mit verhaltener Freude. Es waren die Anhänger der fünften Kolonne, die auf ihren Caudillo Franco warteten.

Am Nachmittag sprang ich auf einen mit Flüchtlingen gefüllten Lastwagen. Barcelonas Straßen waren leer. Das Auto nahm den Weg nach dem Norden. Wenige

Stunden später rückte Francos Vorhut in die Stadt ein. In den nördlichen Ausgangsstraßen von Barcelona begann die große Tragödie der Flucht. Ungeordnete Militärhaufen und flüchtende Bevölkerung mischten sich in unbeschreiblicher Verwirrung untereinander. 200.000 Männer suchten über die Grenze zu kommen. Panik herrschte allerorts. Milizsoldaten zwangen Frauen und Kinder, von den Lastkraftwagen herunterzusteigen und setzten sich selbst hinauf. »Rette sich wer kann«, war die Losung.

Die südlichen Armeekorps der republikanischen Streitkräfte befanden sich unter der Leitung des Kommunisten Modesto. Der Rückzug war kaum noch geordnet zu nennen. Nur im Norden leistete die 26. Division, die ehemalige *Kolonne Durruti,* unter Leitung des Anarchisten Ricardo Sans, noch schwachen Widerstand. Sie deckte den Rückzug nach der Grenze. Ihr war es zu verdanken, dass der Flüchtlingsstrom an die Grenze gelangte. Der Einmarsch Francos in Barcelona erfolgte von zwei Seiten. Eine Kolonne der Mauren besetzte den Berg Montjuic an der Küste. Eine Kolonne Italiener rückte vom Tibidabo im Norden an. Beide Divisionen stiegen gleichzeitig die Anhöhen hinunter und setzten sich in Marsch auf das Innere der Stadt. Mussolini prahlte mit seinem Triumph. Auf der Plaza Venezia in Rom sprach er vor den versammelten Faschisten: »Negrín, die Schachfigur der vermorschten Demokratien, rief uns sein ›No pasarán‹ zu, wir aber sind durchgekommen. Und wir rufen der Welt zu, dass wir weiter marschieren werden.«

Die republikanische Regierung hatte in Barcelona ungeheure Mengen von Kriegsmaterial zurückgelassen. Alles fiel in die Hände der Faschisten. Noch ehe Franco in Barcelona einmarschierte, öffneten die Gefängniswärter den inhaftierten Francoanhängern die Tore. Die Archive der Spionageabteilung, Geheimschriftstücke des Justiz- und Außenministeriums, Schlüssel für Entzifferung von Telegrammen, Dokumente über die internationalen Beziehungen der spanischen Republik zu anderen Mächten, alles fiel in Francos Hände.

Die Regierung war rechtzeitig gewarnt worden, hatte jedoch leichtfertig alle Warnungen missachtet. Francos Offensivvorbereitungen waren bekannt. Doch Negrín unternahm nichts zur Rettung. Noch wenige Tage vor der Räumung Barcelonas hatte Negrín in einer Rundfunkrede der Bevölkerung versichert, dass die Einnahme durch den Feind ausgeschlossen sei. Er hatte dabei erneut auf das Versagen der westlichen Demokratien hingewiesen und erklärte, dass seine Regierung 500 Flugzeuge, 2.000 Maschinengewehre, eine große Anzahl Kanonen und viel anderes Kriegsmaterial gekauft habe, das bereits in Frankreich eingetroffen sei. Von diesem Kriegsmaterial hat niemand etwas gesehen. Es blieb verschwunden, wie die spanischen Goldreserven in Russland verschwunden sind.

Auf ihrer Flucht nach der französischen Grenze nahm die Regierung Negrín einen Tag in der Grenzstadt Figueras Aufenthalt. In einem alten Schloss trat eine Anzahl von Mitgliedern der Cortes zum letzten Mal auf spanischem Boden zusammen. Die

Abgeordneten hatten ihre Koffer gepackt und ihre Chauffeure erwarteten sie mit den Autos auf der Straße. Negrín hielt seine letzte Rede. Die von ihm vorher verkündeten dreizehn Punkte der »Regierung des Sieges« waren auf drei Punkte der Niederlage und Liquidierung seines Unternehmens zusammengeschrumpft. Er forderte allgemeine Amnestie und eine Volksabstimmung. Das Volk sollte in freier Wahl entscheiden dürfen, ob es Franco oder die Republik wünsche. Negríns Rede war an das gesamte spanische Volk gerichtet. Doch Franco hatte dank italienischer und deutscher Hilfe den Sieg errungen. In Begleitung seiner unzertrennlichen Ratgeber, des kommunistischen Ministers Uribe und des Außenministers Alvarez del Vayo, passierte Negrín mit den Restbeständen des Goldes der spanischen Bank die Grenze nach Frankreich. Glanz- und ruhmlos endete ein Kampf, der zweieinhalb Jahre lang die Welt in Atem hielt. Mit der Niederlage der spanischen Republik war die letzte Hoffnung auf Erhaltung des Weltfriedens zunichte geworden.

Kapitel 13

Der Tragödie letzter Akt

Als Negrín und seine Regierung im Januar 1939 Katalonien verließen, befand sich das Land in einer ähnlichen Situation wie 110 Jahre vorher unter den napoleonischen Kriegen. Das Volk war auf sich selbst angewiesen. Im vergangenen Jahrhundert hatte der Bürgermeister der kleinen kastilianischen Stadt Mostela Napoleon den Krieg erklärt. »Das Vaterland ist in Gefahr!«, rief er aus, »Spanier, erhebt euch zu eurer Rettung!« Mit diesem Aufruf an das Volk wurde der berühmte Guerillakrieg eingeleitet, der mit der Vertreibung der napoleonischen Armeen aus Spanien endete.

Im November 1936 hatte der Regierungschef Largo Caballero mit seinen Ministern Madrid verlassen und war nach Valencia geflüchtet. Madrid war von dem faschistischen Feinde belagert. Die Bevölkerung aber rief aus: »Es lebe Madrid ohne die Regierung!« Das Beispiel von 1819 wurde wiederholt. Das Volk nahm den Kampf gegen den Feind allein auf. In beiden Fällen blieb es Sieger.

Im Januar 1939 war die Lage ganz anders. Madrid, Neukastilien ein Teil Mittelspaniens und ein Streifen der Mittelmeerküste waren vom Feinde eingeschlossen. Die Bevölkerung in Franco-Spanien war durch Terror eingeschüchtert. Von keiner Seite war Hilfe zu erwarten. Madrid konnte in kurzer Zeit ausgehungert und zur Kapitulation gezwungen werden. Vor der Aushungerungswaffe gab es kein Entrinnen. Die republikanische Kriegsflotte im Hafen von Cartagena besaß noch mehrere kampffähige Schiffe. Der faschistischen und vor allem italienischen Mittelmeerflotte war sie jedoch nicht gewachsen. An der Spitze der republikanischen Flotte befand sich der sozialistische Kommissar Bruno Alonso. Unter der Besatzungsmannschaft herrschte große Unzufriedenheit mit der Regierung. Alle Unterbefehlshaber waren gegen Negrín mit Ausnahme der kommunistischen Kommissare.

Die freiheitliche Bewegung, worunter die Syndikalisten und Anarchisten zu verstehen sind, in den noch freien Teilen Spaniens die stärkste Macht, berief eine Landeskonferenz nach Valencia ein. Auf ihr lastete die Hauptverantwortung für die vom Feinde eingeschlossenen Landesteile. Mit der Regierung Negrín waren auch die Cortesabgeordneten geflüchtet. Der Präsident der Republik, Señor Azaña, befand sich im Ausland. Unter diesen Umständen konnte niemand auf den Gedanken kommen, die Regierung um Rat oder um Erlaubnis zu fragen. Es musste selbstständig gehandelt werden. Die Freiheitliche Konferenz beschloss, erstens das Volksfrontkomitee zur leitenden Körperschaft zu machen. Es sollte eine ähnliche Organisation werden wie die Verteidigungsjunta von Madrid im November 1936. Zweitens wurde beschlossen, den von Negrín verhängten Belagerungszustand aufzuheben. Der dritte wichtige Beschluss bestand darin, die von Negrín angeordnete Mobilisierung der über 45 Jahre alten Männer zu annullieren. Die Felder und die Munitionsfabriken durften nicht von Arbeitskräften entblößt werden. Bald kam es zu Reibungen zwischen den von Negrín eingesetzten kommunistischen Kommissaren und dem von der Freiheitlichen Bewegung geführten Volksfrontausschuss. Oberster Kommissar der freien Zone war der Kommunist Jesús Hernández. Er erließ Verordnungen ohne Befragung des Volksfrontkomitees. Sein erster Schritt bestand darin, den Rundfunk seiner Kommandogewalt zu unterstellen. Als Bewachungsoffizier bestellte er seinen Parteigenossen Felix Montiel. Gleichzeitig forderte er die Bevölkerung auf, alle Waffen abzugeben, damit sie nur den »wirklichen Antifaschisten« ausgehändigt werden sollten. Die Freiheitliche Bewegung erklärte, diese Verordnungen, die nur dazu dienen sollten, die Diktatur der Kommunistischen Partei über alle übrigen antifaschistischen Kräfte aufzurichten, nicht anzuerkennen.

Noch während die Konferenz in Valencia tagte, erschien Negrín in der Stadt. Er war von Frankreich mit dem Flugzeug in Spanien eingeflogen. Die Freiheitliche Konferenz wählte eine Kommission, die bei ihm vorstellig wurde und ihm die Konferenzbeschlüsse unterbreitete. Negrín weigerte sich, die Beschlüsse anzuerkennen. Er lehnte es auch ab, über seine Politik, sein Finanzgebaren und seine katastrophale Kriegführung den Vertretern der Volksfront Rechenschaft zu geben. Es ging hart her. Nach heftigen Auseinandersetzungen war der Bruch zwischen ihm und der Freiheitlichen Bewegung vollzogen. Negrín hatte sich ausschließlich mit offenen oder geheimen Kommunisten umgeben, obwohl er selbst offiziell der Sozialistischen Partei angehörte. Er glaubte, mit Hilfe der Kommunisten diktatorisch weiter regieren zu können, wie er es bisher in Barcelona getan hatte. Er hatte jedoch durch den Verlust Kataloniens sein letztes Ansehen bei der antifaschistischen Bevölkerung eingebüßt. Nur die Kommunisten hielten zu ihm. Die Freiheitliche Bewegung erklärte, von nun an ausschließlich im Interesse des spanischen Volkes zu handeln und auf Parteiinteressen, welcher Art auch immer sie sein mögen, keine Rücksicht mehr zu nehmen. Diese Stellungnahme machte eine offene Auseinandersetzung zwischen Negrín und seiner Clique auf der einen und den übrigen antifaschistischen Kräften auf der anderen Seite unvermeidlich.

Nach Verlust Kataloniens war der Bürgerkrieg für die Republikaner verloren. Der schmale halbmondförmige Einschnitt, der in Madrid seine äußerste Spitze hatte und nach der Mittelmeerküste hin sich allmählich erweiterte, bis er zwischen Valencia und Murcia seine Grenze fand, war auf die Dauer unmöglich zu halten. Um das einzusehen, brauchte man kein Stratege zu sein. Das sagte jedem der gesunde Menschenverstand. Unter diesen Umständen konnte es sich für die Republikaner nur darum handeln, die Feindseligkeiten möglichst rasch zu einem günstigen Abschluss zu bringen. Franco hatte, wie zu erwarten war, auf das Angebot Negríns von Amnestie und Volksabstimmung nicht geantwortet. Er fühlte sich als siegreicher Feldherr und bestand auf bedingungsloser Kapitulation.

Es war auch für jedermann klar, dass Negrín nicht die geeignete Persönlichkeit war, um für die Republikaner günstige Bedingungen durchzusetzen. Die siegreichen Faschisten hätten sich nie dazu bereit erklärt, mit ihm zu verhandeln. Negrín war nach Spanien zurückgekehrt, um vor der Welt als mutiger Mann und antifaschistischer Kämpfer dazustehen, der bis zum Äußersten durchzuhalten bereit war. Er hatte die Parole ausgegeben, den Krieg fortzusetzen. Das war offenkundig eine Vogel-Strauß-Politik. Die kommunistische Presse fuhr fort, Negrín als die eigentliche Seele des Widerstandes der spanischen Antifaschisten hinzustellen. Besonders das Pariser Abendblatt *Ce Soir,* das mit spanischen Geldern gegründet und von der Kommunistischen Partei Frankreichs herausgegeben wurde, stellte Negrín als einen Volkshelden hin. Das war eine grobe Fälschung und ein großer Bluff. Negrín hatte sein Flugzeug in Bereitschaft, um in der Stunde der Gefahr nach Frankreich zu fliegen und sich in Sicherheit bringen zu können. Auch für den Abzug der kommunistischen Führer, Unterführer und prominenten Parteimitgliedern waren Transportmittel zu Wasser und auf dem Luftwege bereitgestellt. Für alle nichtkommunistischen antifaschistischen Kämpfer lagen die Dinge wesentlich anders. Sie waren hilflos der Rache der Faschisten ausgeliefert. José García Pradas, einer der talentvollsten Journalisten und Chefredakteur der Madrider Tageszeitung *C.N.T.,* hat in seiner 1940 in New York erschienenen Schrift *La Traición de Stalin* (Der Verrat Stalins) in fesselnder Weise die Abschlusstragödie geschildert.

Als Negrín mit seinem Flugzeug nach der freien Zone Spaniens kam, erzählt Pradas, richtete er sich in einem herrlichen Landhaus in Elche, Provinz Alicante, mit seiner Gefolgschaft in bequemster Weise ein.[1] Obwohl sein ganzes Ministerium mit ihm kam, nahmen nur seine Vertrautesten, der Außenminister Alvarez del Vayo, der zur gleichen sozialistischen Splittergruppe wie sein Chef gehörte, und der kommunistische Minister Vicente Uribe, im gleichen Haus Aufenthalt. Die übrigen Minister mussten in Madrid oder an anderen entfernten Orten unterkommen. Die Residenz Negríns wurde von 500 kommunistischen, mit Handgranaten und Maschinengewehren bewaffneten Milizsoldaten bewacht. Das war die Leibgarde des Ministerpräsidenten und seiner Vertrauten. Im Innern der Residenz deutete nichts darauf hin, dass hier der Sitz einer Regierung war. Es gab keine Büros und es wurden keine Regierungsgeschäfte erledigt. Das ganze machte vielmehr den Eindruck einer fröhlichen Jagdgesellschaft. Da die Gegend reich an Fasanen ist, erschien dieses Wildbret täglich auf der Tafel des Ministerpräsidenten. Man sprach den besten Weinen zu, an Likören und Havannazigarren war kein Mangel, und selbst an schönen Frauen fehlte es nicht.

[1] Der Verfasser dieses Buches hat sich nach dem Fall Kataloniens nach Frankreich begeben und ist nicht mehr nach Spanien zurückgekehrt. Die Darstellung über die Ereignisse in Madrid und Mittelspanien zwischen dem 29. Januar und 30. März 1939 stützt sich hauptsächlich auf die Schrift von García Pradas. (A.S.)

Die übrigen Minister wohnten in Gasthäusern. Sie sahen Negrín selten und waren über nichts unterrichtet. Ministerratssitzungen gab es nicht. Der syndikalistische Minister Segundo Blanco begab sich nach Madrid, um seiner Organisation Bericht zu erstatten über die Ziele und Absichten Negríns. Er erklärte, Negrín und die Regierung seien nicht nach Madrid gekommen, um den Krieg fortzuführen, den sie als verloren betrachteten. Es kam ihnen nur darauf an, die »geistigen und materiellen Werte des Antifaschismus zu retten«. Die Sozialisten, Kommunisten und Mitglieder der Republikanischen Partei seien nun dabei, die Rettung ihrer Genossen aus der belagerten Zone in die Wege zu leiten. Auch die Syndikalisten und Anarchisten sollten sich darum bemühen, alle gefährdeten Genossen in Sicherheit zu bringen. Es sollen Listen aufgestellt werden von Personen, an die Pässe ausgeteilt werden dürfen. Die Regierung Negrín habe bereits seit Monaten Versuche unternommen, Friedensverhandlungen mit Franco aufzunehmen. Franco hätte jedoch alle Friedensverhandlungen abgelehnt. Nach dem Verlust von Katalonien sei für die Republikaner keine Rettung mehr vorhanden. Auch Russland verkaufe jetzt keine Waffen mehr an die Regierung Negrín. Die staatliche Außenhandelsstelle Campsa Gentibus, die den Waffenaufkauf in ihren Händen hatte, sei aufgelöst worden. Der spanische Gesandte in London sei beauftragt worden, durch Vermittlung des britischen Außenministeriums Verhandlungen mit Franco aufzunehmen. Lord Halifax werde die Sache so einleiten, dass Franco nicht erfahre, dass die Initiative von der Regierung Negrín ausgehe.

Dieser Bericht entsprach den Tatsachen. Tags darauf erhielt die Staatsdruckerei in Madrid den Auftrag, 60.000 Passformulare zu drucken. Tausende von Antifaschisten hofften, dass ihnen die Möglichkeit gegeben werde, das Land zu verlassen. Jeder wollte dem Schicksal entgehen, in die Hände der Faschisten zu fallen. Doch Negrín ordnete an, dass nur die von ihm persönlich unterzeichneten Pässe Gültigkeit haben. Selbst der Justizminister Paulino Gomez, Mitglied der Sozialistischen Partei, durfte keinen Pass unterschreiben.

Franco hatte inzwischen seine Streitkräfte umgruppieren können. Neue Luftangriffe auf Madrid setzten ein. Das wurde als Zeichen eines bevorstehenden Angriffs gedeutet. Der Bevölkerung bemächtigte sich große Unruhe. Niemand wusste, wann und wie das Ende kommen würde. Doch alle waren davon überzeugt, dass dieser unsichere Zustand nicht lange dauern könne. Das war die Situation, als Negrín die Oberbefehlshaber der republikanischen Streitkräfte zu einer Besprechung nach Albacete einlud. Der Chef des Generalstabs, General Matallana, gab einen Bericht über die militärische Lage. Diese war verzweifelt. Die Republikaner verfügten über 800 Kanonen verschiedenen Kalibers, von denen viele in mangelhaftem Zustande waren. Sie hatten 75 Flugzeuge verschiedener Fabrikate, doch die meisten davon waren als Kampfflugzeuge nicht geeignet. Die Kriegsflotte in Cartagena war für eine Seeschlacht nicht gerüstet. Es gab nur für einen einzigen Tag Munition für Flugzeugabwehrgeschütze. Panzerwagen waren nur 50 vorhanden. Gewehre gab es nicht mehr als

350.000. Der Mangel an Maschinengewehren und Mörsern war katastrophal. In den Häfen gab es nur für zwei Wochen Lebensmittel für die Zivilbevölkerung und die Heeresangehörigen. Dazu kam der Mangel an Transportmitteln. Seit dem Verlust Kataloniens waren keine Autoreifen mehr zu haben. Im Heere selbst war der Kampfgeist völlig erloschen. Täglich liefen Tausende von Eingezogenen zum Feinde über.

Demgegenüber verfügte Franco über 700 Bombenflugzeuge und ein Zehnfaches an Waffen aller Art. Seine Flotte war leicht imstande, mit Hilfe der Italiener die republikanischen Häfen zu blockieren. Unter diesen Umständen bedeutete die Fortführung des Krieges nutzlose Selbstaufopferung. Die übrigen Offiziere teilten die Meinung des Generalstabschefs. Nur Miaja war für die Fortführung des Kampfes. Oberst Casado antwortete ihm, dass diejenigen Befehlshaber, die für Weiterführung des Krieges seien, dabei aber vorsorglich ihre Familien nach Frankreich haben abreisen lassen, ihre Frauen und Kinder wieder zurückholen sollen, um dadurch ihre Zuversicht unter Beweis zu stellen. Auf diese Aufforderung folgte betretenes Schweigen. Auch Miaja hatte seine Familie nach Frankreich gesandt.

Negrín hatte den Bericht der Heeresführer schweigend zur Kenntnis genommen. Die Generäle erwarteten vom Ministerpräsidenten eine entscheidende Erklärung. Sie hofften, er würde demissionieren und die Bildung einer Verteidigungs- bzw. Verhandlungsjunta vorschlagen, die geeignet wäre, den Krieg abzuschließen. Nichts dergleichen geschah. Negrín erklärte, er habe Franco verschiedene Male, doch stets vergeblich, Friedensverhandlungen angeboten. Die Ablehnung der Faschisten zwinge die Republik, den Kampf fortzuführen. Die Generäle hielten den Standpunkt Negríns für unvereinbar mit den Lebensinteressen des spanischen Volkes. Doch keiner wagte einen Widerspruch Sie begaben sich auf ihre Posten zurück. Ihre Besprechung mit dem Ministerrat hatte keinerlei Einfluss auf die Ereignisse.

Die Negrín'sche Forderung, »Widerstand bis zum Äußersten«, hatte eigenartige materielle Hintergründe. Es gab wichtige Schriftstücke zu retten, Schätze von großem Wert aus dem Lande zu schaffen, GPU-Agenten zu evakuieren, die höchsten kommunistischen Führer zu retten und Schiffe, Kriegsmaterial und Flugzeuge in Sicherheit zu bringen. Der Krieg sollte für die Regierung in profitabler Weise beendet werden.

Um diese Aufgabe durchführen zu können, war es für Negrín notwendig, die politische Macht in seinen Händen zu behalten. Die politische Macht sollte es ihm ermöglichen, über die vorhandenen Transportmittel zu verfügen und zu verhindern, dass andere antifaschistische Organisationen Lastwagen, Autos und Schiffe für ihre eigene Rettung requirierten. Die Durchhaltepolitik sollte ein Deckmantel für die Organisierung der Flucht der Kommunisten und Negrínclique sein. Während die Truppen in den Schützengräben die Angriffe eines überlegenen Feindes über sich ergehen lassen mussten, konnten die Widerstandspolitiker ihre Flucht organisieren. Das wertvolle Leben der Politiker sollte durch die Leiber der Kämpfer gerettet werden.

Der Kommunistischen Partei schien die Autorität des Ministerpräsidenten Negrín nicht mehr stark genug zu sein, um sich auf sie allein zu stützen. Sie bereitete sich auf die kommenden Ereignisse vor. Die russischen Waffen, über die die Parteiorganisation verfügte, sollten dazu dienen, die Kommunistische Partei und die Anhänger Negríns nicht nur gegen die Faschisten, sondern auch gegen die unzufriedenen Elemente im Lager des Antifaschismus zu schützen. Die Partei entfaltete eine fieberhafte Tätigkeit. Der Madrider KP-Bezirksvorstand hielt dauernd Sitzungen ab, wobei die Sitzungslokale stets gewechselt wurden. Kinder zwischen zehn und zwölf Jahren wurden auf die Straßen geschickt, um Plakate zu kleben. Es waren Aufrufe der Partei zum Durchhalten und Fortführen des Krieges. Die kommunistischen Militärkommandanten wurden nach Madrid zu geheimen Sitzungen berufen. Parteifunktionäre besuchten die Frontabschnitte, um Instruktionen zu erteilen. In besonderen Zirkularen an die kommunistischen Militärkommandanten wies die Parteileitung darauf hin, dass von der Obersten Heeresleitung und dem Generalstab Mittelspaniens die Weigerung zu befürchten sei, den Anordnungen Negríns Folge zu leisten. Die kommunistischen Militärkommandanten sollten daher die Parteianweisungen über die Befehle der Heeresleitung stellen.

Diese Tätigkeit deutete darauf hin, dass die Kommunisten sich auf eine Diktatur unter dem Vorsitz Negríns vorbereiteten. In einem Zirkular wurde von der Notwendigkeit gesprochen, die Anarchisten niederzuschlagen, da diese als einzige Organisation die Kraft hätten, sich den Negrín'schen und kommunistischen Anordnungen zu widersetzen. Die kommunistische Presse Madrids sprach offen davon, dass in dieser kritischen Situation die Errichtung der Diktatur eine Notwendigkeit sei. Auf diese Vorbereitungen erfolgten die ersten Handlungen. Der Flugplatz Los Llanos bei Albacete wurde von einer Abteilung kommunistischer Soldaten besetzt.

Die allgemeine Lage wurde immer unübersichtlicher. Der in einem Madrider Gefängnis inhaftierte Francoanhänger Manuel Valdes unterhandelte mit dem Vertreter des Roten Kreuzes, Ramón Rubio, wobei er sich offen als Vertreter Francos bezeichnete. Die Generäle der Obersten Heeresleitung waren überzeugt, dass Negríns Parole »Widerstand bis zum letzten Augenblick« unaufrichtig war. Es war ihnen bekannt, dass Negrín Vorkehrungen getroffen hatte, um sich selbst und einige Dutzend seiner getreuesten Anhänger auf dem Luftwege und mehrere Hunderte von Kommunisten auf dem Seewege in Sicherheit zu bringen. Sie selbst und die übrigen Antifaschisten sollten dem Ruhme der Widerstandsregierung geopfert werden. Doch die Antifaschisten waren nicht gewillt sich als Werkzeuge gebrauchen und unnütz aufopfern zu lassen. Verantwortliche Funktionäre und Beamte verließen in Scharen fluchtartig Madrid. Unter ihnen gab es Parteifunktionäre, Journalisten und Propagandisten, die einige Tage vorher in den Zeitungen oder im Rundfunk zum Widerstand bis zum Äußersten aufgefordert hatten. Die Lebensmittelversorgung Madrids wurde immer schlechter. Es gab nur noch Linsen zu essen, die von den

Madrilenen mit Galgenhumor als »Widerstandspillen des Doktor Negrín« bezeichnet wurden.
Die Anarchisten und Syndikalisten oder die freiheitliche Bewegung blieben in dieser Situation nicht untätig. Mitte Februar hielten sie in Madrid einen Kongress ab, auf dem 250 Delegierte aus der gesamten noch freien Zone der Republik erschienen waren. Der Kongress beschloss, ein konföderales Verteidigungskomitee einzusetzen. Es sollte eine Militärorganisation, eine politische Polizei, einen Wirtschaftskontrollausschuss, einen Ausschuss für das Transportwesen und mehrere Sonderkomitees aus Wissenschaftlern und Technikern sowie ein besonderes Informationswesen umfassen.

Die Konferenz richtete einen Aufruf an die Bevölkerung, in welchem die freiheitliche Bewegung und die konföderalen Militäreinheiten erklärten, die »antifaschistische Ehre«, von der Negrín so oft gesprochen hatte, zu retten. Der Aufruf zitierte die Worte Negríns, »Entweder wir gehen alle zu Grunde oder wir retten uns alle«, und knüpfte die Bemerkung daran, die Anarchisten würden dafür sorgen, dass diejenigen, die diese Worte so oft im Munde führten, sie auch einhalten.

Der Aufruf löste bei Negrín und seinem Kreise Bestürzung aus. Negrín wusste, dass die Konföderalen bereit und dazu imstande sein würden, seine eigenen Pläne zu vereiteln. Er beschloss daher, seinen Gegnern zuvorzukommen. Eine Art Wettlauf zwischen Negrín und den Kommunisten auf der einen, der freiheitlichen Bewegung auf der anderen Seite setzte ein. Negrín hatte den Staatsapparat auf seiner Seite, die freiheitliche Bewegung stützte sich auf ihre konföderalen Militäreinheiten und die Arbeiterbevölkerung. Auch war damit zu rechnen, dass bei einer ernsthaften Auseinandersetzung der größte Teil der Generäle und höheren Militärbefehlshaber sich auf die Seite der Anarchisten stellen würden.

Die Konföderierten oder Anarchosyndikalisten hatten bisher keine öffentlichen Posten in der Regierung oder im Heere bekleidet, waren aber bei der Madrider Bevölkerung beliebt. An der Spitze ihres Verteidigungskomitees stand der schlanke Madrider Eduardo Val, ein Mann von 35 Jahren, der bereits unter der Monarchie die geheime anarchistische Abwehrorganisation geleitet hatte. Val war durch seine Umsichtigkeit und sein Organisationstalent, durch seine Ruhe und Schweigsamkeit, mit der er seine Pläne vorbereitete und die Kaltblütigkeit, mit der er sie ausführte, hoch geschätzt. In Madrid wettete man um jene Zeit, wer wohl von Franco nach dessen Einzug in die Stadt höher bestraft werden würde, Val oder General Miaja. »Der General wird zu drei Talern Geldstrafe verurteilt werden, Val aber wird gehenkt«, wurde von den humorvollen Madridern in den Cafés gewitzelt. Val hatte bei der Verteidigung Madrids im November 1936 hervorragenden Anteil genommen. Auch jetzt hielt er alle Fäden der Organisation in seinen Händen. Die politischen Pläne, Entwürfe, Aufrufe und Denkschriften wurden von García Pradas entworfen und verfasst. Pradas, einer der talentvollsten Journalisten Madrids, gab in der von ihm redigierten Morgenzeitung der Konföderierten *C.N.T.* den Ton in den brennenden Tagesfragen an. Miaja erklärte, dass niemand ihm den Pelz so gründlich wasche, ohne ihn nass zu machen, wie der junge Pradas. Klein von Gestalt, schmächtig, aber lebhaft und energisch, dazu geistreich und gebildet, beherrschte Pradas souverän die politische Situation, zog Lehren aus der Vergangenheit und stellte Perspektiven für die Zukunft auf. Als anläßlich einer Besprechung mit Miaja dieser dem jungen Journalisten seine ewigen Sticheleien vorwarf, erwiderte Pradas, Miaja sei der Retter Madrids wie jener Grenadier, der im Hafen von Gijón ein Kind vor dem Ertrinken rettete, weil ein Lümmel ihn, dem gefallenen Kind, ins Wasser nachgestoßen habe. Der wahre Retter Madrids sei der Lümmel »Volk« gewesen, der Miaja gestoßen habe. Das Schönste an der Sache war, dass Miaja diesen treffenden Vergleich gutmütig unter seinen Freunden weiter erzählte.

Eine hervorragende Kraft der Konföderierten war der Maurer Cipriano Mera. Er hatte einen ähnlichen Werdegang wie der Stukkateur und Ministerpräsident Largo Caballero. Kind einer Madrider Proletarierfamilie, hatte Mera nie eine Schule besucht. Lesen und schreiben hatte er selbst erlernt und mit eiserner Energie seine Kenntnisse durch den Besuch von Volkshochschulen und Lektüre erweitert. Frühzeitig bekannte er sich zum Anarchismus und wurde in jungen Jahren Führer der Bauarbeitergewerkschaft. Er war zahlreichen Verfolgungen ausgesetzt. Als Franco im Juli 1936 seinen Putsch in Szene setzte, befand sich Mera im Gefängnis zu Madrid, wo er wegen Zusammenstößen mit der Polizei anläßlich eines Bauarbeiterstreiks als Verantwortlicher eine längere Gefängnisstrafe abbüßte. Die Arbeiter holten ihn aus dem Kerker und stellten ihn an die Spitze einer konföderalen Kampfeinheit. Als sich später das Volksheer organisierte, wurde Mera als Führer seiner Einheit, die inzwischen zu einer Division konföderaler Kampftruppen angewachsen war, zu ihrem Führer und stand im Generalsrange. Er war es, der die Schlacht der Republikaner gegen die Faschisten gewonnen hat. Sein Sieg über die italienischen Einheiten in Guadalajara war eine der größten Waffentaten des republikanischen Volksheeres. Da Mera kein Kommunist war, gab es keine Presse, die ihn im Auslande beweihräucherte. Seine rasche Auffassungsgabe und sein scharfer Verstand ermöglichten es ihm, bei den Besprechungen mit militärischen Sachverständigen das Wesentliche herauszustellen und seine Energie befähigte ihn, im rechten Augenblick die notwendigen Entscheidungen zu treffen.

Fachleute wie der Techniker Manuel Salgado und der Transportsachverständige Gonzales Márin sowie erfahrene Kämpfer aus den anarchistischen Gruppen und syndikalistischen Gewerkschaften, zu denen Techniker, Ingenieure, Bankbeamte usw. gehörten, ergänzten die Gruppe von Männern, die es wagten, sich der Diktatur Negríns entgegenzustellen und die Abwehr gegen den von Negrín und den Kommunisten vorbereiteten Staatsstreich zu organisieren.

Der freiheitliche Kongress hatte das Verteidigungskomitee beauftragt, ein Programm zur Entwirrung der Situation aufzustellen. García Pradas arbeitete den Entwurf aus.

Er sah eine ähnliche Organisation vor wie die Verteidigungsjunta vom November 1936. Negrín sollte die Vollzugsgewalt an die Verteidigungsjunta abtreten. Die Erwirkung ehrenhafter Friedensbedingungen oder auch die Organisierung des Widerstandes im Falle des Scheiterns der Verhandlungen mit Franco dürfe nicht einer einzigen Partei überlassen bleiben. Das sei Sache der Junta, in welcher alle antifaschistischen Parteien und Organisationen vertreten sein müssen. Die spanische Republik habe, so wird in dem Programmentwurf gesagt, zu bestehen aufgehört, da die Cortes nicht mehr zusammentrete und der Präsident Azaña im Ausland sein Amt niedergelegt habe. Zahlreiche Länder, auch England und Frankreich, haben Franco de facto anerkannt. Der größte Teil des spanischen Territoriums befinde sich in den Händen Francos. Die Regierung Negrín habe den Krieg verloren, und da der Ministerpräsident sich weigere, den antifaschistischen Organisationen, die heute das Volk vertreten, Rechenschaft über seine Handlungen zu geben und seine Parole, bis zum letzten Augenblick Widerstand zu leisten, in flagrantem Widerspruch zu der Tatsache stehe, dass er Tausenden seiner Anhänger Auslandspässe aushändigen läßt, den Abtransport des Nationaleigentums organisiere und für seine eigene Person sowie für seine Minister alles zur Flucht vorbereitet halte, könne er nicht mehr vom Volke als Ministerpräsident anerkannt werden. Die anarchosyndikalistischen Beauftragten legten das Programm allen Volksfrontparteien zur Begutachtung und eventuellen Annahme vor. Es wurde von allen Parteien, von der sozialistischen Gewerkschaftszentrale (UGT), und selbst von der Sozialistischen Arbeiterpartei, der Negrín angehörte, usw. anerkannt. Auch der Altvater des spanischen Sozialismus, Professor Juan Besteiro, erklärte sich mit dem Programm einverstanden. Nur die Kommunistische Partei machte nicht mit. Ihre Madrider Führer Arturo Giménez und Isidoro Diéguez erbaten sich Bedenkzeit. Wie sich später herausstellte, unterrichteten sie Negrín von dem Plan.

Das Programm wurde auch von den Oberbefehlshabern des Heeres angenommen. Eine Ausnahme machte eine Anzahl kommunistischer Kommandeure. Unter den kommunistischen Offizieren befanden sich jedoch viele, die der Kommunistischen Partei nur mit Widerwillen oder aus Unkenntnis des wahren Charakters der Partei beigetreten waren. General Miaja war einer davon. Er hatte sich zu Anfang des Bürgerkrieges das Mitgliedsbuch der Partei aufdrängen lassen; war jedoch keineswegs überzeugter Kommunist geworden. Nun nahm auch er das Programm der Konföderierten an. Damit vollzog Miaja seinen Bruch mit den Kommunisten.

Der Platzkommandant Madrids, Oberst Sigismundo Casado, war der erste höhere Offizier, der dem Programm begeistert zustimmte. Er hatte großen Einfluss auf die Berufsoffiziere und übernahm es, seine Kollegen für die Sache zu gewinnen. Casado war wegen seiner republikanischen Gesinnung bekannt. Er hatte sich bei Beginn des Francoputsches unbedenklich an die Seite der Republik gestellt. Er war von aufrichtigem Charakter und verfügte über gediegene militärische Kenntnisse. Seine Zustimmung zu dem Plane erhöhte die Chancen des Gelingens.

Negrín war durch seine kommunistischen Mitarbeiter von dem Programm und den Vorbereitungen zu dessen Durchführung in Kenntnis gesetzt worden und er beschloss, durch rasches Handeln das Vorhaben zu vereiteln. Das konnte nur durch einen Staatsstreich oder einem kalten Putsch geschehen. Einen solchen durchzuführen konnte ihm, solange er noch an der Macht war, nicht schwer fallen. Seine Absicht bestand darin, alle hohen Kommandoposten im Heere ausschließlich mit ihm treu ergebenen Kommunisten besetzen zu lassen. Da er nicht über genügend militärische Fachleute verfügte, berief er militärische Laien zu verantwortlichen Befehlsstellen. Unter seinen neuen Männern figurierten selbstverständlich die Namen Líster und sogar Modesto. Beides waren keine Berufssoldaten, dafür aber linientreue Kommunisten. Die bevorstehende Ernennung Modestos, des unfähigen Oberbefehlshabers der katalanischen Südarmeen, löste besonders bei den Militärfachleuten Empörung aus. Miaja war über das unverantwortliche Vorgehen Negríns entrüstet. Doch als Negrín ihn und General Matallana, den Oberbefehlshaber über alle mittelspanischen Streitkräfte, nach Valencia sandte, damit beide bei Verkündung des Staatsstreiches in Madrid nicht eingreifen konnten, verbot ihm sein Begriff von militärischer Disziplin, den Gehorsam zu verweigern. Beide Generäle waren in den entscheidenden Tagen in Valencia kaltgestellt.

Negrín hatte bekannt gegeben, dass er am 6. März eine Proklamation erlassen würde. Das Verteidigungskomitee der Konföderierten setzte alles daran, um dem Diktator zuvorzukommen. Am 4. März wurden in den syndikalistischen Gewerkschaftslokalen und den anarchistischen Klubräumen aller Madrider Bezirke die verfügbaren Streitkräfte zusammengezogen. Von der Madrider Front, die nur 500 Meter entfernt in den Außenbezirken der Stadt begann, wurde jedoch nicht ein Mann zurückberufen. Die konföderierten Heeresgruppen an den Fronten in Andalusien, Extremadura und der Levante waren von dem Plan in Kenntnis gesetzt worden. Das unter Leitung Cipriano Meras in den Jaramabergen stehende 4. Armeekorps mit dem Hauptquartier in Guadalajara war bereit, erforderlichenfalls einige Einheiten zur Unterstützung des Unternehmens nach Madrid zu senden. Am 5. März wurde der Madrider Platzkommandant, Oberst Casado, dem Negrín kurz vorher den Generalstitel verliehen hatte, vom Ministerpräsidenten aufgefordert, sich zu ihm nach Elche zu einer Besprechung zu begeben. Casado leistete der Aufforderung nicht Folge, sondern blieb in Madrid. Am gleichen Tage veröffentlichte das Bulletin des Wehrministeriums die neuen Ernennungen. Casado war seines Postens als Platzkommandant Madrids enthoben und durch Modesto ersetzt worden. Den Niederlagekadetten der katalanischen Ostfront an der Spitze seiner Verteidigung zu sehen, war für das stolze Madrid untragbar. Hätte Modesto es gewagt, seinen neuen Posten zu beziehen, so wäre es möglicherweise auch ohne die Vorbereitungen der Anarchosyndikalisten zu einem Aufstand gekommen.

In Cartagena hatte Negríns Staatsstreichversuch zu einer Tragödie geführt. Der Ministerpräsident hatte in diesem Hafen, dem Stützpunkt der Mittelmeerflotte eine

Umbesetzung der Kommandostellen vorgesehen. Sein eigener Parteigenosse, der sozialistische Kommissar Bruno Alonso und der Admiral Bernal sollten abgesetzt und durch den Kommunisten Galán ersetzt werden. Galán kam mit einer größeren Anzahl kommunistischer Truppen nach Cartagena und forderte den Oberbefehlshaber, Admiral Bernal, auf, ihm den Oberbefehl abzutreten. Bernal war von seiner Absetzung nicht unterrichtet worden. Er setzte sich telefonisch mit dem Ministerpräsidenten in Verbindung. Negrín bestätigte ihm die Richtigkeit seiner Enthebung.

Die Offiziere und Mannschaften auf den Schiffen, in ihrer Mehrheit Sozialisten und Anarchisten, waren mit der Absetzung ihres Oberbefehlshabers, in den sie Vertrauen setzten, nicht einverstanden. Sie erklärten, diesen Willkürakt nicht dulden zu wollen. Um der Beschießung ihrer Schiffe von den Küstenbatterien auszuweichen, lichteten sie die Anker und stachen in See. Ihre Befürchtung war unbegründet. Die Offiziere und Mannschaften der Batterien stellten sich an die Seite ihres bisherigen Oberbefehlshabers Bernal und des Kommissars Bruno Alonso. Sie konnten sich aber mit den Schiffen nicht ins Einvernehmen setzen. Außerdem ließen die Kommunisten das Gerücht verbreiten, dass sie in Kürze wesentliche Verstärkungen erwarteten, um den Aufstand zu unterdrücken. Diese Verwirrung machte sich die fünfte Kolonne Francos zunutze. Bewaffnete Faschistengruppen besetzten die Rundfunkstation. Ihr Sprecher wandte sich in einer Ansprache durch den Äther an die Francohäfen Ceuta, Cádiz und Mallorca um Hilfe. Er erklärte, dass alle Erhebungen in Cartagena einen faschistischen Charakter trugen. Das war eine Entstellung der Tatsachen. Die Faschisten wurden bald darauf von der Rundfunkstation wieder vertrieben. Ihr Aufruf hatte jedoch den Erfolg gehabt, dass italienische Flugzeuggeschwader die Stadt überflogen und drohten, in den Kampf einzugreifen. Es kam zu Straßenkämpfen zwischen den Faschisten und Republikanern, bei denen zahlreiche Antifaschisten fielen.

Auf den Schiffen war man sich über den Ausgang des Kampfes in der Stadt im unklaren. Mannschaften und Offiziere beschlossen, nach Cartagena nicht zurückzukehren. Sie nahmen Kurs auf Bizerte, den nordafrikanischen Hafen Frankreichs, wo sie die Schiffe internieren ließen und unter französische Oberhoheit stellten. Damit war die republikanische Kriegsflotte verlorengegangen.

In Madrid hatte das Verteidigungskomitee der Konföderierten beschlossen, seinen Plan in die Tat umzusetzen, ehe die von Negrín neu ernannten Befehlshaber ihre Posten antraten. In der Nacht vom 5. zum 6. März besetzten konföderierte Milizionäre alle öffentlichen Gebäude einschließlich der in den Händen der Stalinisten befindlichen Rundfunkstationen. Die Kommunisten waren nicht in der Lage, Widerstand zu leisten. Das Oberkommando Madrid mit Casado an der Spitze hatte seinen Sitz in den Bunkern des Finanzministeriums. Casado hatte seinen Platz nicht verlassen. Hier hatten sich wenige Stunden nach Besetzung der Radiostationen die Vertreter der Volksfrontparteien mit den anarchosyndikalistischen Organisatoren der Aktion zusammengefunden. Unter ihnen befand sich der alte Sozialistenführer Professor Juan Besteiro. Es wurde beschlossen, den von Pradas vorgelegten Entwurf anzunehmen. Man bildete eine Landesverteidigungsjunta, zu deren Vorsitzenden General Miaja vorgeschlagen wurde. Miaja befand sich in Valencia, gab aber telefonisch seine Einwilligung und erklärte, unverzüglich nach Madrid zu kommen. Zum Kommissar für Auswärtige Angelegenheiten wurde Professor Besteiro ernannt, der im Auslande großes Ansehen als Jurist genoss. Das Verteidigungswesen übernahm Casado, die Finanzen, Landwirtschaft, Industrie, das Verkehrswesen und die öffentlichen Arbeiten die Anarchosyndikalisten Gonzáles Marin und Eduardo Val.

Bestetro gab als Alterspräsident die Bildung der Verteidigungsjunta durch den Rundfunk bekannt. Am Morgen des 6. März veröffentlichte die Weltpresse Berichte über die Ereignisse im belagerten Madrid und die Bildung der Junta. Oberst Casado, der Anarchist Mera und der Linksrepublikaner San Andrés richteten Ansprachen an das spanische Volk.

Im Programm der Verteidigungsjunta hieß es: »Als Revolutionäre, Proletarier, Antifaschisten und Spanier können wir den Mangel an Voraussicht sowie die allgemeine Zerfahrenheit und Verantwortungslosigkeit der Regierung nicht mehr dulden. Vor mehreren Wochen hat der Krieg in Katalonien mit einem allgemeinen Zusammenbruch geendet. Seitdem sind dem Volke große Versprechungen gemacht und feierliche Versicherungen gegeben worden, die sich als Bluff erwiesen haben. Während die unbekannten Söhne des Volkes auf den Schlachtfeldern zu Tausenden geopfert wurden, haben zahlreiche Führer, die sich als besondere Helden feiern ließen, ihre Posten verlassen und in ehrloser Flucht ihre Person in Sicherheit gebracht.

Um die Fortsetzung dieser Schamlosigkeiten und in den kommenden schweren Zeiten die Fahnenflucht zu verhindern, hat sich das Komitee der Landesverteidigung gebildet. Das Komitee bietet allen Arbeitern, Antifaschisten und Spaniern die Gewähr, dass niemand sich der Erfüllung seiner Pflichten und seiner Verantwortlichkeit entziehen kann.

Das Komitee wird bemüht sein, ein Verhängnis zu vermeiden und ist bereit, mit allen Spaniern einen gemeinsamen Weg zu beschreiten. Wir werden nicht desertieren und auch keine Fahnenflucht dulden. Niemand soll Spanien verlassen, der hierzubleiben die Pflicht hat. Wenn aber im letzten Augenblick kein anderer Ausweg bleibt, dann soll jeder ausreisen dürfen, der dazu gewillt ist.

Das Komitee hat sich die Aufgabe gestellt, weiter Widerstand zu leisten, denn die große Sache des blutigen und opfervollen antifaschistischen Kampfes darf nicht ein unrühmliches und schmachvolles Ende nehmen. Um diese Aufgabe durchzuführen, benötigen wir die Mitarbeit aller Spanier. Jeder bleibe auf seinem Posten. Wir werden die Parole des Dr. Negrín: ›Entweder retten sich alle oder alle gehen dem Untergang entgegen‹ in die Wirklichkeit umsetzen.«

Die Proklamation war kaum verkündet worden, als Dr. Negrín von Elche telefonisch anrief und Casado zu sprechen wünschte. Das Gespräch nahm folgenden Verlauf:[2]

»Hier Ministerpräsident Negrín."

»Hier Oberst Casado."

»Ich habe soeben das Manifest im Rundfunk gehört. Was ist Ihnen eingefallen? So etwas ist doch nicht möglich. Was geht bei Ihnen vor?«

»Die Dinge liegen klar. Was Sie gehört haben, stimmt mit der Wirklichkeit überein«, antwortete Casado und fügte hinzu: »Wir verteidigen uns und haben uns gegen den von Ihnen eingeleiteten Staatsstreich zur Wehr gesetzt.«

»Aber die Sache hätte doch in Güte geregelt werden können.«

»Alles ist bereits geregelt, besonders für Sie. Es haben sich Leute gefunden, die Sie absetzen.«

»Aber gestatten Sie mal. Die Regierung ist bereit ...«

»Ich gestatte gar nichts. Ihre Regierung besteht nicht mehr. Das Komitee der Landesverteidigung ist der Beauftragte der Republik.«

»Ich warne Sie. Wir sind stark und ...«

»Nehmen Sie sich in acht. Die Macht repräsentieren wir.«

»Aber Herr General, hören Sie doch zu ...«

»Oberst, bitte.«

»Das kann doch nicht so bleiben. Wir können die Angelegenheit regeln, indem die Regierung dem Komitee der Landesverteidigung die Macht übergibt.«

»Die Regierung besteht nicht mehr und hat keine Macht zu vergeben. Sie hat nur eine große Schuld und eine schwere Verantwortung.«

»Na, und was soll denn nun werden?«

»Das ist nicht Ihre Sorge. Ich fordere Sie nur auf, General Matallana freizugeben.«

»Keine Sorge darum.« Casado hängte den Hörer auf.

In der gleichen Nacht verließ Negrín mit seinen Vertrauensleuten auf dem Luftwege Spanien und begab sich nach Frankreich. Einige Tage später schloss ihn die Sozialistische Partei Madrids aus der Partei aus. Das Ende der vom Kreml am Gängelband geführten Bluffregierung des Doktor Negrín war unrühmlich. Kurz darauf traf General Miaja aus Valencia in Madrid ein und übernahm den Vorsitz der Verteidigungsjunta. Sein Bruch mit den Kommunisten war endgültig.

Tags darauf blieb Madrid zunächst ruhig. Doch bald erwachten die Kommunisten aus ihrer Überraschung. Sie erklärten sich gegen die Verteidigungsjunta und setzten ihr bewaffneten Widerstand entgegen. Sie zogen ihre Anhänger und kommunistischen Truppenteile aus den Schützengräben der Außenbezirke. Sie machten Anstalten, den

[2] Die Wiedergabe dieses Telefongesprächs ist authentisch. Während Casado sprach, stand Garcia Pradas neben ihm. Negrín sprach laut genug, so dass Pradas ihn durch den Hörer verstehen konnte. Er machte sich Notizen des Dialogs, den er in seinem Buch »Der Verrat Stalins« veröffentlichte. (A.S.)

Bunker des Hauptquartiers, in welchem die Junta ihren Sitz hatte, zu stürmen. Der Versuch wurde durch die Vorkehrungen der Konföderierten zunichte gemacht.

Madrid hatte sich inzwischen in einen neuen, inneren Kriegsschauplatz verwandelt. Die Kommunisten errichteten in der Innenstadt Barrikaden, umgaben ihre Bezirkslokale mit Verschanzungen und panzerten die Fenster ihrer Lokale mit Säcken voll Reis, Kaffee und vollen Konservenbüchsen ab. Es kamen Lebensmittel zum Vorschein, die die Madrider seit langem nicht mehr zu sehen bekommen hatten. Besonders reich versehen war das Bezirkslokal, in welchem die Kommunistenführerin Dolores Ibarrui Gómez, La Pasionaria, ihren Sitz hatte. Die Verteidigungsjunta war gezwungen, den Kampf gegen die kommunistischen Barrikaden aufzunehmen. Truppen von der Front zurückzuziehen, war eine Verantwortung, die die Junta nicht auf sich nehmen wollte. Die konföderierten Kräfte sprangen in die Bresche, um den kommunistischen Aufstand niederzuschlagen.

Eine merkwürdige Situation war entstanden. Während einen halben Kilometer vor der Stadt die faschistischen Heere dem republikanischen Madrid gegenüberstanden und jeden Augenblick mit frischen Truppen gegen die erschöpfte republikanische Bevölkerung vorgehen konnten, gab es im Innern der Stadt einen blutigen Bruderkampf zwischen den Antifaschisten. Kommunisten erhoben sich gegen die Verteidigungsjunta. Anarchisten stellten sich den Kommunisten entgegen, weil sie die Diktatur der Moskauanhänger nicht mehr duldeten. Die syndikalistischen Gewerkschaften und die anarchistischen Gruppen organisierten Stoßtrupps gegen die kommunistischen Barrikaden. Ein kommunistisches Bollwerk nach dem andern wurde gestürmt. Konföderierte, die bis dahin in den Kämpfen gegen die Faschisten mit dem Leben davongekommen waren, fielen beim Sturm der Barrikaden von den Kugeln der vom Kreml fanatisierten Stalinanhänger.

Der Barrikadenkampf dauerte vom 6. bis zum 13. März. Er endete mit der vollständigen Niederlage der Kommunisten. Der Ausgang des Kampfes zeigte, dass der Kommunismus in Spanien trotz der gewaltigen Hilfe und Waffenzufuhr seitens der Sowjetunion eine Minderheit geblieben war. Selbst in seiner Hochburg Madrid; wo die Kommunisten die Gewerkschaftsfunktionäre der Sozialistischen Gewerkschaftsunion für sich gewonnen hatten, war der Kommunismus außerstande, sich gegen die Anarchisten und Syndikalisten zu behaupten. Die Niederschlagung des kommunistischen Aufstandes erschöpfte die letzten Kräfte des Antifaschismus und beschleunigte, trotz des Sieges der Junta über die Stalinanhänger, den Zersetzungsprozess der Republikaner. Die kommunistischen Befehlshaber hatten während der Straßenkämpfe ihre Posten in den Schützengräben im Stiche gelassen, um ihren Gesinnungsgenossen im Kampfe gegen die Junta und die Konföderierten zu helfen. Die Truppen waren sich selbst überlassen. Sie nahmen die Gelegenheit wahr, um sich durch Übergang zum Feinde Straffreiheit zu sichern. Zu Tausenden liefen sie ins Lager Francos. In wenigen Tagen hatten ganze Frontabschnitte zu existieren aufgehört. Die Gefahr des Zusammenbruchs an der Madrider Front rückte täglich näher. Die Auflösung der

Militäreinheiten bedeutete praktisch Einstellung der Feindseligkeiten und das Ende des Bürgerkrieges.

Die Lebensmittelversorgung in Madrid war katastrophal. Transportmittel waren kaum vorhanden. Man war gezwungen, die Zivilbevölkerung mit den Resten der Heeresbestände zu versorgen. Die Junta delegierte den Sozialisten Trifón Gómez nach Paris, um von Negrín die Verfügung über die von ihm vorher eingekauften Lebensmittel zu erreichen und neue Lebensmittel einzukaufen. Von Negrín war nichts herauszubekommen. Da er nicht mehr an der Macht war, schien er das Interesse an seinem Volke verloren zu haben. Madrid glich einem Menschenmeer in einem Riesentrichter. Wer oben war, wollte über den Rand springen. Wer unten blieb, wurde in die Tiefe hinunter gespült. Die Bevölkerung war der ewigen Kämpfe müde. Die Straßenkämpfe gegen die aufständigen Kommunisten hatten den Rest der Widerstandskraft gebrochen. Man wollte endlich aus Angst und Not, aus Entbehrungen und Bombengefahr befreit werden. Frieden war der heiße Wunsch, der alle Herzen erfüllte.

Die Bevölkerung erwartete, dass das Komitee der Landesverteidigung die erforderlichen Schritte für die Friedensverhandlungen einleite. Die Junta und die Konföderierten zeigten Edelmut den besiegten Kommunisten gegenüber. Sie stellten ihnen von den wenigen Transportmitteln Lastkraftwagen für den Abtransport zur Küste zur Verfügung, von wo aus sie das Land per Schiff verlassen konnten. Die zurückgebliebenen Kommunisten waren völlig zerfahren. Von den Spitzen ihrer Parteileitung im Stich gelassen, wussten sie nicht, welche Stellung sie einnehmen sollten. Die Junta hatte alle Kommunisten, die nicht direkt am Kampfe mit der Waffe teilgenommen hatten, frei ausgehen lassen. Die kommunistischen Parteilokale wurden nicht geschlossen. Der Bezirksvorstand der Kommunistischen Partei gab ein Flugblatt heraus, in welchem er sich nunmehr auch für den Frieden aussprach. Dieses am 14. März in Madrid zur Verteilung gelangte Blatt erklärte: »Auch wir wollen nicht das Landesverteidigungskomitee bekämpfen.« (Nachdem sie eine Woche lang versucht hatten, mit Maschinengewehren und Geschützen die Verteidigungsjunta zu stürzen!) Weiter hieß es im Flugblatt: »Auch wir Kommunisten sehnen den Frieden heiß herbei.« (Anders konnten sie zu diesem Zeitpunkt zum Volke von Madrid nicht sprechen.)

Die Bevölkerung erwartete von der Verteidigungsjunta Schritte zu Friedensverhandlungen. Franco hatte während der Straßenkämpfe in Madrid nicht eingegriffen. Er ließ seine Gegner sich selbst zerfleischen. Der Sieg war ihm gewiss. Er brauchte keinen Mann mehr zu opfern und keinen Gewehrschuss zu verpulvern. Er war über die Stimmung der Bevölkerung in der republikanischen Zone genau unterrichtet. Er wartete ab. Die endgültige Beendigung des Bürgerkrieges war eine Frage von wenigen Tagen. Der Verteidigungsjunta fiel die Verantwortung zu, Friedensverhandlungen einzuleiten. Am 20. März richtete das Komitee ein offenes Friedensangebot an Franco. Die Faschisten forderten bedingungslose Unterwerfung. Das Verteidigungskomitee sandte auf dem Luftwege zwei Vertreter nach Burgos, wo die Francoregierung ihren Sitz hatte. Franco hatte die Unterwerfungsbedingungen in acht Punkten formuliert. Das Verteidigungskomitee machte Gegenvorschläge und man begann zu verhandeln. Nach einigen Stunden ließ Franco die Verhandlungen abbrechen.

Es wurde bekannt, dass er von seinen Hintermännern, Mussolini und Hitler Anweisungen erhalten hatte, den Republikanern keine Konzessionen zu machen. Die Unterhändler flogen nach Madrid zurück. Franco war nicht bereit, den Republikanern freien Abzug zu gewähren. Er weigerte sich auch, den prominenten Antifaschisten Leben und Freiheit zu garantieren.

Die Annahme der Bedingungen Francos hätten für die Verteidigungsjunta Selbstaufgabe bedeutet. Franco hatte gefordert, dass sich alle antifaschistischen Kämpfer auf Gnade oder Ungnade ergeben sollen. Unter diesen Umständen beschloss das konföderale Verteidigungskomitee den Kampf weiterzuführen. Dieser Beschluss wurde dem Landesverteidigungskomitee oder der Junta mitgeteilt. Man bereitete sich auf den Endkampf vor. Die Freiheitliche Bewegung hatte für den 27. März eine Konferenz einberufen. Vertreter der gesamten republikanischen Zone waren erschienen, soweit die vorhandenen Transportmittel den Antransport der Delegierten zuließen. Auf dieser Konferenz wurde beschlossen, eine letzte Anstrengung zu machen. Es sollten mit dem Rest der noch vorhandenen Flugzeuge Millionen von Flugzetteln über der faschistischen Zone abgeworfen werden mit einem Aufruf zum Aufstand gegen Franco. Die Anarchisten erklärten sich bereit, eine Guerillaarmee von 10.000 Mann aufzustellen und sie im ganzen Lande in den Bergen zu verteilen. Der Kampf sollte nach altem spanischen Brauch als Guerilla d. h. als Kleinkrieg fortgeführt werden.

Diese Beschlüsse blieben unausführbare Pläne. Die Front hatte sich inzwischen aufgelöst. In den Schützengräben vor Madrid kam es zur Verbrüderung zwischen den republikanischen und faschistischen Soldaten. Auf beiden Seiten bestand seit fast zwei Jahren die Mehrheit der Soldaten aus Rekruten, die durch allgemeine Aushebungen gezwungen wurden, Soldaten zu werden. Die Soldaten kamen aus ihren Unterständen hervor, umarmten sich, nannten sich gegenseitig »roter« und »faschistischer« Kamerad und gingen Arm in Arm in die Madrider Wirtshäuser um bei einem Glase Wein das Ende des Krieges zu feiern. Am 26. und 27. März hörte man in Madrid nur eine Parole: »Der Krieg ist beendet, Kameraden!«

Angesichts dieser allgemeinen Geistesverfassung gab es für das Landesverteidigungskomitee keine Möglichkeit mehr, den Widerstand zu organisieren. Die Friedensverhandlungen waren von Franco abgebrochen worden, die Unterhändler nach Madrid zurückgekehrt. Es war nur noch die Evakuierung durchzuführen. Während der Straßenkämpfe gegen die Kommunisten waren von Unbekannten die Madrider Gefängnisse geöffnet und die inhaftierten Faschisten befreit worden. Das Landesverteidigungskomitee hatte eine Anzahl Kommunisten, die während der Kämpfe nach GPU-Methoden vorgingen und für Erschießungen von Gefangenen verantwortlich waren, inhaftieren lassen. Auch diese Inhaftierten wurden nun freigegeben. Man gab ihnen sogar die Möglichkeit, bis an die Küste zu gelangen.

In den vorangegangenen Tagen hatten immer mehr Funktionäre aller Parteien und Gewerkschaften Madrid verlassen und sich ans Meer begeben. Der Krieg war endgültig verloren. Die Mitglieder der Verteidigungsjunta mussten daran denken, sich selbst in Sicherheit zu bringen. Sie verließen Madrid am 29. März. In der darauf folgenden Nacht rückten die Faschisten vor. Am nächsten Tage hielt Franco seinen feierlichen Einzug in Madrid.

Nicht alle Antifaschisten konnten oder wollten Madrid verlassen. Der bejahrte Universitätsprofessor Juan Besteiro blieb, wurde gefangen genommen und zu 30 Jahren Kerker verurteilt. Besteiro starb im Gefängnis. Die Anarchisten Melchor Baztán und Manuel Amin sowie der sozialistische Zivilgouverneur Madrids, Javier Bueno und Oberst Ortega wurden von den Siegern gleich nach der Einnahme der Stadt erschossen. Der greise General Aranguén, ein aufrechter Republikaner, weigerte sich, in der Flucht sein Heil zu suchen. »Von Franco erschossen zu werden, ist der letzte Dienst, den ich meinem Lande und meinem Volke erweisen kann«, waren die Worte, mit denen er aufrecht unter den Schüssen des Hinrichtungskommandos fiel.

Einen romantischen Tod im Sinne der symbolischen Gestalt Don Quijotes suchte und fand der Madrider Bäckermeister Mauro Bajatierra. Als Jüngling wurde er von dem vorbildlichen Leben des Anarchisten Fermin Salvochea, des »andalusischen Christus«, beeinflusst. Er hatte viel gelesen und gehörte zu jener jungen Generation Spaniens, die um die Jahrhundertwende im Anarchismus die Verkörperung des höchsten Menschheitsideals sah. Sein Lieblingsautor war Tolstoj. Er war Vegetarier und erstrebte die Gewaltlosigkeit. Als der Bürgerkrieg ausbrach, war Bajatierra ein Mann in den Fünfzigern Er reihte sich sofort in die konföderale Miliz ein. Mit gewandter Feder schrieb er Kriegsberichte für die anarchistische Abendzeitung Madrids *Castilla Libre*. Einige seiner Berichte waren kleine Meisterstücke, die in Buchform herausgegeben wurden und im republikanischen Spanien große Verbreitung fanden.

Nach Ausbruch des Bürgerkrieges bin ich Bajatierra im Arbeitszimmer des Leiters der konföderalen Einheiten, Eduardo Val, begegnet. Es war ein regnerischer Herbstabend. Kurz vorher, es war im November 1936, hatte die Regierung Caballero Madrid verlassen. Bajatierra war aus Sigüenza, einer Stadt in den Jaramabergen, die tags zuvor von den Faschisten eingenommen wurde, entronnen. Hinter seiner stämmigen Gestalt mit herabhängendem Schnauzbart, dem Gewehr über der Schulter, der Pistole mit den Patronentaschen im Gürtel, verbarg sich ein weiches Herz. Er berichtete uns, dass einige Hunderte seiner Kameraden in einem Kirchengebäude eingeschlossen und von den Faschisten in grausamer Weise nieder kartätscht wurden. Tränen kamen ihm in die Augen. Val stand auf, legte den Arm um Bajatierras Schulter und sagte nur »Mauro«, wobei er ihm tief in die Augen blickte. Es sollte ein Trost sein, doch auch Val war von der Katastrophe und dem Verlust so vieler Genossen beeindruckt. In gedrückter Stimmung verließen wir den Raum.

Ein Jahr später führte mich meine Tätigkeit aufs neue nach Madrid. Nachdem ich im Rundfunk eine Ansprache gegen Hitler und Franco gehalten hatte, ließen mich mehrere Milizionärkommandanten bitten, sie und ihre Genossen in den Schützengräben zu besuchen. Mauro Bajatierra war unser Führer. Wir kamen nach dem Niemandsland in die Außenbezirke. Die Straßen waren leer, die Häuser wie ausgestorben. Wir mussten auf die andere Seite der Straße. Aus dem faschistischen Lager wurde unaufhörlich geschossen. »Folgt mir nach«, sagte Mauro, »ich bin schwerhörig und höre nicht, wenn geschossen wird. Mein breiter Rücken kann euch zum Schutz dienen.« Wir kamen glücklich auf die andere Seite. Der feindliche Schützengraben war kaum 100 Meter von unserem entfernt. Ein Francosoldat streckte den Kopf über seinen Unterstand. Ein Milizionär wollte auf ihn anlegen. »Ach lass ihn doch«, sagte Mauro, indem er die Hand auf den Arm des Schützen legte. »Das ist sicherlich ein Zwangsrekrut aus Sevilla, der womöglich Franco ebenso hasst wie wir. Und zu Hause wartet seine Mutter auf ihn.« Als die Faschistenheere parademäßig in Madrid einzogen, stellte sich Mauro Bajatierra in seiner Wohnung hinter den Fenstervorhang und schoss auf die vorbeimarschierenden Offiziere. Das Haus wurde umzingelt, Mauro herausgeholt und auf der Stelle erschossen. Das war es, was er wollte. Das Leben hatte für ihn den Wert verloren. Madrid in den Händen der Faschisten! Das war für ihn das Ende. Mit Mauro Bajatierra ging das freie Spanien unter. Der Marschtritt des internationalen Faschismus dröhnte durch die Straßen der Hauptstadt Kastiliens.

Durch ganz Mittelspanien bewegten sich flüchtende Menschenmassen der Küste zu. Die französische Reederei *Mid Atlantic* hatte versprochen, Schiffe für den Abtransport zur Verfügung zu stellen. Der Menschenstrom nahm die Richtung auf Valencia. Doch es kamen keine Schiffe. Es hieß, dass bei Alicante unter Zustimmung der italienischen Legionen eine neutrale Zone für die Flüchtlinge eingeräumt werden soll. Gegen 8.000 Antifaschisten hatten sich mit Frauen und Kindern nach Alicante begeben. Die Quäker und das Internationale Komitee für Hilfe des republikanischen Spanien versorgten die Flüchtlinge mit dem Notwendigsten. Von beiden Organisationen wurde versichert, die Schiffe würden in Alicante vor Anker gehen. Die Flüchtlinge sollten Spanien unter dem Schutze der französischen Flagge verlassen können.

Die Schiffe kamen nicht an. Dafür näherte sich die motorisierte italienische Division Littori. Die Italiener hatten von Mussolini den Befehl erhalten, die Küste »vom Feinde zu säubern«. Maschinengewehre richteten sich auf die Flüchtlinge. In zwei Stunden sollte die bedingungslose Übergabe und Abgabe aller Waffen erfolgen. Der französische Konsul und die Vertreter des Internationalen Hilfskomitees wiederholten ihre Versicherungen, dass die Schiffe unterwegs seien. Die Flüchtlinge gaben ihre Waffen ab. Doch es erschien kein Schiff. Zwei Tage später näherte sich ein spanisches Kriegsschiff Francos dem Hafen und richtete seine Batterien auf das Lager.

Sämtliche Flüchtlinge fielen in die Hände Francos. Nach Siebung der Gefangenen wurden Hunderte erschossen. Tausende kamen ins Konzentrationslager, wo viele an Unterernährung und den Folgen der schlechten Lebensbedingungen zu Grunde gingen.

Franco hatte nur mit Hilfe Hitlers und Mussolinis siegen können. Beide Diktatoren glaubten, ein faschistisches Spanien würde sich bei dem bevorstehenden Weltkrieg an ihre Seite stellen. Der Sieg in Spanien hatte ihnen den Weg freigemacht. Sechs Monate später brach der zweite Weltkrieg aus. Sechs Jahre darauf waren die Diktaturmächte besiegt. Franco aber, der durch ihre Hilfe an die Macht gekommen war, herrscht noch heute. Spanien ist die letzte Zuflucht des Totalitarismus im Westen Europas.

Register

Abad de Santillán, Diego (1897-1983), eigentlich: Sinesio Vaudilio García Fernández. Anarchosyndikalist, Publizist, Verleger, 1936-1937 Wirtschaftsminister Kataloniens. 1939-1977 Exil in Argentinien und Rückkehr nach Spanien nach dem Ende der Diktatur.
Alfonso XIII (1886-1941), König von Spanien 1886-1931
Angiolillo Lombardi, Michele (1871-1897), Ital. Anarchist und Journalist. Erschoss 1897 den Ministerpräsidenten Cánovas del Castillo
Ascaso Abadia, Francisco (1901-1936), Spanischer Anarchosyndikalist mit weitem Aktionsradius in Europa und Lateinamerika (Argentinien). Freund und Kampfgefährte von Durruti. Wurde zu Beginn des Militärputsches bei den Kämpfen in Barcelona erschossen.
Azaña y Díaz, Manuel (1880-1940), Schriftsteller, mehrfacher Regierungschef und 1936-1939 Präsident der Republik.
Bakunin, Michael (1814-1876), russischer Anarchist, Autor und einer der wichtigsten Theoretiker
Berneri, Camillo (1897-1937), ital. Anarchist, Soziologe, 1937 während der Kämpfe in Barcelona von Kommunisten ermordet
Blum, Léon, frz. Ministerpräsident der Volksfrontregierung. Verweigerte der span. Republik effektive Hilfe gegen Franco.
Brockway, Fenner, Vorsitzender der engl. Unabhängigen Arbeiterpartei
Calvo Sotelo, José (1893-1936), Führer der monarchistischen Partei Renovación Española, Finanzminister im Kabinett Primo de Riveras und aktiv an den Vorbereitungen zum Putsch beteiligt. Wurde im Juli 1936 erschossen. Das Attentat wiederum war der Auslöser für den von Franco geführten Militärputsch vom 19. Juli 1936.
Casado, Sigismundo, letzter Stadtkommandent von Madrid
Companys i Jover, Lluis (1882-1940), Mitbegründer der katalanischen Arbeiterpartei Partit Republicà Català (1917), der Unión de Rabassaires (1922) und 1931 der linksgerichteten Esquerra Republicana de Catalunya (Republikanische Linke Kataloniens). Companys wurde 1933, nach dem Tode Maciàs, Präsident der Generalidad von Katalonien, nach dem Aufstandsversuch von 1934 abgesetzt und von 1936-1939 erneut Präsident. 1939 Flucht nach Frankreich, wurde aber nach der Auslieferung durch die Deutschen am 15. Oktober 1940 in Barcelona erschossen.
Confederación Española de Derechas Autónomas, CEDA, (Spanischer Bund der Unabhängigen Rechten), faschistoide Partei, gegründet 1933. Die Beteiligung an der Regierung Lerroux provoziert 1934 den Arbeiteraufstand in Asturien. 1936 aufgelöst. Ein Teil der Mitglieder trat danach der Fanlange Española bei.
Confederación Nacional del Trabajo, CNT, (Nationale Konföderation der Arbeit), anarchosyndikalistischer Gewerkschaftsbund, gegründet 1910 in Barcelona. Zusam-

men mit der FAI maßgeblich an der sozialen Revolution in Katalonien beteiligt. www.cnt.es

Durruti Dumange, Buenaventura (1896-1936), span. Anarchist, beteiligt an vielen anarchistischen Aktionen und Attentaten in Spanien und Lateinamerika; Exil in Frankreich; Haftstrafen und Verbannung; aktiv bei der sozialen Revolution in Katalonien. Durruti wurde im November 1936 in Madrid unter ungeklärten Umständen erschossen. Die Lebensgeschichte Durrutis ist ausführlich beschrieben in Abel Paz: Durruti. Leben und Tod des spanischen Anarchisten. Ed. Nautilus 1993.

El Campesino, komm. General im Bürgerkrieg. Begleiter des Goldtransports in die UdSSR, dort zu Lagerhaft verurteilt, konnte aber fliehen.

Estat Català, (Katalanischer Staat), nationalistische Bewegung, die für die Unabhängigkeit oder zumindest für eine weit gehende Autonomie Kataloniens eintrat. 1922 unter Beteiligung von Francesc Macià gegründet, beteiligte sie sich am bewaffneten Widerstand gegen die Diktatur Primo de Riveras. Trat 1931 der Esquerra Republicana bei.

Fanelli, Guiseppe (1827-1877), ital. Anarchist, Mitbegründer der spanischen anarchistischen Bewegung.

Federación Anarquista Ibérica, FAI, (Föderation der iberischen Anarchisten), 1927 in Valencia gegründete Organisation der spanischen und portugiesischen Anarchisten. Zusammen mit der CNT maßgeblich an der sozialen Revolution in Katalonien beteilig

Federación Ibérica de las Juventudes Libertarias, FIJL, (Iberische Föderation der Libertären Jugend), gegründet 1932. Zusammenschluss der libertären und anarchistischen Jugendverbände

Ferrer Guardia, Francisco (1859-1909), Begründer der freien Schulen in Spanien. Wurde 1909 wegen geistiger Urheberschaft eines Aufstands zum Tode verurteilt und in Barcelona erschossen.

García Oliver, Juan (1901-1980), span. anarchist, Kriegsgeneralsekretär des Komitees der antifaschistischen Milizen in Katalonien (Juli-Sept. 1936), Justizminister der span. Republik (1936-1937), nach 1939 Exil in Schweden und Mexiko.

Gil-Robles y Quiñones, José María, Mitbegründer der CEDA

GPU, sowjetische Geheimpolizei, Vorläuferorganisation des KGB

Iglesias Posse, Pablo (1850-1925), Mitbegründer der PSOE und UGT

Internationale ArbeiterInnen-Assoziation, IAA, anarchosyndikalistischer Weltgewerkschaftsverband. Die IAA wurde im Dezember 1922 in Berlin von Arbeiterdelegationen aus zehn Ländern gegründet. Der Name wurde gewählt, um an die Tradition der Ersten Internationale zu erinnern, die von 1864-1876 bestand. Als anarchistischer Gewerkschaftsverbund war die IAA aus dem Bedürfnis entstanden, sich vom Marxismus abzugrenzen. Der IAA besteht bis heute mit Sektionen in 16 Län-

dern, wie zum Beispiel die Confederación Nacional del Trabajo (Spanien), die Confédération Nationale du Travail (Frankreich), die Freie ArbeiterInnen-Union (Deutschland), die Solidarity Federation (Großbritannien), die Unione Sindicale Italiana, sowie die Federación Obrera Regional Argentina.
Die anarchosyndikalistischen IAA tritt für freiheitliche Arbeitsorganisation ein. Sie kämpft für eine syndikalistische Selbstverwaltung in den Wirtschaftsbereichen Produktion und Konsum, d.h. eine Verwaltung und einen Besitz der Betriebe durch ihre Beschäftigten. Ohne bezahlten Verwaltungsapparat organisieren die Mitgliedsverbände der IAA im Idealfall (siehe Mitgliederzahlen) lokale Arbeitskämpfe und engagieren sich für regionalen Föderalismus und internationale Solidarität.

Juventudes Libertarias, JJLL, (Freiheitliche Jugend), anarchistische Jugendorganisation

Kropotkin, Peter (1842-1921), russischer Anarchist, einer der wichtigsten Theoretiker und Autor, u.a. Gegenseitige Hilfe, Die Eroberung des Brotes oder Die Französische Revolution.

Lafargue, Paul (1842-1911), sozialistischer Theoretiker und Autor, u.a. Das Recht auf Faulheit

Largo Caballero, Francisco (1869-1946), langjähriger Vorsitzender der PSOE und der UGT. Span. Ministerpräsident 1936-1937. Exil in Frankreich, Verschleppung ins Konzentrationslager Oranienburg. Starb 1946 in Paris.

Lerroux García, Alejandro (1864-1949), Chef der Radikal-Republikanischen Partei, spanischer Ministerpräsident 1934-35. Die Partei, die nach 1933 einen radikalen Schwenk nach rechts vollzog und sich 1934-35 die Regierungsgewalt mit der faschistischen CEDA teilte, verschwand in der Folge von Korruptionsskandalen von der politischen Bildfläche.

Lliga, (Regionalistische Liga Kataloniens), 1901 gegründet, ab 1933 Katalanische Liga. Eine konservative Partei, die einen gemäßigten katalanischen Autonomismus vertrat.

Lorenzo, Anselm, Mitbegründer der span. Arbeiterbewegung und anarchistischer Publizist

Luzon, Robert, syndikalistischer Publizist

Macià y Llusa, Francesc (1859-1933), Mitbegründer der Bewegung Estat Català

Martínez Anido, Severiano (1862-1938), als Militärgouverneur von Barcelona (1920-1922) verantwortlich für die Repressionen gegen die anarchosyndikalistische Bewegung

Montseny, Federica (1905-1994), Aktivistin von CNT und FAI, Publizistin, Ministerin im Kabinett Largo Caballero

Negrín López, Juan (1892-1956), Mitglied der PSOE, von Mai 1937 bis zu seiner Flucht im März 1939 Ministerpräsident der Republik.

Nin Pérez, Andrés (1892-1937), Mitbegründer der POUM. Katalanischer Justizminister. Wurde von der SIM entführt und ermordet.

García Oliver, Joan (1901-1980), span. Anarchist, Mitglied der Gruppe Los Solidarios um Durruti, Justizminister im Kabinett Largo Caballero.
Pardifias, Manuel, Anarchist; erschoss 1913 den spanischer Ministerpräsidenten Canalejas
Partido Obrero de Unificación Marxista, POUM, (Arbeiterpartei der Marxistischen Vereinigung), entstand im September 1935 aus dem Zusammenschluss der Izquierda Comunista (Kommunistischen Linken) und dem Bloc Obrer i Camperol, BOC, (Arbeiter und Bauernblock). Linksradikale Partei, Mitglied des Stadtrats von Barcelona, beteiligt am Maiaufstand 1937 und schließlich von den kommunistisch-stalinistischen Parteien aus allen Machtpositionen verdrängt und verfolgt.
Partido Socialista Obrero Español, PSOE, (Spanische Sozialistische Arbeiterpartei). Gegründet 1879, nach 1939 sowohl illegal in Spanien als auch im Exil aktiv, nach dem Ende der Diktatur legalisiert und 1982 erstmals wieder Regierungspartei in Spanien.
Partit Socialista Unificat de Catalunya, PSUC, (Vereinigte Sozialistische Partei Kataloniens). Prokommunistisch, Mitglied der III. Internationalen. Nach dem Ende der Diktatur wieder aktiv. Entstand im Juli 1936 aus dem Zusammenschluss der Katalanischen Föderation der PSOE, der Sozialistischen Union Kataloniens, der Partit Català Proletari (Katalanischen Proletarischen Partei) und der katalanischen KP.
Pasionara (La), eigentlich: Dolores Ibarruri. Span. Kommunistin. Nach 1939 im sowjet. Exil.
Pestaña Nuñez, Angel (1886-1937), Sekretär des Nationalen Komitees der CNT. Entwickelte später Vorstellungen eines gemäßigten, reformistischen Syndikalismus und gründete 1931 eine Syndikalistische Partei, als deren Abgeordneter er 1936 in das Parlament gewählt wurde und für kurze Zeit de Generalkriegskommissariat angehörte.
Pi y Margall, Francisco (1824-1901), Zweiter Präsident der ersten spanischen Republik von 1873, Philosoph
Prieto Tuero, Indalecio (1883-1962), Sozialdemokratischer Kriegsminister in den Kabinetten Largo Caballero und Juan Negrín
Primo de Rivera y Orbaneja, Miguel (1870-1930), Spanischer Diktator 1923-1930
Primo de Rivera, José Antonio (1903-1936), Sohn von Miguel Primo de Rivera, gründete 1933 die faschistische Bewegung Falange Española, die später in der nationalen Bewegung Francos aufging.
Rabassaires, besondere Schicht katalanischer Pachtbauern, vor allem im Weinbau, deren Pachtverträge ausliefen, wenn drei Viertel der Pflanzen keine Früchte mehr trugen. Im 19. Jahrhundert waren diese Bedingungen relativ vorteilhaft, doch die Reblausepidemien und die Einführung neuer kurzlebiger Weinstocksorten führten zur völligen Verelendung der Rabassaires. Union de Rabassaires, Gewerkschaft der

nicht-grundbesitzenden Weinbauern Kataloniens. Gegründet 1922. Zusammenarbeit mit der Esquerra Republicana, nach 1933/34 Annäherung an die Sozialistische Union Kataloniens. War 1936 im ZK der Antifaschistischen Milizen vertreten; stellte sich gegen den Kollektivismus der CNT und stand den Positionen der PSUC und der Esquerra Republicana nahe. Ging 1937 in die Federación de Sindicatos Agrícolas (Föderation der Landwirtschaftlichen Gewerkschaften) auf.

Rodríguez Vázques, Mariano (1909-1939), ab 1936 Generalsekretär der CNT. Starb im französisch Exil.

Salvochea y Álvarez, Fermín (1842-1907), span. Anarchist, Herausgeber der Zeitschrift El Socialismo

Sans, Ricardo, Leiter der 26. Division, der ehemaligen Kolonne Durruti, deckte den Zug der Flüchtlinge nach dem Fall von Barcelona

Seguí Rubinat, Salvador (1890-1923), auch El Noi de Sucre genannter bekannter Organisator und Aktivist der CNT. Wurde in Barcelona ermordet. Als Vergeltung für dieses Attentat erschossen Durruti und Acaso den Erzbischof von Zaragoza.

SIM, Servicio de Investigación Militar, Militärischer Geheimdienst

Tarradellas i Joan, Josep (1899-1988), Mitglied der Esquerra Republicana de Catalunya und 1931-1937 Staatsrat der Generalidad von Katalonien

Unión de Hermanos Proletarios, UHP, (Proletarische Kampfbrüderschaft)

Unión General de Trabajadores, UGT, (Allgemeine Arbeiterunion), sozialistischer Gewerkschaftsverband Spaniens, gegründet 1888. Bis in die Gegenwart eng mit der PSOE verbunden

Val, Eduardo, Organisator des Widerstands gegen den Militärputsch in Madrid; Mitglied der CNT

Trotzdem Verlagsgenossenschaft
Ein anarchistisches Projekt

Mit der Gründung der Trotzdem Verlagsgenossenschaft ist es im Jahr 2001 gelungen, ein breites anarchistisches Projekt zu initiieren. Die Genossenschaft hat den Trotzdem Verlag komplett mit allen Büchern und Rechten übernommen und führt seitdem das Programm des Verlags weiter: Klassiker des Anarchismus, libertäre Geschichte, aktuelle Theorie und Wissenschaft, Staats- und Gesellschaftskritik, anti-autoritäre Handreichungen zum heutigen Zeitgeschehen. Im Herbst 2007 erweiterte die Trotzdem Verlagsgenossenschaft ihre Vertriebskooperation mit dem Alibri Verlag hinsichtlich zukünftiger Titel: Trotzdem bei Alibri.
Unsere neueren Buchveröffentlichungen:

- zu kreativen Protestformen: go.stop.act! Die Kunst des kreativen Straßenprotests (Hrsg. von Marc Amann)
- zur globalen Situation: Pirates and Emperors. Terrorismus in der »Neuen Weltordnung« (Noam Chomsky)
- zu politischer Theorie: Soziale Bewegungen im globalisierten Kapitalismus. Bedingungen für emanzipative Politik zwischen Konfrontation und Anpassung (Hrsg. von Rolf Engelke, Thomas Klein und Michael Wilk)
- zu Repression: Die 100 »schönsten« Schikanen gegen Fußballfans. Repression und Willkür rund ums Stadion (Hrsg. von BAFF e.V.)
- zu modernem Kolonialismus: Grüne Beute. Biopiraterie und Widerstand (BUKO-Kampagne gegen Biopiraterie)

Gute Bücher fallen nicht vom Himmel
Mit ihren Ideen, dem Anregen von Veranstaltungen zu unseren Büchern und vielen weiteren Impulsen können die Mitglieder der Genossenschaft für ein vielfältiges Verlagsprogramm und die Verbreitung libertärer Sichtweisen und Denkansätze sorgen.
Mit ihren Anteilen sichern die Genossinnen und Genossen die publizistische Arbeit des Verlags. Die Mitgliedschaft in der Genossenschaft steht allen Interessierten offen. Jedes Mitglied zeichnet mindestens einen Anteil in Höhe von 250 Euro, kann sich aber auch mit einem Vielfachen davon beteiligen. Die Genossenschaftsmitglieder erhalten einen Mitgliedsrabatt von 30 % auf alle Bücher des Verlags.

Neuausgabe Herbst 2008

Augustin Souchy
Vorsicht Anarchist!
Ein Leben für die Freiheit
Politische Erinnerungen
ISBN 978-3-922209-50-8

Fast das gesamte 20. Jahrhundert umfasst das politisch aktive Leben von Augstin Souchy. Bereits 1914 als Kriegsdienstverweigerer erstmals aus Deutschland emigriert, ist er in den folgenden Jahrzehnten in vielen Ländern ein kritischer Teilnehmer revolutionärer Bewegungen und der anarchistischen Bewegung. FAUD-Delegierter beim Komintern-Kongress in Moskau, Mitbegründer der Internationalen Arbeiter Assoziation (IAA), Teilnehmer am Span. Bürgerkrieg, Journalist und Bildungsexperte des Internationalen Arbeitsamtes in Südamerika sowie Aufenthalte in Portugal, Israel, Jugoslawien oder Madagaskar sind nur einige Stationen seines Lebens.
»Vorsicht Anarchist« ist weit mehr als eine Autobiographie. Es sind die Erfahrungen und Erlebnisse eines anarchistischen Revolutionärs und gleichzeitig ein Beitrag zur Geschschichtsschreibung von unten.

Medienwerkstatt Freiburg (Hg.)
Die lange Hoffnung
Erinnerungen an ein anderes Spanien mit Clara Thalmann und Augustin Souchy
1985, 210 Seiten
12 Euro
ISBN 978-3-922209-54-6

1983 reisen Clara Thalmann und Augustin Souchy noch einmal an die historischen Orte des Spanischen Bürgerkriegs. Beide haben auf Seiten der AnarchistInnen gekämpft und suchen 44 Jahre nach Kriegsende nach den noch vorhandenen Spuren der sozialen Revolution.
Mit Interviews, Materialien, Kritiken, Photos und einer ausführlichen Filmographie zum gleichnamigen Dokumentarfilm.